新股民入门十课

麻道明◎编著

中国经济出版社
CHINA ECONOMIC PUBLISHING HOUSE
北京

图书在版编目（CIP）数据

新股民入门十课/麻道明编著．
—北京：中国经济出版社，2020. 5（2025.9重印）
ISBN 978-7-5136-5838-6

Ⅰ.①新… Ⅱ.①麻… Ⅲ.①股票投资—基本知识 Ⅳ.①F830. 91

中国版本图书馆 CIP 数据核字（2019）第 182831 号

责任编辑　叶亲忠
责任印制　李　伟
封面设计　久品轩

出版发行　中国经济出版社
印 刷 者　北京建宏印刷有限公司
经 销 者　各地新华书店
开　　本　710mm×1000mm　1/16
印　　张　25. 25
字　　数　420 千字
版　　次　2020 年 5 月第 1 版
印　　次　2025 年 9 月第 3 次
定　　价　68. 00 元
广告经营许可证　京西工商广字第 8179 号

中国经济出版社 **网址** www. economyph. com **社址** 北京市东城区安定门外大街 58 号 **邮编** 100011
本版图书如存在印装质量问题，请与本社销售中心联系调换（联系电话：010-57512564）

前言

PREFACE

中国A股市场，跌宕起伏，惊心动魄。上证指数从6100点上方快速回落到1700点之下，接着又从1600多点上涨到了5100点之上，然后再次震荡走低。经过大起大落后，股市进入漫长的弱势调整走势，目前已经处于历史底部区域，市场投资价值显现。

股市是国民经济的“晴雨表”，几年来国内经济发展趋势良好，经济新常态模式稳步推进，GDP保持健康发展势头，为股市繁荣发展奠定了良好的基础。作为世界第二大经济实体，中国股市必将成为领跑全球经济的风向标。

从长期来看，中国股市必将走向牛市，为广大股民带来投资盈利的机遇。这样一个充满活力的市场将是广大民众向往的投资方向。据中国证券登记结算有限公司统计，目前A股开户人数突破1.3亿，且每天的股票开户数量持续递增，股民队伍也在不断壮大。在一片大好形势之下，新股民也期待着新一轮牛市的来临。

但是，股市不是暴富的机器，更不是赌博的场所，稍有不慎就会造成巨大的经济损失。“股市有风险，入市须慎重。”这是初涉股市的新股民必须谨记的第一条原则。股市中不相信眼泪，收益与风险并存，所以新股民只有对股市有清醒的认识，并且具备一定的技术基础和操盘技能，才能在股市中获得稳定的利益。

为了让新股民无师自通，自我修炼成为一名驰骋股市的操盘手，让投资者的操盘技能提升到一个更高的层次，成为股市中的“常青树”“万年松”，作者编写了《新股民入门十课》一书。本书是为广大新股民奉献的最全、最新的股票入门与技巧读本。通过对本书的阅读，能够迅速学会炒股知识，掌握股市赢利技巧。

本书共有10课，系统解析了炒股的基本知识、基本制度及基本理论，以及对技术指标、K线应用、技术形态等做了详细讲解，并注重实盘效果、经验点拨、实例剖析。书中内容丰富，简洁实用，行文通俗易懂，深入浅出。其从实盘操作的角度出发，系统地介绍了炒股的知识和技巧，使读者对股票的交易理念、投资策略和操盘技能有一个更全面、更深刻的认识和提高。

无论是新股民，还是老股民，掌握本书的知识与技巧至关重要，只要你投身于股市，本书必将成为你最实用、最方便的炒股案头书，它将是你打开财富自由之门的金钥匙。让你很快在股市沙场里，闯出一片属于自己的天地，为每一个信心满满的新股民插上梦想的翅膀，助力你在广阔的股票市场中大展宏图，早日实现自己的人生目标。

麻道明

2019 年 9 月　于中国 · 楠溪江畔

目录

CONTENTS

第一课

开启炒股之门

第一讲 什么是股票

一、股票的概念

什么是股票？股票是一种虚拟资本，是买卖资本所有权的凭证。老百姓根据自己的意愿将手中的资金投向某一家或几家企业，以博取股价波动之差或是预期企业的未来收益。

由此可见，股票是股份有限公司为筹集资金而发行给各个股东作为持股凭证并借以取得股息和红利的一种有价证券，它表明股票的持有者对股份公司的部分资本拥有所有权。具体来说，股份有限公司的股份分别由不同的人持有，持有人所持股份的数量有多有少，无论持有股份多少，凡是持有公司股份的人就是股东，代表着持有者对股份公司的所有权。每一股都代表股东对企业拥有一个基本单位的所有权。每一只股票的背后都会有一家上市公司，同时，每一家上市公司都会发行股票。相同类别的每一份股票所代表的公司所有权是相等的。每个股东所拥有的公司所有权份额的大小，取决于其持有的股票数量占公司总股本的比重。

股票是股份有限公司资本的构成部分，就像一般的商品一样，有自己的市场行情和市场价格，可以转让、买卖、抵押，是资本市场的主要长期信用工具，但不能要求公司返还其出资。

股票是股份证书的简称，持有股份的凭证就是股票。由股份制企业（上市和非上市）签发的用以证明股东所持股份的凭证。上市的股票称流通股，可在股票交易所（二级市场）自由买卖。非上市的股票没有进入股票交易所，因此不能自由买卖，称非上市流通股。

这种所有权为一种综合权利，如参加股东大会、投票标准、参与公司的重大决策、获得股息或分享红利等，但也要共同承担公司运作过程中所带来的市场风险。

二、股票的发展历程

1. 世界股票简史

股票至今已有近 400 年的历史，它伴随着股份有限公司的出现而诞生。随着企业经营规模扩大与资本需求不足，需要通过某种方式来让公司获得大量的资本金，于是产生了以股份有限公司形态出现的、股东共同出资经营的企业组织。股份有限公司的变化和发展产生了股票形态的融资活动；股票融资的发展产生了股票交易的需求；股票的交易需求促成了股票市场的形成和发展；而股票市场的发展最终又促进了股票融资活动和股份有限公司的完善和发展。

股票最早出现于资本主义国家，世界上最早的股份有限公司制度诞生于 1602 年在荷兰成立的东印度公司。股份有限公司这种企业组织形态出现以后，很快为资本主义国家广泛利用，成为资本主义国家企业组织的重要形式之一。伴随着股份有限公司的诞生和发展，以股票形式集资入股的方式也得到快速发展，并且产生了买卖交易转让股票的需求。这样就带动了股票市场的出现和形成，并促使股票市场的完善和发展。1611 年东印度公司的股东们在阿姆斯特丹股票交易所就进行着股票交易，并且后来有了专门的经纪人撮合交易。阿姆斯特丹股票交易所形成了世界上第一个股票市场。

股份有限公司已经成为最基本的企业组织形式之一，已经成为大企业筹集资金的重要渠道和方式，也是投资者投资的基本选择方式。股票市场（包括股票的发行和交易）与债券市场成为证券市场的重要基本内容。

2. 中国股票简史

1916 年，经农商部核准，我国组建了上海交易所股份有限公司。1920 年 2 月 1 日，上海证券物品交易所在总商会开创立会，农商部在 1920 年 6 月批准在上海设立证券物品交易所，运作模式引用日本所，并聘请了日本顾问。1920 年 7 月 1 日，上海证券交易所开业，采用股份公司形式，交易标的分为有价证券、棉花等 7 类。这就是近代中国最早的股票。

现在的上海证券交易所，1990 年 11 月 26 日由中国人民银行总行批准成立，同年 12 月 19 日正式开业。这是新中国成立以来中国大陆建立的第一家证券交易所。

深圳证券交易所于 1989 年 11 月 15 日筹建，1990 年 12 月 1 日开始集中交易（试营业），1991 年 4 月 11 日由中国人民银行总行批准成立，并于同年 7 月 3 日正式成立。

证券交易所履行国家有关法律、法规、规章、政策规定的职责，实行自律管理的法人。主要职能包括：提供证券交易的场所和设施；制定业务规则；审核证券上市申请、安排证券上市；组织、监督证券交易；对会员进行监管；对上市公司进行监管；管理和公布市场信息等。目前中国已有近 4000 只上市股票。

中国股票发行经历了清政府、北洋政府、国民政府（中间还隔有汪伪政府），到新中国人民政府。使用购买股票的币种有银两、银元、法币、中储券、关金券、金元券及人民币。如今，收藏界把这百余年发行的股票进行分组，分为清代、民国、解放区、新中国的上市公司股票再加股票认购证等。

三、股票的特点

1. 无期性

股票投资是一种没有期限的长期投资。一旦发行后，发售股票所得的收入就归公司所有，持有者不能把股票退回公司，只能通过证券市场上出售转让而收回本金。它不像债券那样到一定的期限偿还，除非公司宣布破产彻底清算，否则就不能用股票向公司要回所持有的财产。而股票发行公司不仅可以回购甚至全部回购已发行的股票，从股票交易所退出，还可以重新回到非上市企业。

2. 权责性

权责性是说只要买了公司的股票，就成为公司的股东，有参与股份公司盈利分配和承担有限责任的权利和义务。根据公司法的规定，股票的持有者就是股份有限公司的股东，有权或通过其代理人出席股东大会、选举董事会并参与公司的经营决策。股东权力的大小，取决于占有股票的多少，如果持有公司的股票占大多数，自然也就取得了公司的领导权。在国外股份制公司的产权转让，就常常是通过股票的转让来完成的。

3. 流通性

流通性是说买了股票以后，虽然不能退回公司，但可以在股票市场上随时转让，进行买卖，也可以继承、赠予、抵押。所以，股票也是一种具有流通性的流动资产。作为一种灵活有效的集资工具和有价证券，可以在证券市场上通过自由买卖、转让进行流通。只要把股票交付给受让人，即可达到转让的法律效果；记名股票转让则要在卖出人签章背书后才可转让。正是由于股票具有颇强的流通性，才使股票成为一种重要的融资工具而不断发展。

4. 收益性

股东凭其持有的股票，有权从公司领取股息或红利，获取投资的收益。股息或红利的大小，主要取决于公司的盈利水平和公司的盈利分配政策。股票的收益性还表现在股票投资者可以获得价差收入或实现资产保值增值。通过低价买入和高价卖出股票，投资者可以赚取价差利润。

5. 价格波动性和风险性

任何一种投资工具都是有风险的，股票投资也是如此。投资者能否获得预期的回报，取决于企业的盈利情况，利大多分，利小少分，亏损则要承担相应的风险。

股票作为交易对象，除了受制于企业的经营状况之外，还受经济、政治、社会甚至人为等诸多因素的影响，处于不断变化的状态中，大起大落的现象也时有发生。正是这种波动有很大的不确定性，有可能导致股票贬值使投资者遭受损失。价格波动的不确定性越大，投资风险也越大。而且，一旦公司破产，所投资的股票也要连带遭受巨大的损失，甚至血本无归。所以说，股票是一种高风险的金融产品。投资者在投资股票之前一定要谨慎，切不可轻易从事。

四、股票的价值

在股票市场中的股票具有三重价值，正是这三重价值使股票在市场中的价位表现出涨涨跌跌的波动。

1. 投资价值

股票本身代表其在股份制企业中的份额和资产占有情况。同时可参照银行的利率做相对应的比较，市盈率越低，投资价值越大。股票的投资价值侧重于企业的经济效益和其净资产的质量情况，是企业内在质量的一种表现，通常和企业的经济效益成正比，股份制公司或企业的经济效益越高，投资价值越大。

2. 投机价值

股票的投机价值表现为股票在二级市场中博取差价的能力。具体表现为股价的绝对值越小，题材越丰富，其投机价值越大。股票市场中的主力主要挖掘的就是个股的投机价值。只有对个股进行投机性炒作，才会在短时间内获取较大的差价利润。主力充分利用资金的流动性和投机性，实现轮炒、暴炒作相结合，活跃股市并从中获取利润。股市吸引人们和资金的原因就在于其经常向人们展现股票的投机价值，并通过资金的投机性炒作，短时间内可获取高额的利润。这种行为对社会中的资金产生了强大的吸引力。

3. 炒作价值

股票的炒作价值取决于该股票所处的股市环境，而股市环境则取决于参与股市的人的数量和其投入股市的资金数量，并且和场外潜在可能入市的人的数量和其能投入股市的资金数量有关。股市反弹上涨或走牛之时，能把部分场外人群和资金吸引入市。海外的投资机构之所以看好中国的资本市场，是因为没经历过大投机场面的股民持有巨量的原始积累资金，从而使我国的资本市场具有巨大的炒作价值。

五、买股票的好处

购买股票是一种金融投资行为，与银行储蓄存款及购买债券相比较，它是一种高风险行为，但同时也能给人们带来更大的收益。

购买股票能带来哪些好处呢？不仅可以成为企业的股东，以享有股东权利，还可以通过购买股票获得差价，所以购买股票的好处主要体现在以下几个方面：

（1）股票是一种出资证明，当一个自然人或法人向股份制公司参股投资时，便可获得股票作为出资的凭证。

（2）股票的持有者凭借股票来证明自己的股东身份，参加股份公司的股东大会，对股份公司的经营发表意见。

（3）股票持有者凭借股票参加股份公司的利润分配，也就是通常所说的分红利、送红股，以此获得一定的经济利益。

（4）股票持有者可以根据股价的波动情况，在股票市场上进行自由交易，获取买卖差价收益。

（5）能够在上市公司业绩增长、经营规模扩大时享有股本扩张收益。这主要是通过上市的送股、资本公积金转增股本、配股等来实现。

（6）股票变现性佳，投资者可以随时出售股票取得现金。若投资者急需用钱，通常都能在当天卖出股票，在下一个交易日就可以拿到现金，这与房地产相比较，变现性较佳。但目前中国股市上市公司越来越多，也出现了不少流动性不佳的股票，投资者在选择股票的时候，也需要多加注意。

（7）在通货膨胀时期，投资好的股票还能避免货币的贬值，有保值的作用。

股票对投资者来说，是一种重要的投资工具。投资者购买股票后，既可以持有股票，成为发行公司的股东，通过领取股息和参加公司利润分配而获利；又可以在证券交易所通过买卖的方式转让股票，以赚取中间的差价。当然，在买卖股票赚取差价时，由于股价受到公司效益、公司前景、市场供求关系及经济形势等多种因素的影响，投资者也可能因股价下跌而受到损失。所以，投资者在投资股票的时候一定要谨慎，量力而行。

第二讲　股票的分类

目前中国股市有近 4000 只股票，如果不分类的话，很容易混淆。那么，中国股票怎样分类？中国股票分类方法是什么？主要是按行业、概念、地区分类。目前，国内股票市场主要有以下类别。

一、按股票市场划分

我国上市公司的股票有 A 股、B 股、H 股、N 股、S 股、T 股等区分。这一区分主要依据股票的上市地点和所面对的投资者而定，按英文字母作为代称的股票分类。

1. A 股

A 股也称为人民币普通股票，是指在中国大陆注册、在中国大陆上市的普通股票，以人民币计价，面向中国公民发行且在境内上市的股票。A 股不是实物股票，以无纸化电子记账，实行“T+1”交割制度，有涨跌幅度限制

（普通股票±10%，ST 股票±5%），参与投资者为中国大陆机构或个人，不含台、港、澳投资者。

2. B 股

B 股也称为人民币特种股票，注册地和上市地都在中国大陆，只不过投资者在境外或在中国香港、中国澳门及中国台湾，是以人民币标明面值，以外币认购和交易，面向境外投资者发行而在中国境内上市的股票。目前 B 股投资人主要有以下几类：外国的自然人、法人和其他组织，中国香港、中国澳门、中国台湾地区的自然人、法人和其他组织，定居在国外的中国公民，持有合法外汇存款的大陆居民也可以投资。

B 股不是实物股票，以无纸化电子记账，实行“T+3”交割制度，有涨跌幅度限制（普通股票±10%，ST 股票±5%）。

值得一提的是，沪市挂牌的 B 股以美元计价，而深市挂牌的 B 股以港元计价，故两市股价差异较大，如果将美元、港元以人民币进行换算，便知两地股价大体一致。

3. H 股

H 股是取香港地区（Hong Kong）的第一个英文字母“H”，也称为国企股，是指在我国内地注册、在香港地区上市的股票，以港元认购和交易。

4. S 股

S 股是取新加坡（Singapore）的第一个英文字母“S”，是指主要生产或者经营等核心业务在中国大陆、而企业的注册地在新加坡或者其他国家和地区，但是在新加坡交易所上市挂牌的企业股票。

5. N 股

N 股是取纽约（New York）的第一个英文字母“N”，是指在中国大陆注册、在纽约上市的外资股。

6. T 股

T 股是指在中国大陆注册、在日本上市的外资股。

以字母代称进行股票分类，不甚规范，根据中国证监会要求，股票简称必须统一、规范。随着我国股市的进一步发展，A 股、B 股、H 股等称谓将很快成为历史。

二、按个股性质划分

1. 普通股

普通股是指在公司的经营管理、盈利及财产的分配上享有普通权利的股份，代表满足所有债权偿付要求及优先股东的收益权与求偿权要求后，对企业盈利和剩余财产的索取权，它构成了公司资本的基础，是股票的一种基本形式，也是发行量最大、最为重要的股票。

目前在沪深两市上市交易的股票都是普通股。普通股持有者按其所持有股份比例享有以下基本权利：

（1）决策参与权。普通股股东有权参与股东大会，并有建议权、表决权和选举权，也可以委托他人代表其行使其股东权利。

（2）利润分配权。普通股股东有权从公司利润分配中得到股息。普通股的股息是不固定的，由公司盈利状况及其分配政策决定。普通股股东必须在优先股股东取得固定股息之后才有权享受股息分配权。

（3）优先认股权。如果公司需要扩张而增发普通股股票时，现有普通股股东有权按其持股比例，以低于市价的某一特定价格优先购买一定数量的新发行股票，从而保持其对企业所有权的原有比例。

（4）剩余资产分配权。当公司破产或清算时，若公司的资产在偿还欠债后还有剩余，其剩余部分按先优先股股东、后普通股股东的顺序进行分配。

2. 优先股

优先股是指依照公司法规定，在一般规定的普通种类股份外，另行规定的其他种类股份，其股份持有人优先于普通股股东分配公司利润和剩余财产，但参与公司决策管理等权利受到限制。优先股股东可以按照约定的票面股息率，优先于普通股股东分配公司利润。公司应当以现金的形式向优先股股东支付股息，在完全支付约定的股息之前，不得向普通股股东分配利润。

优先股是相对于普通股而言的，主要指在利润分红及剩余财产分配的权利方面优先于普通股。

（1）优先分配权。在公司分配利润时，拥有优先股票的股东比持有普通股票的股东分配在先，但是享受固定金额的股利，即优先股的股利都是固定的。普通股的红利却不固定，视公司盈利情况而定，利多多分，利少少分，无利不分，上不封顶，下不保底。

（2）优先求偿权。若公司解散清算，分配剩余财产时，优先股在普通股之前分配。当公司决定连续几年不分配股利时，优先股股东可以进入股东大会来表达他们的意见，以此保护他们自己的权利。

优先股对企业筹措资金的主要优点有以下几个方面：

（1）股息率固定，能使公司利用财务杆杠利益。在资本不变的条件下，公司需要从税前收益中支付利息、优先股息和租赁费，是固定不变的。当税前收益（扣除利息）增大时，每一元利润所负担的固定利息和租赁费就会相对减少，这就给每一股普通股带来额外利润，即财务杠杆利益。

（2）优先股是公司长期稳定的资金来源，对企业的资金周转有利。

（3）优先股没有投票权，使企业能够避免优先股股东参与投票而分割企业的支配权。

（4）优先股转换成普通股或债券，可以免税。

优先股对企业筹措资金的主要缺点有以下两方面：

（1）优先股股息必须从税后净收益中支付，较之公司债券则增加了所得税负担。

（2）优先股虽然没有届满期，但公司章程中的一系列规定，实质上规定了届满日期，使公司每年都必须购进一定百分比的优先股票。

3. 后配股

后配股是在利益或利息分红及剩余财产分配时比普通股处于劣势的股票，一般是在普通股分配之后，对剩余利益进行再分配。

如果公司的盈利巨大，后配股的发行数量又很有限，则购买后配股的股东可以取得很高的收益。发行后配股，一般所筹措的资金不能立即产生收益，投资者的范围又受限制，因此利用率不高。后配股一般在下列情况下发行：

（1）公司为筹措扩充设备资金而发行新股票时，为了不减少对旧股的分红，在新设备正式投用前，将新股票作后配股发行。

（2）在企业兼并时，为调整合并比例，向被兼并企业的股东交付一部分后配股。

（3）在有政府投资的公司里，私人持有的股票股息达到一定水平之前，把政府持有的股票作为后配股。

三、按业绩优劣划分

1. ST 股

“ST”为“特别处理”的英文缩写，是指对境内上市公司连续两年财务状况和其他情况异常的上市公司的股票交易进行特别处理。其中，异常主要指两种情况：一是上市公司经审计两个会计年度的净利润均为负值；二是上市公司最近一个会计年度，经审计的每股净资产低于股票面值。股票交易被实行特别处理期间，其股票交易应遵循下列规则：

（1）股票报价日涨跌幅限制为±5%。

（2）在原股票名称前加“ST”，如“ST 圣方”。

（3）上市公司的中期报告必须经过审计。

“*ST”是指境内上市公司的连续三年亏损的股票，它的基本面比 ST 类股票更加恶劣。

摘帽是指原来是 ST 的股票，由于基本面得到改善，去掉股票名称前的 ST 标记，解除“特别处理”，恢复为正常股票交易。

2. 垃圾股

垃圾股指的是业绩较差、问题较多的公司的股票，与绩优股相对应。这类上市公司或者由于行业前景不好，或者由于经营不善等，有的甚至进入亏损行列。其股票在市场上的表现为萎靡不振，股价走低，交投不活跃，年终分红也差。

垃圾股并不能说没有一点价值，在目前企业上市受到一定约束的情况下，上市公司起码还有“壳资源”的价值。在实际股市里，特别是在市场热炒资产重组个股时，一些垃圾股的股价远远超过绩优股的股价，部分“大黑马”股也是从垃圾股中蜕变而来的，因此垃圾股炒作还是值得考虑的。

目前国内垃圾股可分为三个部分：一部分是 ST 股票，即连续两年亏损或净资产值为负的股票；一部分是*ST 股票，是指连续三年亏损的股票，还有一部分是指除去前面两类且业绩在 0.10 元以下的股票。

3. 绩优股

绩优股是指公司生产经营很好、业绩优良且比较稳定的股票。这些公司经过长时间的努力，具有较强的综合竞争力与核心竞争力，在行业内有较高的市场占有率并形成了经营规模优势，利润稳步增长，市场知名度很高。绩优股具有较高的投资回报和投资价值。

在我国，投资者衡量绩优股的主要指标是每股税后利润和净资产收益率。一般来讲，每股税后利润在全部上市公司中处于中上地位的股票、每股收益0.5元以上的股票、公司上市后净资产收益率连续三年超过10%的股票，当属绩优股之列。

通常，绩优股业绩优良、稳定，有实力抵抗经济衰退，但这类公司增长速度较慢，并不能带来振奋人心的利润。

4. 蓝筹股

在股票市场上，那些在其所属行业内占有重要支配性地位、业绩优良、成交活跃、红利优厚的大公司股票称为蓝筹股。“蓝筹”一词源于西方赌场。在西方赌场中有三种颜色的筹码，其中蓝色筹码最值钱，红色筹码次之，白色筹码最差。投资者把这些行话套用到股票上就有了这一称谓。

绩优股与蓝筹股的区分，简单来说：蓝筹股——业绩好，规模大；绩优股——业绩好，规模不一定大。

在香港股市还有所谓的“红筹股”“蓝筹股”之分。红筹股是指在香港上市的中资企业，即最大控股权直接或间接隶属于中国内地有关部门或企业，并在香港联合交易所上市的公司所发行的股份。人们形容中国是红色中国，国旗又是五星红旗，因此，把与中国相联系的上市公司发行的股票称为红筹股。

随着内地陆续赴港上市，红筹股也有了更严谨的定义，它必须是公司在香港注册，接受香港法律约束的中资企业才称为红筹股，而公司在内地注册，只是借用香港资本市场筹资的企业，另称为“H股”。但一般仍以红筹股广泛地作为在港上市的中资企业的代名词。

四、其他常用分类

1. 市场不同类型的股票

（1）权重股，是指总股本巨大的上市公司股票。它的股票总数占市场股票总数的比重很大，权重就很大。权重股的涨跌对股票指数的影响很大。

（2）概念股，是指能够迎合某一时代潮流，但未必能够适应另一时代潮流的公司所发行的，股价呈巨幅起伏的股票。

（3）热门股，是指交易量大、交易周转率高、股价涨跌幅度也较大的股票。热门股的形成往往有其特定的经济、政治、社会的原因。

（4）成长股，是指发行股票时规模并不大，但公司的业务蒸蒸日上，管理良好，利润丰厚，产品在市场上有竞争力的公司的股票。

（5）周期股，是指经营业绩随着经济周期的涨缩而变动的公司的股票。如航空工业、汽车工业、钢铁及化学工业都属于此类。

（6）再生股，是指经营发生困难甚至破产，经过整顿后重新获得投资者认可的企业股票。

（7）防守性股，这些普通股票同股价循环走势正好相反，它们在面临不确定性和商业衰退时收益和红利却要比社会平均的高，具有相对的稳定性。

（8）投机性股，是指那些价格不稳定或公司前景不确定的普通股。主要是那些雄心很大、开发性或冒险性的公司的股票。

（9）壳资源股，就是一些不具备或暂时不符合上市条件的公司，通过重组控制一家已上市公司的股票，这样原来不符合上市标准的公司其实已经变相上市了，这就是所谓的“借壳上市”。壳资源一般在退市或ST股等业绩不好的公司为多，主要是成本低。

（10）中概股，就是一些中国公司在海外上市的股票，如百度、阿里巴巴、腾讯等都是中概股。

2. 不同类型的划分方法

（1）根据股票是否记载股东姓名来划分，可以分为记名股票和无记名股票。记名股票是指在股票上记载股东的姓名，转让时必须经公司办理过户手续；无记名股票是指在股票上不记载股东的姓名，转让时通过交付而生效。

（2）根据股票是否记明每股金额来划分，可以分为有票面值股票和无票面值股票。有票面值股票是指在股票上记载每股的金额；无票面值股票只是记明股票和公司资本总额，或每股占公司资本总额的比例。

（3）根据股票上表示的份数来划分，可以分为单一股票和复数股票。单一股票是指每张股票表示一股；复数股票是指每张股票表示数股。

（4）根据股票所代表的权利大小来划分，可以分为普通股票和特别股票。普通股票的股息随公司利润大小而增减；特别股票一般按规定利率优先取得固定股息，但其股东的表决权有所限制，因此，特别股票又叫优先股票。

（5）根据股票持有者有无表决权来划分，可以分为表决权股票和无表决权股票。普通股票持有者都有表决权，而那些在某些方面享有特别利益的优先股票持有者在表决权上常受到限制，无表决权的股东不能参与公司决策。

第三讲　股票发行与交易

一、发行市场

1. 什么叫发行市场

发行市场也叫一级市场或初级市场，是指资本需求者直接或通过中介机构向公众投资者出售发行新股票的市场。通过一级市场发行人筹措到了公司所需资金，而投资人则购买了公司的股票成为公司的股东，实现了储蓄转化为资本的过程。

所谓新发行的股票包括初次发行和再发行的股票，前者是公司第一次向投资者出售的原始股，后者是在原始股的基础上增加新的份额。

发行市场并不为公众所熟知，因为证券销售过程并不是公开进行的。券商是一级市场上协助证券首次售出的重要金融机构，确保公司证券能够按照某一价格销售出去，之后再向公众推销这些证券。

发行市场的主要经营者是投资银行、经纪人和证券自营商（在我国这三种业务统一于证券公司）。它们承担政府、公司新发行的证券以及承购或分销股票。通常采用承购包销的方式承销证券，承销期结束后剩余发行人可以获得预定的全部资金。

在西方国家，发行市场又称证券一级市场、初级金融市场或原始金融市场。在一级市场上，需求者（公司）可以通过发行股票、债券取得资金。在发行过程中，发行者一般不直接与持币购买者进行交易，需要有中间机构办理，即证券经纪人，所以一级市场又是证券经纪人市场。

发行市场有以下三个显著的特点：

（1）发行市场是一个抽象市场，其买卖活动并非局限在一个固定的场所。

（2）发行是一次性的行为，其价格由发行公司决定，并经过有关部门核准。

（3）投资人以相同的价格购买股票。

2. 股票发行的作用

证券发行市场是发行人向投资者出售证券的市场。发行市场通常是一个无固定场所的无形市场。发行市场的作用，主要表现在以下三个方面：

（1）为资金需求者提供筹措资金的渠道。发行市场拥有大量的运行成熟的证券商品供发行者选择，发行者可以参照各类证券的期限、收益水平、参与权、流通性、风险度、发行成本等不同特点，根据自己的需要和可能选择拟发行证券的种类，并根据当时市场的供求关系和价格水平确定证券发行的数量和价格（收益率）。发行市场上还有众多的为发行者服务的中介机构，它们接受发行者的委托，利用自己的信誉、资金、人才、技术和网点等资源向公众推销证券，有助于发行者及时筹措到所需资金。大的发行市场还突破地区限制，为发行者扩大筹资范围和对象，在境内或境外面向各类投资者发行证券、筹措资金，并通过市场竞争逐步使筹资成本合理化。

（2）为资金供应者提供投资的机会，实现储蓄向投资转化。政府、企业和个人在经济活动中可能出现暂时闲置的货币资金，发行市场提供了多种多样的投资机会，实现社会储蓄向投资转化。储蓄转化为投资是社会再生产顺利进行的必要条件。

（3）形成资金流动的收益导向机制，促进资源配置的不断优化。在现代经济活动中，生产要素都跟随资金流动，只有实现了货币资金的优化配置，才有可能实现社会资源的优化配置。发行市场通过市场机制选择发行证券的主体，产业前景好、经营业绩优良和具有发展潜力的企业更容易从证券市场筹集所需要的资金，从而使资金流入最能产生效益的行业和企业，达到促使资源优化配置的目的。

3. 股票发行方式

根据发行对象与认购方式不同，可以分为公募发行和私募发行。

（1）公募发行，又称为“公开发行”，是指事先不确定特定的发行对象，而是向社会公众投资者公开推销股票。在公募发行方式下，任何合法的投资者都可以认购拟发行的证券。有利之处在于以众多投资者为发行对象，证券发行的数量多，筹集资金的潜力大。投资者范围大，可避免发行的证券过于集中或被少数人操纵。公募发行可增强证券的流动性，有利于提高发行人的社会信誉。但公募发行的发行条件比较严格，发行程序比较复杂，登记核准的时间较长，发行费用较高。公募发行是证券发行中最常见、最基本的发行方式，适合于证券发行数量多、筹资额大、准备申请证券上市的发行人。

(2) 私募发行，又称为“内部发行”，是指以特定投资者为投资对象的发行。私募发行的对象有两类：一类是公司的老股东或发行人的员工；另一类是投资基金、社保基金、保险公司、商业银行等金融机构以及与发行人有密切往来关系的企业等机构投资者。私募发行有确定的投资者，发行手续简单，可以节省发行时间和发行费用，但投资者数量有限，证券流通性较差，不利于提高发行人的社会信誉。

以发行中的职责划分为标准，可划分为直接发行和间接发行。

(1) 直接发行，就是股份公司自己承担股票发行的一切事务和发行风险，直接向认购者推销、出售股票的方式。这种发行方式可以节省向发行中介机构缴纳的手续费，降低发行成本。但如果发行额较大，由于缺乏专业人才和发行网点，发行者自身要担负较大的发行风险。这种方式只适用于有既定发行对象或发行人知名度高、发行数量少、风险低的证券。

(2) 间接发行，由股份公司委托证券发行承销中介机构代理出售证券的发行。对发行人来说，采用间接发行可在较短时期内筹集到所需资金，发行风险较小，但需要支付一定的手续费，发行成本较高。一般情况下，间接发行是基本的、常见的方式，特别是公募发行，大多采用间接发行，而私募发行则以直接发行为主。

此外，若按不同的发行目的，可以分为有偿增资发行和无偿增资发行。前者是指认购者必须按股票的某种发行价格支付现款，方能获得新发股票。一般公开发行的股票和私募中定向发行的股票都采用有偿增资的发行方式；后者是指股份公司将公司盈余结余、公积金和资产重估增益转入资本金股本科目的同时，发行与之对应的新股票，分配给公司原有的股东，原有股东无需缴纳认购股金款。

4. 股票发行制度

证券发行制度主要有两种：一种是注册制，以美国为代表；另一种是核准制，以欧洲各国为代表。

(1) 注册制。证券发行注册制实行公开管理原则，实质上是一种发行公司的财务公开制度。它要求发行人提供关于证券发行本身以及和证券发行有关的所有信息。发行人不仅要完全公开有关信息，不得有重大遗漏，并且要对所提供信息的真实性、完整性和可靠性承担法律责任。

证券监管机构不对证券发行行为及证券本身做出价值判断，对公开资料的审查只涉及刑事，不涉及任何发行实质条件。发行人只要按规定将有关资料完全公开，监管机构就不得以发行人的财务状况未达到一定标准为由拒绝其发行。证券发行相关材料报证券监管机构后，一般会有一个生效等待期，在这段时间内，由证券监管机构对相关文件进行形式审查。注册生效等待期满后，如果证券监管机构未对申报书提出任何异议，证券发行注册生效，发行人即可发行证券。但如果证券监管机构认为报送的文件存在缺陷，会指明文件缺陷之处，并要求补正或正式拒绝，或阻止发行生效。澳大利亚、巴西、加拿大、德国、法国、意大利、荷兰、菲律宾、新加坡、英国和美国等国家，在证券发行上均采取注册制。

注册制关键在于是否所有投资者在投资之前都掌握各证券发行者公布的所有信息，以及能否根据这些信息做出正确的投资决策。

（2）核准制。核准制又称特许制，是指发行人申请发行证券，不仅要求公开披露与发行证券有关信息的真实情况，而且要求符合公司法和证券法所规定的若干实质条件，如发行者所经营事业的性质、管理人员的资格、资本结构是否健全、发行者是否具备偿债能力等，证券主管机关有权否决不符合条件的申请，有权直接干预发行行为。

证券发行核准制实行实质管理原则，证券发行人不仅要以真实状况的充分公开为条件，而且必须符合证券监管机构指定的若干适合于发行的实质条件。只有符合条件的发行人经证券监管机构的批准方可在证券市场发行证券。实行核准制的目的在于证券监管机构能尽法律赋予的职能，使发行的证券符合公众利益和证券市场稳定发展的需要。

5. 我国的证券发行制度

我国证券市场上市交易的金融工具包括股票、债券、证券投资基金、权证等。根据《证券法》《公司法》等有关法律法规的规定，公开发行股票、可转换公司债券、公司债券和国务院依法认定的其他证券，必须依法报中国证监会核准。

（1）证券发行核准制。在我国证券发行核准制是指证券发行人提出发行申请，保荐机构（主承销商）向中国证监会推荐，中国证监会进行合规性初审后，提交发审委审核，最终经中国证监会核准后发行。核准制不仅强调公司信息披露，同时还要求必须符合一定的实质性条件，如企业盈利能力、公司治理水平等。核准制的核心是监管部门进行合规性审核，强化中介机构的责任，加强市场参与各方的行为约束，减少新股发行中的行政干预。

（2）证券发行上市保荐制度。由保荐机构及其保荐代表人负责发行人证券发行上市的推荐和辅导，尽职调查核实公司发行文件资料的真实性、准确性和完整性，协助发行人建立严格的信息披露制度。主要包括以下内容：①发行人申请首次公开发行股票并上市、上市公司发行新股、可转换公司债券或公开发行法律、行政法规规定实行保荐制度和其他证券的，应当聘请具有保荐资格的机构担任保荐机构。中国证监会或证券交易所只接受由保荐机构推荐的发行或上市申请文件。②保荐机构及保荐代表人应当尽职调查，对发行人申请文件、信息披露资料进行审慎核查，向中国证监会、证券交易所出具保荐意见，并对相关文件的真实性、准确性和完整性负连带责任。③保荐机构及其保荐代表人对其所推荐的公司上市后的一段期间负有持续督导义务，并对公司在督导期间的不规范行为承担责任。④保荐机构要建立完备的内部管理制度。⑤中国证监会对保荐机构实行持续监管。

（3）发行审核委员会制度。它是证券发行核准制的重要组成部分。《证券法》规定国务院证券监管机构设发行审核委员会（以下简称“发审委”）。发审委审核发行人股票发行申请和可转换公司债券等中国证监会认可的其他证券的发行申请。发审委的主要职责是：根据有关法律、行政法规和中国证监会的规定，审核股票发行申请是否符合相关条件；审核保荐机构、资产评级机构等证券服务机构及相关人员为股票发行所出具的有关材料及意见书；审核中国证监会有关职能部门出具的初审报告；对股票发行申请进行独立表决，依法对发行申请提出审核意见。中国证监会依照法定条件和法定程序做出予以核准或者不予核准股票发行申请的决定，并出具相关文件。发审委制度的建立和完善是不断提高发行审核专业化程度和透明度、增加社会监督和提高发行效率的重要举措。

6. 证券的承销

证券发行的最终目的是将证券推销给投资者。发行人推销证券的方法有两种：一是自行销售，被称为“自销”；二是委托他人代为销售，被称为“承销”。

一般情况下，公开发行以承销为主。承销是将证券销售业务委托给专门的证券经营机构（承销商）销售。按照发行风险的承担、所筹资金的划拨以及手续费的高低等因素划分，承销方式有包销和代销两种。

（1）包销。是指证券承销商将发行人的证券按照协议全部购入，或者在储蓄期结束时将售后剩余证券全部自行购入的承销方式。包销可分为全额包销和余额包销两种。

全额包销是指由承销商先全额购买发行人所发行的证券，再向投资者发售，由承销商承担全部风险的承销方式。

余额包销是指承销商按照规定的发行额和发行条件，在约定的期限内向投资者发售证券，到销售截止日，如投资者实际认购总额低于预定发行总额，未售出的证券由承销商负责认购，并按约定时间向发行人支付全部证券款项的承销方式。

（2）代销。是指承销商代发行人发售证券，在承销期结束时，将未售出的证券全部退还给发行人的承销方式。

二、交易市场

股票交易又称二级市场，是指股票投资者之间按照市场价格对已发行上市的股票所进行的买卖，包括场内交易和场外交易。股票公开转让的场所就是证券交易所。中国大陆仅有两家交易所，即上海证券交易所和深圳证券交易所。这两家交易所就是股票交易市场，也就是二级市场。

1. 什么是交易市场

交易市场也称股票二级市场，它是指已经发行的股票在投资者之间，按时价自由进行转让、买卖和流通所形成的市场，又称流通市场或次级市场。目前上海证券交易所和深圳证券交易所就属于二级市场。这一市场为股票创造流动性，即能够迅速脱手换取现值。二级市场上销售股票的收入属于出售股票的投资者，而不属于发行该股票的上市公司。包括交易所市场和场外交易市场两部分。

交易市场的主要作用在于为有价证券提供流动性，保持有价证券的流动性，使证券持有者随时可以卖掉手中的有价证券，得以变现。如果证券持有者不能随时变现自己手中的有价证券，就会造成无人购买有价证券的现象。也正是因为为有价证券的变现提供了途径，所以交易市场同时可以为有价证券定价，来向证券持有者表明证券的市场价格。

交易市场是一个资本市场，使已公开发行或私下发行的金融证券买卖交易得以进行。换句话说，交易市场可为金融商品的最初投资者提供资金的流动性。这里金融商品可以是股票、债券、抵押、人寿保险等。

2. 交易市场的特点

（1）证券交易场所以证券投资者为主要参与者，它主要是证券持有人以及准备购买证券的货币持有人。此外，证券发行人和证券中介机构也是证券交易市场的参与者，但其职责在于辅助投资者进行和完成交易，而不是证券交易活动的独立参加者。作为例外情况，证券中介机构也可能会充当投资者。

（2）证券交易市场主要采取有形市场形式，也存在少数无形市场。

证券交易所是典型的有形市场，它有固定的场所、设施、设备和专业人员。其他证券交易场所如柜台交易市场，往往采用分散交易的形式，但一般也要借助证券公司柜台和交易网络才能完成，故也属于广义的有形市场。依照证券交易市场的组成及存在形式，又可将证券交易市场分为证券交易所和场外交易市场。

3. 交易市场的主要功能

（1）促进短期闲散资金转化为长期建设资金。

（2）调节资金供求，引导资金流向，沟通储蓄与投资的融通渠道。

（3）交易市场的股价变动能反映出整个社会的经济情况，有助于提高劳动生产率和新兴产业的兴起。

（4）维持股票的合理价格，交易自由、信息灵通、管理缜密，保证买卖双方的利益都受到严密的保护。已发行的股票一经上市，就进入交易市场。投资人根据自己的判断和需要买进和卖出股票，其交易价格由买卖双方来决定，投资人在同一天中买入股票的价格是不同的。

4. 二级市场与一级市场的联系

二级市场与一级市场关系密切，既相互依存，又相互制约。二级市场的交易对象是已发行在外的证券，而不是尚未发行的证券。在这个意义上，一级市场是二级市场的前提。一级市场所提供的证券及其发行的种类、数量与方式决定着二级市场上流通证券的规模、结构与速度，而二级市场作为证券买卖的场所，对一级市场起着积极的推动作用。组织完善、经营有方、服务良好的二级市场将一级市场上所发行的证券快速有效地分配与转让，使其流通到其他更需要、更适当的投资者手中，并为证券的变现提供现实的可能。

由于二级市场是建立在发行市场基础上的，所以二级市场上的证券供求状况与价格水平等都将有力地影响着一级市场中的证券发行。当前我国股票公开发行多数借助证券交易所的交易网络，采取“网上发行方式”，这使一级市场对二级市场也存在依赖。一级市场与二级市场的关系异常复杂，一级市场所发行证券的种类、价格、数量及规模等因素，均在一定程度上受制于二级市场情况。

中国《证券法》允许证券发行人与证券公司协商定价，引导一级市场价格与二级市场价格的逐渐接轨，使两个市场之间的联系变得更加密切。可以说，证券发行市场和交易市场之间是互动作用，没有二级市场，证券发行不可能顺利进行，一级市场也难以为继，扩大发行则更不可能。

三、混合市场

二级市场通常可分为有组织的证券交易所和场外交易市场，但也出现了具有混合特性的第三市场和第四市场。

1. 三级市场

在交易所内买卖的股票必须是经过批准的挂牌股票，由于在交易所买卖股票的费用较高，因而出现了挂牌的交易由非交易所成员经纪人在交易所外从事买卖的渠道。这种在交易所挂牌上市，却在场外市场交易的股票交易市场，被称为“第三市场”。也就是说，原来在证交所上市的股票移到以场外进行交易而形成的市场，换言之，既在证交所上市又在场外市场交易的股票，以区别于一般含义的柜台交易。

三级市场是由非交易所会员对在全国性交易所上市的普通股进行的场外交易的一种股票交易市场。大部分的证券三级市场的交易是由机构投资者和证券商进行的，但个人也正在逐渐进入。这种市场产生的原因在于，有大量的社会福利基金投资者要买卖大宗的股票，而股票交易所难以及时过户，就由非交易所会员在场外充当这些大宗股票交易的中间商，直接与买卖双方联系，股价协商决定。另外，还可以节省大宗交易的佣金。上市证券也可由那些非交易所会员的经纪人和券商不受限制地在场外进行交易。

三级市场股票交易价格的确定，一般参考证券交易所相应的收盘价。该市场本来是股票场外市场的一部分，近年来由于上市股票的场外交易量增长较快，通常认为它已形成一个相对独立的市场，需要单独加以考察。

2. 四级市场

四级市场是机构投资者之间在证券交易所外交易大宗股票所形成的市场。它一般利用电子交易系统直接进行交易，既可以节省佣金费用，又可以节约时间。其基本交易方法是：各种股票的买入价和卖出价随时输入电子交易系统，机构交易双方同该系统的主机联系，输入买入或卖出指令，如果两家机构发出的买入、卖出指令恰相匹配，即可成交。

该市场适应机构投资者（如大公司）买卖上市股票的特殊需要，因为机构投资者的股票交易一般数额巨大，双方在场外直接成交能节省可观的中介费用，并利于保密。

第四讲　如何买卖股票

一、股票代码

根据上交所证券代码分配规则的规定，上交所证券代码采用六位阿拉伯数字编码，取值范围为：六位代码的前三位为证券种类标识区，其中第一位为证券产品标识，第二位至第三位为证券业务标识，六位代码的后三位为顺序编码区。首位代码代表的产品定义分别为：0，国债/指数；1，债券；2，回购；3，期货；4，备用；5，基金/权证；6，A 股；7，非交易业务（发行、权益分配）；8，备用；9，B 股。

深圳证券交易所的编码：0，A 股；2，B 股；3，转配；4，基金；7，增发；8，配股；10，企业债券。

散户了解以下这些开头代码就可以了：600 开头为上海主板股票，000 开头为深圳主板股票，300 开头为创业板股票，002 开头为中小板股票，688 开头为科创板股票。共有六位数字构成，后三位为顺序编码。

二、开设账户

投资者如需入市，应事先开立证券账户卡。分别开立深圳证券账户卡和上海证券账户卡。如进行创业板股票交易，还要开通创业板权限，才能买卖创业板个股。

1. A 股账户的开设

个人投资者：可以通过当地的证券营业部或证券登记机构办理，可以同时办理沪深证券账户卡。需提供本人有效身份证及复印件，须签订相关协议，不得委托他人代办，特殊情况工作人员可以上门办理。目前多数证券营业部开通网上办理业务，足不出户，简捷方便，按提示操作即可完成。

机构投资者：需提供法人营业执照副本原件或复印件，或民政部门、其他主管部门颁发的法人注册登记证书原件和复印件；法定代表人授权委托书以及经办人的有效身份证明及其复印件。

证券投资基金、保险公司：开设账户卡则需到上海证券交易所直接办理。

开设证券账户后，还需要到第三方托管银行，开通证券营业部银证转账业务功能，如电话委托、网上交易、手机炒股、银证转账等。在办理银证转账业务时，需要带上股东账户卡和银行要求的其他证件。

2. B 股账户的开设

第一步：凭本人有效身份证明文件到其原外汇存款银行将其现汇存款和外币现钞存款划入证券商在同城、同行的 B 股保证金账户。境内商业银行应当向境内居民个人出具进账凭证单，并向证券经营机构出具对账单。

第二步：凭本人有效身份证明和本人进账凭证单到证券经营机构开立 B 股资金账户，开立 B 股资金账户的最低金额为等值 1000 美元。

第三步：凭刚开立的 B 股资金账户，到该证券经营机构申请开立 B 股股票账户。

（1）深圳 B 股开户。中国证券登记结算公司深圳分公司作为深圳 B 股的法定登记机构，负责 B 股投资者开户业务。同时授权给一些证券营业部、一些银行或其他代理开户点开立 B 股账户。当前网上实时 B 股开户允许境内外个人和境外代理人、境外一般法人开户。一些证券营业部作为深圳 B 股开户代理证券商，也可代办 B 股开户业务。投资者可到具备从事深交所 B 股业务资格的证券营业部、深交所委托的开户代理机构办理 B 股证券账户。

第一，境内个人投资者账户开立时需提交：1000 美元以上的外汇资金进账凭证及其复印件；境内居民身份证及其复印件。境内个人投资者办理 B 股开户必须是本人亲自办理，不得由他人代办，境内法人不允许办理 B 股开户。

第二，境外个人投资者需提交：境外居民身份证或护照、其他有效身份证件及其复印件。境外个人投资者可委托他人代办，每个投资者只能开立一个账户。

第三，境外机构投资者开立 B 股证券账户须提供：商业注册登记证、授权委托书、董事身份证明书及其复印件、经办人身份证件及其复印件。

(2) 沪市 B 股开户。凭 B 股资金账户证明，到境内具有经营 B 股资格的上交所会员申请开立 B 股股票账户。开户时须提交：本人有效身份证明文件、1000 美元以上的银行进账凭证、《上海 B 股境内居民个人开户登记申请表》以及上海证券交易所及登记公司认为需要提供的其他材料。

三、买卖委托

1. 如何委托

当投资者成功办妥证券账户卡和资金账户后，推开证券营业部的大门，看到显示屏幕上不断闪动的股票牌价，或许还不知道究竟应该怎样买卖股票。那么，在此做进一步的介绍，其实作为普通投资者，是不能直接进入证券交易所买卖股票的，只能通过证券交易所的会员（券商）买卖股票。投资者向券商下达买卖股票的指令，这就叫作委托。

委托时必须凭交易密码或证券账户。这里需要指出的是，在我国证券交易中的合法委托是当日有效的限价委托。这是指股民向券商下达的委托指令必须指明买卖股票的名称（或代码）、数量、价格，并且这一委托只在下达委托的当日有效。委托的内容包括要买卖股票的简称（代码）、数量及买卖股票的价格。股票的简称通常为 3~4 个汉字，股票的代码为六位数，委托买卖时股票的代码和简称一定要一致。同时，买卖股票的数量也有一定的规定，即委托买入股票的数量必须是 100 股的整倍数，但委托卖出股票的数量则可以不是 100 股的整倍数。

2. 委托方式

交易所在开市期间接受指定交易申报指令，该指令被交易所主机接受后即刻生效。投资者变更指定交易的，应当向已指定的会员提出撤销申请，由该券商申报撤销指令。对于符合撤销指定条件的，券商不得限制、阻挠或拖延其办理撤销指定手续。指定交易撤销后可重新申办指定交易。

投资者买卖证券可以通过书面或电话、自助终端、互联网等自助委托方式委托券商买卖证券。投资者发出的委托指令应当包括下列内容：证券账户号码、证券代码、买卖方向、委托数量、委托价格等。

投资者可以采用市价委托或限价委托两种方式委托券商买卖证券。

（1）市价委托，是指投资者委托券商按市场价格即时买进或卖出证券。

（2）限价委托，是指投资者委托券商按其限定的价格买卖证券。券商必须按限定的价格或低于限定的价格申报买入证券；按限定的价格或高于限定的价格申报卖出证券。

投资者可以撤销委托的未成交部分。被撤销和失效的委托，券商在确认后及时向投资者返还相应的资金或证券。

3. 隔夜委托

现在多数券商提前一天接受委托买卖股票业务，通常在每天收盘后的4:00证交所开始清算，清算结束后就可以买卖委托。根据每日交易量的情况清算的时间长短不一，基本在晚上9:00前清算结束，所以隔夜委托可在9:00以后操作比较稳定，以免过早被作为当日委托清算掉。

隔日委托是由券商提供的于交易日之前接受客户委托下单的一种增量服务。各个券商提供的隔日委托服务在细节方面不尽相同，有的甚至并不提供隔日委托服务，所以具体的委托规则需要向各自的券商咨询。

隔夜委托也称为隔日委托或夜市委托，即第一个交易日晚上规定时间之后就可以进行第二个交易日的委托，委托会暂存在证券公司系统内，在第二天早上9:15报送到交易所主机。这说明隔夜委托只能保证在券商最早委托，交易所只能到次日9:15才开始接受委托单子。

四、买卖申报

1. 买卖申报方式

交易所接受投资者竞价交易申报的时间为每个交易日9:15—9:25、9:30—11:30、13:00—15:00。

每个交易日9:20—9:25为开盘集合竞价阶段，14:57—15:00为收盘集合竞价阶段，在此时间段交易所主机不接受撤单申报，其他接受交易申报的时间内，未成交申报可以撤销。撤销指令经交易所交易主机确认方为有效。交易所认为必要时，可以调整接受申报时间。

券商按照投资者委托的时间先后顺序及时向交易所申报。交易所接受交易参与人的限价申报和市价申报。根据市场需要，交易所可以接受下列方式的市价申报：

（1）最优五档即时成交剩余撤销申报，即该申报在对手方实时最优五个价位内以对手方价格为成交价逐次成交，剩余未成交部分自动撤销。

（2）最优五档即时成交剩余转限价申报，即该申报在对手方实时五个最优价位内以对手方价格为成交价逐次成交，剩余未成交部分按本方申报最新成交价转为限价申报。如该申报无成交的，按本方最优报价转为限价申报。如无本方申报的，该申报撤销。

（3）市价申报只适用于有价格涨跌幅限制的证券连续竞价期间的交易。

（4）市价申报和限价申报指令，应当包括证券账号、营业部代码、证券代码、买卖方向、数量、价格等内容。

2. 申报数量要求

通过竞价交易买入股票、基金、权证的，申报数量应当为 100 股（份）或其整数倍。卖出股票、基金、权证时，余额不足 100 股（份）的部分，应当一次性申报卖出。

竞价交易中，债券交易的申报数量应当为 1 手或其整数倍，债券质押式回购交易的申报数量应当为 100 手或其整数倍，债券买断式回购交易的申报数量应当为 1000 手或其整数倍。

债券交易和债券买断式回购交易以人民币 1000 元面值债券为 1 手，债券质押式回购交易以人民币 1000 元标准券为 1 手。

3. 申报数量上限

股票（A 股、B 股）、基金、权证交易单笔申报最大数量应当不超过 100 万股（份），债券交易和债券质押式回购交易单笔申报最大数量应当不超过 10 万手，债券买断式回购交易单笔申报最大数量应当不超过 5 万手。根据市场需要，交易所可以调整证券的单笔申报最大数量。

4. 最小变动单位

A 股、债券交易和债券买断式回购交易的申报价格最小变动单位为 0.01 元人民币，基金、权证交易为 0.001 元人民币，B 股交易为 0.001 美元，债券质押式回购交易为 0.005 元。根据市场需要，交易所可以调整各类证券单笔买卖申报数量和申报价格的最小变动单位。

不同证券的交易采用不同的计价单位。股票为“每股价格”，基金为“每份基金价格”，权证为“每份权证价格”，债券为“每百元面值债券的价格”，债券质押式回购为“每百元资金到期年收益”，债券买断式回购为“每百元面值债券的到期购回价格”。

5. 涨跌幅度限制

交易所对股票、基金交易实行价格涨跌幅限制，涨跌幅比例为 10%。股票、基金涨跌幅价格的计算公式为：涨跌幅价格 = 前收盘价×（1±涨跌幅比例）。计算结果按照四舍五入原则取至价格最小变动单位。

买卖有价格涨跌幅限制的证券，在价格涨跌幅限制以内的申报为有效申报，超过价格涨跌幅限制的申报为无效申报。

第一，买卖无价格涨跌幅限制的证券，集合竞价阶段的有效申报价格应符合下列规定：

（1）股票交易申报价格不高于前收盘价格的 200%，并且不低于前收盘价格的 50%。

（2）基金、债券交易申报价格最高不高于前收盘价格的 150%，并且不低于前收盘价格的 70%。

第二，买卖无价格涨跌幅限制的证券，连续竞价阶段的有效申报价格应符合下列规定：

（1）申报价格不高于即时揭示的最低卖出价格的 110%，且不低于即时揭示的最高买入价格的 90%；同时不高于上述最高申报价与最低申报价平均数的 130%，且不低于该平均数的 70%。

（2）即时揭示中无买入申报价格的，即时揭示的最低卖出价格、最新成交价格中较低者视为前项最高买入价格；即时揭示中无卖出申报价格的，即时揭示的最高买入价格、最新成交价格中较高者视为前项最低卖出价格。当日无交易的，前收盘价格视为最新成交价格。根据市场需要，交易所可以调整申报价格限制的规定。

五、买卖成交

证券竞价交易按价格优先、时间优先的原则撮合成交。每笔参与竞价交易的申报不能一次全部成交时，未成交的部分继续参加当日竞价，但只保留当日有效。

成交时价格优先的原则为：较高价格买入申报优先于较低价格买入申报，较低价格卖出申报优先于较高价格卖出申报。

成交时时间优先的原则为：买卖方向、价格相同的，先申报者优先于后申报者。先后顺序按交易主机接受申报的时间确定。

1. 集合竞价成交价格的确定原则

（1）可实现最大成交量的价格。

（2）高于该价格的买入申报与低于该价格的卖出申报全部成交的价格。

（3）与该价格相同的买方或卖方至少有一方全部成交的价格。

两个以上申报价格符合上述条件的，使未成交量最小的申报价格为成交价格；仍有两个以上使未成交量最小的申报价格符合上述条件的，其中间价为成交价格。集合竞价的所有交易以同一价格成交。

2. 连续竞价成交价格的确定原则

（1）最高买入申报价格与最低卖出申报价格相同，以该价格为成交价格。

（2）买入申报价格高于即时揭示的最低卖出申报价格的，以即时揭示的最低卖出申报价格为成交价格。

（3）卖出申报价格低于即时揭示的最高买入申报价格的，以即时揭示的最高买入申报价格为成交价格。

按成交原则达成的价格不在最小价格变动单位范围内的，按照四舍五入原则取至相应的最小价格变动单位。

买卖申报经交易主机撮合成交后，交易即告成立，即时生效，买卖双方必须承认交易结果，履行清算交收义务。因不可抗力、意外事件、交易系统被非法侵入等原因造成严重后果的交易，交易所可以采取适当措施或认定无效。对严重破坏证券市场正常运行的交易行为（如价格操纵），交易所有权宣布取消，并承担相应的法律责任。

六、大宗交易

1. 大宗交易最低限额

证券买卖符合以下条件的，可以采用大宗交易方式：

（1）A 股单笔买卖申报数量应当不低于 30 万股，或者交易金额不低于 200 万元人民币。

（2）B 股单笔买卖申报数量应当不低于 30 万股，或者交易金额不低于 20 万美元。

（3）基金大宗交易的单笔买卖申报数量应当不低于 200 万份，或者交易金额不低于 200 万元。

（4）债券及债券回购大宗交易的单笔买卖申报数量应当不低于 1000 手，或者交易金额不低于 100 万元。

交易所可以根据市场情况调整大宗交易的最低限额。

2. 大宗交易申报方式

投资者可以进行下列大宗交易申报：

（1）意向申报。意向申报指令应当包括证券账号、证券代码、买卖方向等。意向申报应当真实有效。申报方价格不明确的，视为至少愿意以规定的最低价格买入或最高价格卖出；数量不明确的，视为至少愿意以大宗交易单笔买卖最低申报数量成交。

当意向申报被券商接受（包括其他券商报出比意向申报更优的价格）时，申报方应当至少与一个接受意向申报的券商进行成交申报。

（2）成交申报。买卖双方就大宗交易达成一致后，应当委托券商通过交易业务单元向交易所主机系统提出成交申报。申报指令应当包括证券账号、证券代码、买卖方向、成交价格、成交数量等内容。成交申报的证券代码、成交价格和成交数量必须一致。

买卖双方达成协议后，向交易所主机系统提出成交申报，申报的交易价格和数量必须一致。大宗交易的成交申报、成交结果一经本所确认，不得撤销或变更。买卖双方必须承认交易结果，履行清算交收义务。

有价格涨跌幅证券的成交申报价格，由买方和卖方在当日价格涨跌幅限制范围内确定。无价格涨跌幅限制证券的成交申报价格，由买卖双方在前收盘价格的上下 30%或当日已成交的最高、最低价格之间自行协商确定。

（3）固定价格申报。提出固定价格申报的，买卖双方可按当日竞价交易市场收盘价格或者当日全天成交量加权平均价格进行申报。固定价格申报指令应当包括证券账号、证券代码、买卖方向、交易类型、交易数量等内容。

在接受固定价格申报期间内，固定价格申报可以撤销。申报时间结束后，交易所根据时间优先的原则对固定价格申报进行匹配成交，未成交部分自动撤销。

（4）交易所认可的其他大宗交易申报。

3. 大宗交易申报时间

（1）9∶30—11∶30、13∶00—15∶30 接受意向申报。

（2）9:30—11:30、13:00—15:30、16:00—17:00 接受成交申报。

（3）15:00—15:30 接受固定价格申报。

交易日的 15:00 仍处于停牌状态的证券，当日不再接受其大宗交易的申报。每个交易日 9:30—15:30 时段确认的成交，于当日进行清算交收。每个交易日 16:00—17:00 时段确认的成交，于次一交易日进行清算交收。

每个交易日 16:00—17:00 接受的申报，适用于当日其他交易时段接受的涨跌幅价格。券商应当保证大宗交易参与者实际拥有与其申报相对应的证券或者资金。

持有或者租用交易所交易业务单元的机构参与大宗交易，应当通过持有或者租用的交易业务单元提出申报，并确保拥有与申报相对应的证券或者资金。

4. 大宗交易不计指数

大宗交易不纳入交易所即时行情和指数的计算，成交量在大宗交易结束后计入该证券成交总量。交易所在每个交易日结束后通过交易所网站公布以下交易信息：

（1）股票和基金的成交申报大宗交易，内容包括：证券代码、证券简称、成交量、成交价格以及买卖双方所在会员证券营业部的名称。

（2）债券和债券回购的成交申报大宗交易，内容包括：证券名称、成交价和成交量。

（3）单只证券的固定价格申报的成交量、成交金额，及该证券当日买入、卖出金额最大五家券商营业部的名称和各自的买入、卖出金额。

七、交割清算

买卖委托成交后，电脑自动过户。目前交易所的电脑主机在自动配对成交的同时，也自动进行过户，将卖出方的原股东股票划到买入方新股东名下，同时将买入方的资金划转卖出方的账户之中。

交割清算。当场内竞价结束后，首先，在证券交易所内进行一级清算，即证券交易的中介人依据“场内成交单”将券商之间买卖股票的种类数量和价款分别予以轧抵，其应收、应付的股票和差额在事先约定的时间内，在券商的清算账户上进行划拨，办理交割。其次，场内经纪人把当日委托买卖成交的情况告知各自的券商，出具“交割凭单”。最后，券商根据成交通知单与委托人办理清算交割手续，即二级清算。

对其买卖的股票和价款进行收付了结，从而完成清算交割的全部过程。交割凭单中的主要内容有：委托单号（即为股东编号）、申报时间、电脑编号（即反映当日第几笔成交的顺序号）、申请编号（券商席位的电脑终端向交易所主机申报买卖的顺序号）、公司名称、经纪人号、成交日期、成交时间、成交证券、成交数量、成交价格、成交金额、标准佣金等。

第五讲　交易手续费

一、交易手续费的标准

股票买进和卖出都要收交易手续费，主要包括印花税、佣金、过户费、其他费用等。委托买卖的手续费分“阶段式”和“跟价式”。阶段式是根据股票价格和交易股数收取手续费。跟价式是根据股票的交易金额收取手续费。

目前沪深两市交易手续费的标准和项目如下：

（1）印花税：印花税是根据国家税法规定，在股票（包括 A 股和 B 股）成交后对买卖双方投资者按照规定的税率分别征收的税金。首先印花税的缴纳是由券商在投资者交割中代为扣收，其次在券商同交易所或登记结算机构的清算交割时集中结算，最后由登记结算机构统一向征税机关缴纳。

印花税收费标准是按实际成交金额的 1‰支付，两市统一税率。自 2008 年 9 月 19 日至今由向双边征收改为向出让方单边征收，受让者不再缴纳印花税，这是投资者在买卖成交后支付给财税部门的税收。债券、基金、权证交易均免收。

（2）证管费：成交金额的 0.002%双向收取。

（3）证券交易经手费：股票，A 股和 B 股均按成交金额的 0.00487%双向收取；基金，上交所按成交额双边收取 0.0045%，深交所按成交额 0.00487%双向收取；权证，沪深两市均按成交额 0.0045%双向收取。

A 股上述（2）、（3）项收费合计收取成交金额的 0.00687%，包含在券商交易佣金中。

（4）过户费：过户费是指投资者委托买卖的股票、基金成交后，买卖双方为变更股权登记所支付的费用。这笔费用属于证券登记清算机构的收入，由券商在投资者清算交割时代为扣收。过户费的收费标准为：根据中国登记结算公司的规定，从 2015 年 8 月 1 日起沪深两市都进行收取，此费用按成交金额的 0.02‰双向收取。债券、基金、权证交易均免收。

（5）交易佣金：佣金是指投资者在委托买卖证券成交之后，按成交金额的一定比例支付给券商的费用，不同的营业部佣金比例也不同。这项费用一般由券商的经纪佣金、交易所交易经手费及管理机构的监管费等构成。

交易佣金的收费标准为：买卖成交金额的 1‰~3‰，买卖双向收费（一般网上交易 1.8‰，电话委托 2.5‰，营业部自助委托 3‰）。起点为 5 元，单笔交易佣金不满 5 元的按 5 元收取。也就是说，每次交易金额在 1,666.67 元以上比较合算（1,666.67×3‰=5 元）。

回购业务佣金标准为：上交所 3 天、7 天、14 天、28 天和 28 天以上回购品种，分别按成交额 0.15‰、0.25‰、0.5‰、1‰和 1.5‰以下浮动。深交所 3 天、4 天、7 天、14 天、28 天、63 天、91 天、182 天、273 天以上回购品种，分别按成交金额 0.1‰、0.12‰、0.2‰、0.4‰、0.8‰、1‰、1.2‰、1.4‰、1.4‰以下浮动。

一般情况下，券商对大资金量、交易量的客户会给予降低佣金率的优惠，因此资金量大、交易频繁的客户可以与证券部协商。

（6）其他费用：其他费用是指投资者在委托买卖证券时，向券商营业部缴纳的委托费（通信费）、撤单费、查询费、开户费、磁卡费以及电话委托、自助委托的刷卡费、超时费等。这些费用主要用于通信、设备、单证制作等方面的开支，其中委托费在一般情况下，投资者在上海、深圳本地买卖沪、深证券交易所的证券时，向证券营业部缴纳 1 元委托费，异地缴纳 5 元委托费，其他费用由券商根据需要酌情收取，一般没有明确的收费标准，只要其收费得到当地物价部门批准即可，有相当多的证券经营机构出于竞争的考虑而减免部分或全部此类费用。

二、交易手续费的计算

当前交易费用主要由三部分组成：佣金、印花税、过户费。其中佣金，各券商之间的差别很大，在 1‰~3‰之间，佣金比率的高低在一定程度上，影响投资者的交易。所以很多新股民在进入炒股之前，都很想知道股票交易费用计算方法，主要是害怕到时候被坑，特别是在网上交易的股民，交易费用的计算一定要弄清楚。下面是在交易前对交易费用的计算。

（1）印花税：1‰（卖的时候才收取，此为国家税收，全国统一）。

（2）过户费：按成交金额的0.02‰人民币。

（3）交易佣金：最高收费为1‰~3‰，最低收费5元。各家券商收费不一，开户前可咨询清楚。

假设买入1万股，每只股票价格为10元，以此为例，对其买入成本计算：

买入股票所用金额：10元/股×1万股=10万元；

过户费：0.02‰×10万元=2元；

交易佣金：10万元×3‰=300元（按最高标准计算，正常情况下小于这个值）；

买入总成本：10万元+300元+2元=100302元（买入1万股，每股10元，所需总资金）。

那么多少钱，卖出才不赔钱呢？

可按如下公式计算：（买入总成本+卖出过户费）÷（1-印花税率-交易佣金率）÷股票数量=（100310元+10元）÷（1-0.001-0.003）÷10000=10.07228916元=约10.07元。

若以10.08元每股卖出价格计算：

股票金额：10.08元/股×1万股=100800元；

印花税：100800元×1‰=100.8元；

过户费：0.002%×100800元≈2元；

交易佣金：100800元×3‰=302.4元；

卖出后收入：100800元-100.8元-2元-302.4元=100394.8元；

最终实际盈利为：卖出后收入-买入总成本=100394.8-100302=92.8元。

一般而言，买进股票后，需要上涨7‰以上的幅度，才可以保本获利。

第六讲　股票价格指数

一、什么是股票指数

股票指数即股票市场价格指数，是由证券交易所或金融服务机构编制的反映股票行情变动的一种供参考的指示数字。

股价指数可以反映整个市场上各种股票市场价格的总体及其变动情况。由于在股票市场上，众多个股同时交易，股价涨跌各不相同，因此需要有一个总的尺度标准，即股价指数来衡量整个市场的价格水平，来观察股票市场的变化情况。股价指数具有一定的代表性，不仅用以预测股票市场的动向，还可以此为参考指标，来观察、预测社会政治、经济发展形势。

这种股票指数，也就是表明股票行情变动情况的价格平均数。编制股票指数时，通常以某年某月为基础，以这个基期的股价作为100，以后各时期的股价和基期价格比较，计算出升降的比率，就是该时期的股票指数。所以股票指数普遍用“点”来做单位，每一点的涨跌就是相对于基准日的涨跌比率。投资者根据指数的升降，可以判断股价的变动趋势。并且为了能够实时地向投资者反映股市的动向，所有的证券市场几乎都是在股价变化的同时即时公布股价指数。

计算股票指数要考虑三个因素：一是抽样，即在众多股票中抽取少数具有代表性的成分股；二是加权，按单价或总值加权平均，或不加权平均；三是计算程序，计算算术平均数、几何平均数，或兼顾价格与总值。

股票指数的计算，主要有以下三种方法：

（1）相对法。相对法又称为平均法，它先计算各样本股票指数，再加总，求总的算术平均数。其计算公式为：股票指数=N个样本股票指数之和÷N。

（2）综合法。综合法就是先将样本股票的报告期价格和基期价格分别加总，然后相比求出股票的指数。其计算公式为：股票指数=报告期股价之和÷基期价格之和。

（3）加权法。加权股票指数是根据各期样本股票的相对重要性予以加权，其权数可以是成交股数，也可以是股票发行量。按时间划分，权数可以是基期权数，也可以是报告期权数。以基期成交股数（或发行量）为权数的指数称为拉斯拜尔指数。以报告期成交股数（或发行量）为权数的指数称为派许指数。其计算公式为：股票指数=N个股票价格乘以权重之和÷N。

以上三种计算方法，因选择的参数、时点或权数不同，各有其侧重点。

从平均法和综合法计算股票指数来看，两者都不考虑各种采样股票的成交量（或发行量）对整个股票价格的影响，因此计算出来的指数不够精确。加权法因结合了成交量因素，反映整个股票市场的发展变化就比较符合实际。

目前世界上大多数股票指数都是派许指数。中国的上证综合指数和深证成分指数，采用的就是派许指数。

二、股票指数的分类

每一个股票市场都有不同的股票指数，且同一个市场也可能有多种指数。纳入指数计算范围的股票称为指数样本股，也叫成分股。按照股指所涵盖的股票数量和类别的不同，可以分为综合指数、成分指数和分类指数三类。

（1）综合指数，是指将在该交易所上市的所有股票的市价升跌都计算在内。如我国的上证综合指数、纽约证交所综合指数等，就是对所有股票的市值进行综合计算得出的。

（2）成分指数，是指选择具有代表性的部分股票的市值作为标的而编制的指数。目前世界上大多数的指数都是成分指数，如深圳成分股指数、道琼斯指数、标准普尔 500 指数、伦敦金融时报 100 指数、香港恒生指数等。成分股具有典型性、普遍性，一般具有市值大、交易量大、业绩良好、业务稳定的特点。

（3）分类指数，是选择具有某些相同特征（如相同行业）的股票作为目标股计算出来的股指，如房地产指数、金融指数、工业指数等。目前我国有 7 个分类指数，330 多个板块指数，涉及各行各业，且还根据市场热点适时推出新的分类指数。如 2019 年上半年一度活跃的工业大麻、人造肉概念，就推出工业大麻指数、人造肉指数。

行业分类以摩根斯坦利和标准普尔公司联合发布的全球行业分类标准（GICS）为基础，结合我国上市公司实际特点进行调整，将上市公司分为 10 大行业：能源、材料、工业、可选消费、主要消费、健康护理、金融、信息技术、通信服务、公用。

行业划分标准原则如下：一是如果公司某项主营业务的收入占公司总收入的 50%以上，则该公司归属该项业务对应的行业；二是如果公司没有一项主营收入占到总收入的 50%以上，但某项业务的收入和利润均在所有业务中最高，而且均占到公司总收入和总利润的 30%以上，则该公司归属该业务对应的行业；三是如果公司没有一项业务的收入和利润占到 30%以上，则由专家组进一步研究和分析确定行业归属。

三、上证综合指数

在 A 股市场，以上海证券综合指数和深圳成分指数作为分析大盘的依据。

上海证券综合指数（代码为999999或000001，热键为03）可简称为“沪综指”，它是上海证券交易所编制的我国最早发布的股票指数，以上交所挂牌上市的全部股票为计算范围，以发行量为权数的加权综合股价指数，权数为上市公司的总股本。沪综指自1991年7月15日起开始实时发布，基日是1990年12月19日，基日指数定为100点。其后，每天先计算出平均价格，然后除以基准日的平均价，就得到每天的指数。新上市的股票在挂牌的第二天纳入股票指数的计算范围。

沪综指的发布几乎是和股市行情的变化相同步的，它是我国普通投资者和证券从业人员研判股价变化趋势必不可少的参考依据。

2005年5月，上证所将选择已完成股权分置改革的沪市上市公司组成样本，发布新上海证券综合指数（代码为000017，简称“新综指”），以反映这批股票的市场走势，为投资者提供新的投资尺标。新综指以2005年12月30日为基日，以当日所有样本股票的市价总值为基期，基点为1000点，在2006年第一个交易日（1月4日）发布。

“新综指”当前由沪市所有G股（是指股权分置改革试点股票）组成。此后，实施“股改”的股票在方案实施后的第二个交易日纳入指数。指数以总股本加权计算。随着“股改”的完成，目前“沪综指”与“新综指”的分时盘面走势是一致的，但因基点不同而使指数点位有差别，在对外发布、技术分析时以“沪综指”点位为准。

四、深证成分指数

深圳证券成分指数（代码为399001，热键为04）可简称为“深成指”。深交所原先也是采用综合指数的，由深圳证券交易所编制的股票指数，以1991年4月3日为基期。该指数的计算方法与沪综指不同，其样本为所有在深交所挂牌上市的股票，权数为股票的总股本。后来，由于综合指数盘子大，涨跌幅度慢，显示交易沉闷，于是深交所改变了股票指数的编制方法，采用成分股指数。

通过对所有在深交所上市的公司进行考察，按一定标准选出40家有代表性的上市公司作为成分股入选，以成分股的可流通股数为权数，采用加权平均法编制而成，以反映深交所上市的股价走势。现在深交所存在的深成指，以1994年7月20日为基期，基日指数为1000点，起始计算日为1995年1月23日。

深交所选取成分股的一般原则是：有一定的上市交易时间；有一定的上市规模，以每家公司一段时期内的平均可流通股市值和平均总市值作为衡量标准；交易活跃，以每家公司一段时期内的总成交金额和换手率作为衡量标准。

根据以上标准，再结合下列各项因素评选出成分股：公司股票在一段时间内的平均市盈率，公司的行业代表性及所属行业的发展前景，公司的财务状况、盈利记录、发展前景及管理素质，以及公司的地区、板块代表性等，最后确定40只成分股。

样本股进行定期调整，在每年的1月和7月的第一个交易日实施，通常在前一年的12月和当年6月的第二个完整交易周的第一个交易日提前公布样本调整方案。

投资者在分析沪综指和深成指的时候，大家在头脑里要建立这样一个概念，沪综指是把良莠不齐的所有个股都包含了进去，对业绩优良类个股肯定是一个拖累；深成指只选了40只股票，其代表一千多只股票的股性也是不全面的。

五、沪深300指数

沪深300指数（代码为000300）是沪深证券交易所第一次联合发布的反映A股市场整体走势的股票指数，它能够作为投资业绩的评价标准，为指数化投资和指数衍生产品创新提供基础条件。该指数以2004年12月31日为基日，以该日300只成分股的调整市值为基期，基期指数定为1000点，自2005年4月8日起正式发布。

沪深300作为股指期货的交易标的，越来越受到市场的关注。作为一种强调交易性和投资性的指数，其成分股基本面上的特征，主要从盈利能力、成长能力、分红派息以及估值等角度分析，具有以下优势。

（1）沪深300成分股的盈利能力突出。盈利能力直接反映了指数的篮筹特征和长期回报能力，可以了解沪深300成分股的主营收入和税后利润市场占比情况。

根据近年来研究显示，沪深300成分股主营收入市场占比基本稳定在70%左右，其净利润市场占比更是维持在85%以上，且还呈现一定上升趋势。从沪深300指数成分股的净利润分布来看，成分股占整个市场净利润的比重在90%左右。可见，沪深300指数成分股的净利润权重集中度较高，300只成分股净利润合计占市场的比重为90%左右，其中前5位就贡献了全市场43%左右的净利润，也占整个沪深300成分股净利润的近一半，前40位成分股净利润的市场贡献度更是高达70%。

同样统计显示，沪深300的篮筹长期回报特征，根据统计沪深300指数成分股的加权EPS和ROE基本都在全市场水平的1.2倍以上。

以上的分析表明，沪深300成分股将市场上盈利能力最强的公司基本已经全部囊括。总体而言，其成分股的资产质量极佳，盈利能力较强，堪称整个市场的中流砥柱。

（2）沪深300成分股具备较好的成长性。以主营业务收入和净利润的加权平均增长率指标来考察成分股的成长性特征，其成长性指标明显高于市场平均水平。从总体来看，尽管沪深300指数并非一种成长性的指数，其成分股的特征却仍然体现了较好的成长性特征。

（3）沪深300成分股的分红与股息收益高于市场平均水平。股息收益反映了市场的稳定回报，是投资者在较低风险水平下的可预期回报。

根据相关研究表明，沪深300指数在推出当年其成分股现金分红总量已经达到630.64亿元，占整个市场的72.11%，而其市场占比也继续呈现增长趋势。从股息收益率统计分析，投资于沪深300的股息收益率明显高于市场总体水平，基本维持在2%以上的股息收益率。

（4）沪深300成分股估值水平低于市场平均水平。以市净率和市盈率作为评估指标，市场估值水平一直低于市场平均水平，有一定估值优势。

（5）沪深300成分股代表了机构投资取向。由于其良好的基本面情况，受到了市场的广泛关注，同时也代表了市场中主流机构的投资取向。

根据主要研究机构对上市公司评级的统计，沪深300样本股中，有90%的样本股获得主要机构的投资评级，而全部A股中仅有60%左右的股票获得了机构的评级。这表明，沪深300成分股受到市场高度的关注，并且其投资价值也受到了市场的广泛认可。

综上所述，从基本面来看，沪深300指数成分股在近年来的运行中体现了较好的盈利性、成长性和分红收益能力，同时，相对于市场平均水平，其估值优势也较为明显，已经逐渐成为机构投资者乃至整个市场的投资取向标杆。那么，就股指期货而言，沪深300指数有利于得到更多机构的关注，从而更有益于形成以机构投资者为主的投资结构。

六、上证 50 指数

上海证券 50 成分股指数（代码为 000016）可简称为“上证 50”，是运用科学客观的方法，挑选上海证券市场规模大、流动性好的最具代表性的 50 只股票组成样本股，以综合反映上海证券市场最具市场影响力的一批优质大盘企业的整体状况。基日为 2003 年 12 月 31 日。

上证 50 指数依据样本稳定性和动态跟踪相结合的原则，每半年调整一次成分股，调整时间与上证 180 指数一致。特殊情况时也可能对样本进行临时调整。每次调整的比例一般不超过 10%。样本调整设置缓冲区，排名在 40 名之前的新样本优先进入，排名在 60 名之前的老样本优先保留。

上证 50 是权证（ETF）交易标的，也是权证市场的热门品种，越来越受到市场的关注。从上证 50 成分股的情况看，具有如下特征：

（1）上证 50 成分股的净利润与利润总额超过市场平均水平，这两项指标近年来占全部 A 股的比例超过 40%，是优质蓝筹股的突出代表。

（2）上证 50 成分股较上证 180 成分股具有更好的流动性，并且能够更准确地反映优质大盘蓝筹股的市场表现。

（3）从市场表现看，50 只成分股市场走势平衡，多数为基金重仓持有，可以说，上证 50 将成为价值蓝筹股的代名词，可以反映主流机构持仓的风向标。

就投资者而言，应紧紧围绕公司未来的盈利预期及所处行业的状况，并结合股价是否充分反映其基本面变化等因素，来把握买卖时机的选择，以求获取最大收益。

由于上证 50 成分股都是大企业，大都缺乏成长性，对于那些期望分享上市公司高速成长的投资者，上证 50 指数并非最好的选择，成长性较好的企业多数都是小公司，这类公司大多数总市值都小于 100 亿元，而上证 50 成分股的最低市值也都超过 300 亿元。

七、上证 180 指数

上海证券 180 成分股指数（指数代码为 000010）简称“上证 180”，指的是上交所对原上证 30 指数进行了调整并更名而成的，其样本股是在所有 A 股股票中抽取最具市场代表性的 180 只样本股票，自 2002 年 7 月 1 日起正式发布。作为上证指数系列核心的上证180指数的编制方案，目的在于建立一个反映上海证券市场的概貌和运行状况、具有可操作性和投资性、能够作为投资评价尺度及金融衍生产品基础的基准指数。

上证180指数入选的个股均是一些规模大、流动性好、行业代表性强的股票。该指数不仅在编制方法的科学性、成分选择的代表性和成分的公开性上有所突破，同时也恢复和提升了成分指数的市场代表性，从而能更全面地反映股价的走势。上证180指数在入选样本股，剔除了上市时间不足一个季度的股票，暂停上市股票，经营状况异常或最近财务报告严重亏损的股票，股价波动较大、市场表现明显受到操纵的股票。选样的标准是行业内的代表性、规模性、流动性。

上证180的推出，有利于指数化投资，引导投资者理性投资，并促进市场对“蓝筹股”的关注。根据资料统计表明，上证180指数的流通市值接近沪市流通市值的一半（随着上市股票数量的增加，占比可能逐渐下降）。

上证180指数与通常计算的沪综指之间最大的区别在于，它是成分指数，而不是综合指数。成分指数是根据科学客观的选样方法挑选出的样本股形成的指数，所以能更准确地认识和评价市场。综合指数包含了市场上所有的股票，在反映市场状况上就存在不少缺陷，例如，目前沪综指采用全市场平均市盈率标准，将不少业绩差、规模小、股价过高的股票包含进来，导致较高的市盈率。据测算，上证180指数目前的平均市盈率约28倍，比沪综指38倍的平均市盈率降低了约10倍。

有市场就有指数。1991年上交所、深交所综合指数诞生，1992年上证A股、B股指数陆续推出，1995—2004年，深沪两市又陆续推出了深成指、上证180指数（前身为上证30指数）、深证100指数、上证50指数，以及众多的行业分类指数，中国股市指数体系有了较大突破和进展，以成分股为样本的指数开发使中国指数市场出现了真正风格化、投资型的指数产品。在世界主要发达国家股市中，被投资者广泛接受的、能代表市场变化的指数基本上都是成分股指数。当然，我国现有的指数体系，尚不足以满足市场的投资需求，市场迫切需要一些覆盖沪深两市的指数产品。

股票指数并不是玩数字游戏，也不是可有可无的东西，而是一国经济必不可少的“晴雨表”。股票指数上升高，显示经济前景好，股市交投畅旺；反之，指数下跌，说明经济滑落，投资者对股市没有信心，市场交易清淡，卖压多、买盘少。

八、世界主要股票指数

1. 道·琼斯指数

道·琼斯股票价格平均指数（简称“道·琼斯指数”）是世界上历史最为悠久的股票指数，它的全称为股票价格平均数。它是在1884年由道·琼斯公司的创始人查理斯·道开始编制的。

道·琼斯指数是以1928年10月1日为基期，这一天收盘时的道·琼斯股票价格平均数恰好约为100美元，所以就将其定为基准日。

道·琼斯指数共分四组：第一组是工业股票价格平均指数。它由30种有代表性的大工商业公司的股票组成，且随经济发展而变大，大致可以反映美国整个工商业股票的价格水平，这也就是人们通常所引用的道·琼斯工业股票价格平均数。第二组是运输业股票价格平均指数。它由20种有代表性的运输业公司的股票组成，其中8家铁路运输公司、8家航空公司和4家公路货运公司。第三组是公用事业股票价格平均指数，它由代表着美国公用事业的15家煤气公司和电力公司的股票所组成。第四组是平均价格综合指数。它是综合前三组股票价格平均指数65种股票而得出的综合指数，这组综合指数虽然为优等股票提供了直接的股票市场状况，但通常引用的是第一组工业股票价格平均指数。

道·琼斯指数是目前世界上影响最大、最有权威性的一种股票价格指数。这是因为：一是道·琼斯指数所选用的股票都具有代表性，这些股票的发行公司都是本行业具有重要影响的著名公司，其股票行情为世界股票市场所瞩目，各国投资者都极为重视。为了保持这一特点，道·琼斯公司在编制时所选用的股票经常予以调整，用具有活力的更有代表性的公司股票替代那些失去代表性的公司股票。自1928年以来，仅用于计算道·琼斯工业股票价格平均指数的30种工商业公司股票，已有30次更换，几乎每两年就要有一个新公司的股票代替老公司的股票。二是公布道·琼斯指数的新闻载体——《华尔街日报》是世界金融界最有影响力的报纸。该报每天详尽报道其每个小时计算的采样股票平均指数、百分比变动率、每种采样股票的成交数额等，并注意对股票分股后的校正。在营业时间里，每隔半小时公布一次道·琼斯指数。三是这一指数自编制以来从未间断，可以用来比较不同时期的股票行情和经济发展情况，成为反映美国股市行情变化最敏感的指数之一，是观察市场动态和从事股票投资的主要参考依据。

当然，由于道·琼斯股票价格指数是一种成分股指数，它包括的公司仅占2500多家上市公司的极少部分，而且多是热门股票，且未将发展迅速的服务性行业和金融业的公司包括在内，所以它的代表性也一直受到人们的质疑与批评。

2. 标准·普尔指数

除了道·琼斯指数外，标准·普尔股票价格指数（简称“标普指数”）在美国也很有影响，它是美国最大的证券研究机构即标准·普尔公司编制的股票价格指数。该公司于1923年开始编制发表股票价格指数。最初采选了230种股票，编制两种股票价格指数。到1957年这一股票价格指数的范围扩大到500种股票，分成95种组合。其中最重要的四种组合是工业股票组、铁路股票组、公用事业股票组和500种股票混合组。从1976年7月1日开始，改为400种工业股票、20种运输业股票、40种公用事业股票和40种金融业股票。

将近一个世纪以来，虽然有股票更迭，但始终保持为500种。标准·普尔公司股票价格指数以1941—1943年抽样股票的平均市价为基期，以上市股票数为权数，按基期进行加权计算，其基点数为10。以股票市场价格乘以股票市场上发行的股票数量为分子，用基期的股票市场价格乘以基期股票数为分母，相除之数再乘以10就是股票价格指数。

3. 纳斯达克指数

纳斯达克是美国全国证券交易商协会于1968年着手创建的自动报价系统名称的英文简称。其特点是收集和发布场外交易非上市股票的证券商报价。它现已成为全球最大的证券交易市场之一，目前有5000多家上市公司。也是全世界第一个采用电子交易的股票市场，其在55个国家和地区设有26万多个计算机销售终端。

纳斯达克综合指数（简称“纳斯达克指数”或“纳指”）是反映纳斯达克证券市场行情变化的股票价格平均指数，基期指数为100。纳斯达克的上市公司涵盖所有新技术行业，包括软件和计算机、电信、生物技术、零售和批发贸易等。主要由美国的数百家发展最快的先进技术、电信和生物公司组成，包括微软、英特尔、美国在线、雅虎这些家喻户晓的高科技公司，因而成为美国“新经济”的代名词。

纳指是代表各工业门类的市场价值变化的“晴雨表”。它相比标准普尔

500指数、道·琼斯工业指数更具有综合性。纳指包括5000多家公司，超过其他任何单一证券市场。正因为有如此广泛的基础，所以成为最有影响力的证券市场指数之一。

纳指是所有在纳斯达克交易的股票的资产加权指数，在1971年第一个交易日时设为100点。大约10年后，指数翻番到了200点。又过了10年，指数到达500点。1995年7月，纳指到达了第一个具有里程碑意义的1000点。随着科技股收益的增长，纳指展开了爆炸性上涨，截至2019年4月29日创出8176.08点的历史新高，48年累计涨幅超过80倍。

4. 富时100指数

伦敦金融时报100种股价指数，简称“富时100指数”，由英国金融界著名报纸《金融时报》编制发布。创立于1984年1月3日，是指在伦敦证券交易所上市的最大的100家公司的股票指数。相关股票指数包括：金融时报工业股票、100种股票价格指数、综合精算股票指数三种。富时100指数是英国经济的“晴雨表”，也是欧洲最重要的股票指数之一。

富时100指数的成分股每季度调整一次，其成分股涵盖欧陆9个主要国家，以英国企业为主，其他国家包括德国、法国、意大利、芬兰、瑞士、瑞典、荷兰及西班牙。它和德国的法兰克福指数、法国的CAC-40指数并称为欧洲三大股票指数，是当前全球投资人观察欧股动向最重要的指标之一。

1888年2月13日在伦敦创刊的《金融时报》是英国以经济、金融报道为主的对开日报，发行量约20万份，是4家全国性高级日报中发行量最小的一家，但在西方国家影响较大，其读者分布在150多个国家和地区。

该报平均每天38版，广告占47%，主要报道财政、金融、工商业方面的消息，同时也十分重视与经济有关的国内外政治动向，被认为是英国金融集团的喉舌。它刊载的30种股票指数是判断英国政治、经济情况的重要“晴雨表”。

5. 德国DAX指数

德国DAX指数也称之为法兰克福DAX指数，是德国重要的股票指数，是由德意志交易所集团推出的一个蓝筹股指数。1988年7月1日起开始正式交易，基准点为1000点。指数以“整体回报法”进行计算，即在考虑公司股价的同时，考虑预期的股息回报。

该指数中包含有30家主要的德国公司。DAX指数是全欧洲与英国伦敦金融时报指数、法国的CAC指数齐名的重要证券指数，也是世界证券市场中的重要指数之一。该指数通过 Xetra 交易系统进行交易，因此其交易方式不同于传统的公开交易方式，而是采用电子交易的方式，便于进行全球交易。

DAX 指数是德国最受重视的股价指数，但该指数仅由 30 种蓝筹股组成，因此也叫德国 DAX30 指数，被认为范围过窄而不适合作为股市整体表现的指标。DAX30 与美国标准普尔 500、法国 CAC40 股指及英国伦敦金融时报 100 股价指数一样是以市值加权的股价平均指数，而不是简单平均的股价平均指数。

但与其他指数不同的是，DAX30 指数试图反映德国股市的总收益情况，而其他指数则只反映市场价格的变化。DAX30 指数考虑股息收入，名义上将所有股息收入（按成分股的比重）再投资在股票上。如此，即便德国股票价格没有变动，DAX30 指数仍可能因股息收入而上涨。DAX30 指数的期货和期权合约在欧洲期货期权交易所（EUREX）挂牌买卖。

6. 法国 CAC 指数

法国 CAC 指数是法国重要的股价指数，由 40 只法国股票构成，因此也叫法国 CAC40 股票指数。CAC40 指数由巴黎证券交易所（PSE）以其前 40 大上市公司的股价来编制，基期为 1987 年底。该指数从 1988 年 6 月 5 日开始发布，反映法国证券市场的价格波动。较新的 CAC 指数由 100 只法国股票构成，使用更广泛，但 CAC40 指数仍被视为基准指数。

CAC40 指数计算方式为市值加权，即以公司的市值为基础加权平均，因此大公司的小幅价格波动即会显著影响指数。CAC40 指数的成分股每季都会受到审核，以确保这 40 个成员公司的蓝筹股地位、在法国股市有一定的影响力、有一定的交易量以及能反映出法国股票市场的整体状况，也是欧洲三大主要股票指数之一。

CAC40 指数成分股是由法国注册的公司组成的，但这 40 家公司的股票中有约 45% 为外国投资者所有，比例高于任何其他欧洲主要股票指数，外国投资者主要来自德国、日本、美国和英国。在 40 家公司中，像阿尔卡特、家乐福、欧莱雅、米其林和雷诺汽车等一大批中国市场耳熟能详的知名企业，亦隶属于法国 CAC40 股票指数范围内。

7. 日经指数

日经指数原称为“日本经济新闻社道·琼斯股票平均价格指数”，由日本经济新闻社编制公布的反映日本东京证券交易所股价变动的股票价格平均指数。该指数的前身为 1950 年 9 月开始编制的“东证修正平均股价”。1985 年

5 月 1 日改为“日经平均股价指数”（简称为“日经指数”）。

日经指数按其计算对象的采样数目不同，现分为两种：一是日经 225 种平均股价指数，它是从 1950 年 9 月 7 日开始编制的；二是日经 500 种平均股价指数，它是从 1982 年 1 月开始编制的。

日经指数采样股票分别来自制造业、建筑业、运输业、电力和煤气业、仓储业、水产业、矿业、不动产业、金融业及服务业等行业，覆盖面极广，各行业中又是选择最有代表性的公司发行的股票作为样本股票，而且样本股票的总量也在不断增加，目前已从 225 种扩增为 500 种。因此，该指数被看作日本最有影响和代表性的股价指数，通过它可以了解日本的股市行情变化和经济景气变动状况。

日经指数是日本的股票指数，它代表日本股市或资本市场是好是坏的“晴雨表”，也是反映日元价值的因素之一，因此会对日元在外汇市场上的汇率造成相关的影响。日元是七大工业国的货币，也是外汇市场上交投最活跃的外汇之一，可见日经指数的升跌的影响可谓举足轻重。

由于经济持续强劲增长及日元升值的支撑，日本股市在 1984 年初突破 10000 点之后，走出了一波长达五年的大牛市行情。1989 年 12 月 29 日，日经指数达到其历史最高点 38915 点，这是牛市之初的近 3 倍，总市值上涨到 611 万亿日元，相当于 GDP 的 1. 48 倍。当时，整个日本岛都沉迷在空前的繁荣和疯狂之中，人们甚至坚信股价只涨不落、地价只升不降的大和神话永不破裂。1990 年 1 月 3 日，《日本经济新闻》在对 20 位著名企业家进行股市预测时，大家一致乐观地认为 1990 年的股价将继续上冲至 42000~48000 点。谁知，1990 年 4 月 2 日，日经平均指数暴跌至 28002. 07 点，比 1989 年末的最高值下降了 28. 05%，1990 年 10 月 1 日，又降至 20221. 86 点，股市总市值消失了 270 万亿日元以上。股票的下跌也引起国内债券市场的恐慌，抛售股票、债券的资金迅速流向海外，日本金融市场出现了股票、债券与日元三重贬值的混乱之中。1990 年秋季，房地产开始暴跌。股价和房价的暴跌使居民持有的金融资产价格严重缩水，个人金融资产的暴跌所产生的逆资产效果导致消费信贷收缩，居民消费锐减，日本经济因此陷入萧条时期。2008 年 10 月 28 日，日经指数最低下探至 6994 点，创造了自 1984 年以来的历史最低。随后开始反弹，2018 年 10 月 2 日创出了 24448. 07 点后，再次陷入低迷走势。地产和股市泡沫，令日本股市大伤元气，至今无法恢复。

8. 香港恒生指数

香港恒生股票价格指数（简称“恒生指数”或“恒指”）是香港股票市场上历史最久、影响最大的股票价格指数，由香港恒生银行于1969年11月24日开始发布。其编制是以1964年7月31日为基期，这一天港股运行正常，成交值均匀，可反映整个香港股市的基本情况，基点确定为100点。其计算方法是将33种股票按每天的收盘价乘以各自的发行股数为计算日的市值，再与基期的市值相比较，乘以100就得出当天的股票价格指数。

恒指包括从香港500多家上市公司中挑选出来的33家有代表性且经济实力雄厚的大公司股票作为成分股，分为四大类：4种金融业股票、6种公用事业股票、9种地产业股票和14种其他工商业（包括航空和酒店）股票。这些股票占香港股票市值的63.8%，涉及香港的各个行业，其指数具有较强的代表性。

由于恒指所选择的基期适当，无论股票市场狂升或猛跌，还是处于正常交易水平，恒指基本上能反映整个股市的活动情况。

自恒指发布以来，已经过多次调整。1980年8月香港当局通过立法，将香港证券交易所、远东交易所、金银证券交易所和九龙证券所合并为香港联合证券交易所。在香港股票市场上，只有恒生股票价格指数与新产生的香港指数并存，其他的股票价格指数均不复存在。

中国的沪综指和深成指，与上述介绍的几种主要股票指数都是世界上影响比较大的股价指数，此外欧盟的欧洲50指数、新加坡的A50指数、韩国的南韩综合指数、俄罗斯的俄RTS指数、印度的SENSE指数、巴西的BVSP指数和中国台湾的台北加权指数等，也是世界资本市场影响比较大的股票指数。

第七讲　盘面基本信息

在股市中常说的大盘主要指的是主板，主板包括上海主板和深圳主板。在分析和研究大盘走势时也是以这两个主板的变化为主要参考依据。创业板、中小板起辅助性作用，对主板走势有一定的影响；新三板、科创板起参考作用，对主板走势影响不大。

在实盘操作看盘时，主要看三方面的内容：一是大盘的分时走势图；二是大盘的K线图；三是行情报价，即涨跌幅排名。

一、大盘分时页面

大盘分时走势图，简称为分时图，在实时行情的界面上，主要分两个区域：主图区域和数据显示区域。分时盘面中显示的信息非常丰富，主要有以下内容：

1. 大盘分时主图区域

大盘分时主图区域主要由实时行情走势图和成交量两部分组成。在行情走势图中，也包括红色上涨区域和绿色下跌区域两部分。左侧纵轴为指数点位，右侧纵轴为涨跌幅度，横轴为交易时间。在成交量图中，纵轴为每一分钟成交量手数，横轴为交易时间。如图 1-1 所示。

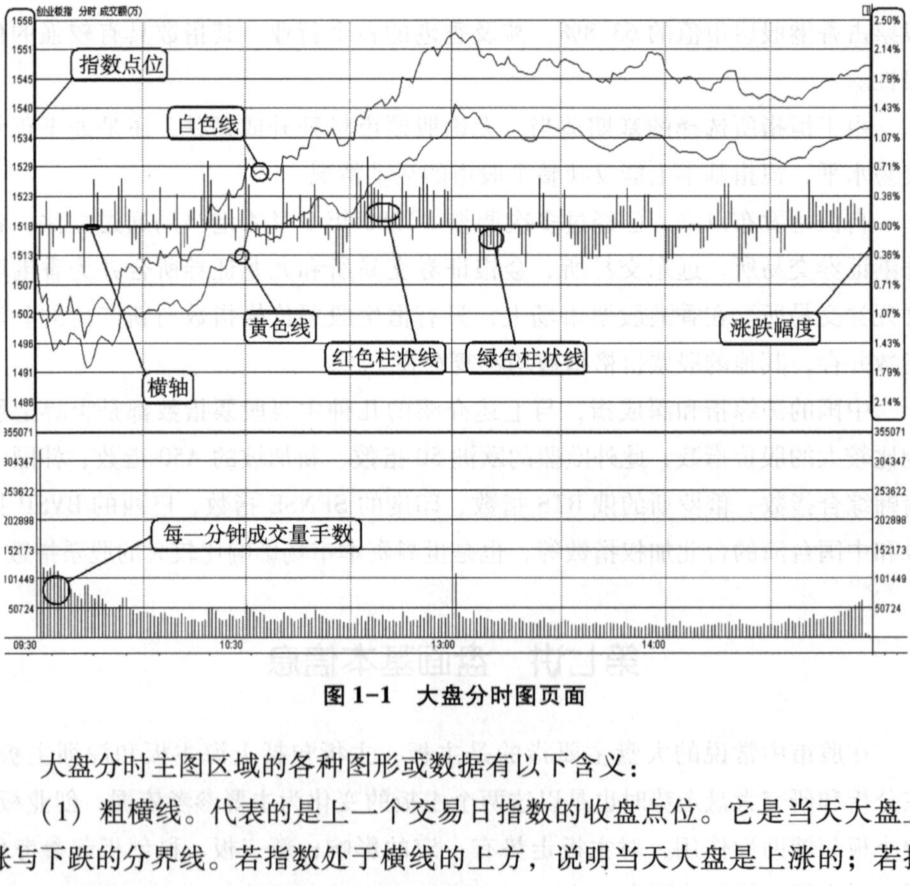

图 1-1 大盘分时图页面

大盘分时主图区域的各种图形或数据有以下含义：

（1）粗横线。代表的是上一个交易日指数的收盘点位。它是当天大盘上涨与下跌的分界线。若指数处于横线的上方，说明当天大盘是上涨的；若指数处于横线的下方，说明当天大盘是下跌的。

（2）红绿区域。在行情走势图中有红色框、绿色框两个区域。当指数在横线之上，为红色框区域内，代表指数处于上涨状态，指数距离横线越远，表示买气越强，指数向上运行力度越大；当指数在横线之下，为绿色框区域内，代表指数处于下跌状态，指数距离横线越远，表示卖压越大，指数向下运行力度越大。

（3）黄白曲线。有白色曲线和黄色曲线，白色曲线表示上证交易所对外公布的通常意义下的大盘指数，也就是加权数。黄色曲线是不考虑上市股票发行数量的多少，将所有股票对上证指数的影响同等对待的不含加权数的大盘指数。

参考白色曲线和黄色曲线的形态和相对位置关系，可以得到以下信息：

当指数上涨，黄色曲线在白色曲线走势之上时，表示发行数量少（盘小）的股票涨幅较大；当黄色曲线在白色曲线走势之下，则表示发行数量多的股票（权重股）涨幅较大。

当指数下跌时，如果黄色曲线仍然在白色曲线之上，这表示小盘股的跌幅小于大盘股的跌幅；如果白色曲线反居黄色曲线之上，则说明小盘股的跌幅大于权重股的跌幅。

（4）红绿柱状线。有红色柱状线和绿色柱状线，通常是用来反映指数上涨或下跌的强弱程度的。当大盘向上运行的时候，处于横线上方会呈现出红色柱状线，红色柱状线呈现出越多或越高，那么上涨力度就越强；当红色柱状线渐渐减少和缩短时，那么就表示上涨力度渐渐减弱。

同样，当大盘向下运行的时候，处于横线下方会呈现出绿色柱状线，绿色柱状线出现越多或越长，那么就表示下跌力度越强；如果绿色柱状线渐渐减少或缩短，那么表示下跌力度渐渐减弱。

（5）黄色柱状线。在成交量区域里，黄色柱状线表示每分钟的成交量，单位为手。最左边一根特长的线是集合竞价时的交易量，后面是每分钟出现一根。成交量大时，黄色柱状线就拉长；成交量小时，黄色柱状线则缩短。

（6）小星星。在大盘分时主图的上方不时地出现一颗颗小星星，这是券商或交易所实时发布的各种消息，点击（左键双击）每一颗小星星，就会显示一条或若干条消息的标题，然后再点击标题，就会看到消息的详细内容，帮助投资者及时了解市场动态消息。

2. 盘口数据显示区域

该位于分时主图的右边，共有 5 个部分组成，从上到下分别是：相关市场成交量、盘面基本信息、当日涨跌家数、当日资金进出和分时成交明细（不同交易软件，内容有所区别）。如图 1-2 所示。

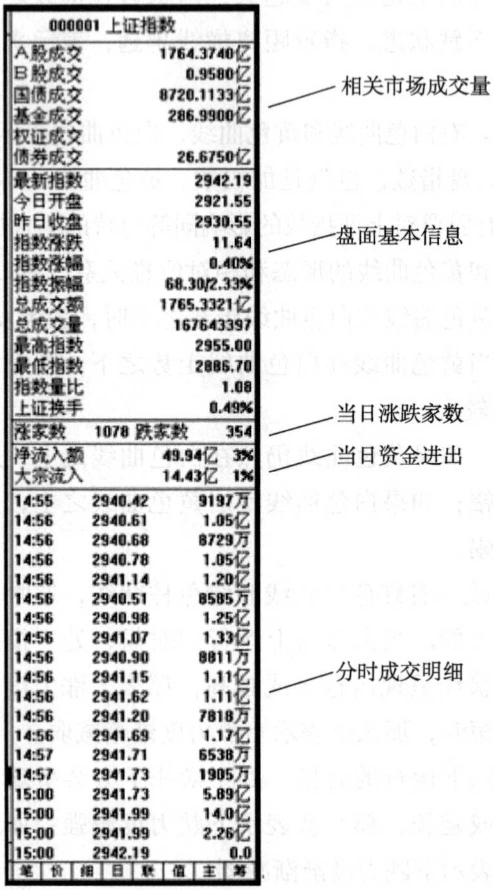

图 1-2 数据显示区域界面

大盘分时数据显示区域的数据有以下含义：

（1）相关市场成交量栏中，显示 A 股、B 股、国债、基金、权证、债券的即时成交金额。

（2）盘面基本信息栏中，包括如下 12 方面的内容：

①最新指数：指最新一笔成交时所形成的指数点位。

②今日开盘：指开盘集合竞价所产生的指数点位。

③昨日收盘：指昨日收盘集合竞价所产生的指数点位，用白色数值表示。

④指数涨跌：指上涨或下跌的指数点位数值。

⑤指数涨幅：指上涨或下跌的比率（幅度）。

⑥指数振幅：指最高点与最低点的大小和幅度。前一个数值是指点数大

小，后一个数值是指幅度大小。

⑦总成交额：指即时行情中所成交的金额总和。

⑧总成交量：指即时行情中所产生的成交手数总和。

⑨最高指数：指从当天开盘以来指数创出的最高点位。

⑩最低指数：指从当天开盘以来指数产生的最低点位。

⑪指数量比：指买盘与卖盘的比值。

⑫上证换手：指即时行情中所产生的换手率。

（3）涨跌家数，指即时行情中该交易所的上涨总家数和下跌总家数，不包括平盘家数，以此分析判断市场的强弱。

（4）资金进出，揭示即时行情中市场资金和大宗交易资金流动情况，分析市场活动情况。

（5）分时成交明细，反映市场交易情况，每 5 秒显示一次，一分钟显示 12 次。鼠标双击显示区，可以放大数据，用“Page Up”和“Page Down”切换观望当天全部数据，再双击鼠标显示返回。

3. 四周辅助功能区域

在分时走势图的四周，也包含许多功能，主要有以下内容（如图 1–3 所示）。

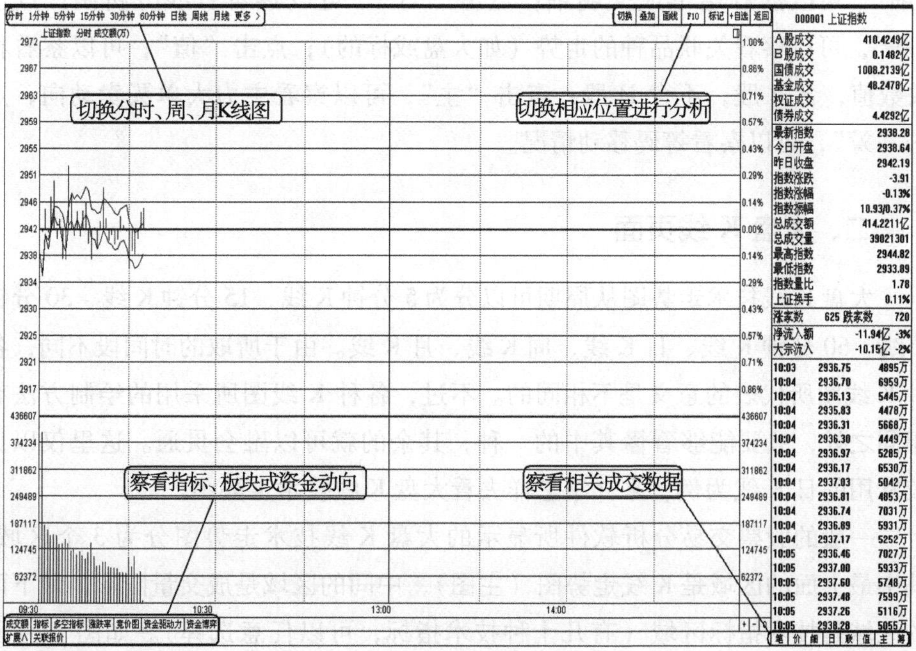

图 1–3 分时辅助功能界面

（1）左上角位置。分别标有 1 分钟、5 分钟、15 分钟、30 分钟、60 分钟、日线、周线、月线等。鼠标左键单击相应内容，盘面快速切换到所点击的 K 线图。

（2）右上角位置。分别标有切换、叠加、画线、F10、标记、自选、返回。点击“切换”，可以察看相关指标和数据；点击“叠加”，可以叠加指定品种；点击“画线”，可以对盘面进行技术画线分析；点击“F10”，可以察看当天基本面信息；点击“标记”，可以对盘面买卖进行标记；点击“自选”，可以增加或减少自选；点击“返回”，盘面切换到报价系统。

（3）左下角位置。有两行内容，上面一行分别标有成交额、指标、多空指标、涨跌率、竞价图、资金驱动力、资金博弈。这一行的内容与右上角中的“切换”内容一致。

下面一行是：扩展∧、关联报价。点击这两个位置均显示当天涨跌板块情况，有助于及时了解板块热点。

（4）右下角位置。分别标有笔、价、细、日、联、值、主、筹。点击“笔”，可以察看分时成交明细；点击“价”，可以察看当日分价；点击“细”，可以察看逐笔成交明细；点击“日”，可以察看日线分析图；点击“联”，可以察看关联品种的走势（如大盘或标的）；点击“值”，可以察看相关数值，含 B 股，不含 H 股；点击“主”，可以察看主力大单买卖动向；点击“筹”，可以察看筹码移动情况。

二、大盘 K 线页面

大盘 K 线技术走势图从周期可以分为 5 分钟 K 线、15 分钟 K 线、30 分钟 K 线、60 分钟 K 线、日 K 线、周 K 线、月 K 线。由于所取的时间段不同，各种 K 线图所代表的意义是不相同的。不过，各种 K 线图所采用的绘制方法有相同之处，只要能够看懂其中的一种，其余的就可以融会贯通。这里仅以比较常用的日 K 线为例，来介绍怎样去看大盘 K 线技术走势图。

一般的股票交易分析软件所显示的大盘 K 线技术走势图分为 3 个区域，其中最上面的区域是 K 线走势图（主图），中间的区域是成交量图形，最下面的区域是技术指标区域（有几十种技术指标，可以任意选择）。如图 1-4 所示，这是上证指数 2019 年 1 月 11 日—7 月 16 日 K 线图，它包含以下主要

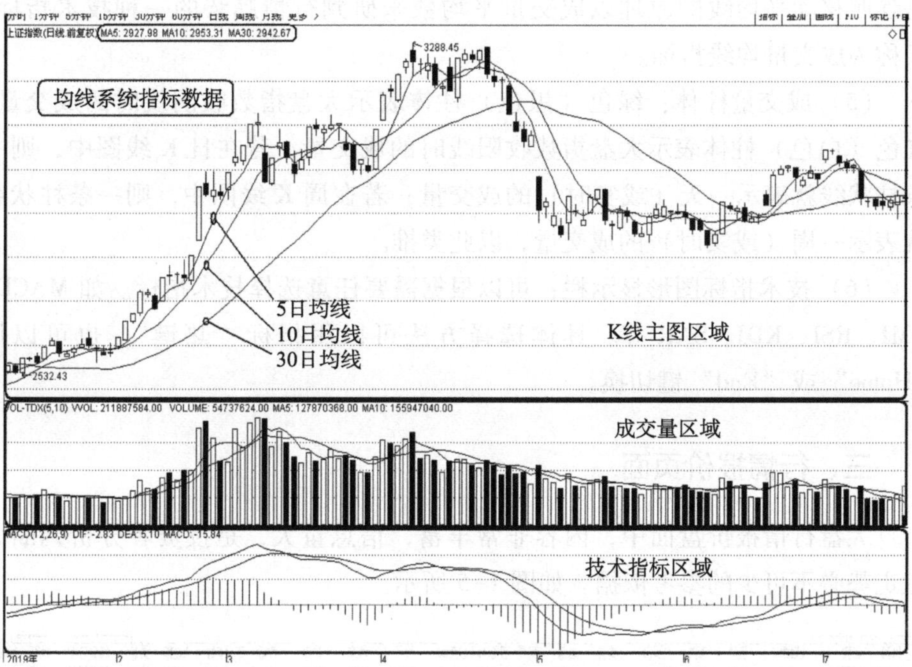

图1-4　日K线

信息：

（1）移动平均线采样显示栏：可以显示三个不同时间周期的均线在某一天的数值。例如，处在最前面的“MA5：2927.86”，表明该图所显示的最后一个交易日的上证指数5日均线位于2927.86点。后面的2个数据分别所代表的是10日和30日均线的数值。

（2）移动平均线走势图：一般设3条均线，分别用不同颜色表示。这3条均线究竟是5日、10日、30日均线，还是别的什么均线，在“移动平均线采样显示栏”有明确提示。通常，时间最短的均线（如5日均线）用白色表示，时间最长的均线（如30日均线）用紫色表示，时间居中的均线（如10日均线）用黄色表示。

（3）均量线采样显示栏：可以显示三种不同时间周期的均量线在某日内的数值。如该栏中“MA5：115695576”表示图中最后一个交易日的5日平均量为115695576手。第一个数据“VOLUME”，表示当天实时成交量。

（4）均量线：以一定时期成交量的算术平均值在图形中形成的曲线。它是参照移动平均线的原理以成交量平均数来研判行情趋势的一种技术指标，又称为成交量均线指标。

（5）成交量柱体：绿色（黑色）柱体表示大盘指数收阴线时的成交量，红色（白色）柱体表示大盘指数收阳线时的成交量。若在日 K 线图中，则一条柱状线就表示一天（或实时）的成交量；若在周 K 线图中，则一条柱状线就表示一周（或实时）的成交量，以此类推。

（6）技术指标图形显示栏：可以根据需要任意选择技术指标。如 MACD、DMI、RSI、KDJ、SAR 等。具体选择方法可以用指标“热键”，也可以用“Home”或“End”键切换。

三、行情报价页面

大盘行情报价盘面中，内容非常丰富，信息量大，是投资者分析判断大盘走势必不可少的参考依据。如图 1-5 所示。

▼	代码	名称	·	涨幅%↓	现价	涨跌	买价	卖价	总量	现量	涨速%	换手%	今开	最高	最低	昨收	市盈(动)	总金额	量比	细分行业	地区	振幅%
1	603236	N移远		44.00	63.26	19.33	63.26	–	625	7	0.00	0.28	52.72	63.26	52.72	43.93	32.48	393万	0.00	通信设备	上海	23.99
2	601698	中国卫通		10.04	12.27	1.12	12.27	–	942736	5	0.00	23.57	12.27	12.27	11.90	11.15	127.53	11.5亿	6.41	电信运营	北京	3.32
3	601236	红塔证券		9.98	9.70	0.88	9.70	–	14288	3	0.00	0.39	9.70	9.70	9.70	8.82	42.90	1386万	2.68	证券	云南	0.00
4	601678	滨化股份		9.94	7.41	0.67	7.41	–	734192	24	0.00	4.75	6.88	7.41	6.88	6.74	20.51	5.26亿	6.85	化工原料	山东	7.86
5	600078	澄星股份	×	9.94	6.86	0.62	6.86	–	730833	20	0.00	11.03	6.60	6.86	6.56	6.24	138.65	4.95亿	3.00	化工原料	江苏	4.81
6	600198	大唐电信	×	6.64	12.52	0.78	12.51	12.52	324192	53	0.00	3.68	11.73	12.82	11.65	11.74	–	4.02亿	3.89	通信设备	北京	9.97
7	600261	阳光照明	×	6.36	4.18	0.25	4.18	4.19	404457	100	0.48	2.79	3.98	4.24	3.93	3.93	9.52	1.66亿	3.23	家用电器	浙江	7.89
8	603609	禾丰牧业		6.32	13.13	0.78	13.13	13.18	192339	17	0.08	2.31	12.97	13.50	12.80	12.35	21.47	2.52亿	4.17	饲料	辽宁	5.67
9	603579	荣泰健康		6.18	30.43	1.77	30.42	30.43	26619	1	0.10	5.18	28.90	31.48	28.90	28.66	18.44	8024万	2.68	医疗保健	上海	9.00
10	600671	天目药业		6.01	16.23	0.92	16.20	16.23	163726	22	-0.05	13.45	16.00	16.68	15.36	15.31	–	2.64亿	4.72	中成药	浙江	8.62
11	603477	振静股份		5.70	8.16	0.44	8.16	8.17	95472	190	-0.23	8.41	7.74	8.40	7.68	7.72	39.55	7750万	12.88	纺织	四川	9.33
12	603338	浙江鼎力		5.78	60.42	3.30	60.39	60.41	15690	6	0.75	0.45	57.00	60.45	56.73	57.12	51.84	9237万	2.25	专用机械	浙江	6.51
13	600216	浙江医药	×	5.50	12.08	0.63	12.07	12.08	252908	86	-0.73	2.65	11.50	12.59	11.50	11.45	21.92	3.03亿	2.66	化学制药	浙江	9.52
14	603337	杰克股份		5.57	19.52	1.03	19.52	19.54	22525	20	-0.04	1.92	18.49	19.62	18.01	18.49	18.48	4305万	2.38	纺织机械	浙江	8.71
15	600775	南京熊猫		5.35	12.02	0.61	12.01	12.02	237700	2	0.08	3.54	11.35	12.20	11.26	11.41	204.00	2.83亿	3.69	通信设备	江苏	8.24
16	600470	六国化工	×	4.85	5.40	0.25	5.40	5.41	636205	23	0.00	12.20	5.00	5.62	4.96	5.15	–	3.33亿	3.72	农药化肥	安徽	12.82
17	600891	*ST秋林		5.03	1.67	0.08	1.67	–	70405	2	0.00	1.83	1.59	1.67	1.57	1.59	–	1163万	3.51	百货	黑龙江	6.29
18	601155	新城控股		5.01	28.91	1.38	28.91	28.92	657216	110	-0.71	2.93	27.80	29.36	27.72	27.53	78.88	18.7亿	1.09	区域地产	江苏	5.96
19	600421	*ST仰帆		5.01	12.58	0.60	12.55	12.58	10391	1	0.00	0.53	12.15	12.58	11.71	11.98	–	1288万	2.72	综合类	湖北	7.26
20	600870	ST厦华		5.00	3.36	0.16	3.36	–	19198	50	1.82	0.37	3.25	3.36	3.11	3.20	–	632万	3.15	家用电器	福建	7.81
21	600186	*ST莲花		4.91	1.71	0.08	1.71	–	45053	37	0.00	0.42	1.62	1.71	1.61	1.63	–	757万	1.74	食品	河南	6.13
22	603863	松炀资源		4.83	27.80	1.28	27.76	27.80	168641	1	0.18	32.76	27.50	28.88	27.08	26.52	81.53	4.69亿	1.43	造纸	广东	6.79
23	603717	天域生态		4.74	9.28	0.42	9.26	9.28	31925	3	-0.10	2.62	8.98	9.70	8.86	8.86	480.77	2959万	5.98	环境保护	重庆	9.48
24	603068	博通集成		4.57	71.41	3.12	71.41	71.46	40717	1	0.25	11.74	68.90	72.50	67.38	68.29	151.16	2.86亿	1.54	半导体	上海	7.50
25	600698	*ST天雁		4.48	3.03	0.13	3.03	3.04	71602	10	-0.32	0.97	2.89	3.04	2.86	2.90	243.44	2131万	2.57	汽车配件	湖南	6.21
26	600696	ST岩石		4.48	9.09	0.39	9.09	9.10	14434	4	-0.10	0.42	8.83	9.11	8.83	8.70	209.58	1299万	1.29	区域地产	上海	3.22
27	603678	火炬电子		4.46	23.90	1.02	23.89	23.90	59511	6	0.04	1.31	22.55	24.36	22.55	22.88	37.56	1.41亿	4.01	元器件	福建	7.91
28	600556	ST慧球		4.32	7.49	0.31	7.49	7.50	23352	10	-0.39	0.59	7.31	7.53	7.31	7.18	–	1743万	6.69	软件服务	广西	3.06
29	600500	中化国际		4.26	5.88	0.24	5.88	5.89	244972	40	0.00	0.90	5.55	5.97	5.55	5.64	16.47	1.42亿	4.38	商贸代理	上海	7.45
30	600363	联创光电	×	4.19	13.42	0.54	13.41	13.42	66313	20	0.00	1.50	12.90	13.44	12.81	12.88	50.95	8761万	1.56	元器件	江西	4.89
31	601231	环旭电子		4.00	11.95	0.46	11.94	11.95	72302	49	-0.57	0.33	11.52	12.05	11.46	11.49	29.14	8519万	2.30	元器件	上海	5.13
32	603327	福蓉科技		4.06	24.84	0.97	24.84	24.85	66255	25	0.24	12.99	23.88	24.98	23.72	23.87	36.83	1.62亿	1.62	元器件	四川	5.28
33	603222	济民制药		3.95	42.08	1.60	42.05	42.08	11052	4	0.19	0.35	40.99	42.15	40.82	40.48	298.94	4582万	2.03	化学制药	浙江	3.29

图 1-5 行情报价页面

在“行情报价”页面，有如下信息：

（1）纵向栏。为当日或即时行情的涨跌排序，从最大涨幅到最大跌幅进行排列，幅度相同的按时间先后排列。

（2）横向栏。在屏幕上端，分别标有代码、名称、涨幅%、现价、买价、卖价、总量、现量、涨速%、换手%、今开、最高、最低、昨收、市盈（动）、总金额、量比、细分行业、地区、振幅%，这些项目大多数不用解释也能理解，个别概念在相关章节中介绍。

在屏幕下端，分别标有A股、中小、创业、B股、基金、债券、股转、板块指数、自选、板块、自定、港股、期货、港股通、股转系统，点击该项目即切换到所点击项目的屏幕。

（3）综合排名。点击右上角“综合排名”，可以察看相关板面的前6位股票的不同内容的排名情况，包括今日涨幅排名、今日跌幅排名、今日量比排名、5分钟涨速排名、5分钟跌速排名、今日振幅排名、今日委比前排名、今日委比后排名、今日总金额排名。

可以使用“热键”切换“综合排名”，“81”为上证A股，“82”为上证B股，“83”为深证A股，“84”为深证B股，“85”为上证债券，“86”为深证债券，“87”为沪深A股，“88”为沪深B股、“89”为中小板，“811”为沪深权证，“812”为创业板，“815”为板块指数等。

通过察看“综合排名”变化，可以掌握板块热点的切换，及时捕捉龙头个股。

四、个股分时页面

在个股分时走势图（实时行情）的界面上，与大盘分时走势图的界面差不多，也分主图区域和数据显示区域两部分。

1. 个股分时主图区域

主要由实时行情走势图（包括红色上涨区域和绿色下跌区域两部分）和成交量两部分组成。在行情走势图中，左纵轴为价位，右纵轴为涨跌幅度，横轴为交易时间。在成交量图中，纵轴为每一分钟成交量的手数，横轴为交易时间。如图1-6所示。

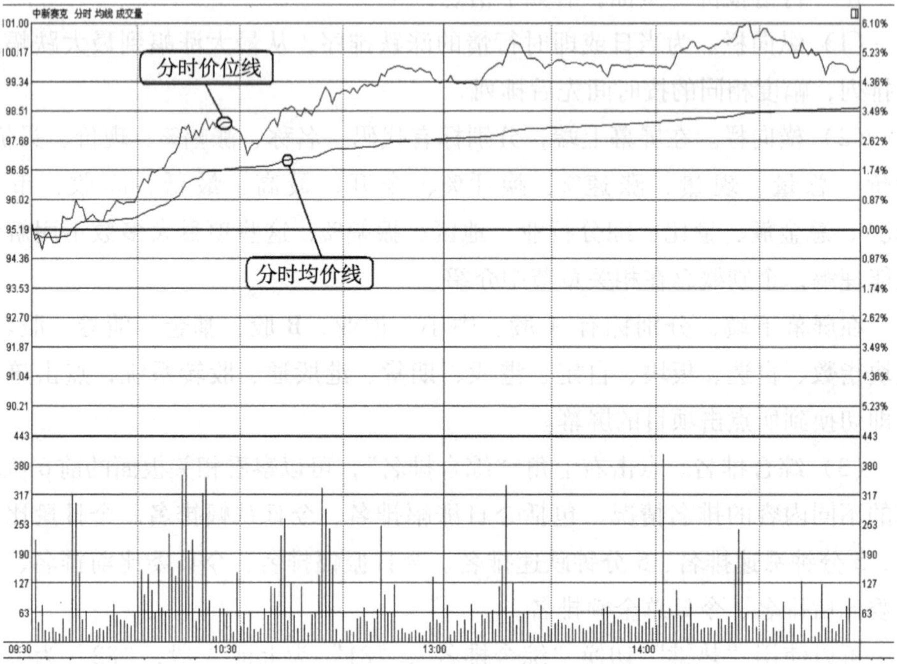

图 1-6 个股分时图页面

个股分时主图区域的各种图形或数据有以下含义：

（1）粗横线。代表的是上一个交易日股价的收盘位置。它是当天股价上涨与下跌的分界线。若股价在横线的上方，说明当天股价是上涨的；若股价在横线的下方，说明当天股价是下跌的。

（2）红绿区域。在分时走势图中有红色框、绿色框两个区域。股价在横线之上的红色框区域内，代表股价处于上涨状态，股价距离横线越远，表示买气越强，股价向上运行力度越大；当股价在横线之下的绿色框区域内，代表股价处于下跌状态，股价距离横线越远，表示卖压越大，股价向下运行力度越大。

（3）黄白曲线。图中有黄白两条曲线，白色线就是分时价位线，表示该股票的分时成交价格。黄色线就是分时均价线，表示该股票的平均价格，它是从当日开盘到现在平均交易价格画成的曲线，其作用类似移动平均线。

分时图中的其他功能与大盘分时图是一致的，可以参考前文。

2. 盘口数据显示区域

盘口数据显示区域位于分时主图的右边，共有 5 个部分组成，从上到下分别是：委托买卖区、基本信息区、相关数值区、资金进出区和分时成交明细区（不同交易软件，内容有所区别）。如图 1–7 所示。

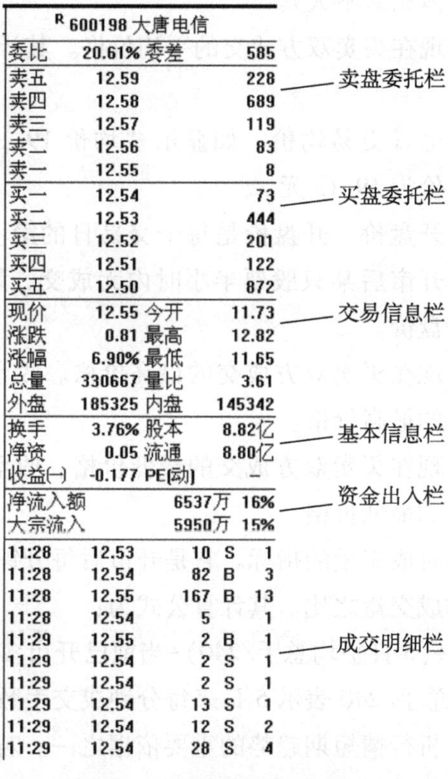

R 600198 大唐电信			
委比	20.61%	委差	585
卖五	12.59		228
卖四	12.58		689
卖三	12.57		119
卖二	12.56		83
卖一	12.55		8
买一	12.54		73
买二	12.53		444
买三	12.52		201
买四	12.51		122
买五	12.50		872
现价	12.55	今开	11.73
涨跌	0.81	最高	12.82
涨幅	6.90%	最低	11.65
总量	330667	量比	3.61
外盘	185325	内盘	145342
换手	3.76%	股本	8.82亿
净资	0.05	流通	8.80亿
收益(一)	-0.177	PE(动)	
净流入额		6537万	16%
大宗流入		5950万	15%
11:28	12.53	10 S	1
11:28	12.54	82 B	3
11:28	12.55	167 B	13
11:28	12.54	5	1
11:29	12.55	2 B	1
11:29	12.54	2 S	1
11:29	12.54	2 S	1
11:29	12.54	13 S	1
11:29	12.54	12 S	2
11:29	12.54	28 S	4

图 1–7　数据显示区域界面

个股分时数据显示区域的信息非常丰富，下面对其中重要的几个概念或内容做出解释：

（1）卖盘委托栏：该栏中卖一至卖五依次等候卖出的单子。按照“价格优先，时间优先”的原则，谁卖出的报价低谁就排在前面，如卖出的报价相同，谁先报价谁就排在前面，由电脑自动撮合。卖档前一栏数字为价格，后一档数字为等候卖出的委托手数。例如，显示“卖一”的数字是“12.55”“8”，表示等候卖出的报价是 12.55 元，共有 8 手卖单，即有 800 股在这个价位等候卖出。

（2）买盘委托栏：该栏中买一至买五依次等候买进的单子。这与等候卖出相反，谁买进的报价高谁就排在前面，如买进的报价相同，谁先报价谁就排在前面。例如，“买一”的数字是“12.54”“73”，表示等候买入的报价为

12.54 元，共有 73 手买单，即有 7300 股在这个价位等候买进。

（3）交易信息栏：该栏目有 10 个内容，下面一一予以说明（有的软件内容可能不一致，但大体相差不大）。

均价：即开盘到现在买卖双方成交的平均价格。其计算公式是：均价=成交总额/成交量。

收盘时的均价为当日交易均价。如显示“均价 19.13”出现在收盘，所以，当日该股交易均价为 19.13 元。

今开：即当日的开盘价。开盘价是每个交易日的第一笔成交价。按上海证券交易所规定，如开市后某只股票半小时内无成交，则以该股上一个交易日的收盘价为当日开盘价。

最高：即开盘到现在买卖双方成交的最高价格。收盘时“最高”后面显示的价格为当日成交的最高价格。

最低：即开盘到现在买卖双方成交的最低价格。收盘时“最低”后面显示的价格为当日成交的最低价格。

量比：是衡量相对成交量的指标。它是开市后每分钟平均成交量与过去 5 个交易日每分钟平均成交量之比。其计算公式为：

量比=现在总手÷(5 日平均总手/240)÷当前已开市多少分钟

其中，5 日平均总手/240 表示 5 日来每分钟成交手数。

量比是投资者分析行情短期趋势的重要依据之一。若量比数值大于 1，且越来越大时，表示现在这时刻的成交总手数，即成交量在放大；若量比数值小于 1，且越来越小时，表示现在这时刻的成交总手数，即成交量在萎缩。这里要注意的是，并非量比大于 1，且越来越大就一定对买方有利。通常，若股价上涨，价升量增，这当然是好事，投资者可积极看多、做多，但此时如果股价在往下走，价跌量增，这就不一定是好事了。总之，量比要同股价涨跌联系起来分析，这样才会减少失误，提高投资成功率。

成交：即买卖双方的最新一笔成交价。当日收盘时的最后一笔成交价，为当日收盘价。如显示“成交 10.15”，说明即时成交价格是 10.15 元，若在收盘集合竞价时出现，则这个数就是当日收盘价。

涨跌：即当日该股上涨和下跌的绝对值，以元为单位。图中的小三角形表示涨跌，小三角形尖头朝上表示上涨，小三角形尖头朝下表示下跌。如显示“升跌▼0.01”，表示当日该股下跌了 0.01 元。有的软件用红绿颜色区分，红色表示上涨，绿色表示下跌。

幅度：即当日成交到现在的上涨或下跌的幅度。若幅度为正值，数字颜色显示为红色，表示股价在上涨；若幅度为负值，数字颜色显示为绿色，表示股价在下跌。幅度的大小用百分比表示。收盘时涨跌幅度即为当日的涨跌幅度。如显示“幅度 0.05%”，这时已经收盘，它表示该股当日涨幅为 0.05%。

总手：即当日开始成交一直到现在为止总成交股数。收盘时的“总手”，则表示当日成交的总股数。如显示“总手 250243”出现在收盘时，这就说明当日该股一共成交了 250243 手，即 25024300 股。

现手：已经成交的最新一笔买卖的手数。在盘面的右下方为即时的每笔成交明细，红色向上的箭头表示以卖出价成交的每笔手数，绿色箭头表示以买入价成交的每笔手数。

外盘、内盘：当外盘累计数量比内盘累计数量大很多，而股价上升，表示很多人在购买股票；当内盘累计数量比外盘累计数量大很多的时候，而股价下跌，表示很多人在抛售股票。如显示“外盘 55000，内盘 48000”，显然外盘累计数量高于内盘累计数量。这说明当日该股主动性买盘大于主动性抛盘，形势对多方有利。

外盘即主动买盘，就是按市价直接买进后成交的筹码，成交价是卖出价。

内盘即主动卖盘，就是按市价直接卖出后成交的筹码，成交价是买入价。

当外盘数量比内盘数量大出很多，而股价还在跌时，如果股价处于低位，并且在成交明细中大买单很多时，表明庄家正在逢低吸货；如果股价处于高位，则要仔细分析，如果在成交明细中大卖单不多，表明该股人气旺盛，仍有冲高的可能；如果在成交明细中大卖单较多，则极有可能是庄家在对倒出货。

当内盘数量比外盘数量大得多时，而股价还在涨，则表明庄家在利用大盘跳水之际打压股价，进行震仓洗盘整理。

委比：即委买委卖手数之差与之和的比值。当委比数值为正值时，表示买方力量较强，股价上涨的概率大；当委比数值为负值的时候，表示卖方的力量较强，股价下跌的概率大。委比的计算方法：委比 =（委买手数 - 委卖手数）÷（委买手数 - 委卖手数）×100%。

（4）基本信息栏：反映个股总股本、流通盘、换手率、净资产，以及动态市盈率和静态市盈率，通过该栏可以快速了解该股的基本情况。

（5）资金出入栏：显示该股当日净流入额、大宗流入额情况。红色为流入，绿色为流出。

（6）成交明细栏：该栏可以显示当时最近几分钟连续 19 笔（不同软件显示笔数有差异）成交情况，即几点几分以什么价位成交，每笔成交手数是多少。

五、看盘内容和技巧

（1）重点关注开盘时集合竞价的股价和成交额，看是高开还是低开。所谓高开，是指当天的开盘价高于昨天的收盘价，而低开则是指当天的开盘价低于昨天的收盘价。开盘价表示出市场的意愿，期待当天的股价是上涨还是下跌。成交量的大小则表示参与股票买卖的人的多少，它往往对一天之内成交的活跃程度有很大影响。

（2）关注开盘后半小时内股价变动的方向。一般来说，如果大盘指数或个股股价开得太高，在半小时内就可能会回落；如果大盘指数或个股股价开得太低，在半小时内就可能会回升。这种可能性有两种：主力想往上做，或者是主力想出货。

既然想往上做，那么为什么还要自买自抛呢？就是冲着“放量跟进”这句话来的，目的是想吸引市场的注意力，吸引市场参与。道理很简单，主力已经不愿意再增加筹码了。实际上在短暂的放量上冲以后股价马上就被打回原地的例子并不少见。主力在大部分情况下面对的就是抛盘。对于手拿抛单的投资人来说，一旦股价涨上去以后就会把心理预期的卖出价提高，从而相对减少市场的抛压。为了达到尽可能地少增加筹码，主力只有在一天中交易最清淡的时候向上拉，开盘以后就是最好的时段。

尽管盘中经常会看到主力运用这种招数，但其实要达到这个目的并不一定要放很大的量。关键是股价上去以后不能很快就掉下来，这才是解决之道。如果高开又不回落，而且成交量放大，那么这个股票就很可能要上涨。当然，有时候大盘指数或个股股价高开后就一直高走，低开后就一直低走，但这种情况出现不多。因此，有经验的投资者即使要买进股票，也会在大盘或个股高开回落时买进，不会贸然追高；反之，要卖出股票时，也会在大盘或个股低开回升时卖出，不会贸然杀跌。

（3）关注买盘与卖盘。买卖双方的报价与数量申报构成盘口中的买盘和卖盘，市场投资者能够直接看到的是“买档”和“卖档”的买卖委托申报以及“内盘”“外盘”和“委比”“量比”等。

这几项都是表示目前盘中多、空力量对比的指标。如果即时的成交价是以“委卖”价成交的，说明买方也即多方愿以卖方的报价成交，“委卖价”成交的量越多，说明市场中的“买气”即多头气氛越浓。

以“委卖价”实现的成交量称为“外盘”，俗称“主动买盘”。反之，以“委买价”实现的成交量称为“内盘”，也称“主动卖盘”。当“外盘”大于“内盘”时，反映了场中买盘承接力量较强，走势向好；“内盘”大于“外盘”时，则反映场内卖盘力量大于买盘，走势偏弱。

由于内盘、外盘显示的是开盘后至现时以“委卖价”和“委买价”各自成交的累计量，所以对判断盘面走势强弱有帮助。如果“委卖价”与“委买价”价格相差很大，说明买方追高意愿不强，同时卖方也有较强的惜售心理，多空双方处于僵持状态。

(4) 关注开盘后股票涨跌停板情况。开盘后涨跌停板的情况会对大盘产生直接的影响。在实行涨跌停板制度后，可以发现涨跌停板的股票会对与其有可比性的股票产生助涨与助跌的作用。

例如，大盘开盘后某只生物医药股涨停板，在其做多示范效应影响下，其他的与其相近的或者有可比性的股票会有走强的趋势。反之亦然。

(5) 寻找求大于供的股票。从没有主力的股票中寻找主力的痕迹，主力建仓的目的是为了买进尽可能多的筹码，在这一阶段该股票的买盘会多于抛盘，也就是说市场的供求关系发生了质的变化。这实际上给大家提供了一个观察的方法，只要某一只股票在市场上的表现出现了求大于供的状况，主力的身影就出现了。当然这也需要两个先决条件：第一，该股的基本面没有发生变化。第二，整个市场的基本面没有发生大的变化。

如何分析供求关系发生变化？通过市场交易来得到体现，成交价以及成交量是关注的唯一方向。但仅靠盘后的一些分析意义是不大的，实际上成交量到底多少才算多或者少是很难把握的，有时候随大盘的上涨或下跌也会放量，这是非常正常的。依靠日线图分析并非良策，只有在即时行情中才能寻找到蛛丝马迹。分析走势时，注意每一笔成交的情况以及随时变化的接盘价位和数量，这才是寻找主力建仓痕迹的根本大法。

只要有非常规的成交或者接单，就是主力的身影。这里并不是说每一次，因为市场的偶然性很大。但如果这种非常规的交易连续不断地出现，就不能认为是市场所为了。如在交投清淡的时候，每到上档出现稍大一些的挂单总会有主动性的买单将之打掉，有时候还留下一点点装门面。根据市场规律，这类买单完全可以挂在下面，除了极个别心急的以外。这种现象表明有主力在要货。又如在大盘走弱时出现恐慌性的杀跌盘。根据市场规律，这类散户不存在集中性的打压盘。所以是主力在压价，一方面希望在更低的价位建仓；另一方面也希望吸引更多的杀跌盘出来。类似的现象是非常多的，我们的做法就是假设自己是一个散户，正在买卖该股，仔细观察整个交易过程是否按照散户的原则在进行。

（6）注意买盘的变化。如某股冲高回落，买一有 200 手（2 万股）接盘，瞬间变成了 130 手，减少了70 手，随后又变为 190 手，增加 60 手，接着又减少，又增加等。但在经过了若干次的变动以后，这一价位上的接盘数量与原来的差不多。在几十秒钟的时间里几乎有相同的单子既出又进，这决非市场所为，一定是有人故意所为。那么这样做的目的是什么呢？

一个价位上的接单数量一般是有几张单子组成的，而成交的原则是时间优先，排在最前面的单子将先成交。将前面的单子撤下来，后面的单子就往前移，成交的将是后面的单子。所以说这样做的目的是为了让后面的单子成交。显然，主力希望排在后面的市场单子成交。那为什么又重新将单子挂上去呢？主力肯定希望市场能在此价位接掉一些，但又不愿意股价回落过多，因此增加一些接盘以壮声势。

同理，股价在涨停板上，买盘如有类似的变化那就要注意了，有时主力是希望市场接走一些，有时可能是主力觉得目前价位合适，自己出一部分货。

（7）上档压盘很大，下档接盘很小的走势。如某只股票带量上行，上档经常是几万股的压盘，而却鲜有过万股的买盘，即使有，最多在 1 分钟之内，有时甚至快到下一笔单子传过来这笔相对大一些的接单就没有了。是撤单了？绝对没有这么快的速度，而且每一次出现的大单子都被撤也不符合常理。

结论是很明显的，那就是说这只股票是有主力深度介入的，上档的压盘一定会有很大一部分是主力自己的盘子，目的就是告诉市场该股的题材不错，现在正在放量上冲。至于上档的压盘，有人买更好，没有人买就自己买。因为股价已经明显高于主力的持仓成本，所以在下面挂大接单是不可能的，万一市场有大单砸出就会无故增加仓位。但为了营造热烈的氛围在下面挂万股以下的接单还是会的。由于在一路往上扫货的过程中，尽管有自己的压盘也会有市场的主动性买单，但总体来说买进的一般要多于卖出的，所以一旦下档出现大接单则立马砸掉也是必然的。

（8）关注现手和总手数。现手说明计算机中刚刚成交的一次成交量的大小。如果连续出现大量，说明有很多人在买卖该股，成交活跃，值得注意。如果半天也没人买，则不大可能成为好股。现手累计数就是总手数，总手数也叫作成交量。有时总手数是比股价更为重要的指标。总手数与流通股数的比，称为换手率，它说明持股人中有多少人是在当天买入的。换手率高，说明该股买卖的人多，容易上涨。

六、买卖盘口现玄机

1. 主动性买盘和抛盘

正确看待主动性买盘和抛盘很重要，因为大量而持续的主动性买盘和主动性抛盘都是主力出击的结果，能够左右股价的走势。在庄股行情中，总有对倒的成交量出现，如果仅在收盘以后看成交量，往往容易被迷惑。投资者可以通过主动性买盘和主动性抛盘来研判主力的真正动向。主动性买盘就是对着卖盘一路头，每次成交时箭头为红色，委卖单不断减少，股价不断往上走。在股价上涨的过程中，抛盘开始增加，如果始终有抛盘对应着买盘，每次成交箭头为绿色，委买单不断减少，使其股价逐渐往下走，这就是主动性的抛盘。一般而言，盘中出现主动性头盘时，投资者可顺势头进做多；反之，盘中出现主动性抛盘时，投资者可以顺势卖出做空。在这种情况下，投资者要注意不要逆市操作，否则很容易吃亏。

2. 正确看待内盘和外盘

从理论上来讲，内盘（即主动卖盘）和外盘（即主动买盘）的数值可以反映主动卖出和主动买入量的大小。有不少人以此为依据进行短线买卖操作，但内盘或外盘的数值有时并不是真实的，主力为了迷惑散户会故意制造出虚假的内盘或外盘。

例如，庄家处于吸筹阶段时，往往在下档不同价位挂一些买单，而在上面用更大的卖单压住股价，此时内盘是大于外盘的。所以，散户在利用内盘和外盘的大小判断股票的走势时，一定要同时结合股价所处的位置和成交量的大小，更要关注股票走势的大形态。外盘大，股价并不一定上涨；内盘大，股价也并不一定下跌。具体注意事项包括以下几点：

（1）股价经过了长时间的数浪下跌，股价处于较低价位，成交量极度萎缩。此后，盘中成交量温和放大，当日外盘数量增加，大于内盘数量，股价将可能上涨，此种情况较可靠。

（2）股价经过了长时间的数浪上涨，股价处于较高价位，成交量巨大，并不能再继续增加，当日内盘数量放大，大于外盘数量，股价将可能继续下跌。

（3）在股价持续阴跌过程中，时常会出现外盘大、内盘小，这种情况并不表明股价一定会上涨。庄家用几笔抛单将股价打至较低位置，然后在卖一、卖二挂卖单，并自己吃掉卖单，造成股价小幅上升。此时的外盘将明显大于内盘，使投资者认为庄家在吃货，而纷纷买入。

（4）在股价持续上涨过程中，时常会发现内盘大、外盘小，这种情况并不表示股价一定会下跌。庄家用几笔买单将股价拉至一个相对的高位，然后在股价小跌后，在买一、买二挂买单，让投资者认为主力在出货，纷纷卖出股票，此时庄家层层挂出小单，将抛单通通接走。这种先拉高后低位挂买单的手法，常会显示内盘大、外盘小，达到欺骗投资者的目的。

（5）股价已上涨了较大的涨幅，如某日外盘大量增加，但股价却难以大幅上涨，投资者要警惕庄家诱多出货。

（6）当股价已下跌了较大的跌幅，如某日内盘大量增加，但股价却难以大幅下跌，投资者要警惕庄家诱空吸货。

七、复盘的一般步骤

1. 看两市涨跌幅榜

（1）对照大盘走势，与大盘比较强弱，了解主力参与程度，包括其攻击、护盘、打压、不参与等情况可能，了解个股量价关系是否正常，主力拉抬或打压时动作、真实性以及目的用意，了解一般投资者的参与程度和热情。

（2）了解当日 K 线在日 K 线图中的位置、含义，再看周 K 线和月 K 线，在时间上、空间上了解主力参与程度、用意和状态。

（3）对涨幅前 2 板和跌幅后 2 板的个股要看得特别仔细。了解哪些个股在悄悄走强，哪些个股已是强弓之弩，哪些个股在不计成本地出逃，哪些个股正在突破启动，哪些个股正在强劲的中盘，也就是说，了解各部分的状态，这样才能对整个大盘的情况有所了解。

看涨幅在前 2 板的个股，看它们之间有哪些个股存在板块、行业等联系，了解资金在流进哪些行业和板块，看跌幅在后的 2 板，看哪些个股资金在流出，是否具有板块和行业的联系，了解主力做空的板块。需要说明的是，看几板合适主要看当日行情的大小，好，多看几板，差，看前后两板就可以了。

（4）在了解个股的过程中，把那些处于低部攻击状态的个股挑出来，仔细观察日K线、周K线、月K线所经历的时间和空间、位置等情况良好的，剔除控盘严重的庄股和主力介入不深和游资狙击的个股，剩余的再看一下基本面，浏览最新的调研报告，符合的进入自己的自选股。

2. 看自己的自选股

观察是不是按照自己预想的在走，检验自己的选股方法，有哪些错误，为什么出错，找出原因、改进。看哪些个股已经出现买点，要做一个投资计划，包括怎么样情况怎么买、买多少、多少价格、止损位设置等。

3. 分析大盘的走势

主要分析收阴收阳和成交量情况，量价关系是否正常。在日K线的位置、含义，看整个日K线整体趋势，判断是否可以参与个股，能否出现中线波段，当前大盘处于哪一级趋势的哪个阶段。看当日大盘波动情况，什么时候在拉抬、什么时候在打压，拉抬是哪些股，打压又是哪些股，它们对大盘的影响力又是如何。看涨、跌、平个股家数，了解大盘涨跌是否正常。了解流通市值前10名个股的运况，以及对大盘的影响，如果不是大盘股影响大盘，找出影响大盘的板块。了解大盘当日的高低点含义，了解大盘的阻力和支持位，了解大盘在什么位置有吸盘和抛压，了解哪些个股在大盘打压之前先打压，哪些个股在大盘打压末期先止跌启动。

察看综合排名榜，市场各要素都展现在这里，哪些个股在活跃，哪些个股在出逃最强烈，哪些个股在尾盘拉抬，哪些尾盘打压制造恐慌假象，哪些个股盘上涨轻如燕，哪些步履蹒跚，这是主力的照妖镜。

别忘了还要关注其他市场和品种的情况，回购情况如何，国债情况如何，B股情况如何，以及期货市场如何，等等，它们反映的是什么样的资金面以及对大盘的情况。

掌握基本要素和复盘熟练的要求后，这样对盘面感觉肯定是不同的。反复训练后，可加快速度，翻阅个股也不必要看全部，看涨跌前后几板、权重股、自选股等就可以了。复盘是辛苦的，但只有苦尽才能甘来。

第八讲　看懂财务报表

近年来，上市公司在财务报表中做假账、编造虚假利润、甚至欺骗上市的现象屡有发生。这种真报表假业绩的现象，除了追究相关人员的责任外，也给上市公司造成不良影响，更是损害了投资者的切身利益。作为投资者也应切实做好风险防范，洞悉财务报表玄机。

一、三大财务报表

上市公司的财务报表包括三个大表：资产负债表、利润及利润分配表、现金流量表。

（1）资产负债表，是指反映上市公司在某特定日期（如1年）财务状况的报表，包括流动资产、流动负债、长期投资、固定投资和长期负债等9个大项71个子项。

（2）利润及利润分配表，是指反映上市公司在一定期间内（每季度、每年度）利润的盈亏情况的报表，包括主营业务收入、主营业务利润、营业利润、利润总额、净利润、可供分配利润、可供股东分配的利润和未分配利润8个大项23个子项。

（3）现金流量表，是指反映上市公司一定会计期间有关现金和现金等价物的流入和流出的信息的报表，包括经营活动产生的现金流量、投资活动产生的现金流量、筹资活动产生的现金流量、汇率变动对现金的影响和现金及现金等价物净增加额5个大项30个子项。

二、主要财务指标

财务报表是一项专业性非常强的业务，普通投资者全面掌握内容有一定的难度，可以重点关注以下几大重要指标：

（1）每股收益。每一普通股份究竟含有多少净利润（税后利润）。理论上认为，指标越高越好。衡量标准：一线股在0.5元以上；二线股在0.3~0.4元；三线股在0.1~0.2元；垃圾股在0.1元以下。

计算公式：每股收益=净利润÷年度普通股股份总数

（2）每股净资产。每一普通股份究竟含有多少股东权益或含有多少公司的净资产。理论上认为，指标越高越好，应≥2.00元。

计算公式：每股净资产=年度末股东权益÷年度末普通股股份总数。

（3）每股经营活动产生的现金流量净额。每一普通股份究竟含有多少因经营活动产生的现金流量净额。理论上认为，指标越高越好，应≥0.5元。

计算公式：每股经营活动产生的现金流量净额=经营活动产生的现金流量净额÷年度末普通股股份总数。

（4）净资产收益率。每一股净资产究竟含有多少公司的税后利润。理论上认为，指标越高越好，应≥6%。

计算公式：净资产收益率=(净利润÷年度末股东权益)×100%。

（5）主营业务收入增长率。主营业务收入增长率是本期主营业务收入与上期主营业务收入之差与上期主营业务收入的比值。

计算公式：主营业务收入增长率=［（本期主营业务收入-上期主营业务收入）÷上期主营业务收入］×100%。

（6）资产负债率。反映公司长期偿还债务的总能力，意味着公司每单位资产额中，属于债权人的资金有多少。理论上认为，指标应该低，稳定在40%~60%的范围内。

计算公式：资产负债比率=(负债总额÷资产总额)×100%。

（7）流动比率。反映公司短期负债的能力。即公司每单位流动负债有多少流动资产作保证。一般认为2：1的比率较合适。过低，说明公司偿债能力差；过高，说明公司的部分资产闲置。

计算公式：流动比率=(流动资产÷流动负债)×100%。

（8）速动比率。顾名思义即“迅速流动”比率（酸性比率），应≥1。

计算公式：速动比率=(速动资产÷流动负债)×100%。

（9）存货周转率。反映公司销售能力的强弱和存货是否过量，存货过多，将占压资金，影响后续生产能力，说明供、产、销不平衡。一般认为，周转天数越短越好（比率越高）。

计算公式：存货周转率=(销售成本÷平均存货)×100%。

（10）应收账款周转率。反映公司销出商品后，应收到账款的速度或所用天数。这个天数当然越快越好。

计算公式：应收账款周转率=（主营业务收入净额÷应收账款净额）×100%。

（11）销售净利率（纯利率）。反映公司每单位主营业务收入额中到底可有多少纯收益。该指标费用能够取得多少营业利润，也就是净利润占销售收入的百分比。

计算公式：净利率=(净利润额÷主营业务收入总额)×100%。

(12) 资本报酬率（总资产收益率）。反映总资本可获多少纯收益，即究竟可赚得多少纯利润。一般认为，比率越高越好。

计算公式：资本报酬率=(净利润额÷总资本)×100%。

(13) 净值报酬率（股东权益报酬率）。它直接反映出股东每单位的权益中究竟可获多少净利润。一般认为，比率越高越好，应≥0.5元。

计算公式：净值报酬率=(净利润额÷股东权益平均额)×100%。

(14) 净利润现金保障率。反映公司经营活动产生的现金流量净额占公司净利润的比率。一般认为，比率越高越好，应≥0.5元。

计算公式：净利润现金保障率=(经营活动产生的现金流量净额÷净利润)×100%。

(15) 流动负债现金流量比率。经营活动的净现金流量净额与流动负债的比率，可以反映企业现金偿还短期债务的能力。一般认为，比率越高越好。

计算公式：流动负债现金流量比率=(经营活动产生的现金流量净额÷流动负债)×100%。

(16) 全部负债现金流量比率。反映公司用每年的经营活动现金流量净额偿付所有债务的能力。一般认为，比率越大，说明公司承担债务的能力越强。

计算公式：全部负债现金流量比率=(经营活动产生的现金流量净额÷全部债务)×100%。

(17) 每股现金流量比率。反映每股现金流量概况。这个比率越大，说明每股现金流量能力进行资本支出和支付股利的能力越强。

计算公式：每股现金流量比率=(经营活动产生的现金流量净额÷总股本)×100%。

(18) 营业利润率。反映公司营业利润占主营业务收入的比率。可以判断公司直接或间接的经营能力。一般认为，营业利润是公司经营中比较实在、干净的业绩，因为它基本排除了非经常性损益给公司业绩带来的“泡沫”因素。当然，营业利润中也有一些非经营性损益。总体来看，营业利润还是能基本反映公司主营经营的能力。

计算公式：营业利润率=(营业利润÷主营业务收入)×100%。

(19) 未分配利润。指公司实现的净利润，经弥补以前年度亏损、提取盈利公积和向投资者分配利润后，留在公司的历年积存的尚未分配的利润。一般认为，未分配利润越多越好。

（20）盈余公积金。指按有关规定从净利润中提取一定比率的公积金。如从净利润中提取10%列入公司法定公积金。一般认为，盈余公积金越大越好。

三、公司财务分析

1. 财务分析主要内容

（1）收益性分析。也就是对公司获利能力的分析。一个公司当前投入的资本如何运用，获利状况如何，是衡量公司有无活力、经济效益优劣的标志，也是投资者选择股票的主要依据。因为决定股息多少及股价走势的根本因素就是公司利润率的高低和利润额的大小。作为投资者当然选择利润丰厚、投资回报率高的公司进行投资；而那些利润率低甚至亏损，或者投资利润率不断下降的股票则成为市场抛售的对象。

测量公司获利能力如何，通过收益性比率进行保障机制。收益性比率指标是投资者最关心的财务比率。包括资产报酬率、资本报酬率、每股收益、每股净值和销售利润率5项指标。

（2）安全性分析。也就是对公司偿债能力的分析。投资者在追求高收益的同时，应注意风险防范，以确保投资安全。在某一时点上，公司的获利能力与偿债能力并不完全成正比。有的公司当前盈利不错，但资金结构不合理，偿债能力差，这样的公司就潜藏着极大的风险。当公司因资不抵债宣告破产之日，也就是投资者血本无归之时。因此，投资者应加强对公司流动性状况及资本结构的分析，如出现偿债能力下降因素，投资者应及时做出决策以转移风险。

分析公司偿债能力如何，是用安全性比率进行体现。包括流动比率、速动比率、负债比率、举债经营比率4项指标。

（3）成长性分析。也就是对公司扩展经营能力的分析。投资证券是为了获得收益，因此不能只看当前或短期收益，而应注重公司未来的发展前景和能力。一个公司当前盈利虽低，或者把大部分盈利转化为投资而目前分红派息少，但成长速度快、潜力大，则该公司股价升值速度也就很快，就值得投资。相反，有些公司当前盈利虽多，但分光吃完，不搞扩大再产生，则股价上升潜力就受到影响。

反映公司的扩展经营能力如何，通过成长性比率进行分析。主要指标是利润留存比率，它表明公司税后利润有多少用于发放股利，多少用于留存收益和扩展经营。利润留存比率越高，表明公司发展的后劲越强；利润留存比率越低，则公司发展的后劲越弱。

（4）周转性分析。也就是对公司经营效率的分析。一个公司经营效率的高低可通过分析财务报表各项资金和资产周转速度的快慢而反映出来。如资金周转速度快，说明资金利用率高，公司经营活动顺畅，结构协调，管理得法，购买该公司股票将有利可图；反之，则说明公司经营效率低，缺乏活力。

分析一个公司经营效率的比率如何，是用周转性比率进行反映。包括应收账款周转率、存货周转率、固定资产周转率、资本周转率和资产周转率5项指标。

2. 财务比较分析

（1）横向比较。根据一个公司连续数期的财务报表，就其中的同一项目或同一比率进行数值比较，以判断公司未来经营状况的发展变化趋势。这种比较既可以是同一项目绝对数值比较，也可以是增长率的比较。

（2）纵向比较。将财务报表中各个具体数据与一个基本项目数据进行比较，算出百分比，并就不同时期或时点的数值进行对比，以判断某一具体项目与基本项目的关系、某一具体项目在表中的地位以及这种地位增强或减弱的趋势。这种分析也称共同比较分析。

（3）标准比较。将公司各个会计项目数据与一个设定的标准数据进行比较，以考察上市公司各项指标是否达到或超过平均经营水平。标准比较的关键是确定反映社会平均经营水平的标准数据。这些数据有的是国际或国内公认的既定标准，如国际公认的流动比率正常标准为2：1，速动比率为1：1；我国公认的资本利润率平均水平为10%等。此外，还应将公司的有关数据指标与公司所在行业的平均值或最佳值进行比较，以判断公司的有关指标在同行业中处于何种水平。当然，在作这种比较时，应具体情况具体分析，不能生搬硬套。

3. 业绩分析方法

（1）公司盈利水平对股价的影响。股价是未来各期股息收益的折现值，而股息又来自公司利润，因此，利润的增长变化就成为影响股价的最根本的因素。一般而言，公司的盈利和股价的变动方向是一致的，即公司盈利增加就预示着股价上升，反之亦然。投资者应了解公司盈利的多少以及未来各期盈利的预测情况，如税前或税后利润总额、每股盈利额、盈利增加或减少情况等，以此作为投资决策的基本依据。

（2）公司分配状况对股价的影响。公司利润分配包括缴税、提取公积金和公益金、分红派息等。投资者首先要了解当年可供分配利润量的大小，然后要搞清楚各种分配比率，特别要了解股息支付的情况，如普通股利分配量及其每股股利量，因为股利尤其是预期未来股利是决定股价的根本因素。若公司分配政策做出有利于股东的，将导致公司股价的上涨。

（3）公司财务报表分析的基本依据。其基本依据是财务报表，主要包括资产负债表、利润及利润分配表、现金流量表。

四、读财报注意事项

（1）只泛读不精读年报的误区。投资者面对年报中一大堆文字和材料以及繁杂的数字，一时无从下手，阅读的兴趣可能瞬间丧失。这种现象应当纠正，阅读年报应从培养爱好做起。

（2）只阅读不注意保管年报的误区。投资者对于年报，往往没有养成良好的整理习惯，除对关乎股东权益的主要会计指标进行抄录外，其他资料一概弃之。殊不知，产生这些数据背后的经营过程，对了解公司的真实经营业绩，也是非常重要的。

（3）只看业绩不看风险的误区。业绩大幅度增长的上市公司，其股票可能会吸引投资者为过去的业绩而盲目追涨，从而产生高位套牢的局面。相反，那些业绩预亏或微减的上市公司股票，其年报却不被重视，从而使投资者失去应有的挖掘其投资亮点的机会。

（4）只看历史不看未来的误区。投资者都知道，买股票就是买预期。可是在实际的年报阅读中，投资者还是只看上市公司以往的业绩，而不去关心和预测上市公司未来的发展前景。应该说，上市公司因所处的行业不同，难免会受周期景气度的影响。因此，投资者应对上市公司的未来业绩保持谨慎乐观的态度，这一点很有必要。

（5）只看结果不看过程的误区。对于大众投资者来说，阅读年报虽然不及专业人士得心应手，但也应当对重要会计数据的产生过程，特别是影响上市公司最终经营成果的主要事项，应精心研究，认真分析，从中提炼出上市公司未来业绩增长的信息，来指导自身的下一步投资计划。

（6）只看主页不看附页的误区。上市公司因编制规则要求，年报都有主页和附页之分。主页主要是年报的正文，包括主要会计数据和经营情况的详细分析，而附页主要是审计结论和有关的补充说明。其实，一份完整的年报，其主附页之间是一种相互印证的关系。正文质量是否真实、准确、完整，附页将做出说明。某些重大事项的披露是否存在不完整，还是披露不清，附页都将给予解释。因此，投资者在阅读年报时切不可忽视对附页的分析。

第九讲 看懂龙虎榜信息

通过龙虎榜信息，可以窥视主力、游资的活动迹象，因为两市交易所会对当日异常波动个股的前五大券商营业部的交易数据进行公布，可以了解游资的操作手法和运作逻辑。大家可以细读《游资操盘手法与实录》一书（中国经济出版社出版，2018 年 8 月）。

一、什么股票上龙虎榜

龙虎榜是股票市场对“交易公开信息”的昵称。由于能够强烈反映个股气势强弱信息，所以将交易公开信息称为龙虎榜。龙虎榜具有强烈个体操盘风格和有参考意义的营业部席位。它是研究短期个股走势的重要信息，因而被投资者广泛使用。那么什么样的股票会上龙虎榜？通常达到以下条件之一的，会被列入当日的龙虎榜，公布买入、卖出的机构席位名称及相关信息。

1. 日常交易

当日收盘价涨幅、跌幅偏离值达到 7%。

当日价格振幅达到 15%。

当日换手率达到 20%。

这里需要区别的是：深市分主板、中小板、创业板，每个条件各选前 5 只股票上榜；沪市每个条件各选前 3 只股票上榜。如果条件相同，则按成交额和成交量选取。

2. 异常波动

连续 3 个交易日收盘价涨幅、跌幅偏离值累计达到 20%（ST 和 * ST

为 15%）。

连续 3 个交易日内的日均换手率与前 5 个交易日日均换手率的比值达到 30 倍，并且该股票封闭式基金连续 3 个交易日内累计换手率达到 20%。

3. 其他现象

单只股票的当日融资买入、融券卖出数量达到当日该股票总交易量的 50%以上。

风险警示股票盘中换手率达到或超过 30%。

退市整理的股票和实施特别停牌的股票。

注意：偏离值，不同于涨跌值。偏离值意指涨幅、跌幅与大盘指数的偏离。

二、龙虎榜会公布什么

当日买入、卖出金额最大的 5 家营业部的名称及其买入、卖出金额。属于异常波动的，则公布异常波动期间，累计买入、卖出金额最大 5 家营业部的名称及其买入、卖出金额。

龙虎榜一般在每个交易日的下午 4 点半到 5 点半公布。可以在沪深交易所官网站“交易公开信息”一栏及各大财经网站查阅，如东方财富、新浪财经、腾讯财经、搜狐财经、网易财经、凤凰财经、和讯财经、金融界、中国证券网等。

龙虎榜公布的席位有两种：一种是专用机构席位，另一种是营业部席位。

机构席位是指基金专用席位、券商自营专用席位、券商理财专用席位、保险机构专用席位、QFII 专用席位等机构投资者买卖证券的专用通道和席位。在榜上统一名称为“机构专用”。

营业部席位就是和普通股民账户一样的自然人账户，但能上龙虎榜的多是股市里顶尖的游资。

三、如何看龙虎榜数据

(1) 买入数量。买卖双方力量比对，买方总金额越大越好。机构买入金额占当日成交金额的百分比是多少，买入越多、筹码越集中当然越好。买方席位前 5 名的总资金要远大于卖方席位前 5 名总资金，并且买一的资金要远大于卖一的资金，最好是 1.5 倍以上。买一和买二的金额最好不要相差太大，若单个游资买入量过大，容易造成一家独大，则后市意味着抛售概率也大。

（2）买入性质。留意游资的身份和操盘风格，是一线知名游资还是名不见经传的游资？最近是否经常上榜？操盘风格是怎么样的？这个游资上榜之后历次的走势是怎么样的？一日游为主还是波段为主或者是喜欢与机构共舞等，通常一日游口碑不太好，上榜了也不会对行情有多少推动作用，反而打击做多的积极性。波段游资则比较受欢迎，可跟踪关注。

（3）买入户数。一家机构，还是多家机构，或者游资混杂。买方中机构专用席位的数量当然是越多越好，机构当日买入金额占总成交金额比例越大越好，一次性锁定筹码集中度越高越好。机构进驻往往中期行情较大，一日游较少；而游资和机构混杂说明游资和主流资金达成共识，继续上涨概率较高。

（4）游资对决。买方5个席位均为游资，而卖方席位大多为机构，说明机构有撤退的想法，有可能是该股基本面发生了转变，或者有其他的不确定性因素让机构调仓换股。这种情况也经常发生在股价炒作末期的高位，机构认为风险较大时就会组团出货。

（5）专用机构。买方均为专用机构，而卖方全部为游资席位，如果股价已经在炒作高位，发生这样的交易数据则机构有利益输送嫌疑，利用机构效应吸引散户高位接盘来帮助游资顺利出货。

（6）买方中机构出现的数量越多越好，机构当日买入金额占总成交金额比例越大越好。一次性锁定筹码集中度越高越好。因为多家机构进驻的个股基本面都比较不错，符合市场调研评判的标准，通常引发中级行情。当游资和机构达成共识合力推升股价，短线往往爆发力比较强，后市继续上涨概率也很大。

（7）买方中的买一席位是机构最好，并且卖方的5个席位中不出现机构更好。

（8）如果买方席位和卖方席位均有机构出现，卖方的5个席位中机构出现的数量越少越好，金额越小越好。如果卖方的机构席位比买方机构席位旗鼓相当甚至还要多，说明机构之间分歧非常之大，短期方向具有不确定性，对于交易数据当中的游资席位来说也会打退堂鼓，应该观望等待明朗。

（9）留意龙虎榜数据买方席位知名度，越知名越好，数量越多越好。比如中信上海淮海中路、华泰深圳益田路荣超商务中心、国泰君安上海江苏路、浙商绍兴解放北路、中信证券上海溧阳路等，这些著名游资出现 3 个以上，代表着一线游资对这个题材个股的高度认可，后市持续力强。

（10）在龙虎榜交易数据当中，买方数据为纯买入最好，表示有新进资金入场，后市还将走高。

在实盘操作中，个股首次出现上述身影，结合实际的题材与位置，就可以适当提高自己的盈利预期，不要轻易放手。熟悉游资是大家做短线、炒题材的必修课，因为游资才是深知市场之道的犀利主力。

四、看龙虎榜注意什么

（1）一般散户无法得到实时消息，首先在时间点上就输了，大家所看到龙虎榜交易记录已经是收盘了，如果第二天高开，是跟还是不跟？在什么点位跟？都是很难取舍的。当看到龙虎榜进去的时候，其实距离游资出货不远了。

（2）股票上龙虎榜是有条件的，所看到的只是冰山一角，游资进了多少？出了多少？采用什么手法？一般散户是不知道的。

（3）强悍的游资主力虽然有影响股价的实力，但是它们也是趋势交易，因此还是个股的趋势重要，而不要因为某个实力游资进入而盲目追入，因为游资行为并非定性，强大的游资主力也会一日游，也会止损砸盘，而且每个游资都有自己的性格，被套后有的砸盘止损，有的对倒自救；因此，买卖股票要综合分析，仍然要遵循“大势第一，仓位第二，个股第三”的原则，仍然要遵循交易计划。

（4）查看龙虎榜时，知名游资首次介入之后，股价处于拉升初期或中期的，后市仍有走高可能。在出货末期也会出现游资介入，那是利用障眼法借该营业部的名气，吸引跟风而已。这点也是要注意的，市场上的主力资金之间确实有着千丝万缕的背后联系。

（5）游资也有经常失手之时，这时龙虎榜暗藏着这样的信息：一是游资在龙虎榜中暂时消失，忍耐、等待机会再次启动来自救；二是止损，龙虎榜出现的是卖出金额比买入金额少；三是 T+0 自救，龙虎榜体现的是同时出现在买、卖栏；四是等待其他协同席位前来搭救，龙虎榜暂时消失。

第十讲　投资科创版

一、什么是科创版

科创板是独立于现有主板市场的新设板块，并在该板块内进行注册制试点。

设立科创板并试点注册制是提升服务科技创新企业能力、增强市场包容性、强化市场功能的一项资本市场重大改革举措。通过发行、交易、退市、投资者适当性、证券公司资本约束等新制度以及引入中长期资金等配套措施，增量试点、循序渐进，新增资金与试点进展同步匹配，力争在科创板实现投融资平衡、一二级市场平衡、公司的新老股东利益平衡，并促进现有市场形成良好预期。

2019 年 1 月 30 日，中国证监会发布《关于在上海证券交易所设立科创板并试点注册制的实施意见》。6 月 13 日，科创板正式开板，中国资本市场迎来了一个全新板块。华兴源创（688001）抢得科创板第一股，6 月 27 日进行网上申购。科创板股票代码用“688”开头，如 688×××。

在上交所新设科创板，坚持面向世界科技前沿、面向经济主战场、面向国家重大需求，主要服务于符合国家战略、突破关键核心技术、市场认可度高的科技创新企业。重点支持新一代信息技术、高端装备、新材料、新能源、节能环保以及生物医药等高新技术产业和战略性新兴产业，推动互联网、大数据、云计算、人工智能和制造业深度融合，引领中高端消费，推动质量变革、效率变革、动力变革。

科创板根据板块定位和科创企业特点，设置多元包容的上市条件，允许符合科创板定位、尚未盈利或存在累计未弥补亏损的企业在科创板上市，允许符合相关要求的特殊股权结构企业和红筹企业在科创板上市。科创板相应设置投资者适当性要求，防控好各种风险。

为做好科创板试点注册制工作，将在 5 个方面完善资本市场基础制度：一是构建科创板股票市场化发行承销机制；二是进一步强化信息披露监管；三是基于科创板上市公司特点和投资者适当性要求，建立更加市场化的交易机制；四是建立更加高效的并购重组机制；五是严格实施退市制度。

在上交所设立科创板并试点注册制，对于完善多层次资本市场体系，提升资本市场服务实体经济的能力，促进上海国际金融中心、科创中心建设具有重要意义，同时也为上交所发挥市场功能、弥补制度短板、增强包容性提供了至关重要的突破口和实现路径。

二、科创板入市条件

1. 开通账户权限

科创板不需要另外开立账户，直接跟券商开通权限即可。开通权限的方式与港股通基本一致，符合科创板股票适当性条件的投资者可以申请开通相关权限。

投资者仅需向其委托的证券公司申请，在已有沪市 A 股证券账户上开通科创板股票交易权限即可，无须在中国结算开立新的证券账户。券商也无须向交易所申请办理其他手续。首次委托买入科创板股票的客户，必须以纸面或电子形式签署科创板股票风险揭示书。

2. 科创板入市门槛

投资科创板的门槛是：50 万元资产和 2 年交易经验。

科创企业商业模式较新、业绩波动可能较大、经营风险较高，需要投资者具备相应的投资经验、资金实力、风险承受能力和价值判断能力。

由此，要求个人投资者参与科创板股票交易，证券账户及资金账户的资产不低于人民币 50 万元并参与证券交易满 24 个月。

从数据测算看，50 万元资产门槛和 2 年证券交易经验的适当性要求是比较合适的。现有 A 股市场符合条件的个人投资者约 300 万人，加上机构投资者，累计交易占比超过 70%。总体来看，兼顾了投资者风险承受能力和科创板市场的流动性。

3. 账户 50 万元门槛怎么认定？

（1）可用于计算个人投资者资产的证券账户，应为中国结算开立的证券账户，以及投资者在证券公司开立的账户。

中国结算开立的账户包括 A 股账户、B 股账户、封闭式基金账户、开放式基金账户、衍生品合约账户及中国结算根据业务需要设立的其他证券账户。

可用于计算投资者资产的资金账户，包括客户交易结算资金账户、股票期权保证金账户等。

（2）中国结算开立的证券账户内的下列资产可计入投资者资产：

股票包括A股、B股、优先股、通过港股通买入的港股和股转系统挂牌股票；公募基金份额；债券；资产支持证券；资产管理计划份额；股票期权合约，其中权利仓合约按照结算价计增资产，义务仓合约按照结算价计减资产。

（3）投资者在证券公司开立的账户，下列资产可计入投资者资产：公募基金份额、私募基金份额、银行理财产品、贵金属资产等。

（4）资金账户内的下列资产可计入投资者资产：客户交易结算资金账户内的交易结算资金；股票期权保证金账户内的交易结算资金，包括义务仓对应的保证金。

（5）计算各类融资类业务相关资产时，应按照净资产计算，不包括融入的证券和资金。

4.2年交易经验怎么认定？

个人投资者参与A股、B股和股转系统挂牌股票交易的，均可计入其参与证券交易的时间。相关交易经历自投资者本人证券账户在上海、深圳证券交易所及股转系统发生首次交易起算。首次交易日期可通过证券公司向中国结算查询。

符合法律法规及交易所业务规则规定的机构投资者，可以直接申请开通科创板股票交易权限，无须满足上述资产和交易经验的条件。

三、中小散户如何参与科创板

对于中小投资者来说，50万元的资金门槛或许有点高，如何参与科创板投资成了最关心的问题。

最新数据显示，开通A股账户的自然人已经超过1亿，但符合科创板条件的个人投资者约300万人，其他人真的要放弃了吗？

这样的想法其实不对，没有50万元的投资者可以买公募基金，间接参与科创板投资。上交所在实施投资者适当性制度时，并不是将不符合要求的投资者拦在科创板大门之外，中小投资者可以通过公募基金等产品参与科创板。

最关键的是科创板股票，安排不低于网下发行股票数量的50%优先向公募产品以及其他机构配售。

所以，没有50万元资金的投资者，可以通过以下途径投资科创板。

（1）现有可投资A股的公募基金均可投资科创板股票，权益类基金加上可投股票的其他类型基金总规模约4万亿元，也就是说，约4万亿元的已成立公募基金可以直接买科创板的股票。

（2）科创板相关基金。上交所将积极推动基金公司发行一批主要投资科创板的公募基金产品。目前多家基金公司密集上报科创板基金，这些基金或将以参与一级市场配售或二级市场买入的方式投资于科创板。其中，富国基金、鹏华基金、易方达基金、广发基金、华安基金、招商基金、华夏基金、南方基金8家基金公司各申报了一只科创板3年封闭运作灵活配置混合型基金。预计还会继续新增上报科创板基金的基金公司。

四、科创板股票交易规则

个人投资者如何投资科创板，交易规则有哪些主要内容？

（1）科创板调整单笔申报数量要求。

①不同于沪市A股主板交易，不再要求必须按100股及其整数倍进行买卖，投资者进行交易时，买卖数量可以有零有整。

②投资者通过限价申报买卖科创板股票的，单笔申报数量不能小于200股，不能超过10万股。

③投资者通过市价申报买卖的，单笔申报数量不能小于200股，不能超过5万股。

④投资者参与盘后固定价格交易的，单笔申报数量不能小于200股，不能超过100万股。

⑤申报买入时，单笔申报数量应当超过200股，大于200股的部分，可以以1股为单位递增，如201股、202股等。

⑥申报卖出时，单笔申报数量应当超过200股，大于200股的部分，可以以1股为单位递增。余额不足200股时，应当一次性申报卖出，如199股必须一次性申报卖出。

此外，可以根据市场情况，按照股价所处高低档位，实施不同的申报价格最小变动单位，以降低低价股的买卖价差，提升市场流动性。

（2）放宽涨跌幅限制，首次公开发行上市、增发上市的科创板股票，上市后的前5个交易日不设价格涨跌幅限制。5个交易日后，即从第6个交易日开始设限20%，波动比A股其他板更大。

(3) 科创板实行 T+1 交易机制，而非 T+0。

(4) 三种交易方式：竞价交易、大宗交易、盘后固定价格交易。

这与沪市主板不同，科创板引入了盘后固定价格交易方式，即在收盘集合竞价结束后，按当日收盘价格进行申报，交易所主机系统按照时间优先顺序，对收盘定价申报进行撮合。

盘后固定价格交易时间为 15:05~15:30，即收盘后增加 25 分钟固定价格交易，按当天收盘价成交。当日 15:00 仍处于停牌状态的股票，不进行盘后固定价格交易。

(5) 交易时间。开盘集合竞价时间：9:15~9:25；连续集合竞价时间：13:00~14:57；收盘集合竞价时间：14:57~15:00。盘后固定价格申报、交易时间：15:05~15:30。

(6) 市价委托方式。最优 5 档即时成交，剩余撤销申报；最优 5 档即时成交，剩余转限价申报。本方最优价格申报；对手方最优价格申报。

(7) 盘中临时停牌。无价格涨跌限制的股票，盘中交易价格较当日开盘价首次上涨或下跌达到或超过 30%；无价格涨跌限制的股票，盘中交易价格较当日开盘价首次上涨或下跌达到或超过 60%；证监会或上交所认定属于盘中异常波动的其他情形。

(8) 临时停牌时间，单次盘中临时停牌的持续时间为 10 分钟。停牌时间跨越 14:57 的，于当日 14:57 复牌。

(9) 投资者如何了解科创板股票交易的异常波动情形呢？科创板股票竞价交易出现下列异常波动情形之一的，上交所会公告该股票交易异常波动期间累计买入、卖出金额最大 5 家证券公司营业部的名称及其买入、卖出金额。

①连续 3 个交易日内，日收盘价格涨跌幅偏离值累计达到±30%的股票，收盘价格涨跌幅偏离值为单只股票涨跌幅与对应基准指数涨跌幅之差。

②证监会或上交所认定属于异常波动的其他情形。

需要提醒投资者注意的是：一方面，异常波动指标自公告之日起重新计算；另一方面，无价格涨跌幅限制的股票不纳入异常波动指标的计算。

(10) 异常波动，连续 3 个交易日内日收盘价格涨跌幅偏离值累计达到±30%。

下列现象为严重异常波动：

①连续 10 个交易日 3 次出现同向异常波动情形。

②连续 10 个交易日内日收盘价格涨跌幅偏离值累计达到 +100%（-50%）。

③连续 30 个交易日内日收盘价格涨跌幅偏离值累计达到 +200%（-70%）。

五、科创板竞价交易委托

1. 限价委托

为了防范大幅波动和操纵原则，科创板限价委托增加了限制。这有利于避免“乌龙指”情况的出现。

在连续竞价阶段，科创板对限价申报有一定要求，超出限制的委托报单无效。即买入申报价格不得高于买入基准价格的 102%；卖出申报价格不得低于卖出基准价格的 98%。

（1）买入基准价格的确定。盘面揭示有卖一价申报的，买入基准价格就是卖一价。

（2）若卖一价无申报，有买一价，买入基准价格就是买一价。

（3）若买一价、卖一价均无申报，买入基准价格就是最新成交价。买入申报价格不得高于最新成交价的 102%。

（4）若买一价、卖一价均无申报，且当天无成交价，买入基准价格就是前收盘价。

连续竞价阶段的限价卖出申报与买入申报同理：卖出基准价格按即时揭示的最高买入申报价格（若无）——即时揭示的最低卖出申报价格（若无）——最新成交价格（若无）——前收盘价这个顺序确定卖出基准价格。

此外，盘中临时停牌期间，科创板是可以继续申报的，也可以撤销申报，复牌时会对已接受的申报实行集合竞价撮合。

总之，价格申报范围仅针对高价的买单和低价的卖单加以单向限制，对低价买单和高价卖单并没有限制。此外价格申报范围会随着市场动态调整，投资者不用担心交易连续性的问题。

2. 限价委托

在原来主板市价委托的基础上，科创板新增两种市价委托申报方式，即本方最优价格申报和对手方最优价格申报。简单理解，对手方最优价格申报就是以最便宜的对手盘价格申报，而本方最优价格申报，就是以当前最高的买方价格申报。

六、如何申购科创板新股

科创板申购新股需要多少钱？网上申购要求持有市值达到10000元以上，每5000元市值可申购一个申购单位，不足5000元的部分不计入申购额度。市值每增加5000元，就可以多申购500股。每一个新股申购单位为500股，申购数量应当为500股或其整数倍。但最高申购数量不得超过当次网上初始发行数量的千分之一，且不得超过9999.95万股，如超过则该笔申购无效。

申购方法，在申购委托前将申购资金存入资金账户当中，然后在申购时间内进行申购委托；申购后的第一天，结算公司会冻结申购资金；申购后的第二天，交易所会按规则由主机自动对有效申购进行统一连续配号；申购后的第三天，公布中签率，进行摇号抽签，并在次日公布中签结果；在中签之后，需要在第二个工作日缴足申购费用。对于未中签部分的申购款，就会自动进行解冻。

在申购时间内，网上投资者按照委托买入股票的方式，以发行价格填写委托单进行申购。一经申报，不得撤单。同时，投资者只能使用一个证券账户参与网上公开发行股票的申购。如果同一投资者使用了多个证券账户参与同一只科创板新股的申购，或者投资者使用同一证券账户多次参与了同一只科创板新股申购，那么以该投资者的第一笔申购为有效申购，其余申购均为无效申购。

投资者连续12个月内累计出现3次中签但未足额缴款的情形时，自结算参与人最近一次申报其放弃认购的次日起6个月（按180个自然日计算，含次日）内不得参与新股、存托凭证、可转换公司债券、可交换公司债券网上申购。

七、科创板打新有没有风险

对于打新参与者，不再像过去A股打新一样“开板即卖”那么简单。科创板注册制下市场化的定价机制意味着科创板的打新告别过去A股市场打新无风险收益的模式。

市场化的新股定价机制平衡发行方（内部人估价）、一级市场申购方（机构投资者定价）和二级市场参与者（包含了散户）三者之间的利益关系，任何系统性损伤其中一个主体的定价体系最终都会得到纠偏，这样就很难出现以往持续的过高发行定价（但是不排除初期出现打新热潮拉高定价）。

一旦市场出现过高定价，这就存在上市后破发的可能，所以在不设涨跌幅度的情况下，对于打新参与者，不再像过去A股打新一样“开板即卖”那么简单，这也意味着A股运行了快5年的市值配售无风险打新模式将成为历史。

八、科创板退市制度

科创板公司退市要求比现行制度更加严格，主要有4种：重大违法类、交易类、财务类和规范类。

触及财务类退市指标的公司，第一年实施退市风险警示，第二年仍然触及将直接退市。不再设置专门的重新上市环节，已退市企业如果符合科创板上市条件的，可以按照股票发行上市注册程序和要求提出申请、接受审核。但因重大违法强制退市的，不得提出新的发行上市申请，永久退出市场。

在识别上，上市公司股票被实施退市风险警示的，在公司股票简称前冠以“*ST”字样，这与目前A股的做法是一致的。

1. 重大违法类强制退市

（1）上市公司存在欺诈发行、重大信息披露违法或者其他严重损害证券市场秩序的重大违法行为，且严重影响上市地位，其股票应当被终止上市的情形。

（2）上市公司存在涉及国家安全、公共安全、生态安全、生产安全和公众健康安全等领域的违法行为，情节恶劣，严重损害国家利益、社会公共利益，或者严重影响上市地位，其股票应当被终止上市的情形。

2. 交易类强制退市

（1）通过交易系统连续120个交易日实现的累计股票成交量低于200万股。

（2）连续20个交易日股票收盘价均低于股票面值。

（3）连续20个交易日股票市值均低于3亿元。

（4）连续20个交易日股东数量均低于400人。

3. 财务类强制退市

（1）主营业务大部分停滞或者规模极低。

（2）经营资产大幅减少导致无法维持日常经营。

（3）营业收入或者利润主要来源于不具备商业实质的关联交易。

（4）营业收入或者利润主要来源于与主营业务无关的贸易业务。

（5）其他明显丧失持续经营能力的情形。

4. 规范类强制退市

（1）财报存在重大会计差错或者虚假记载未在期限内改正。

（2）未在法定期限内披露（半）年报，停牌 2 月内仍未披露。

（3）信息披露或规范运作被上交所责令改正，但未在规定期限内改正。

（4）公司股本变动，不再具备上市条件，停牌期间内仍未解决。

（5）最近一个会计年度财报被会计师事务所出具无法表示意见或者否定意见的审计报告。

（6）公司可能被依法强制解散。

（7）法院依法受理公司重整、和解和破产清算。

第十一讲　股市重要法则

一、二八定律

二八定律就是巴莱多定律（帕累托定律），是 19 世纪末 20 世纪初意大利经济学家巴莱多发现的。他认为，在任何一组东西中，最重要的只占其中的一小部分，约 20%，其余 80%尽管是多数，却是次要的，因此又称二八定律。

流传最广的一种说法是："80%的收入，来源于 20%的客户。"也称为 20/80 法则。

我国股市常说的二八现象，其实就是 20%的股票涨，80%的股票下跌或不涨。二八定律具体有以下几种：

（1）股市中有 80%的投资者只想着怎么赚钱，仅有 20%的投资者考虑赔钱时的应变策略。结果只有那 20%投资者能长期盈利，而 80%投资者却常常赔钱。

（2）20%赚钱的人掌握了市场中 80%正确的有价值信息，而 80%赔钱的人因为各种原因没有用心收集资讯，只是通过股评或电视掌握 20%的信息。

（3）当 80%人看好后市时，股市已接近短期头部；当 80%人看空后市时，股市已接近短期底部。只有20%的人可以做到抄底逃顶，80%人是在股价处于半山腰时买卖的。

（4）券商的80%佣金来自于20%短线投资者的交易，散户的80%收益却来自于20%的交易次数。因此，除非有娴熟的短线投资技巧，否则不要贸然参与短线交易。

（5）只占市场20%的大盘指标股，对指数的升降起到80%作用。在研判大盘走向时，要密切关注这些指标股的表现。

（6）一轮行情中，只有20%的个股能成为黑马，80%个股会随大盘起伏。80%投资者会和黑马失之交臂，仅20%的投资者与黑马有一面之缘，能够真正骑稳黑马的更是少之又少。

（7）有80%投资利润来自于20%的投资个股，其余20%投资利润来自于80%的投资个股。投资收益有80%来自于20%笔交易，其余80%笔交易只能带来20%的利润。所以，投资者需要用80%的资金和精力关注于其中最关键的20%的投资个股和20%的交易。

（8）股市中20%的机构和大户占有80%的主流资金，80%的散户占有20%的资金，所以，投资者只有把握住主流资金的动向，才能稳定获利。

（9）成功的投资者用80%的时间学习研究，用20%的时间实际操作。失败的投资者则用80%的时间实盘操作，用20%的时间后悔。

（10）股价在80%的时间内是处于量变状态的，仅在20%的时间内是处于质变状态的。成功的投资者用20%的时间参与股价质变的过程，用80%的时间休息；失败的投资者用80%的时间参与股价量变的过程，用20%的时间休息。

二、股市721法则

所谓股市721法则，通常是指无论是牛市还是熊市，投资股票的散户，有70%是赔钱，20%是保本，10%是盈利。

目前中国股市中，从投资者或投机者总数上来看，散户是绝对的主体，但散户总资金量相对机构大鳄是微不足道的，不论牛市还是熊市，绝大部分散户是跑输乃至严重跑输大盘的，部分散户是永远亏损的。这是由散户股市知识匮乏和操盘特点决定的。

1. 散户股票基本知识匮乏、不善于学习是根本原因

很多散户股票基本知识极其匮乏，既不知道什么属于利好，什么属于利

空，也不知道所持股票盘子大小、业绩如何；既不懂得简单技术分析，也不懂得简单量价关系，甚至有时连自己买入股票的代码都没记住，更别说什么筹码理论、波浪理论、道氏理论等股市基本理论了。不会游泳就下水被淹是避免不了的，淹死也是司空见惯；对股市一点都不懂就炒股，赔钱是非常正常不过的，这和牛市、熊市无关。

不懂并不可怕，可怕的是不知道、不懂得学习。要么是到处打听什么小道消息，要么是到自己持有的股票股吧中大骂，赚点小钱手舞足蹈，到处吹嘘，赔钱不是骂政策不好，就是骂写博者是托，却从来不怨自己在股票方面的无知和浅薄。看博客不学习别人的分析方法，而是看是否符合自己意愿，符合自己意愿的高呼老师，不符合自己意愿的则破口大骂。

2. 散户资金量少，永远没有股份定价权是次要原因

散户虽然人数众多，但无论是单个散户，还是全部散户的总资金量，与机构大鳄的资金量相比，那是无法对比的，可谓沧海一粟，因此散户永远是股市最底层的群体，无论对大盘还是对个股没有任何定价权，对股市乃至个股涨跌没有一丝一毫的影响力。大盘和个股涨跌的命运不掌握在自己手中，而是掌握在机构和主力手中，因此散户更需要学习股市基本知识来提高自己预测股市未来趋势的能力。只有如此才能保护自己的资金安全，大盘趋势向上就是“上车”，大盘趋势向下就“走人”。梦想去改变股市或个股运行，那注定会伤痕累累，损失惨重。

3. 散户追涨杀跌，频繁操作的错误方法是直接原因

炒股如钓鱼，有时候需要很大的耐心等待买入或卖出的机会。绝大部分散户恰恰缺乏的就是耐心，总是想买入就涨，卖出就跌，卖了这只股票就买入那只股票，一年下来买卖成百上千次，频繁操作，追涨杀跌，算来算去总是跑输大盘，整天忙来忙去都在给券商“打工”，而庄家一年乃至几年就操作一只股票，但它们稳赚不赔，而散户却赔多赚少。

721，只是一个表面现象。何以721，才是定律中的定律，才是意义所在。大凡70%甚至加上另20%总是认为，为何10%的盈利，是因为他们是所谓的股神、高手；总是认为所谓高手之所以成功，在于把握大盘趋势，于是70%+20%总是尽力去捕捉大盘趋势的每一次机会，到处遍访高人寻求高人的指点。在众多淋漓的股神面前，一次次失去自我，一次次无所适从，一次次失去可以守候的机会。

70%+20%的人为什么总是这样迷失自我，神化10%的高人，因为他们不明白股市是个什么东西，总是认为高手赢在技术上，所以总是自觉地刻苦寻求“技术派”的支持。

70%+20%的人为什么总是苦苦去寻求所谓的“技术”，从一次失败到另一次失败，到再一次失败？因为在他们的眼光里只有10%的高手、股神的丰厚利润，正是一次又一次期盼获取“暴利”的贪婪成为他们失败的动因。当看自己取得的收益，总是少得可怜，与10%高人比较，显得那么的渺小。

股市是什么东西？可以获取“暴利”——这是“赌徒”说的；可以获取收成——这是“耕作者”说的。“赌徒”总是输得精光，“耕作者”总是有所收获。

三、左、右侧交易

1. *右侧交易法则*

所谓右侧交易，是指不参与横盘或下跌股票，在股票横盘后开始上涨或由跌转升后买入股票，在上涨过程中持有股票，在由升转跌后卖出股票。

股价在一轮下跌后形成一个底部，以股价最低点为底，K线图形成一个“V”形底，这样两边就产生左侧和右侧，在底部的右边买入股票，也称为右侧交易。

同样，股价经过一段时间的上涨，以股价最高点为顶，在用K线表示时明显形成一个倒“V”形顶，之后股价回落，在确认顶部形成之后卖出股票也称为右侧交易。

右侧交易的要点：不要预测市场的走势，等市场给出答案，趋势转折之后，再进行操作。

（1）由跌转升。股票在下跌过程中，当天（周、月）向上突破了5天（5周、5月）均线的1.03倍，表示向上突破有效，可判断为股票由跌转升。

（2）由升转跌。股票在上涨过程中，当天（周、月）向下跌破了5天（5周、5月）均线的0.97倍，表示向下跌破有效，可判断为股票由升转跌。

举例说明：有一只股票，处于上涨过程中，可以买入，但假如某天的5天均线为10.00元，股票当天向下跌破0.97倍（$10.00\times0.97=9.70$元），则卖出，后来股票处于下跌趋势。某天5天均线为9.00元，当天上涨突破1.03倍（$9.00\times1.03=9.27$元），则买入。

短线投资者的判断，依据5天均线进行操作；中线投资者的判断，依据5周均线进行操作；长线投资者的判断，依据5月均线进行操作。

该法则的优点：简单明了，适应于任何人操作。在牛市中能避免卖错股票，在熊市中能避免买错股票。

该法则的缺点：存在操作滞后性，如果股市长时间上下震荡，容易赔钱。

2. *左侧交易法则*

所谓左侧交易，也叫逆向交易，其特点是，在价格抵达或者即将抵达某个所谓的重要支撑点或者阻力点的时候就直接逆向入市，而不会等待价格转势，它与右侧交易恰恰相反。在实践过程中发现，A股大多数股民都是采取右侧交易法则，就是当大家看到股价创出新高时才明白行情开始了，才开始入场追买股票，但是往往追到阶段高点，尤其是在面对短期波动的时候，这是股市中为什么只有少数人赚钱的根本原因。

其实，一个能持续战胜市场的法则应该是"中长期趋势必须坚持右侧交易，而短期趋势必须坚持左侧交易"。也就是说，一波大熊市没有看到明确的底部出现时，把所有的上涨都看成反弹，当一旦牛市确立，应该把任何一次回调都看成是介入的大好时机。

左侧交易，就是股市在下跌的时候，底部什么时候出现还不知道，但已经觉得股价是合理的，有足够的吸引力和安全边际的时候，那么就可以选择买入，至于是否还会出现下跌可以不去理会，总体认为这个位置是有价值的，股价有吸引力的就买入，这是左侧交易。它从来不考虑市场趋势的问题。

（1）何谓"左、右侧交易"？

A. 在股价上涨时，以股价顶部为界，凡在"顶部"尚未形成的左侧高抛，属左侧交易，而在"顶部"回落后的杀跌，属右侧交易。

B. 在股价下跌时，以股价底部为界，凡在"底部"左侧就低吸者，属左侧交易，而在见底回升后的追涨，属右侧交易。

C. 有时同样一个价位，却有左侧交易与右侧交易之区别。

（2）投资界这样流传：左侧交易是业余水平标志，而右侧交易是专业水平证明。左侧交易（高抛、低吸）中的主观预测成分多。右侧交易（杀跌、追涨）则体现对客观的应变能力。左侧交易又叫低吸高抛，右侧交易又叫追涨杀跌，真的是这样吗？这也许是投资界最大的谎言之一。机构炒家共同制造了这个谎言，其目的是不让更多有智慧的人进入这个专业投机领域，因为进入的人越多，其超额利润、边际利润越少，到那时候，这个领域就没有好日子过了，还想像以前一样牟取暴利将成为不可能。为了不让这个噩梦实现，机构炒家们非常默契地制造了这个谎言。

（3）专业高手既不做“左侧交易”，也永远不追求“抛在顶部、吸在底部”的神仙境界交易。在实盘中，追求逃顶抄底试图买在最低价，卖在最高价，是最愚蠢的表现，职业高手绝不会在股价没有形成上攻动力前，由于主观性的因素而随意买入，也不会因害怕涨幅过大，而随意卖出。职业高手的买卖依据是目标股只有无继续上攻的动能，一旦股价有调整要求，立即出仓，以避免股价调整而带来的不必要风险，一旦股价形成连续上攻的预兆，便大胆买入。

（4）对右侧交易的重要性，除了要有上述认识外，更需要经过心理性格上的训练，方有可能做到。

左侧系统是买入方向和股价运动方向相反的交易系统；右侧系统是买入方向和股价运动方向相同的交易系统。

3. 左、右侧交易的区别

左侧交易为高抛、低吸，主观预测成分多。右侧交易杀跌、追涨，体现对客观的应变能力。

使用者，左侧交易为机构投资者，右侧交易为一般投资者。

思维方式，左侧交易为逆向思维，右侧交易为正向思维。

操作模式，左侧交易提前买进或卖出，右侧交易在转势后买进或卖出。

操作位置，左侧交易为顶部或底部的左侧，右侧交易为顶部或底部右侧。

四、金字塔黄金交易法则

股价大幅下跌，将要见底而没有见底的这一阶段是最折磨人的。如果买进后，股价继续下跌就会被套，实在是冤枉；如果不买，股价就此止跌见底回升，少了在低位补仓摊平成本，减少损失的机会，这样又不甘心，所以大家就要学会一种建仓方法来解决这个难题，这就是“金字塔黄金交易法则”，把资金分成若干份，采用金字塔式的方式买入。

金字塔式交易法是股票投资的一种操作方法，是分批买卖法的变种。此法是针对股价价位的高低，以简单的三角形（金字塔形）作为买卖的准则，来适当调整和决定股票买卖数量的一种方法。

1. 金字塔递减加仓法

当看好一只股票，认为它后市会涨，那么就可以进行低位建仓，若股价持续上涨，且涨势越来越猛，还有上升空间的时候，为了增加获利，往往会选择加仓，这个时候就可以选择每上涨一定价位，加仓的数量就进行一定减少，这样既满足了更多的获利也控制了陡然下杀的风险。

如图 1-8 所示，用具体数字代表了价格的上涨和对应仓位的把控，数字是为了更直观，在具体操作中可以用半仓、1/3 仓、1/4 仓，根据总资金来规划，具体价位差值依据个股来定。

金字塔加仓法，用简单例子说明，在同一品种中第一次买入 5 万元，第二次买入 4 万元，第三次买入 3 万元，每次买入数额按比率比上一次少。由于此法多半用于“追涨”，所以每次加仓的价位都比上一次高，购买的数量按比率依次减少，画出来就像一个底部大顶尖小的金字塔。

为什么很多投资者用这种方法追涨呢？一般而言，任何投资品种都不可能无限度上涨，尤其是不再是单边牛市中，适度上涨后，出现调整是极其正常的。在这样的走势中，每一次价格上涨，都以为接近顶部的概率增大，同时也就意味着未来潜在涨幅的概率减少。在这样的预估下，减少后续加仓的规模，有助于减少后续加仓行为的风险。

如果一个投资者有 10 万元资金，按等额追涨方法，分别在此股票 5 元、6 元、7 元、8 元各买入 2.5 万元，平均成本为 6.5 元，此后走势证明 8 元是顶部，股价再次回到 7 元，其收益为 7.7%。但如改用金字塔加仓法追涨，分别在 5 元、6 元、7 元、8 元各买入 4 万元、3 万元、2 万元和 1 万元，那么其平均成本为 6 元，收益率可以提高到 16.7%。

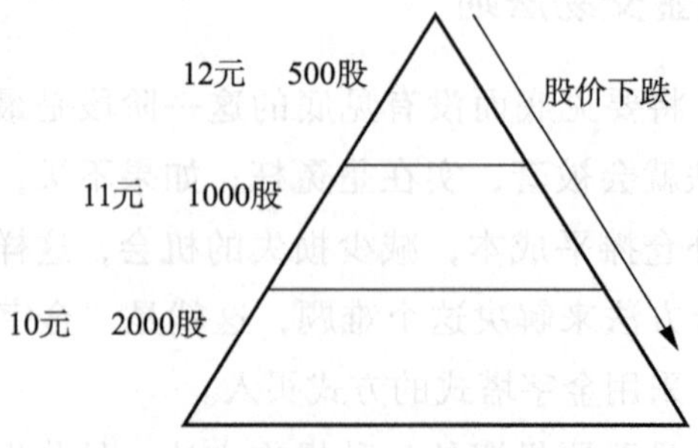

图 1-8　金字塔递减加仓法示意

2. 金字塔递增加仓法

有人爱追涨，有人爱抄底。尤其是价值投资者，往往是好股票越跌越买。

对下跌中的股票，金字塔递增加仓法相比金字塔递减加仓法，无疑更具实盘价值。所谓金字塔递增加仓法，就是每次下跌时所加仓的数量按比率依次增多，越跌越买，越买越多。

毕竟在震荡市中，下跌不可能无限制，每次下跌都意味着继续下跌的可能性在减少，因此加仓数量应逐渐加大，确保加仓额度随下跌概率减少而上升。至于金字塔递增加仓法的好处，如图 1-9 所示，比较一下与等额投资法的差别。

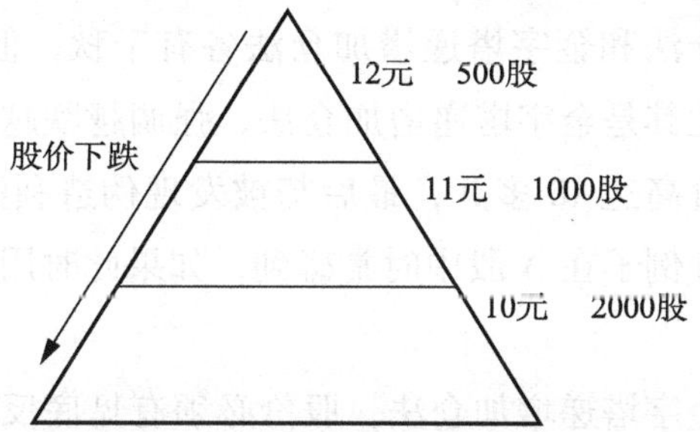

图 1-9 金字塔递增加仓法示意

3. 倒金字塔卖出

用金字塔交易法卖出股票时，就要用倒金字塔方式进行操作。具体操作方法是，当股价上涨时，卖出的股票数量也随着股价的上升而增加，越卖越多，形态呈倒金字塔。

当投资者购买的股票上涨到 10 元时，投资者认为价格在上涨一段时间后会出现下跌，就采用倒金字塔卖出法先卖 500 股，当股价升至 11 元时，又卖出更多的部分（如 1000 股），又过了几天，股价涨至 12 元时，则全部售出。

倒金字塔卖出法的优点是能在人气旺盛的时候售出股票，股票出手容易，既能获得较好差价，又能减少风险，如图 1-10 所示。

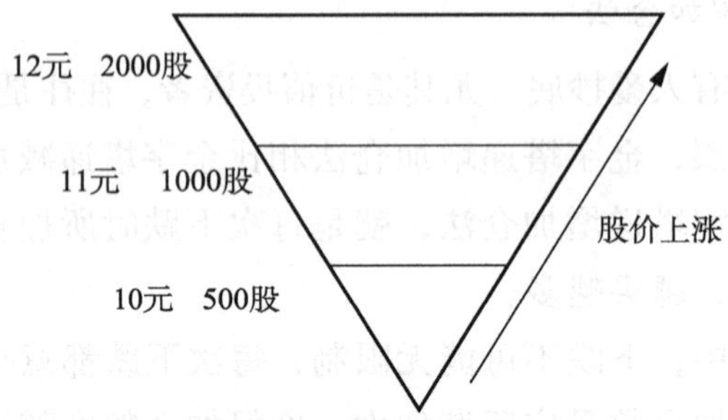

图 1-10 倒金字塔卖出法示意

4. 金字塔法则要选准对象

金字塔递减加仓法和金字塔递增加仓法各有千秋，但在实际应用中，必须注意投资对象，尤其是金字塔递增加仓法，强调越跌越买，不可轻易使用。曾经的绩优股，股价高达 40 多元，最后却被发现伪造利润，最后跌得只剩 2 元甚至 3 元钱。这种例子在 A 股中时常碰到，如果此时用金字塔递增加仓法，只会死得更惨。

事实上，要用金字塔递增加仓法，股价必须有见底反弹甚至反转的可能，投资者必须对其基本面有极强的信心。在目前沪指 3000 点位置附近，即使再次出现调整，下跌幅度也十分有限，最适合“越跌越买”的手法。

五、鳄鱼交易法则

这是经济学交易技术法则之一，也叫鳄鱼效应，它的意思是：假定一只鳄鱼咬住你的脚，如果你试图用手去挣脱你的脚，鳄鱼便会同时咬住你的脚与手。你越挣扎，就被咬得越多。所以，万一鳄鱼咬住你的脚，唯一的办法就是牺牲一只脚，以保住自己的性命。

由于人性天生的弱点，时时不自觉地影响自己的操作，一次大亏本，足以输掉前面 99 次的利润，所以严格遵守止损纪律便成为确保投资者在风险市场中生存的唯一法则。

止损，是证券投资的一项基本功，一个简单而有用的交易法则，即“鳄鱼法则”。

所有世界上成功的证券投资人在进入市场之前，都在反复训练对这一原则的理解程度。

1. 不要抱有侥幸心理

若以市场的语言表达，这项原则就是当知道自己犯错误时，立即了结出场，不可再找借口、期待、理由或采取其他任何动作，赶紧离场。其实，无论是股市、汇市还是期权交易，其交易技巧在这一点上都是相似的。在股市中生存，有时需要耐心，有时需要信心，但耐心、信心不代表侥幸，不懂得止损的投资者，就是输在侥幸心理上。

在股市中，鳄鱼交易法则就是当发现自己的交易背离了市场的方向，必须立即止损，不得有任何延误，不得存有任何侥幸心理。

当知道自己犯错时，立即了结出场。不可再找借口、期待、祷告或采取其他任何动作，赶紧离场……不可试图调整头寸、避险或其他无谓的措施。

2. 止损的必要性

波动性和不可预测性是股市最根本的特征，这是市场存在的基础，也是交易中风险产生的原因，这是一个不可改变的特征。交易中永远没有确定性，所有的分析预测仅仅是一种可能性，根据这种可能性而进行的交易自然是不确定的，不确定的行为必须得有措施来控制其风险的扩大，止损就这样产生了。

止损是人们在交易过程中自然产生的，并非刻意制作，是投资者保护自己的一种本能反应，市场的不确定性造就了止损存在的必要性和重要性。成功的投资者可能有各自不同的交易方式，但止损却是保障他们获取成功的共同特征。世界投资大师索罗斯说过，投资本身并没有风险，失控的投资才有风险。学会止损，千万别和亏损谈恋爱。止损远比盈利重要，因为任何时候保本都是第一位的，盈利是第二位的，建立合理的止损原则相当有效，谨慎的止损原则的核心在于不让亏损持续扩大。

明白止损的意义固然重要，然而，这并非最终的结果。事实上，投资者设置了止损而没有执行的例子比比皆是，市场上被扫地出门的悲剧几乎每天都在上演。止损为何如此艰难？其原因有三：一是侥幸的心理作祟。某些投资者尽管也知道趋势上已经破位，但由于过于犹豫，总是想再看一看、等一等，导致自己错过止损的大好时机；二是价格频繁的波动会让投资者犹豫不决，经常性错误的止损会给投资者留下挥之不去的记忆，从而动摇投资者下次止损的决心；三是执行止损是一件痛苦的事情，是一个血淋淋的过程，是对人性弱点的挑战和考验。

3. 耐心等待的重要性

在资本市场中，投资者应该学习鳄鱼捕食的经验，那就是等待，等待，耐心地等待；一直要等到时机到来的时候，狠狠地咬一口。之后又是坚持，坚持，再坚持，直到吃上美味的佳肴。这讲究的是一种长线投资思维，不要太过于在意暂时的得失。忙碌者未必得到应有的回报，貌似悠闲自得者却可以得胜还朝。

4. 鳄鱼法则的启示

（1）在股市中，鳄鱼法则就是当发现自己的交易背离了市场的方向时，必须立即止损，不得有任何延误，不得存有任何侥幸心理。

（2）当犯了错误的时候，要立即停下来，不可以再找借口、期待、理由或采取其他任何动作，否则将陷入更大的麻烦和错误中去，以致造成更加严重的后果。

（3）学会放弃。生活中有时不好的境遇会不期而至，令大家猝不及防，手忙脚乱，甚至遭成严重的损失，这时候要泰然处之，及时主动放弃局部利益而保全整体利益是最明智的选择。智者曰："两弊相衡取其轻，两利相权取其重。"趋利避害，这也是放弃的实质。

六、股市羊群效应

1. 什么叫羊群效应

如果在一群羊前面横放一根木棍，第一只羊跳了过去，第二只、第三只羊也会跟着跳过去；这时把那根棍子撤走，后面的羊走到这里，尽管拦路的棍子已经不在，但仍然像前面的羊一样，向上跳一下，这就是所谓的"羊群效应"，也称"从众心理"。

羊群是很散乱的组织，平时在一起也是盲目地左冲右撞，一旦有一头羊动起来，其他的羊也会不假思索地一哄而上，全然不顾前面可能有危险。

股市中的"羊群效应"，主要是指投资者在交易过程中存在学习与模仿现象，盲目效仿别人，从而导致大家在某段时期内买卖相同的股票。

在股票投资市场，如果个人投资者能量迅速积聚，就极易形成趋同性的羊群效应，追涨时信心百倍蜂拥而至，大盘跳水时，恐慌心理也开始连锁反应，纷纷恐慌出逃，这样跳水时量能放大也属正常。

2. 羊群效应产生的原因

（1）利益驱动。通过投资行为获取最大利润，实现资产增值是所有投资者追逐的目标。哪里能赚钱，投资者就奔向哪里。股市看涨，投资者纷纷涌入股市。某投资者在股市里赚钱，会带动周围人入市买股票；舆论说某只股票看好，大家会争抢购买，形成了跟风炒作。

（2）从众心理。个人受到外界人群行为的影响，而在自己的知觉、判断、认识上表现出符合大众舆论或多数人的行为方式。人人都有从众心理，这是人类的一种潜意识。

（3）信息制约。投资者信息不对称、不完全，自己没有足够的精力一直做分析判断，模仿他人的行为以节约自己搜寻信息的成本。

（4）庄家炒作。庄家利用自身优势，能够主动、积极地担当“领头羊”，通过价格走势、信息传播、题材炮制等手段，使市场产生羊群效应，这是庄家有意设计的“羊群”陷阱。

（5）媒体煽动。一条消息通过媒体的宣传造势就可以变成公众民意，为股市羊群效应发挥了推波助澜的作用。

（6）股市不成熟，股民不理性。在并不成熟的股市中，新股民又缺乏理性投资，这也是形成羊群效应的重要原因。

3. 做一个理性的投资者

（1）形成独立的分析和判断能力。股市投资的本质，是“低买高卖”，而羊群效应的一个结果，容易使股价偏离真实价值，出现价值被低估或者被高估的情况。在选择股票时，以布局“价值被低估”的个股作为自己的择股标准。

（2）炒股一定要学会随机应变。把握市场趋势，趋势一旦形成就很难改变，趋势就是最好的投资方向，趋势一旦改变就立即改变操作思路。

市场不会同情弱者，有人可以赚钱，你一定要寻找到他的痕迹。

（3）不敢买的越要买，越难买的越要买。反过来一样，就要卖出股票。不管盘面如何变化，当股票价格处于底部区域的时候，就可以持有，你可以不买入，但一定不能卖出。当股票处于高位区域的时候，就可以卖出，你可以持有，但一定不能买入。

（4）成功是需要非常平静耐心的，但是机会来临的时候也要足够进取。只有如此，投资者才会创造惊人的高收益。找到适合自己的炒股方式，然后简单的事情重复做。

(5) 控制风险永远是炒股的第一要务。只有生存下去，才可能有获利机会。

(6) 价值投资、理性投资、组合投资、安全投资、大波段运作是中小散户的主要炒作方法。认识自己，了解对手。散户就是游击队，没有能力发动大规模的兵团作战，只能被动跟随，所以论持久战很适合你。知己知彼，方能百战不殆。

七、股市蝴蝶效应

1. 什么叫蝴蝶效应

蝴蝶效应是指在一个动力系统中，初始条件下微小的变化能带动整个系统的长期而巨大的连锁反应，这是一种混沌现象。蝴蝶效应通常用于天气、股市等在一定时段难以预测的比较复杂的系统中，起到连锁反应的效应。此效应说明，事物发展的结果，对初始条件具有极为敏感的依赖性，初始条件的极小偏差，都将会引起结果的极大差异。

一个坏的微小的机制，如果不加以及时地引导、调节，会给社会带来非常大的危害，戏称为“风暴”；一个好的微小的机制，只要正确指引，经过一段时间的努力，将会产生轰动效应，或称为“革命”。

在我国股市，蝴蝶效应非常突出，市场中的一条消息，可能点燃一个板块，也可能浇灭一个热点。板块的轮动，热点的切换，背后隐藏着蝴蝶效应。几年前的熔断机制，引发不理性的股票“踩踏”事件，市场出现千股跌停，“熔断”成为“股灾”的导火索。贵州茅台（600519）的走妖，不仅带动白酒股走强，还带动白马股、高价股的上涨。乐视网（300104）的跳水，带动相关个股持续走低。

蝴蝶效应小到一个细节、一只个股，大到一个公告、一项决策，都有可能产生连锁反应，一个不起眼的概念、题材，可能在整个行业链中得到体现，甚至传导到跨国界、跨市场、跨行业。如 5G 概念引起各国市场的连锁反应，货币、黄金、外汇、期货市场的变化引起股市的震荡，而且还有可能产生互为影响的关联作用。

股市里存在大量的蝴蝶效应，环境、事件以及投资人心理等多重因素影响着资产价格的走势，而这些因素本身又由其他要素构成，当要素中的某一个环节改变，就会引起其他要素的改变，从而引起最终结果的改变。

2. 蝴蝶效应的启示

蝴蝶效应告诉我们，尽管我们不能回到过去，我们目前的行为——哪怕是不经意的行为都深刻地影响着未来——不止是你自己的，也包括别人的。所以，小心布局每一次交易，认真对待每一次操作，就有可能改变整个命运。蝴蝶效应带来的傻瓜式机会主要有三个可让我们抓取。

（1）连锁反应能让我们在不同市场之间实现一定程度的被动套利。例如，与股票市场最为紧密相关的股指期货走出了一波快速的拉升行情，很可能是发生了什么大家并不知道的有利于股市上涨的事情，通过股指期货走势体现出来，那么股票往往也会跟着上涨创造出获利的机会，反之则同样带来联动下跌的风险。

（2）蝴蝶效应可以让大家抓住同一市场相互关联的投资品种之间的同向或反向运行创造出的交易机会。例如，当国际油价连续上涨，国内的成品油定价机制使中石化、中石油两家绝对垄断的公司很快会上调国内的成品油价格，而油价的上升对用油企业来说会推升成本，大家可以暂时回避。而油价的上涨则会使得替代品更受欢迎，那么新能源很有可能会迎来一波炒作，此时大家应当提高重视。

（3）联动反应会使得同类资产被动式地产生价格波动创造短期机会。当科技类股票中的网络软件受到政策利好的推动上涨时，硬件制造商的股票同样会得到市场资金的追捧。当一家公司股票上涨，同板块的其他公司也会上涨。例如，新五丰（600975）上涨时，福成五丰（600965）同样会上涨；当赛格三星（000068）下跌时，深赛格（000058）也会下跌。

对于蝴蝶效应在股市中的应用，归纳为十六字：关注细节，防微杜渐；注重关联，控制全局。

第二课
看盘核心内容

第一讲 换手率

换手率也称周转率，指在一定时间内市场中股票转手买卖的频率，是反映市场交投活跃程度最重要的技术指标之一。其计算公式为：换手率（周转率）=（某一段时期内的成交量÷发行总股数）×100%。

一般情况，大多数股票的日换手率在3%以下（新股除外）。那么大于3%又意味着什么？当一只股票的换手率在3%~7%时，该股进入相对活跃状态；7%~10%时，则为强势股的出现，股价处于高度活跃当中；10%~15%，大庄密切操作；超过15%的换手率，持续多日的话，此股也许成为大黑马。

一、换手率意义

（1）股票的换手率越高，意味着该股票的交投越活跃，人们购买意愿越高，属于热门股；反之，股票的换手率越低，则表明该股票关注的人少，属于冷门股。

（2）换手率高一般意味着股票流通性好，进出市场比较容易，不会出现想买买不到、想卖卖不出的现象，具有较强的变现能力。然而值得注意的是，换手率较高的股票，往往也是短线资金追逐的对象，投机性较强，股价起伏较大，风险也相对较大。

（3）将换手率与股价走势相结合，可以对未来的股价做出一定的预测和判断。某只股票的换手率突然上升，成交量放大，可能意味着有投资者在大量买进，股价可能会随之上涨。如果某只股票持续上涨了一段时间后，换手率又迅速上升，则可能意味着一些获利者要套现，股价可能会下跌。

（4）相对高位成交量突然放大，主力派发的意愿是很明显的。然而，在高位放量也是容易的，一般伴随有一些利好消息时，才会放出成交量，主力才能顺利完成派发，这种例子是很多的。

（5）底部放量的股票，其换手率高，表明新资金介入的迹象较为明显，未来的上涨空间相对较大，越是底部换手充分，上行中的抛压越轻。此外，强势股就代表了市场的热点，因而有必要对它们加以重点关注。

（6）新股上市之初换手率也是很高的，这时的高换手率应当与老股票有一定的区别。

二、换手率分析

（1）观察换手率能否维持较长时间，因为较长时间的高换手率说明资金进出量大，持续性强，增量资金充足，这样的个股才具可操作性。而仅是一两天换手率突然放大，其后便恢复平静，这样的个股操作难度相当大，并容易遭遇骗线。

（2）对于高换手率的出现，投资者应该区分股价的相对位置。高换手率既可说明资金流入，亦可能为资金流出。一般来说，如果此前个股是在成交长时间低迷后出现放量的，且较高的换手率能够维持几个交易日，则一般可以看作是新增资金介入较为明显的一种迹象，此时高换手的可信度比较好。由于是底部放量，加之又是换手充分，这类个股未来的上涨空间应相对较大，同时成为强势股的可能性也很大。投资者有必要对这种情形作重点关注。如果个股是在相对高位出现高换手率，一般成为下跌前兆的可能性较大（当然也可能是主力拉高建仓）。这种情况多伴随有个股或大盘的利好出台，此时，已经获利的筹码会借机出局，顺利完成派发，“利好出尽是利空”的情况就是在这种情形下出现的。对于这种高换手率，投资者应谨慎对待。

（3）投资者操作时可关注一直保持较高换手率，而股价却涨幅有限（均线多头排列更佳）的个股。根据量比价先行的规律，成交量先行放大，股价通常很快跟上量的步伐，即短期换手率高，表明短期上行能量充足。形态上选择圆弧底、双重底或者多重底，横盘打底时间比较长，主力有足够的建仓时间，如配合各项技术指标支撑则应该引起密切关注。

（4）换手率是挖掘热门板块、判断是否属于热门股的有效指标之一。换手率高股性趋于活跃，投资者在选股的时候可将每天换手率连续放大的个股放进自选股中，再根据一些基本面以及其他技术面结合起来精选出其中的最佳品种。

三、换手率级别

绝对低量：小于1%。

成交低迷：1%~2%。

成交温和：2%~3%。

成交活跃：3%~5%。

带量：5%~8%。

放量：8%~15%。

巨量：15%~25%。

成交怪异：大于25%。

我们常使用3%以下这个标准，并将小于3%的成交额称为“无量”，更为严格的标准是2%。

大盘股、中盘股、小盘股，在换手率界定标准上有一定的区别。通常大盘股换手率在10%以上应引起警惕，中盘股在15%左右，小盘股则在20%以上。

第二讲　市盈率

市盈率也称本益比、股价收益比率或市价盈利比率，是股票市价与其每股收益的比值。计算公式：市盈率=当前每股市场价格/每股税后利润×100%。

投资者利用市盈率估量某股票的投资价值，或者用该指标在不同公司的股票之间进行比较。市盈率通常用来作为比较不同价格的股票是否被高估或者低估的指标。一般认为，如果一家公司股票的市盈率过高，那么该股票的价格具有泡沫，价值被高估。需要注意的是，利用市盈率比较不同股票的投资价值时，这些股票必须属于同一个行业，此时公司的每股收益比较接近，相互比较才有效。

一、静态市盈率和动态市盈率

市盈率分为静态市盈率与动态市盈率。市场常说的市盈率通常是指静态市盈率，考察期一般为 12 个月，这给投资人的决策带来了许多盲点和误区。毕竟过去的并不能充分说明未来，而投资股票更多的是看未来。

动态市盈率是指还没有真正实现的下一年度的预测利润的市盈率。等于股票现价和未来每股收益的预测值的比值，如下年的动态市盈率就是股票现价除以下一年度每股收益预测值，后年的动态市盈率就是现价除以后年每股收益预测值。

动态市盈率说明一个简单而又深刻的道理，即投资股市一定要选择有持续成长性的公司。因此不难理解资产重组为什么会成为市场永恒的主题，以及有些业绩不好的公司在实质性的重组题材支撑下成为市场黑马。

如何分析静态市盈率、动态市盈率？如果一家公司因投资收益等非经营性收益带来较好的每股盈利，从而导致其该年静态市盈率显得相当具有诱惑力；如果一家公司该年因动用流动资金炒股获得了高收益，或者是该年部分资产变现获取了不菲的转让收益等，那么对于一些本身规模不是特别大的公司而言，这些都完全有可能大幅提升其业绩水平，但这样更多是由非经营性收益带来的突破增长，需要辩证地去看待。非经营性的收益带给公司高的收益，这是好事，短期而言，对公司无疑有振奋刺激作用，但这样的收益具有偶然性和不可持续性，资产转让后就没有了，并且股票投资本身就具有不确定性，没有谁敢绝对保证一年有多少收益。因此，非经营性收益是可遇而不可求的。

二、A 股平均市盈率规律

市盈率用来判断单个股票的估值，难免有失偏颇。但用来判断整个大盘的估值高低，却是最为有效的参考指标。

历史统计数据显示，沪指平均市盈率的最高点是 68 倍，出现在 2007 年 10 月 16 日，沪指为 6124 点。次高点是 50 多倍，出现在 2015 年 6 月 12 日，当时的沪指为 5178 点。

沪指平均市盈率的最低点是 16 倍，出现在 2005 年 6 月 6 日，沪指为 998 点。次低点是 23 倍，出现在 1994 年，当时沪指为 325 点。第三个低点是

1996 年 1 月 19 日的 512 点，市盈率 20 倍左右。

从历史来看，16 倍平均市盈率是沪指低估的极限位，68 倍是高估的极限位。到 2019 年 7 月 15 日止，上证 A 股市盈率不到 15 倍。平均市盈率极限位的出现往往是股指低点或高点出现的最准确的预兆。

沪指的历史表现显示，沪指平均市盈率的 20 倍以下为低估区域，50 倍以上为高估区域。价值投资者应在低估区域买进，高估区域抛出。

没有一定的准则，但以个股来说，同业的市盈率有参考比照的价值；以同类股票或大盘来说，历史平均市盈率有参照的价值。

市盈率对个股、同类股票及大盘都是很重要的参考指标。任何股票若市盈率大大超出同类股票或是大盘，都需要有充分的理由支持，而这往往离不开该公司未来盈利将快速增长这一重点。一家公司享有非常高的市盈率，说明投资人普遍相信该公司未来每股盈余将快速成长，以至数年后市盈率可降至合理水平。一旦盈利增长不如理想，支撑高市盈率的力量无以为继，股价往往会大幅回落。

市盈率是很具参考价值的股市指标，容易理解且数据容易获得，但也有不少缺点。例如，作为分母的每股盈余，是按当下通行的会计准则算出，但公司往往可视其需要斟酌调整，因此理论上两家现金流量一样的公司，所公布的每股盈余可能有显著差异。另外，投资者也往往不认为严格按照会计准则计算得出的盈利数字忠实反映公司在持续经营基础上的获利能力。因此，投资者往往自行对公司正式公布的净利加以调整。如两家市值同为 10 亿美元、净利同为 1 亿美元的公司，市盈率均为 10 倍。但如果 A 公司有 10 亿美元的债务，而 B 公司没有债务，那么，市盈率就不能反映这一差异。

三、市盈率的高低说明什么

市盈率表示的是投资者为了获得公司每一单位的收益或盈利而愿意支付多少倍的价格。例如，某只股票有 1 元的业绩，投资者愿意以市价 10 元购买该股票，该股票相应的市盈率就为 10 倍。一般来说，市盈率的高低可以用来衡量投资者承担的投资风险，市盈率越高说明投资者承担的风险相对越高。当然仅用市盈率来作为投资决策的标准是远远不够的，投资者还应该参考其他因素。此外，不同行业上市公司的市盈率也是不同的，投资者应该加以注意。

在股票市场中，当人们完全套用市盈率指标去衡量股票价格的时候，会发现市场变得无法理喻，股票的市盈率相差悬殊，并没有向银行利率看齐，市盈率越高的股票，其市场表现越好。是市盈率没有实际应用意义吗？其实不然，这只是投资者没能正确把握对市盈率的理解和应用而已。

市盈率高，在一定程度上反映了投资者对公司增长潜力的认同，不仅在中国股市如此，在欧美成熟的股票市场上也同样如此。从这个角度去看，投资者就不难理解为什么高科技板块的股票市盈率接近或超过100倍，而钢铁行业的股票市盈率在20倍以下。当然，这并不是说股票的市盈率越高就越好，中国股市尚处于初级阶段，庄家肆意拉抬股价，造成市盈率奇高，市场风险巨大的现象时有发生，投资者应该从公司背景、行业周期、宏观经济环境、管理层素质、公司所处行业地位、国家政策导向、国际发展程度等方面多加分析，对市盈率水平进行合理判断。

四、市盈率认识误区

市盈率是个人投资者用得最多的一个估值指标，机构投资者也常常拿市盈率来说事，诸多券商的研报几乎也少不了对于每股收益的预测，从而得出市盈率估值。也许是用得太多了，使投资者习惯了用它去评估一家企业，这是隐藏着很大风险的。

（1）市盈率是和收益直接对应的，收益越高，市盈率越低，而企业的收益是不稳定的。对于业绩非常稳定的企业来说，用当前市盈率来评估是简单易行的，而对于业绩不稳定的企业来说，当前市盈率是极不可靠的，当前很低的市盈率也未必代表低估，同样很高的当前市盈率也未必代表是高估的。

（2）对于一个面临重大事项的企业来说，用当前市盈率或者历史平均市盈率来估值都是不可行的，而应当结合重大事件的影响程度而确定，或者是重大事件的确定性而定。

（3）有些行业的市盈率注定是比较高的，例如，医药行业因为拥有更为稳定增长的盈利预期，整个行业的市盈率估值都会比金融地产这两个行业的高，而高科技类的企业则更甚。

（4）具有某种爆发性增长潜力的行业或者企业来说，通常意义的市盈率估值也是不可滥用的。对于某些有成长潜力的企业来说，如果其行业属性又是属于可实现爆发性增长的，那么，无疑不宜轻易用市盈率去评估它。

（5）对于一个当前业绩极度高速增长的企业而出现的低市盈率现象同样也是要警惕的，可以说，对于绝大部分企业来说，维持一个超过30%的增长率都是极其困难的。对于那些业绩增长数倍的而导致的当前市盈率低得诱人的现象，是不是该多一点点冷静呢？聪明的投资者会多多考虑的。

（6）对于没有重组预期或者其他重大事件影响的企业来说，采用历史10年以上的平均市盈率法来评估是个简单有效的方法，但同样不可对此市盈率抱以太多的希望。

（7）对于一些具有很大的潜在资产重估提升价值的企业来说，市盈率也是不太可行的，资产重估可以实现企业资产价值的大幅提升或者大幅降价。

（8）对于很多公用事业的企业来说，如铁路、公路，普遍都会处于一个比较低的市盈率估值状态，因为这些企业的成长性不佳，如果投资者以公用事业的低市盈率去比较科技类股的高市盈率是不合适的，跨行业比较是一个不小的误区。

（9）对于暂时陷入亏损状态的企业，也是不适合于用市盈率来评估的，而更多的是考虑其亏损状况的持续时间或是否会变好、恶化等问题。

简而言之，成长性与稳定性是核心，切勿滥用市盈率。

第三讲　内盘与外盘

一、内盘、外盘的概念

内盘又称“主动性卖盘”，是指以买档价格成交的数量，反映主动卖出的意愿，即卖方主动将手中筹码直接以低于或等于当前价格下单卖出股票时成交的数量，用绿色显示。内盘的多少显示了空方急于卖出的能量大小。内盘是以下方买档价格成交的交易，成交数量统计到内盘。

外盘又称“主动性买盘”，是指以卖档价格成交的数量，反映主动买入的意愿，即买方主动用资金直接攻击以高于或等于当前价格下单买入股票时成交的数量，用红色显示。外盘的多少显示了多方急于买入的能量大小。外盘是以上方卖档价格成交的交易，成交数量统计到外盘。

内盘、外盘这两个数据大体可以用来判断买卖力量的强弱。一般情况下，若外盘数量大于内盘，则表明买方力量较强，股价将可能上涨；若内盘数量大于外盘，则说明卖方力量较强，股价将可能下跌。

外盘和内盘相加为成交量。人们常用外盘和内盘的大小和比例分析，可以发现主动性的买盘多还是主动性的抛盘多，并在很多时候可以发现庄家动向，是一个较有效的短线指标。

二、内盘、外盘的意义

如有投资者卖股票 100 手并希望马上成交，可以按买一的价格卖出股票 100 手，便可以尽快成交。这种以低价位的买入价成交的股票成交量计为内盘，也就是主动性的抛盘，反映了投资者卖出股票的决心。如投资者对后市不看好，为保证卖出股票一定成交，抢在别人前面卖出股票，可以买二、买三的价格或者更低的价格下单卖出股票。这些报单都应计入内盘，因此内盘的积累数越大（和外盘相比），说明主动性抛盘越多，投资者不看好后市，所以股票继续下跌的可能性越大。

如有投资者想买入股票 100 手并保证成交，可以按卖一的价格报单买入股票 100 手，即可以马上成交。这种以高价位的卖出价成交的股票成交量计为外盘，也就是主动性买单。如投资者对后市看好，怕买不着股票，可以卖一、卖三，甚至更高的价格下单买入股票，这种主动出高价以卖出价成交的成交量，反映了投资者主动买入股票的决心。因此，通常外盘的积累数量越大（和内盘相比），说明主动性买盘越多，投资者看好后市，所以股票继续上涨的可能性越大。

投资者需要注意的是，在使用外盘和内盘分析时，要注意结合股价在低位、中位和高位的成交情况以及该股的总成交量情况。因为外盘、内盘的数量并不是在所有时间都有效，在许多时候外盘大，股价并不一定上涨；内盘大，股价也并不一定下跌。

三、内盘、外盘看盘技巧

内盘、外盘的数据信息是公开的、直观的，而庄家却往往可以利用这些信息制造一些迷雾出来，使自己坐庄和做盘的真实目的得到掩盖。那么，庄家一般会用什么手段来进行欺骗呢？在大量的看盘过程中，有下列情况值得注意：

（1）在股价阴跌过程中，时常会发现外盘大、内盘小，此种情况并不表明股价一定会上涨。因为有些时候庄家用几笔抛单将股价打至较低位置，然后在卖一、卖二挂卖单，并自己买自己的卖单，造成股价暂时横盘或小幅上升。此时的外盘将明显大于内盘，使投资者认为庄家在吃货，而纷纷买入，结果次日股价继续下跌。

（2）在股价上涨过程中，时常会发现内盘大、外盘小，此种情况并不表示股价一定会下跌。因为有些时候庄家用几笔买单将股价拉至一个相对的高位，然后在股价小跌后，在买一、买二挂买单，一些投资者认为股价会下跌，纷纷以买档价卖出股票，但庄家分步挂单，将抛单通通接走。这种先拉高后低位挂买单的手法，常会显示内盘大、外盘小，达到欺骗投资者的目的，当筹码吸足后迅速推高股价。

（3）当股价已上涨了较大的涨幅，如某日外盘大量增加，但股价却不涨，投资者要警惕庄家制造假象，准备出货。

（4）当股价已下跌了较大的幅度，如某日内盘大量增加，但股价却不跌，投资者要警惕庄家制造假象，假打压真吃货。

（5）在股价已被打压到较低价位，在卖五档挂出巨量抛单，使投资者认为抛压很大，因此在买一的价位提前卖出股票，实际庄家在暗中吸货，待筹码接足后，突然撤掉巨量抛单，股价大幅上涨。

（6）在股价上升至较高位置，实际庄家在悄悄出货，待筹码出得差不多时，突然撤掉巨量买单，并开始全线抛空，股价迅速下跌。

（7）股价经过了较长时间的数浪下跌，股价处于较低价位，成交量极度萎缩。此后，成交量温和放量，当日外盘数量增加，大于内盘数量，股价将可能上涨，此种情况较可靠。

（8）在股价经过了较长时间的数浪上涨，股价处于较高价位，成交量巨大，并不能再继续增加，当日内盘数量放大，大于外盘数量，股价将可能继续下跌。

（9）越是K线形态好看的股票，越要高度警惕它的变盘；同理，越是大幅杀跌，K线状态十分恶化，其股价是在前期的温和放量后，而涨幅不大的股票，往往属于主力初步完成筹码收集后的震仓的行为，后期爆发力越不容低估。

例如，某股买一10.46元，卖一10.50元。有抛盘陆续砸出，买一变成10.43元，而卖一没有变，这些抛盘自然被计入内盘中。接着有一笔较大的买单挂在10.44元，买一变为10.44元。接着又是几笔抛盘砸出，买一成为

10.43元，这些量自然继续被加入到内盘上。后来再出现一笔大买单挂在10.45元上面，买一和卖一恢复为10.45元和10.50元。

以上的挂单变化在当天的交易中经常出现，它已经给出了合理的解释，那就是有大单在吸纳随大盘下跌而抛出来的散单，而且是以相对较高的价格。所以结论正好相反，尽管内盘明显大于外盘，但股价很有可能上涨。

第四讲 委比与量比

一、委比分析

1. 委比的意义

委比是衡量某一时段内买卖盘相对强度的指标，其取值范围在-100%~+100%。+100%表示全部的委托均为买单，即涨停板时只有买单而无卖单委托，而跌停时为-100%。委比为0时，表示买入托单与卖出压单数量相等，委买：委卖=1：1。

委比的计算公式为：委比=（委买手数-委卖手数）/（委买手数+委卖手数）×100%。式中，委买手数为所有个股委托买入档的总数量，而委卖手数为所有个股委托卖出档的总数量。

委比值的变化范围为-100~+100，当委比值为-100时，它表示只有卖盘而没有买盘（如跌停），说明市场的抛盘非常大；当委比值为+100时，它表示只有买盘而没有卖盘（如涨停），说明市场的买盘非常有力。

当委比值为负值且负值大时，卖盘比买盘大，说明市场抛盘较强；当委比值为正值且委比数大时，买盘比卖盘大，说明市场买盘强劲。

委比值从-100到+100的变化是卖盘逐渐减弱、买盘逐渐强劲的一个过程。相反，从+100%至-100%的变化，说明买盘逐渐减弱、卖盘逐渐增强的一个过程。

2. 委比注意事项

（1）委比说明买入和卖出意愿的不平衡程度，并不能反映股票的活跃程度，活跃程度还是要看股票的换手率。同时需注意，委比数值是时时都在变化的。

（2）委比并不是一个真实的指标。因为买盘、卖盘挂单在成交前都是可以撤单的，所以委比完全可以人为虚假制造出来。实际操盘过程中，一般不宜单纯依靠委比进行交易。

（3）在高频量化交易中，可以适时捕捉撤单量的动态变化信息，据此可以对虚假挂单进行初步判断，大概计算出真实委比量，提高委比的真实度和可信度。

（4）委买委卖的差值叫委差。其在一定程度上反映了价格的发展方向。委差为正，价格上升的可能性就大；反之，下降的可能性大，但也存在人为干扰的因素。

但是，对于市场中所有股票的委差之总和，却是一个不容易被任何人干扰的数值，它是一个相对真实的数据。任何一个单独的主力都不能影响它，散户更加不能。它是所有主力和散户的综合反映，能够体现市场真实的买卖意愿。根据这个数据，可以判断大盘的短期方向以及大盘是否转势了。数值为正，表明买盘踊跃，大盘上升的可能性大；反之，说明卖盘较多，下跌的可能性则较大。

（5）委比与成交明细的区别。委比是还没有交易成功单子，通过系统委托而显示出来的一个虚拟的参考数字，委比上的挂单是随时可以撤的。成交明细是指已经交易成功的分时成交量与成交价，所显示出来的是一个真实的数据。

二、量比分析

1. 什么是量比

量比是衡量相对成交量的指标，它是指股市开市后平均每分钟的成交量与过去 5 个交易日平均每分钟成交量之比。

计算公式为：量比=［现成交总手数/现累计开市时间（分）］/过去 5 日平均每分钟成交量。

在观察成交量方面，量比是卓有成效的分析工具，它将某只股票在某个时点上的成交量与一段时间的成交量平均值进行比较，排除了因股本不同造成的不可比情况，是发现成交量异动的重要指标。在时间参数上，多使用 10 日平均量，也有使用 5 日平均值的。在大盘处于活跃的情况下，适宜用较短期的时间参数，而在大盘处于熊市或缩量调整阶段宜用稍长的时间参数。

但“量比”由于数值单一，投资者在运用时会发现其有先天的不足。如果把当日每分钟的量比数值放在同一坐标系内并连线，就形成了更加直观、便于操作的量比曲线。在钱龙个股分时界面下，通过数字键盘上方的“/?”切换，即可看到该曲线。由于“量”是“价”的先导，可以根据量比曲线的变化，来分析个股买卖力量对比，进而研判该股当日的运行趋势。

2. 量比的意义

量比所反映出来的是当前盘口的成交力度与最近5天的成交力度的差别，这个差别的值越大表明盘口成交越趋活跃，越能体现主力即时做盘，准备随时展开攻击前蠢蠢欲动的盘口特征。量比可以说是盘口语言的翻译器，它是超级短线临盘实战洞察主力短时间动向的秘密武器之一。

量比反映出的主力行为从计算公式中可以看出，量比的数值越大，表明了该股当日流入的资金越多，市场活跃度越高；反之，量比值越小，说明了资金的流入越少，市场活跃度越低。从量比曲线指标的数值与曲线上，可以看出主流资金的市场行为，如主力的突发性建仓，建仓完后的洗盘，洗盘结束后的拉升，这些行为可以一目了然。

3. 量比数值大小分析

(1) 量比为0.8~1.5倍，说明成交量处于正常水平。

(2) 量比在1.5~2.5倍之间，则为温和放量。如果股价也处于温和缓升状态，则升势相对健康，可继续持股；若股价下跌，则可认定跌势难以在短期内结束，从量的方面判断应可考虑止损退出。

(3) 量比在2.5~5倍，则为明显放量，若股价相应地突破重要支撑或阻力位置，则突破有效的概率颇高，可以相应地采取行动。

(4) 量比达5~10倍，则为剧烈放量，如果是在个股处于长期低位出现剧烈放量突破，涨势的后续空间巨大，是钱途无量的象征。如果在个股已有巨大涨幅的情况下，出现如此剧烈的放量，则值得高度警惕。

(5) 量比达到10倍以上的股票，一般可以考虑反向操作。在涨势中出现这种情形，说明见顶的可能性压倒一切，即使不是彻底反转，至少涨势会休整相当长一段时间。在股票处于绵绵阴跌的后期，突然出现的巨大量比，说明该股在目前位置彻底释放了下跌动能。

（6）量比达到20倍以上的情形基本上每天都有一两单，是极端放量的一种表现，这种情况的反转意义特别强烈。如果在连续的上涨之后，成交量极端放大，但股价出现“滞涨”现象，则是涨势将要死亡的强烈信号。当某只股票在跌势中出现极端放量，则是建仓的大好时机。

（7）量比在0.5倍以下的缩量情形也值得好好关注，其实严重缩量不仅显示了交易不活跃的表象，同时也暗藏着一定的市场机会。缩量创新高的股票多数是长庄股，说明庄家控盘程度相当高，而且可以排除拉高出货的可能。缩量调整的股票，特别是放量突破某个重要阻力位之后缩量回调的个股，常常是不可多得的买入对象。

（8）涨停板时量比在1倍以下的股票，上涨空间无可限量，第二天开盘即封涨停的可能性极高。在跌停板的情况下，量比越小则说明杀跌动能未能得到有效宣泄，后市仍有巨大下跌空间。

（9）当量比大于1时，说明当日每分钟的平均成交量大于过去5日的平均值，交易比过去5日火爆；当量比小于1时，说明当日成交量小于过去5日的平均水平。

4. 量比基本原则

（1）量比指标线趋势向上时不可以卖出，直到量比指标线转头向下。

（2）量比指标线趋势向下时不可以买入，不管股价是创新高还是回落，短线一定要回避量比指标向下发展的。

（3）股价涨停后量比指标应快速向下拐头，如果股价涨停后量比指标仍然趋势向上的，说明有主力借涨停出货的可能，应当回避。

（4）量比指标双线向上时应积极操作，股价上涨创新高同时量比指标也同步上涨并创新高，这说明股价的上涨是受到量能放大的支撑，应当积极买入或持股。

（5）如果股价下跌量比指标上升，这时应赶快离场，因为这时股价的下跌是受到放量下跌的影响，股价的下跌是可怕的。

（6）在短线操作时，如果股价首次放量上涨，要求量比指标不可超过5，否则数值太大，对后期股价上涨无益；如果股价是连续放量，那要求量比值不可大于3，否则有庄家出货可能。

（7）量比指标相对成交量的变化来讲有明显的滞后性。

第五讲　压盘与托盘

一、压盘分析

压盘是指某一时段里委卖量大大超过委买量，而实际买入成交单却不大，显示卖盘强而买盘弱，股价难有起色。一般来说，大单压盘只说明买入和卖出意愿的不平衡程度，并不能反映股票的活跃程度。活跃程度还是要看股票的换手率，且压单是随时变化的。

如图 2-1 所示，委卖量远远大于委买量，委比值达到-73.68%。显示盘中卖压较重，空头气势强，市道较弱，容易引发抛盘出现。如果出现在低位区域，庄家可以顺利吸纳筹码。

卖五	5.69	76
卖四	5.68	5
卖三	5.67	363
卖二	5.58	80
卖一	5.57	1891
买一	5.56	36
买二	5.55	20
买三	5.54	30
买四	5.53	30
买五	5.52	250

盘中明显大单压盘，委比值达到-73.68%，显示此时卖压较重，空头气势强，市道较弱，有利于庄家低位建仓，不适合散户进场。

图 2-1　大单压盘

1. 主力压盘手法

股价上冲几个价位后，庄家故意在卖盘上挂出不能成交的大卖单，从而吓唬跟风盘以显示抛盘汹涌。同时压制股份上涨，然后用少量筹码向下压价，使投资者错误地认为庄家在出货，而将手中的筹码打低几个价位抛售，这时庄家可以从容进行收集。当这一价位没有了卖盘之后，再改挂高一点的价位继续收集。这笔挂单通常是几百手甚至几千手的，而且是故意出现在盘面上，但一般不会挂留太久，否则极有可能被其他大户抢去。

一般情况下，庄家总会在卖盘处（特别是卖三处）挂一些相对大一点的卖单，让短线散户看不到股价上升的希望，然后庄家的买盘会不断地将卖二、卖一处的抛单卷走。如果庄家非常有耐心，最终就会出现连续多日股价难升，但买盘不断卷走筹码的过程，大盘趋势稳定时，会导致股价出现平台走势。大盘走势疲态时，由于庄家压盘会导致股价走下降趋势。如果庄家性情急躁就会出现拉高扫盘的吸筹方法，但扫完卖盘之后，会择机再将股价打回原形或更低的位置，即使有一些浮动亏损也在所不惜。

在低迷状况中，某日股价有所异动，在卖盘上挂出巨大抛单，买单却比较少，此时如果有资金进场将挂在卖档的压单吃掉，可视为是庄家建仓动作。注意，这时的压单并不一定是有人在抛空，有可能是庄家自己的筹码，在吸引投资者注意。此时，如果持续出现卖单挂出便被吃掉的情况，可反映出庄家的实力。

投资者要注意，如果想介入，千万不要跟风对着卖盘买进，可以等到大抛单不见了，在股价回调时再介入，避免当日追高被套。庄家有时在卖盘挂出大单，也旨在吓走持股者。但在低位出现上述情况，介入一般风险不大，庄家向上拉升意图明显，短线有被浅套可能，但最终将会有所收益。与此相反，如果在个股被炒高之后，盘中常见巨大抛单，而买盘不济，此时便要注意风险了，一般此时退出，可有效地避险。

2. 大单压盘目的

在实盘操作中，经常遇到一只基本面良好的股票，股价也不算高，大盘环境也不算差，但股价就是不温不火，不怎么涨也不怎么跌，不时地在卖档出现大单压盘。这通常是庄家吸货所致，或者根本没有庄家在里面（这种情况非常少见）。大单压盘具有拦截、阻止、恐吓、打压等作用，目的是给上涨的股价降温，总的来说是诱空之意。有时庄家仓位过重，或拉升资金不足，或进行高抛低吸，减掉部分仓位也是庄家的用意。

大单压盘的主要目的如下：

（1）当股价处于低位时，大单压盘一方面是诱空建仓，另一方面说明建仓结束，故意挂单测试市场跟风情况，然后决定下一步坐庄计划。

（2）当股价处于拉升过程中，大单压盘一方面是控制上涨节奏，放缓上涨速度，另一方面诱空洗盘，提高持仓成本，加强对筹码的锁定，为后期拉升提供方便。

（3）庄家不愿意让股价上涨过快，这样不利于降低自己的成本。

（4）避免过多的跟风盘和对空方在心理上施压。

（5）故意将股价锁定在关键的点位，造成一种不被突破的假象。

（6）庄家攻守兼备的操作方式，特别是在比较重要的技术位置附近，利用大单压盘达到建仓效果。

3. 大单压盘现象

大单压盘在分时图中的表现：现象一：压了撤，撤了压，反复多次进行，让散户受不了而离场；现象二：在卖一位置堆放大单，长时间不动，让极小的买单蚕食；现象三：在卖一位置挂出大单后，在很短的时间里被大买单吃掉，股价小幅上冲后再次回落到该位置附近，同样出现大单压盘现象，最终当天股价没有上涨。

4. 大单压盘原因

引起大单压盘的原因大致有：庄家耐心吸货、遇到大户抛盘、几个庄家内讧、庄家实力弱小等。庄家大多会选择大盘强势、板块上涨或散户买盘积极时，进行大单压盘吸货。经过大单压盘后，场内浮动筹码就会出现不安分的情绪。随后如果庄家再将股价拉高或打压几个价位，浮动筹码就会纷纷倾巢而出，这样庄家就可以达到吸货或洗盘的目的。

二、托盘分析

托盘是指某一时段里委买量大大超过委卖量，而实际卖出成交单却不大，显示买盘强而卖盘弱，股价难以下跌。如果在买档位置长时间挂有大买单，这个买档的数量要比其他位置的卖单加起来还要大，就属于明显的大单托盘。而大单托盘的目的在熊市里是给该股场内散户信心，股价一旦出现松动，散户信心不强的时候，堆出大单托盘，以起到稳定军心的作用。

很多投资者认为，买入位置出现明显有大单是庄家有意的护盘行为，因而坚定地持股不动。而在牛市里，当买入大单出现时，会刺激原本正在关注该股而犹豫是否买入的人怕买不到股票，而诱使更多的人争相买入。通常大单托盘也只是说明买入和卖出意愿的不平衡程度，并不能反映股票的活跃程度。活跃程度还是要看股票的换手率，且托单是随时变化的。

如图 2-2 所示，委买量远远大于委卖量，委比值达到+75.89%，显示盘中买气强盛。这种情况若出现在牛市初期，预示股价将要启动；若发生在大幅上涨后的高位，则疑似庄家出货行为，应谨慎操作。

卖五	10.75	18
卖四	10.74	56
卖三	10.73	5
卖二	10.72	20
卖一	10.70	84
买一	10.69	1040
买二	10.68	71
买三	10.67	137
买四	10.66	48
买五	10.65	39

盘中明显大单托盘，委比值达到+75.89%，显示多头意愿强烈，等待买入，股价难以下跌。在股价刚刚启动时可以跟多

图 2-2　大单托盘

1. 大单托盘手法

在买档中，如果买方的数量比卖方的数量有明显的优势，那么关注这只股票的投资者会认为该股的托单力量比较强大，更倾向于看多。股价先下行几个价位后，庄家在买档垫上大单，然后打出一大笔一大笔的卖单，将买盘逐步消掉。然后，在稍低一点的价位同样垫上大单，再打出大笔抛单。如此反复，让投资者误以为庄家出货而出局。但应注意，这种情况股价不一定能马上企稳回升，因为在股价下跌过程中，光靠庄家护盘是护不住的，一般股价还会有小幅下跌空间。这时应密切注意，一旦市场转强就会有不错的表现。

如果一天内偶然出现大单托盘，那么这有可能是其他大户所为。如果盘口连续性出现大单托盘，那可以断定这是庄家刻意操纵股价的行为。

2. 大单托盘目的

在实盘操作中，经常遇到有的股票在盘中出现大单托盘，但股价变化似乎不大，这到底是怎么回事呢？大单托盘具有拦截、阻止、震慑、拉抬等作用，一般出现在股价上涨初期突破区和上涨中期洗盘区。此现象在个股不同阶段和不同市况下也有不同的意义。

对庄家来说，大单托盘一般有以下目的：

（1）在个股处于阶段性下跌时，这种大单托盘通常是庄家为减少抛压而制造的短线诱多行为。

（2）在个股处于阶段性上涨阶段时，买档中如果经常出现连续的大单托盘，这通常是庄家为了吸引散户跟风，以减轻上升阻力的行为。

（3）在大盘整体趋势向坏时，个股买档中的大单托盘，通常是庄家为减少抛压而做出的护盘行为。

（4）股价高位出现大单托盘，这要仔细分析。一般用意有两个：一是

部分出货；二是洗掉老散户，吸引新散户，通过提高散户的成本，进一步锁定筹码。多数情况下，在股价高位出现大单托盘时，属于庄家欺骗行为。在高位如果量能散乱，那就要特别谨慎了。此时庄家往往通过单笔或几笔大单拉升股价，以吸引散户跟风，从而达到暗中出货的目的。从投机行为来看，股价后市不放量突破盘整中枢没必要参与，当然放量跌破盘整中枢则要出局。

大单托盘还有一个最基本的功能就是试探作用。大多时候是庄家想在这种状态下观察一下场内投资者的状况，如果此时场内买盘踊跃，那么庄家得到的反馈信息是股票筹码锁定良好，庄家很有可能近期策划拉升行情；如果在大单托盘时仍然出现较大的卖盘，这种情况是庄家护盘行为，目的是遏制股价下跌，对散户也有暗示作用。

3. 大单托盘现象

当股价处于刚启动不久的中低价区时，主动性买盘较多，盘中出现托单时，往往预示着庄家有做多意图，可考虑介入跟庄追势；若出现大单托盘的同时，又出现持续性的大单卖出，而股价却变化不大，则庄家托盘吸货的可能性较大，往往是大市见底的先兆。当股价升幅已大且处于高价区时，盘中出现托单，但走势却是价平量增，此时要留神庄家诱多出货；若此时大单托盘较多，同时又伴随大单卖出，而股价却变化不大，则往往预示顶部即将出现，股价将要下跌。

大单托盘在分时图中的表现有四种现象。现象一：在低位撤单后再托单，反复多次进行，股价变化不大，多为庄家吸货动作，散户在迷茫中离场；现象二：在买档位置堆放大单，长时间不动，少量卖单抛出，多为庄家吸货行为；现象三：在买档位置挂出大单后，在很短的时间里被大卖单打掉，股价小幅下跌后再次回升到该位置附近，同样出现大单托盘现象，最终当天股价没有下跌；现象四：在买档位置挂出大单，同时出现大单抛盘，如果股价没有下跌，多为庄家吸货行为，如果股价出现下跌走势，多为庄家诱多出货行为。

庄家大多会选择大盘弱势、板块下跌或散户抛压较大时，进行大单托盘吸货。经过持续性的大单托盘后，市场出现分歧意见，盘面出现异常波动，这样庄家阴谋便顺利得逞。

第六讲　挂单与撤单

一、如何挂单

挂单指在股票交易时把所要买进或卖出的股票的名称、数量、价格确定后提交给交易系统等待成交，这个过程就叫挂单。挂低买单叫“埋地雷”，挂高卖单叫“挂炸弹”。

一般证券公司都允许在前一天晚上委托明天交易的挂单，在当天交易清算结束后就接受下一个交易日的委托挂单，大约当天交易清算结束的时间是在晚上的8:00以后，每逢周末或节假日前的最后一个交易日晚上券商不一定会接受相关的股票挂单，也就是说周五晚上不一定接受下周一开盘的挂单，一般在节后的第一个交易日的8:30以后开始委托挂单。主要原因是很多相关券商在此期间进行系统测试，以防止测试数据与真实的委托数据之间产生混乱。

1. 挂单交易包括四种类型

（1）限价买单——在当前价格下方挂买单。设定一个低于现价的买入价，挂单后当市场价跌到该价位时系统自动成交买入。限价买单用于预计市场价跌到设定价位附近时会止跌反弹。

（2）限价卖单——在当前价格上方挂卖单。设定一个高于现价的卖出价，挂单后当市场价涨到该价位时系统自动成交卖出。限价卖单用于预计市场价涨到设定价位附近时会滞涨回落。

（3）止损买单——在当前价格上方挂买单（用于双向交易市场）。设定一个高于现价的买入价，挂单后当市场价涨到该价位时系统自动成交买入。止损买单用于预计市场价涨到设定价位附近时，还会出现继续上涨的可能。

（4）止损卖单——在当前价格下方挂卖单。设定一个低于现价的卖出价，挂单后当市场价跌到该价位时系统自动成交买入。止损卖单用于预计市场价跌到设定价位附近时，还会出现继续下跌的可能。

2. 股票挂单技巧

什么时候挂单有效？在证券结算之后就可以下委托单，委托的单子暂时存在证券公司系统内，在第二天早上9:15报送到交易所主机，这只是在证券公司提前委托，交易所只能到9:15才开始接受委托单子。

9:15~9:20的集合竞价下单，可以撤单，而9:20~9:25的下单，不能撤销的，所以此时下单要慎重。直到9:30开盘过后才可以撤销（没成交的话）。11:30~13:00的挂单是有效的，但要在13:00才能撮合成交。15点后所有的委托全部撤销，自然下单也是无效的。

挂单指令在当日有效，当天收盘后未成交的所有挂单自动取消。在未成交之前，也可以主动撤销挂单指令。在进行挂单交易操作后，挂单的金额立即被冻结，在该交易日内该笔金额不能用于支付或其他用途，除非该笔交易取消。

二、如何撤单

撤单就是撤回未成交的委托单。在股市中，当判断行情有可能无法按照想象的预期进展的时候，先前的委托单子还没有成交，这时候可以撤单。发出委托买卖申请后，挂单还没有成交，但又不能或不希望让刚发出的申请能成交，把这种单子申请撤回，就构成撤单了。

如果投资者在当天要动用被锁定的资金（在委托买入时，想改变买入价格或不想买入）或股票（在委托卖出时，想改变卖出价格或不想卖出），就必须通过撤销原先的委托申请，才能动用被锁定的资金或股票。如果投资者在完成撤单之前，原来的委托已经成交，就不能撤单。

为何要撤单？可能有以下四种情况：

（1）追高，必须以更高的价格买入，而手头没有其他资金，需要把之前的委托撤掉，才可以在更好的价格追入。

（2）割肉，股价调整得很厉害，必须以更低的委托价格卖出才能成交，这时候需要撤掉之前的卖单。

（3）就是上面提到的，发现能有更好的价格买入或者卖出，那么撤掉之前的委托，而选择更好的价位进行委托。

（4）当股价没有到达挂单价位时，也可以选择撤单处理（收盘后也自动失效），以腾出资金另作他用。

无法撤单的原因：一是不在规定的时间段里撤单；二是撤单时，委托单子已成交；三是撤单受到交易通道堵塞影响；四是撤单成功但界面没反映。

三、主力频繁挂单、撤单的背后

主力频繁挂单和撤单主要是想把散户的单子推在前面，让散户去接卖出来的筹码，或者用相反的手法去买散户抛出的筹码，最终目的就是出货或进货。股市的交易规则就是时间优先、价格优先，主力把自己的单子撤掉之后，散户的单子就挪向前面，从时间上就会变成更早的单子。让相同价格下散户的单子成交在先，庄家成交在后，用的就是这个交易规则和原理。

（1）频繁挂买单。主力资金在买三、买四挂巨量的单子，让正委比显示得比较高，误导散户以为在这个价位有大量的买单支撑，后市有上涨要求，以这个价位甚至跟高的价位跟风买入。这个时候可能出现两种情况：一是跟风的散户多了，大盘这时也走好的情况下，此时的股价会因追捧快速拉升，主力可以在高位慢慢出货；二是当形势不好时，股价逐步下探到这个挂单价附近时，而散户这个价格的买单逐渐多起来，此时主力立马撤单，而且反手以这个价位卖出，这样也能达到出货的目的。

（2）频繁挂卖单。卖出撤单一般情况下有两种可能：一是不看好此股，由于挂单价格高于交易价，撤单后按现交易价成交卖出；二是觉得股票还有上行空间而暂时不想卖出转为持有。主力的不断撤单就不一样了，有时主力想要拉涨股票就在卖五档上挂上大单，吓退想买的小户，然后让持有股票的人为追别的股票而卖出手中持有的股票，借机进行洗盘，之后撤掉大单并大幅买进，引发一波行情，这种情况可以看作是洗盘的一种形式。

第七讲　阻力与支撑

一般来说，阻力越大，股价上行越困难；支撑越强，股价越跌不下去。对支撑与阻力的把握有助于对大盘和个股的研判，如当指数或股价冲过阻力区时，则表示市场或股价走势甚强，可买进或卖出；当指数或股价跌破支撑区时，表示市场或股价走势很弱，可以卖出或不买进。

一、股票哪里有阻力

关注阻力区的目的是为了卖在最高点或次高点，一般可以在判明阻力区之前卖出。明显的阻力位有以下几处：

（1）前收盘。当日开盘常会有大量股民以前一天收盘价参与竞价交易，若指数低开，表明卖意甚浓。在指数反弹过程中，一方面会遭到新抛盘的打击，另一方面在接近前一天收盘价时，前面积累的卖盘会发生作用，使多头难以越过此道关口。

（2）今开盘。若当日开盘后走低，因竞价时积累在开盘价处大量卖盘，因而将来在反弹回此处时，会遇到明显阻力。

（3）前高点。盘中前次之所以创下高点，是因为此处有明显的卖盘积压，指数在此遇阻回落又再次回升时，此处就成了阻力位。

（4）前低点。如果股指在前次低点失去支撑，会有相当多的做空力量加入抛售行列，当股指反弹至此处时就会遇到前次未成交的卖盘的阻力。

（5）均线位置。短线运行中的 5 日、10 日均线被技术派格外看重，一旦指数爬升至此处，会有信奉技术指标的短线投机者果断抛售，因此阻力形成便十分自然。

（6）整数关口。由于人们的心理作用，一些整数位置常会成为上升时的重要阻力，如大盘指数的 3000 点、3500 点、3800 点等，个股价位 10 元、15 元、20 元等。特别是一些个股的整数关口常会积累大量卖单。

二、股票哪里有支撑

判明支撑是为了争取在低位区买进，明显的支撑位有以下几处：

（1）今开盘。若开盘后走高，则在回落至开盘价处时，因买盘沉淀较多，支撑便较强。道理与阻力区相似。

（2）前收盘。若指数（或股价）从高处回落，在前收盘处的支撑也较强。

（3）前低点。上次形成的低点区一般会成为人们的心理支撑，其道理也与阻力区相同。

（4）前高点。前一次高点阻力较大，一旦有效越过，因积淀下的买盘较多，因此再次回落时，一般会得到支撑。

（5）均线位置。短线主要是 5 日、10 日均线，中线主要是 30 日均线。

（6）整数关口。如指数从 3000 点跌至 2500 点时，自然引起人们惜售，跌破 2500 点也不易，个股从高处跌到 10 元处也会得到一定的支撑。

第八讲　对敲与对倒

一、对敲分析

对敲，是指主力在多家营业部同时开户，以拉锯方式在各营业部之间报价交易，利用多个账号同时买进或卖出，人为地将股价抬高或压低，以便从中获益。当成交栏中连续出现较大成交盘，且买卖队列中没有此价位挂单或成交量远大于买卖队列中的挂单量时，则十有八九是主力刻意对敲所为，此时若股价在顶部多是为了掩护出货，若是在底部则多是为了激活股性。对敲是主力为了制造市场假象，企图或实际严重影响股票、期货价格或者市场持仓量，蓄意串通，按照事先约定的方式或价格进行交易或互为买卖的行为。通俗地说是自买自卖，左手出右手进，筹码从甲乙两个或多个账户之间来回倒。

1. 对敲的构成要件

（1）主观上，双方具有通谋的故意，具有制造证券市场假象、诱导投资者做出错误的判断，企图获取利益或避免损失的目的。

（2）客观上，双方具有通谋行为和委托事实，通常而言，交易双方的委托在时间、价格、数量上虽不要求绝对一致，但要求具有相似性。

（3）将股价慢慢推高，为日后出货腾出空间。制造交投活跃气氛，日线图上呈“价升量增”的多头形态，在吸引跟风盘涌入后再一网打尽。

对敲主要是为了制造无中生有的成交量，以及利用成交量制造有利于庄家的股票价位。庄家操盘常用对敲，过去一般是为了吸引散户跟进，而现在则变成了一种常用的操盘手段，建仓时对敲、震仓时对敲、拉高时对敲、出货时对敲，做反弹行情仍然运用对敲。

2. 对敲的五种方式

庄家对敲主要是利用成交量制造有利于庄家的股票价位，吸引散户跟进或卖出。庄家经常在建仓、震仓、拉高、出货、反弹行情中运用对敲手法。

（1）建仓对敲。通过对敲手法来打压股价，以便在低价位买到更多便宜的筹码。个股在低位横盘构成平台时，主力借机打压破位，后又迅速返回到平台之上，这就是主力在打压吸货。在个股处于低位时，如果以小阴小阳沿10日均线持续上扬，这说明有主力在开始建仓。若出现成交量放大且股价连续下跌，就有可能是主力利用大手笔对敲来打压股价。从盘口来看，股票下跌时的每笔成交量明显大于上涨或者横盘时的每笔成交量，这时的每笔成交会维持在相对较高的水平，因为在对敲时散户还没有大量跟进，主要是主力自己对敲成交的多。另外，在低位时主力更多地运用夹板的手法，即上下都有大的买卖单，中间相差几分钱，同时不断有小买单吃货。其目的就是让散户觉得该股抛压沉重、上涨乏力而抛出手中股票，于是主力不断接货。

（2）拉升对敲。利用对敲的手法来大幅度拉抬股价。庄家利用较大的手笔大量对敲，制造该股票被市场看好的假象，提升股民的期望值，减少日后该股票在高位盘整时的抛盘压力（散户跟庄家抢着出货）。这时散户往往有买不到的感觉，需要高报许多价位才能成交。从盘口看小手笔的买单往往不容易成交，而每笔成交量明显有节奏放大。强势股的买卖盘均有3位数以上，股价上涨很轻快，不会有向下掉的感觉，下边的买盘跟进很快，这时的每笔成交会有所减少。因为对敲拉抬股价，不可能像吸筹时再投入更多资金，加上散户跟风者众多，所以虽出现价量齐升，但每笔成交会有所减少。

（3）震仓对敲。洗盘对敲是因为跟风盘获利比较丰厚，庄家一般会采用大幅度对敲震仓的手法使一些不够坚定的投资者出局。从盘口看，在盘中震荡时，高点和低点的成交量明显放大，这是庄家为了控制股价涨跌幅度，而用相当大的对敲手笔控制股价造成的。

（4）拉高对敲。对敲拉高是当经过高位的对敲震仓之后，大家也都长线看好，股价再次以巨量上攻。这时庄家开始出货，从盘口看，往往是盘面上出现的卖二、卖三上成交的较大手笔，而大家并没有看到卖二、卖三上有非常大的卖单，而成交之后，原来买一或者是买二甚至是买三上的买单已经不见了，或者减小了，这往往是庄家运用比较微妙的时间差的报单方法，对一些经验不足的投资者布下的陷阱，散户吃进的往往是庄家事先挂好的卖单，而接走庄家卖出筹码的往往是跟风的散户。

（5）反弹对敲。在庄家出货之后，股价出现下跌，许多跟风买进的中小散户已经套牢，成交量明显萎缩，庄家会找机会用较大的手笔连续对敲拉抬股价（这时庄家不会像以往那样卖力了），较大的买卖盘总是突然出现又突然消失，因为庄家此时对敲拉抬的目的只是适当地拉高股价，以便能够把手中最后的筹码卖个好价钱。

3. 如何识别主力对敲

由于许多投资者经常是孤立的、静态地看待成交量，即只注重当日的成交量与价位，又由于对敲与普通的大手成交具有相同的形式，主力容易隐蔽，散户难以辨别，因此在分析判断上造成不少麻烦。研判对敲主要应该从成交量的放大情况以及价量配合的情况入手，主力对敲最直接的表现就是成交量的增加，但是由于掺杂了人为操纵的因素在里面，所以这种放量会很不自然，前后缺乏连贯性。在价量配合上也容易脱节，实盘中可以留意从以下几个方面分析：

（1）单笔成交手数较大，经常为整数，买盘和卖盘的手数都较接近，出现这样的情况，通常买卖方都是同一人。一旦出现对敲式推高，说明股价已进入最后冲击阶段，此时若能够眼疾手快，快进快出，应该会有所斩获。

（2）在邻近的买卖价位上并没有大笔的挂单，但盘中突然出现大笔成交，一般为主力的对敲盘。或者，短期成交量成倍放大而股价涨幅有限的个股，通常为主力对敲所致。有些个股短期升势较快，成交夸张地放出巨量，这些量中的水分也较大。

（3）股价无故大幅波动，但随即又恢复正常，如股价被一笔大买单推高几毛钱，但马上被打回原形，K 线图上留下较长的长影线，这种情况多为主力对敲。

（4）股价突破放量上攻，其间几乎没有回档，股价一路攀升，拉出一条斜线。这明显有人为控制的痕迹，往往为主力对敲推高股价，待机出货。

（5）实时盘中成交量一直不活跃，突然出现大手笔成交，这种成交可能只有一笔或连续的几笔，但随后成交量又回到原先不活跃的状态，这种突破性的孤零零的大手成交量是主力的对敲行为。

（6）当卖档挂单较小，随后有大笔的买单将它们全部扫清，但买单的量过大，有杀鸡用牛刀之感，且股价未出现较大的升幅，这种上涨状态的大手笔成交是主力的对敲动作。

（7）当股价出现急跌，大笔成交连续出现有排山倒海之势，往往是主力为洗盘故意制造恐怖气氛。

（8）股票刚启动上攻行情不久，涨幅不大，当天突破以大笔的成交量放量低开，且跌幅较大，此为主力对敲洗盘行为。

（9）整日盘中呈弱势震荡走势，买卖盘各级挂单都较小，尾盘时突破连续大手成交拉升，这是主力在控制收市价格，为明天做盘的典型对敲行为。

(10) 上一交易日成交并不活跃的股票，当天突破以大笔的成交放量高开，此为主力为了控制开盘价格的对敲行为。

二、对倒分析

对倒，是指主力通过一个或多个账户反复买卖的操控手法，有目的、有计划地操纵股价的行为。但对倒不全是为了出货，出货也不一定都用对倒。

1. 主力对倒的目的

主力对倒的目的就是为了出货或阶段性减仓。主力选择对倒出货，是因为这种方式可以在短时间内完成大规模出货动作，对倒买盘出现，吸引资金跟风，这样才能爆量，在短时间内完成大规模的出货。一般出现在大盘变盘下跌过程中，或者庄家已经有大幅获利，也会用这样手法出货，对于对倒出货的股，要及时回避。所以说对倒的功能就是出货，庄家就是通过对倒进行大规模的出货和阶段性减仓。

很多股票有明显对倒出货动作后，折腾一段时间股价又出现了上涨，好像是不符合逻辑。其实出货和减仓都是阶段性的：一是因为拉升调整高抛低吸的需要；二是庄家和大家一样，卖出股票后发现行情好了，卖错了也会再次进场操作，但是可以肯定的是对倒出货当日或者后面几日股价不会出现大规模的上涨。

2. 如何识别庄家对倒

庄家在坐庄过程中，有时需要将跟风者看盘的思路搞乱，使跟风者形成错误的思路，此时庄家就会使用对倒来骗人，对倒骗线是庄家成本最低的障眼法。

(1) 吸引跟风盘，自买自卖会产生成交量放大的假象，吸引投资者认为行情即将来到而介入。分析时可见分时图上，买卖挂单中并无大单，但成交大单却时有出现，庄家以此来激活股性，这一般由资金实力不太强的机构炒作或者协议倒仓时采用。

(2) 用对倒形成大量买单涌出的假象，股价却不涨反跌。这是以大买单掩护出货，有时也造成股价大涨而成交量却不大，此类股票走势的杀伤力最大。

(3) 用大卖单砸盘且封住股价上升趋势。看不到大买单，大卖单却成交了，如真有主动买单吃进时，上面的卖单却不见了，这是庄家常用的试盘和洗盘的手法。

（4）在某一时段，尤其是开盘或收盘时会出现买卖单大笔成交，股价却不动，这往往是庄家在倒仓。

（5）还有一种情况要注意，庄家先挂一笔上千手的卖单，然后再分几笔将其买进，此后股价会短暂冲高。遇到这种情况一定要先出局再说，此后股价往往会有一波下跌。

在实盘中判断庄家是否在对倒，现在是越来越困难了，因为挂买卖单是公开信息，庄家在这上面做文章是很容易的，因此买卖挂单成了最不可靠的信息。

三、对敲与对倒的区别

对敲和对倒是操盘手常用的两种操盘手法，两者的主要区别如下：

（1）对敲指的是操盘手通过众多关联账户相互买卖来达到操纵股价的目的，实际上就是左手和右手的交换，如同魔术师扔出去的飞刀实际并未脱手，没有发生大众想象的那种交易性的换手。

（2）对倒指的是不同主力之间的倒手，双方以买卖的形式在二级市场完成对筹码的换手，是真正意义上的买卖行为。

（3）对敲既可以拉高股价也可以打压股价。拉高行为一般出现在低位吸筹完毕拉升脱离成本区域和高位拉高以产生出货空间的时候，而打压出现在初始低位吸筹和阶段性洗盘的时候。

（4）对倒形成缘由，无非是有主力想出局而又有主力要进场，实盘中又分为新主力接力把股价继续做高和某机构帮人出货赚取黑心提成两种情况。

第九讲　拉高与打压

一、主力如何拉高

拉高是指主力投入资金推动股价脱离盘区，出现持续或快速的向上拉升走势。可分为拉高建仓、拉高试盘、拉高出货，重点应掌握拉高出货。

（1）拉高建仓。这是一种利用散户惯性思维逆向操作的典范。由于市场人士大多会认为主力为了降低成本会采取打压股价进行建仓或主力建仓往往在低位的习惯性思维而采取的逆反手段，把股价推升至相对高位建仓的一种建仓方法。

拉高建仓的形式如下：一是股票绝对价位不高；二是必须确定大盘处于牛市初期或中期；三是公司后市有重大利好或大题材做后盾；四是有大比例分配方案；五是有足够的资金控盘，主力具备中长线运作思路。

(2) 拉高试盘。操盘手一般采用的手法就是使用少量资金迅速拉高股价，制造一个特殊的盘口，从而测试实盘交易中其他投资者的反应，包括筹码锁定的程度、追涨杀跌的意愿等。

(3) 拉高出货。是主力利用人性的弱点针对投资者盲目追高的心理玩出的骗术，令许多中小投资者防不胜防，深受其害。

主力常以庞大资金收购股票并故意散布对其有利的消息，诱使一般人跟进，使股票求大于供，股价大幅上升，当股价达到一定高点时，大户已在暗中分批或集中出货，造成股价突然回跌，致使跟进买到高价的人被套牢而亏损累累。

二、主力如何打压

打压是庄家用非常方法，将股价大幅度压低，然后大量买进以牟取暴利。

打压大多出现在建仓、试盘和洗盘阶段。庄家建仓一般要选择股价较低时，而且希望越低越好，恨不得砸几个板再买入。试盘时的打压，是庄家故意将股价打压到低位，以观察市场反应情况，确认是否是底部。洗盘时通过打压驱赶盘中浮动筹码，以利于后市更好地拉升。

(1) 庄家打压吸筹是指利用手中的筹码大幅度压低股价，然后在低位不断买入（建仓或加仓）的行为。在市场下跌的末期阶段，他们往往有效地利用场内的恐慌性气氛，采取打压的手法造成股价加速下跌，从而以更低的价格吸纳本已很廉价的筹码。另一种打压是被迫式打压，庄家把价位推高一个台阶后，如果大盘走弱，庄家无法抵挡蜂拥的抛盘，只好且战且退。待空方力量消化殆尽时，庄家再调集重兵，做好打歼灭战的准备。此类个股往往具有未来大黑马的潜质。从表面来看，此股冲高后回落，炒作告一段落，哪知里面已埋伏有庄家的百万雄兵。

特别要注意的是，主力打压吸货在打压的过程中成交量呈萎缩态势。可从个股技术指标的底背离中发现主力打压的目的。如看 MACD 和 KDJ 的底背离及 OBV 能量潮在股指下跌中反而缓缓上移，这些都是主力打压吸货的迹象。投资者在进行操作之前，最好可以制定一套成功投资的流程，以免遭受巨大的亏损。

（2）打压试盘是指盘中交易时，在没有明显的预兆下出现大卖单将股价向下砸低数个百分点的主力操纵行为。一般打压试盘出现后，股价很快会恢复到原来的交易状况。可以分为连续打压和单笔打压两种，在分时图中可以看到分时线的打压痕迹（打压后快速复位的不一定有痕迹），打压试盘后分时图中呈 V 字形拉起。主力操纵行为目的只是为了了解个股看不见的买盘的承接力如何。

（3）打压式洗盘的特点是“快”和“狠”，其打压股价的速度非常迅速，而且打压手法非常凶狠。这样既节省了洗盘的时间，又达到了洗盘的效果。庄家在快速拉升股价之后，盘中积累了大量的获利盘，利用投资者较强的获利回吐欲望，以凶狠快速的方式向下突然砸盘，使股价大幅回落，形成一根长长的阴线。针对投资者容易产生恐惧，制造市场的恐慌气氛，从而动摇投资者的持股信心，使散户最终无法接受股价大幅下跌的事实而抛出股票，以达到将短线获利筹码震荡出局的目的。

第十讲　庄家与散户

一、庄家

庄家是指能影响证券市场行情的大户投资者，一段时间持有大量流通筹码的股东。通常庄家占有 50% 以上的流通筹码，有时会低于 50%，一般 10% ~30% 即可控盘，因个股而异。庄家坐庄某股票，可以影响甚至控制在二级场的股价。庄家和散户是一个相对概念。

（1）庄家坐庄流程。庄家炒股票同样是通过买、卖的差价获利，与散户不同的是，庄家可以控制股票的走势和价格，也就是说散户获利是靠期待股价上涨，而庄家则是自己拉动股价上涨。所以，庄家坐庄步骤可以分为：进庄前的准备、建仓、试盘、调整、初升、洗盘、拉升、出货、反弹及砸盘等。这是一个比较完整、标准的坐庄流程，思路非常清晰，可称为庄家坐庄的学院模式，坐庄的中心环节是吃、拉、出三部曲。

（2）庄家分析方法。庄家分析方法基于判断庄家的意图，预测股价未来走势的方法，属于心理分析方法范畴。它是一种综合分析方法，不能单看图形，也要参考技术，还得注意股票的基本面和一些外围情况。

（3）庄家如何控盘？庄家在操纵股价过程中，其特征也都是十分明显的，一般分为三个阶段。一是连续集中交易；二是大量反向交易和对倒交易，虚增成交量；三是虚假申报撤单，诱导投资者跟风。

庄家在具体操盘过程中，运用一些惯常的做盘手法，偶尔也会运用一些特技，具体如下：

一是拆庄。在进货阶段如果有人碰庄，则果断地把股价拉起，对方若下砸则通吃，从而加快进货速度；对方若抢货则暂且观望，然后再视对方的资金实力和进货数量不断调整自己的操作策略。

二是冻筹。在拉升阶段的出货意识是不容放松的，此时只需用少量资金滚动拉抬并制造有明显的走势，即可以吸引到不少买盘来增强市场买气，然后再突然改变原有规律进行逆势派发，从而在加快自身派货的同时，也更好地把市场上的很大一部分短线筹码冻结了起来。

三是作势。当遇到大盘下跌时，正常的操作手法已不能适用。此时如果资金充足，则应果断坚决地逆势将股价拉起，以求能最大限度地降低抛压，并待大盘走稳之后再想其他办法脱身；此时如果资金缺乏，则应在下方多价位埋下大手笔买单，然后再尽全力下砸，以求能在降低成本的同时也降低抛压，但若尾市大盘企稳的话，则必须果断地将股价拉起，或在第二天再以跳空高开来拉起股价。

四是借图。如果在前期曾有某只庄股的走势倍受市场关注，那么在运作自己控筹的个股时可以模仿该股的走势，这样容易引起大量的跟风盘，但在后期的关键阶段应夸张地运用这种趋势性走势，从而达到吸筹或派发的真正目的。如 2019 年 1—2 月的风范股份（601700）借东方通信（600776）的拉升走势完成主升浪行情。

二、散户

狭义的散户指在股市中投入资金量较小的个人投资者。广义的散户是相对于机构而言的，个人投资者都可以称为散户。在资本市场中，无论个人拥有多少资金，都是极其少量的。

散户主要是指资金实力较小的投资者，其入市的资金一般也就三五万元左右甚至更低，基本由工薪阶层组成。主要是在读学生、工薪阶层、下岗工人、退休人士等，以及有一定资本的个体户。散户的人数众多，约占股民总数的95%左右，过去在证券营业部的交易大厅内从事股票交易的一般都是散户。由于资金有限、人数众多，在股市交易中散户的行为带有明显的不规则性和非理性，其情绪极易受市场行情和气氛的左右。

散户的主要特点：散户并非如通常所设想的那样表现出低专业水准，在他们的理解范围内往往能对上至国家宏观经济政策、行业政策，下至上市公司财务状况、具体的高级管层讲话阐述翔实的个人观点，某些特别敬业的散户除时常切磋看盘技巧外，甚至会飞到上市公司做实地调研，作风特点颇类似于投资机构研究员。

三、庄家与散户的区别

庄家除了具有资金和信息方面的优势之外，最主要的是庄家的思维方式和操作方式与散户有极大的不同。

（1）庄家用几个亿、十几个亿做一只股票，散户用十万元、几十万元做十几只股票。

（2）庄家做一只股票要用上一年甚至几年，散户一只股票只做几周甚至一两天。

（3）庄家一年做一两只股票就大功告成，散户一年做几十只股、上百只股票还心有不甘。

（4）庄家喜欢集中资金打歼灭战，做一个成功一个；散户喜欢买多只个股作分散投资，有的赚，有的赔，最终没赚多少。

（5）庄家在炒作一只股票前，对该股的基本面、技术面要做长时间的详细调查、分析，制订了周密的操作计划后，才敢慢慢行动；散户看着电脑屏幕，三五分钟即可决定买卖。

（6）庄家特别喜欢一些较冷门股，将其由冷炒热赚钱；散户总喜欢一些当前最热门的个股，由热到冷而赔钱。

（7）庄家虽然有资金、信息等众多优势，但仍然不敢对技术理论掉以轻心，道琼斯理论、趋势理论、江恩法则等基础理论早已烂熟于胸；散户连K

线理论都没能很好地掌握，就开始宣扬技术无用论。

（8）庄家总是非常重视散户，经常到散户中去倾听他们的心声，了解散户的动向，做到知己知彼，并谦虚地说：现在的散户越来越聪明了；散户总是对庄家的行动和变化不屑一顾，并说：这个庄真傻，拉这么高看他怎么出货。

（9）庄家做完一只股票后就休假去了，说：忙了这么长时间了，也该让自己休息休息了；散户做完一只股票说：又没赚多少，还得做，绝不休息。

（10）庄家年复一年地做个股赚钱；散户年复一年地看着指数上涨却赔钱。

正是由于庄家有着与散户截然不同的思维方式和操作方式，最终成为市场的赢家。如果散户也能谦虚地多向庄家学习，学习庄家的思维方式和操盘技巧，学习庄家的耐心和心态，最后以其人之道还治其人之身，那么不久的将来，散户也会成为市场的大赢家。到那时，庄家只能感叹："聪明的散户越来越多了。"

在股市中，庄家与散户多数时间处于对立的，从某种程度上讲，股市就是庄家与散户的博弈过程。那么，庄家如何坐庄？散户如何克庄？可以阅读《庄家克星》（经济管理出版社出版，2019 年 8 月）和《庄家意图》（中国经济出版社出版，2019 年 3 月）。

第十一讲　诱多与诱空

一、主力如何诱多

诱多是指虚假的上拉走势，引诱散户参与，然后快速回落，也叫多头陷阱。它往往发生在行情盘整形成头部区域里，股价突破原有区域达到新的高峰，使市场产生一片乐观气氛，在众多散户纷纷买进股票后，股价快速回落，迅速跌破前期盘区的低点（支撑位）。

多头陷阱的识别技巧：

（1）消息面。庄家利用宣传优势，营造做多氛围。从以往看越是股价涨高了，股民热情高涨了，越有人吹捧，所以股民要格外小心。

（2）基本面。个股基本面要关注一些长期稳定优良的公司，对于业绩大起大落，或业绩异常好的公司还是小心为上，以免落入庄家的多头陷阱。宏观基本面如果在股市政策背景方面没有特别的实质性做多支持，而股价却持续性地暴涨，这时就比较容易形成多头陷阱。

(3) 成交量。随着股价的持续上涨，量能始终处于不规则放大之中，有时盘面上甚至会出现巨量长阳走势，盘中也会不时出现大手笔成交，给股民营造出庄家正在建仓的氛围。这时，庄家往往可以轻松地获利出逃，从而构成多头陷阱。因此在辨别多头陷阱时，主要是看成交量是否突破支撑线。正常状况是股价以高成交量在主要的上升趋势中到达了新的高点，然后以稍低的成交量回档，只要回档不跌破目标的支撑线，就认为是属于多头市场。如果成交量不大而且向下回档又跌破了支撑线，则应认为是多头陷阱了。

(4) 技术面。在K线走势上往往是连续几根长阳线的急速飙升，突破各种阻力位和长期套牢成交密集区，有时伴随向上跳空缺口的出现，引发市场热烈兴奋的连锁反应，让股民误认为后市有上涨空间，从而使庄家顺利完成拉高派发目的。

(5) 多头陷阱会导致技术指标上出现严重的顶背离特征。但如果仅依据其中一两种指标的顶背离现象进行研判，仍然容易被庄家欺骗。这不仅需要我们反复验证，逐渐把握区分真伪的尺度，还要求我们注意研判多种技术指标，只有多种技术指标显示相同性质的信号、相互佐证时，判断的准确性才能得到提高。因为无论庄家如何掩饰或制造多头陷阱，多种指标的多重周期的同步背离现象都会直接揭示出庄家的真实意图。所以，股民要注意观察多种指标是否同一时期在月线、周线、日线上同时发生顶背离。如是，就很容易构成多头陷阱，而且极有可能形成一个中长期的顶部。

多头陷阱的应对策略是：在盘头形态或尚未确认的中段整理时，可保持观望的态度，待支撑固定后再行做多。否则，多头陷阱一旦确立，必须在原趋势线破位后停损杀出，因为在以后的一段跌势中，放空的利润或许足以弥补做多的停损损失了。

二、主力如何诱空

诱空是指股价处于底部区域时，庄家刻意打压股价，造成向下的假突破，使市场产生恐慌气氛，待散户纷纷抛售股票，其低价筹码落入庄家手中后，股价迅速向上拉起的操作行为，也叫“空头陷阱”。诱空出现后，几天内往往有一波比较大的反弹行情出现。在最低点抛货或犹豫不决没有进货的投资者，就成了空头陷阱的受害者，从而踏空一轮行情。

空头陷阱的识别技巧：

（1）空头陷阱在K线走势上的特征往往是连续几根长阴线暴跌，贯穿各种强支撑位，有时甚至伴随向下跳空缺口，引发市场中恐慌情绪的连锁反应，从而使庄家顺利完成建仓和洗盘的目的。

（2）从大盘的政策面和个股基本面分析是否有做空因素，如果这些方面没有特别的做空动能，而股价却持续性暴跌，这时比较容易形成空头陷阱。

（3）在成交量上的特征是随着股价的持续性下跌，量能始终处于不规则萎缩中，有时盘面上甚至会出现无量空跌或无量暴跌现象，这时往往会构成空头陷阱。因此辨别空头陷阱时，主要看股价在跌到一个新的低点时成交量的大小，如果破位时成交量较大而且在上升时无法突破阻力线，则可基本上认定是一个空头市场。如果处于新的低价位上，成交量较小并且上升时又放量突破阻力线，则应认为是空头陷阱了。

（4）从形态分析上，空头陷阱常常会故意引发技术形态的破位，让投资者误认为后市下跌空间巨大，而纷纷抛出手中股票，从而使庄家可以在低位承接大量的廉价股票。

（5）空头陷阱会导致技术指标上出现严重的背离特征，但如果仅依据其中一两种指标的背离现象，仍然容易被庄家欺骗，所以要观察多个指标是否在同一时期中在月线、周线、日线上同时发生背离。因为，无论庄家如何掩饰或骗线，多种指标的多重周期的同步背离现象都会直接揭示出庄家的真实意图。

空头陷阱的操作策略是：在盘底形态或筑底过程中，可保持观望的态度，待多头市场的支撑失守或者空头市场的压力确认成功后，再行放空。否则，空头陷阱一旦确立，必然在原趋势线突破后介入做多，因为以后的一段可观的涨势中做多的利润将远大于放空停损的损失。

第三课
股票交易制度

第一讲　竞价交易制度

一、竞价交易规则

竞价是指在股票交易时，有效的卖出单或买入单，由交易系统撮合后产生的买卖配对价格的过程就叫竞价。根据竞价方式不同，可以分为集合竞价和连续竞价。集合竞价又可以分为封闭式集合竞价和开放式集合竞价。根据交易时间不同，开放式集合竞价可以分为开盘开放式集合竞价和收盘开放式集合竞价两种。

我国证券竞价交易采用集合竞价和连续竞价两种方式。集合竞价是指在规定时间内接受的买卖申报一次性集中撮合的竞价方式。连续竞价是指对买卖申报逐笔连续撮合的竞价方式。集合竞价期间未成交的买卖申报，自动进入连续竞价。

1. 竞价原则

目前沪深两市每个交易日的 9：15~9：25 为开盘集合竞价时间，9：30~11：30 和 13：00~14：57 为连续竞价时间，14：57~15：00 为收盘集合竞价时间。沪深两市竞价交易制度的基本规则：

（1）竞价方式：证券交易采用集合竞价和连续竞价两种方式。

（2）集合竞价：是指对一段时间内接受的买卖申报一次性集中撮合的竞价方式。

（3）连续竞价：是指对买卖申报逐笔连续撮合的竞价方式。

（4）竞价时间：集合竞价为上午9:15~9:25，下午2:57~3:00。

（5）连续竞价：上午9:30~11:30，下午1:00~2:57，大宗交易时间延长至3:30。

（6）开盘竞价：为当日该证券的第一笔成交价。通过集合竞价方式产生，不能产生开盘价的，以连续竞价方式产生。

（7）收盘竞价：通过集合竞价的方式产生。收盘集合竞价不能产生收盘价的，以当日该证券最后一笔交易前一分钟所有交易的成交量加权平均价（含最后一笔交易）为收盘价。

（8）当日无成交的，以前收盘价为当日收盘价。

每天的开盘价和收盘价在技术分析上具有重要的意义。目前世界各国股票市场均采用集合竞价的方式来确定开盘价和收盘价，这样可以在一定程度上防止人为操纵现象。

2. 竞价要求

每个交易日的各个竞价时段的要求如下：

（1）9:15~9:20，接受委托，可撤销。

（2）9:20~9:25，接受委托，不可撤销。

（3）9:25~9:30，接受委托，不撮合，可撤销。

（4）9:30~14:57，接受委托，即时逐笔撮合（午间休市除外），可撤销。

（5）14:57~15:00，接受委托，不可撤销。

（6）15:00~15:30，接受委托，可撤销。

二、开盘集合竞价

1. 什么是开盘集合竞价

由投资者按照自己所能接受的心理价格自由地进行买卖申报，电脑交易主机系统对全部有效委托进行一次集中撮合处理过程，称为集合竞价。具体来说，集合竞价是将数笔委托报价或一时段内的全部委托报价集中在一起，根据不高于申买价和不低于申卖价的原则产生一个成交价格，且在这个价格下成交的股票数量最大，并将这个价格作为全部成交委托的交易价格。

沪深两市从2006年7月1日起实施开放式集合竞价。也就是说，在集合竞价期间，行情实时揭示集合竞价参考价格等信息的集合竞价方式。开放式集合竞价时间为9:15~9:25，上交所即时行情显示内容包括证券代码、证券简称、前收盘价格、虚拟开盘参考价格、虚拟匹配量和虚拟未匹配量；深交所规定的即时行情显示内容包括证券代码、证券简称、集合竞价参考价格、匹配量和未匹配量等。在这个10分钟时间里，每1分钟揭示1次可能的开盘价，这个价格是截至揭示时所有申报撮合集合竞价规则形成的价格，其意义在于加强对投资者的信息披露，使投资者能够更多、更细地掌握市场信息，特别是对于新股上市首日的集合竞价，意义更加重大，它使投资者能够提前在集合竞价期间就掌握较为充分的市场信息，从而做出买卖决策，体现了市场的公开原则。

如图3-1所示，方框区域为东方电缆（603606）2019年7月15日的集合竞价过程。

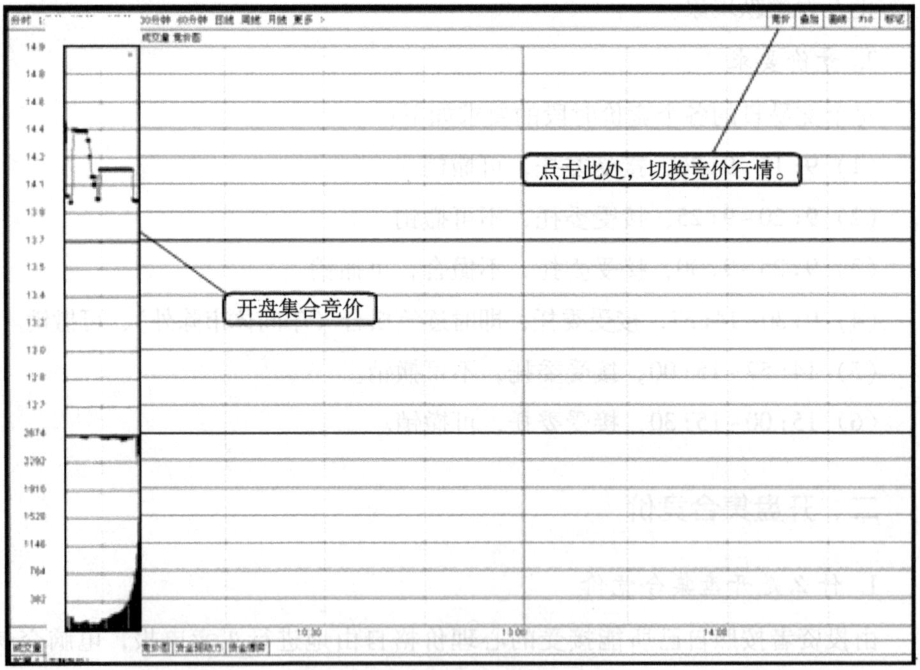

图3-1　开盘集合竞价过程

直到9:25以后，就可以看到各种股票集合竞价的成交价格和数量。有时某种股票因买入者给出的价格低于卖出者给出的价格而不能成交，那么，9:25后该股票的成交价一栏就是空的（停牌除外）。因为集合竞价是按最大成交量来成交的，所以对于普通投资者来说，在集合竞价时间，只要打入的股票价格高于实际的成交价格就可以成交了。因此，通常可以把价格打得高一些，也没有什么危险。因为普通投资者买入股票的数量不会很大，不会影响该股票集合竞价的价格，只不过此时账户中必须要有足够的资金。

9:15~9:30 这个时间段里，可分为三个阶段：9:15~9:20 可以接受申报，也可以撤销申报，显示即时报价；9:20~9:25 只接受申报，不接受撤销申报，显示即时报价；9:25~9:30 只接受申报，不接受撤销申报，不对买卖申报做处理，交易所认为必要时，可以调整接受申报时间。

集合竞价由电脑交易处理系统按顺序将排在前面的买单与卖单配对成交，对全部申报根据“价格优先、同等价格下时间优先”的原则顺序依次成交，直到不能成交为止，从而产生一个基准价格。集合竞价同时必须满足以下三个条件：

（1）成交量最大。集合竞价最大成交量原则是以此价格成交能够得到最大成交量的原则。

（2）高于基准价格的买入申报和低于基准价格的卖出申报全部满足（成交）。

（3）等于基准价格的买入或卖出申报中，有一方申报全部满足（成交）。即根据买入申报量、卖出申报量的多少，按少的一方的申报量成交。

该基准价格即被确定为成交价格，即开盘价。集合竞价方式产生成交价格的全部过程，完全由电脑交易系统进行程序化处理，将处理后所产生的成交价格显示出来。未成交的委托排队等待成交，在 9:30 开盘之后，按连续竞价撮合成交，而所有超过限价（涨跌停限制范围）的买单和卖单均视为无效委托。

这里需要说明的是：第一，集合竞价方式下“价格优先、同等价格下时间优先”原则体现在电脑主机将所有的买入和卖出申报按价格由高到低排出序列，同一价格下的申报原则按电脑主机接受的先后顺序排序。第二，集合竞价过程中，若产生一个以上的基准价格，即有一个以上的价格同时满足集合竞价的三个条件时，沪市选取这几个基准价格的中间价格为成交价格，深市则选取离前收盘价最近的价格为成交价格。

2. 集合竞价的基本过程

举例说明，假设某只股票在开盘前分别有 6 笔买入委托和 5 笔卖出委托，根据价格优先的原则，按买入价格由高至低和卖出价格由低至高的顺序将其分别排列如下，见表 3-1。

表 3-1　开盘集合竞价撮合过程

单位：手

序号	数量	委买价	委卖价	数量	序号
1	2	10.80	10.52	5	1
2	6	10.76	10.57	1	2
3	4	10.65	10.60	2	3
4	7	10.60	10.65	6	4
5	6	10.54	10.70	6	5
6	3	10.35			

按不高于申买价和不低于申卖价的原则，首先可成交第一笔 10.80 元买入委托和 10.52 元的卖出委托，若要同时符合申买者和申卖者的意愿，其成交价格必须是在 10.52~10.80 元，但具体价格要视以后的成交情况而定。这对委托成交后其他的委托排序如下，见表 3-2。

表 3-2　开盘集合竞价撮合过程

单位：手

序号	数量	委买价	委卖价	数量	序号
2	6	10.76	10.52	3	1
3	4	10.65	10.57	1	2
4	7	10.60	10.60	2	3
5	6	10.54	10.65	6	4
6	3	10.35	10.70	6	5

在第一次成交中，由于卖出委托的数量多于买入委托，按交易规则，序号 1 的买入委托 2 手全部成交，序号 1 的卖出委托 5 手成交了 2 手，还剩余 3 手。

第二笔成交情况：序号 2 的买入委托价格为不高于 10.76 元，数量为 6 手。在卖出委托中，序号 1~3 的委托的数量正好为 6 手，其价格意愿也符合要求，正好全部成交，其成交价格在 10.60~10.76 元的范围内，成交数量为 6 手。应注意的是，第二笔成交价格的范围是在第一笔成交价格的范围之内，且区间要小一些。第二笔成交后剩下的委托情况如下，见表 3-3。

表 3-3　开盘集合竞价撮合过程

单位：手

序号	数量	委买价	委卖价	数量	序号
3	4	10.65	10.65	6	4
4	7	10.60	10.70	6	5
5	6	10.54			
6	3	10.3560			

第三笔成交情况：序号 3 的买入委托其价格要求不超过 10.65 元，而卖出委托序号 4 的委托价格符合要求，这样序号 3 的买入委托与序号 4 的卖出委托就正好配对成交，其价格为 10.65 元，由于卖出委托数量大于买入委托，故序号 4 的卖出委托仅成交了 4 手。第三笔成交后的委托情况如下，见表 3-4。

表 3-4　开盘集合竞价撮合过程

单位：手

序号	数量	委买价	委卖价	数量	序号
4	7	10.60	10.65	2	4
5	6	10.54	10.70	6	5
6	3	10.35			

完成以上三笔委托后，委托单中最高买入价为 10.60 元，而最低卖出价为 10.65，买入价与卖出价之间再没有相交部分，不能配对成交。

这样，整个集合竞价就已完成，最后一笔的成交价就为集合竞价的平均价格，其他委托将自动进入开盘后的连续竞价。

在以上过程中，通过一次次配对，成交的价格范围逐渐缩小，而成交的数量逐渐增大，直到最后确定一个具体的成交价格，并使成交量达到最大。在最后一笔配对中，如果买入价和卖出价不相等，其成交价就取两者的平均。

在这次的集合竞价中，三笔委托共成交了 12 手，成交价格为 10.65 元。按照规定，所有这次成交的委托无论是买入还是卖出，其成交价都定为 10.65 元，交易所发布的该股开盘价就为 10.65 元，成交量 12 手。

当股票的申买价低而申卖价高而导致没有股票成交时，上海股市就将其开盘价空缺，将连续竞价后产生的第一笔价格作为开盘价。深圳股市对此却另有规定：若最高申买价高于前一交易日的收盘价，就选取该价格为开盘价；若最低申卖价低于前一交易日的收盘价，就选取该价格为开盘价；若最低申买价不高于前一交易日的收盘价、最高申卖价不低于前一交易日的收盘价，则选取前一交易日的收盘价为今日的开盘价。

3. 集合竞价四个步骤

第一步：确定有效委托在有涨跌幅限制的情况下，有效委托是这样确定的：根据该证券上一交易日收盘价以及确定的涨跌幅度来计算当日的最高限价、最低限价。有效价格范围就是该证券最高限价、最低限价之间的所有价位。限价超出此范围的委托为无效委托，系统作自动撤单处理。

第二步：选取成交价位。在有效价格范围内选取使所有委托产生最大成交量的价位。如有两个以上这样的价位，则依以下规则选取成交价位：

（1）高于选取价格的所有买委托和低于选取价格的所有卖委托能够全部成交。

（2）与选取价格相同的委托的一方必须全部成交。如满足以上条件的价位仍有多个，则选取离昨市价最近的价位。

第三步：集中撮合处理所有的买委托按照委托限价由高到低的顺序排列，限价相同者按照进入系统的时间先后排列；所有卖委托按委托限价由低到高的顺序排列，限价相同者按照进入系统的时间先后排列。依序逐笔将排在前面的买委托与卖委托配对成交，即按照“价格优先，同等价格下时间优先”的成交顺序依次成交，直至成交条件不满足为止，即不存在限价高于等于成交价的叫买委托、或不存在限价低于等于成交价的叫卖委托。所有成交都以同一成交价成交。

第四步：行情揭示。集合竞价的成交价的产生大体为：所有申报价中能够实现最大成交量的价位定为成交价，所有符合条件的申报委托依此价位成交，并揭示出来成为开盘价。

（1）如果该证券的成交量为零，则将成交价位揭示为开盘价、最近成交价、最高价、最低价，并揭示出成交量、成交金额。

（2）在剩余有效委托中，实际的最高叫买入揭示价，若最高叫买价不存在，则叫买揭示价为空；实际的最低叫卖出揭示价，若最低叫卖价不存在，则叫卖揭示价为空。集合竞价中未能成交的委托，自动进入连续竞价。

4. 集合竞价注意要点

（1）所有在集合竞价成交的委托，无论委托价格高低，其成交价均为开盘价，所有高于开盘价的买入委托和低于开盘价的卖出委托均可成交，与开盘价相同的部分委托也可成交。

（2）沪深两地股票的开盘价是由集合竞价产生的，如果集合竞价未能找出符合上述3个条件的成交价格，则开盘价将在其后进行的连续竞价中产生，连续竞价的第一笔成交价格则为该股当日的开盘价，如果某只股票因刊登公告等原因于上午停牌，则下午1点起直接进入连续竞价，其第一笔成交价格则为该股当日的开盘价。

（3）配股、债券（包括国债、企业债等）、股指期货以及新股申购都没有集合竞价，只有在正常交易时间进行连续竞价。可转换债券上市首日的开盘价由集合竞价产生，之后的交易与债券相同。

（4）有的投资者遇到过这种情况：有几次申报价格上符合了开盘价的条件，时间上又符合了集合竞价的条件，但都无法成交。这时可检查一下，是否存在以下这种可能：在集合竞价中，如果价格相同，但申买委托只有50手，而申卖委托却有100手，那么，按时间优先原则，排在后面的50手申卖委托，在集合竞价时间里也是无法成交的，而只能参加连续竞价。

三、中盘连续竞价

1. 连续竞价原则

开盘集合竞价产生了开盘价之后，接着股市要进行连续买卖阶段，即连续竞价。在集合竞价时间内没有成交的买卖委托单继续有效，自动有效进入9:30开始的连续竞价，等待合适的价位成交。而全国各地的股民此时还在连续不断地将各种有效买卖指令输入沪深证交所电脑主机，沪深证交所电脑主机也在连续不断地将全国各地股民连续不断的各种有效买卖指令进行连续竞价撮合成交，而主机不接受无效的买卖指令，如股票价格超过涨跌幅限制等（当日上市的新股除外）。

集合竞价是指对申报的每一笔买卖委托，由电脑交易系统按照以下两种情况产生成交价：一是最高买进申报与最低卖出申报相同，则该价格即为成交价格；二是买入申报高于卖出申报或卖出申报低于买入申报时，申报在先的价格即为成交价格。

在连续竞价时，成交价格的确定原则为：

（1）最高买入申报和最低卖出申报价格相同，以该价格成交。

（2）买入申报价格高于即时揭示的最低卖出申报价格时，以即时揭示的最低卖出申报价格为成交价格。

(3) 卖出申报价格低于即时揭示的最高申报买入价格时，以即时揭示的最高申报买入价格为成交价。

沪深两市在正常交易时间的上午 9:30~11:30，下午 13:00~14:57 为连续竞价时间，大宗交易时间延长至 15:30。

在西方成熟市场实施了无门槛要求的盘后定价交易，投资者可在盘后以收盘价交易。目前沪深推出了盘后定价大宗交易，以当日收盘价或当日成交量加权平均价格成交，但采用大宗交易方式、需满足单笔交易数量不低于 30 万股等门槛。其实，小散户同样有盘后定价交易的需求，因为无须承受当日股价波动风险，且有些投资者又急于当日实施买卖行动，这样可以满足这部分投资者的急切交易心理，但如何满足这部分投资者的交易需求，有关方面仍在探讨之中。

2. 特殊竞价处理

在连续竞价过程中，由于某一证券遇到重大事件时，交易所有权对证券实施紧急停牌。连续竞价期间突然停牌的，停牌前的申报参加当日该证券复牌后的交易。停牌期间，可以继续申报，也可以撤销申报；复牌时对已接受的申报实行集合竞价，停牌及集合竞价期间不揭示集合竞价虚拟参考价格、虚拟匹配量、虚拟未匹配量。停牌时间跨越 14:57 且须于当日复牌的，于 14:57 复牌，此后进入后续交易阶段。如果当日不能复牌的，所有的买卖申报在次日无效。

根据上交所发布的《上海证券交易所风险警示板股票交易管理办法》的规定，风险警示股票盘中换手率达到或超过 30% 的，属于异常波动，交易所可以根据市场需要，对其实施盘中临时停牌，停牌时间持续至当日 14:57。

另外，根据上交所发布的《上海证券交易所沪港通业务实施办法》的规定，当日额度在交易所开盘集合竞价阶段使用完毕的，联交所暂停接受该时段后续的买入申报，但仍然接受卖出申报。此后在交易所连续竞价阶段开始前，因买入申报被撤销、被交易所拒绝接受或者卖出申报成交等情形，导致当日额度余额大于零的，联交所恢复接受后续的买入申报。当日额度在连续竞价阶段或者收盘集合竞价阶段使用完毕的，联交所停止接受当日后续的买入申报，但仍然接受卖出申报。在上述时段停止接受买入申报的，当日不再恢复，交易所另有规定的除外。

3. 竞价处理原则

（1）竞价原则：将买单和卖单分别排队，买单以价格从高到低排列，相同价格的，按进入系统的先后排列。申买价高于即时揭示最低卖价，以最低申卖价成交；申卖价低于最高申买价，以最高申买价成交。两个委托如果不能全部成交，剩余的继续留在单上，等待下次成交。

（2）价格优先和时间优先两个原则，例如，挂在上面的最高买价是9.96元，最低卖价是9.98元，在这个时候同时（分毫不差）出现了一个愿意出10元买入的，和一个愿意在9.90元卖出的两个新下单者，则结果是愿意10元买入的，会在9.98元成交；愿意9.9元卖入的，会在9.96元成交。

四、收盘集合竞价

1. 什么是收盘集合竞价

收盘集合竞价制度是指将收盘前或者收盘后一段时间的全部委托报价集中在一起，根据不高于买入申报价格和不低于卖出申报价格、成交量最大等原则产生的一个成交价格，并将这个价格作为收盘价和这个时间段内全部成交委托的交易价格。

收盘集合竞价制度是国际上比较通用的一种交易制度，如纽约、伦敦、澳洲、新加坡、中国香港等发达市场采用收盘集合竞价方式。但境外证交所竞价时间不一，大致可分为5分钟或10分钟两种，伦敦、巴黎等证交所为5分钟，韩国、瑞士、中国香港等证交所为10分钟，有些证交所为防止操纵，没有设定确切的结束收受买卖申报的时间，而是随机确定。此外，如果收盘阶段价格波动超过阈值时，有的证交所还会延长收盘集合竞价时间，期间投资者可提交新订单，利用市场力量减少收盘非理性波动。

我国收盘集合竞价制度于2004年6月开始在深交所中小板、创业板开始实行，从2006年7月1日起，深交所主板全面实行收盘集合竞价制度，上交所在2018年8月20日起实行为收盘集合竞价制度，这有利于避免股票在尾盘出现异动。此前上交所的收盘价，是以“当日该证券最后一笔交易前一分钟所有交易的成交量加权平均价（含最后一笔交易）”，应该说，3分钟时间的收盘集合竞价，显然比尾盘一分钟的加权平均价更难操纵，集合竞价比连续竞价机制的价格稳定性更强、定价效率更高。

2. 收盘集合竞价时间

目前我国是收盘前的最后 3 分钟采用集合竞价方式产生收盘价，即收盘集合竞价时间为 14:57 至 15:00，在这个集合竞价时段里只接受挂单，不接受撤销申报。

收盘集合竞价制度旨在提供一个公平而又由市场主导的方法以结束交易并确定收盘价。一般来说，该制度具有如下重要意义：

（1）代表性，收盘价格的确定反映了更多投资者的需求和意愿，使收盘价格真实反映多空双方的力量。

（2）稳定性，有利于避免价格的大幅波动，提高价格的连续性、平衡性。

（3）抗操纵性，增加了价格操纵的难度，在一定程度上避免了价格操纵行为的发生。

收盘集合竞价和开盘集合竞价一样交易，参与后无法撤单，至于是否成交就要看报价是否符合最后收盘竞价。这取决于下列市场因素：

（1）以集合竞价决定收盘价格。

（2）以最后一笔逐笔交易的价格作为收盘价格。

（3）以收盘前一段时间内每笔成交价的加权平均作为收盘价格。

第二讲 T+1 交割制度

一、何为“T+1”交易制度

根据《证券法》规定：“证券公司接受委托或者自营，当日买入的证券，不得在当日再行卖出”。这从法律角度规定了我国股市的交易方式采取 T+1 交易制度。

T+1 是一种股票交易制度，是指当日买进的股票，要到下一个交易日才能卖出，也叫“T+1 日”。其中，“T”指的是当天交易日，即交易登记日；“1”指的是交易日的次日，即交割过户日。我国两市证券交易所对 A 股和基金清算交收制度采用的是“T+1”交易方式，当日买进的股票，要到下一个交易日才能卖出。

在资金使用上，实行“T+0”方式，即当天卖出股票后，资金回笼到投资者账户上，当天就可以用来买入股票。但是，资金取现（银证转账）方面又是 T+1 到账，即当天卖出股票后，资金回笼到投资者账户上，投资者是不能银证转账取现金的，必须等到第二天才能将现金提出。

T+1 本质上是证券交易交收方式，使用的对象有 A 股、基金、债券、回购交易。拿 A 股来说，假定在 T 日买进 A 股 10 手，在 T 日的时候只是登记了这笔交易，这 10 手 A 股并没有转到账户上，所以不能在 T 日当天卖出。因此，在“T+1 日”的时候这 10 手 A 股已经转到了投资者的账户中，所以就可以选择卖出了。

T+1 在世界各国证券市场中是比较少见的，我国 A 股的 T+1 制度起始于 1995 年 1 月 1 日，目的是为了保证股票市场的稳定，防止过度投机。T+1 交易制度也经历过几次调整：1992 年 5 月上海证券交易所在取消涨跌幅限制后，实行了 T+0 交易规则。1993 年 11 月深圳证券交易所也取消 T+1，实施 T+0 交易方式。1995 年基于防范股市风险的考虑，沪深两市的 A 股和基金交易又由 T+0 回转交易方式改回了 T+1 交收制度，这一制度沿用至今。

2001 年 2 月沪深两市的 B 股市场对内放开，依然执行着 T+0 回转交易方式。这样，内地投资者在沪深两市做 A 股、B 股交易时，分别执行着 T+0 和 T+1 两种交收模式，因此有人建议两市尽快统一此项制度。2001 年 12 月沪深两市 B 股由 T+0 调整为 T+1。同时，可转债交易制度却从 T+1 调整至 T+0。目前深沪 B 股票清算交收制度采用的是 T+3 方式，指的是投资者当天买入的股票不能在当天卖出，需待第四个交易日进行交割过户后方可卖出。在资金使用上，当天卖出股票后的回笼资金，当天即可以用来买入股票。但是，当天卖出股票后的回笼资金，投资者当天不能转账提取，必须等到第四个交易日才能将现金提出，实际上资金同样是 T+3 到账。

二、何为“T+0”交易制度

T+0 交易指的是当天买入股票，可以当天卖出，也可以当天买入股票。

早些年，管理层为了活跃股票交易，曾经允许电脑交易系统即时为成交的委托交割。当买入股票时，一经成交就立即将投资者记录为在册股东；当卖出股票时，一经成交即将现款“划账”到投资者的资金账户上。因此，刚买入的股票可以随时卖出，刚卖出收回的资金又可直接用在购买其他股票上，而且不分沪市和深市，都可自由使用（但不可以当日完成银证转账提取现金），这就是纯粹的 T+0。后来发现这种即时交割制度令股市过分投机，考虑再三之后，管理层认为“T+1”制度比较合理。

我国目前资本市场中，期货（包括股指期货、商品期货、金融期货）、权证、期权采用的是“T+0”交易制度，即当天可以自由买进和卖出。

交易制度的不同对投资者来说没有什么好或不好，重要的是对行情的判断，判断错误不管交易制度怎么不同最终的结果还是亏损。如果是 T+0 交易日交易时间内可以随便交易，但判断错误怎么交易都是亏损，而且还有可能出现连续性亏损的情况，交易过程中头脑一热就会出现类似的问题。所以不能单说哪种交易制度好或不好，不管是交易股票或期货，最终的目的是盈利赚钱，这就要对行情的把握要对，交易制度的不同不能改变什么，但行情的判断对与错直接影响盈利或亏损，所以不用理会交易制度的不同会怎么样，重要的是对行情的把握。

第三讲　涨跌停板制度

一、何为涨跌停板制度

停板（涨停和跌停）制度最早见于期货市场，是指期货合约在一个交易日中的成交价格不能高于或低于以该合约上一个交易日结算价为基准的某一涨跌幅度，超过该范围的报价将视为无效，不能成交。后来被引入到股票市场之中，目的是为了防止交易价格的暴涨暴跌，抑制过度投机现象，对当天价格的涨跌幅度予以限制的一种交易制度。在一个交易日中，交易价格的最大波动幅度为前一交易日收盘价上下百分之几（在 A 股市场中，正常股票幅度为±10%，ST 股为±5%），超过后停止交易。

在停板制度下，前一交易日结算价加上允许的最大涨幅构成当日价格上涨的上限，称为涨停；前一交易日结算价减去允许的最大跌幅构成当日价格下跌的下限，称为跌停。因此，停板又叫每日价格最大波动幅度限制。停板的幅度有百分比和固定数量两种形式，且百分比幅度也是变动的，如期货市场中首个停板的幅度与连续的第二个停板的幅度是不一样的。

我国股市现行的停板制度是 1996 年 12 月 13 日发布、1996 年 12 月 16 日开始实施的。股票（含 A 股、B 股）、基金类证券在一个交易日内的交易价格相对上一交易日收盘价格的涨跌幅度不得超过 10%，ST 类个股涨跌幅度为

5%，超过涨跌限价的委托为无效委托。我国的停板制度与国外的主要区别在于股价达到停板后，不是完全停止交易，而是在涨跌停价位或涨跌停价位之内的交易仍可继续进行，直到当日收盘为止。

涨停价格的计算公式为：涨幅价格=前收盘价×（1+涨幅比例），即前收盘价×1.1；跌停价格的计算公式为：跌幅价格=前收盘价×（1-涨幅比例），即前收盘价×0.9。计算结果按照四舍五入原则取至价格最小变动单位（小数点后两位数）。

我国现行的涨跌停制度经历了一段曲折历程。1990 年中期，深圳股市行情不太稳定，深市“老五股”波动异常（沪市“老八股”也是如此）。深发展 A（000001，现“平安银行”）猛烈上涨，股价由 5 月初的 15 元上涨至 6 月底的 24 元，上涨幅度达到 60%。随后深万科 A（000002）、深金田 A（000003，现停牌）、深安达 A（000004，现“国农科技”）、深原野 A（000005，现“世纪星源”）也随之上涨，在市场赚钱效益的影响下，参与市场的投资者开始大幅增加，导致市场出现供不应求的局面。

股市火爆的场面引起了当地政府的高度关注，由此开始制定措施干涉市场。1990 年 5 月 29 日，政府推出停板制度，涨跌幅度限制在 10%。由于股市环境看好，上涨势头仍然凶猛。6 月 18 日，政府将停板幅度调整为 5%。但市场投机气氛还是没有得到抑制，6 月 26 日政府又将停板幅度做出调整，确定涨停为 1%，跌停为-5%。可是，股价仍然大幅飙涨，进入股市的投资者日益增多，进一步导致股价连续涨停，至 10 月底，深发展 A 股价已达 6332 元，涨幅高达 15967%。11 月 21 日，第四次宣布调整停板幅度，限定涨停为 0.5%，跌停为-5%，并通过各种媒体向投资者发出告诫，防范市场风险。

很快，市场做空能量膨胀后开始爆炸，真正的风险来临，股价开始急转下跌，投资者纷纷清仓出局，恐慌抛盘出现，市场跌声一片。直到 12 月底，股价屡屡出现连续跌停现象。不得不在 1991 年 1 月 2 日，将停板幅度又统一调整为 0.5%，但还是不能阻挡市场的凶猛下跌。

管理层屡次调整停板限制却不能奏效，最终决定取消停板制度，让市场机制自行调节。可是，市场出现另一种极端现象。1991 年 8 月 17 日，在放开限价的当天，深发展 A 开盘后不到 1 小时，股价下跌幅度达到 41.6%，市场上演了惊心动魄的下跌场面。

由于停板制度的失效和解除，使广大投资者遭受了重大的打击和损失，并引发了一系列的社会后果，停板制度再次提到了管理层议事日程。1996 年

12月16日开始，再次对市场实施停板限制，幅度为10%，ST类个股为5%，直到今日一直遵循这一制度。

目前，属于下列情形之一的，首个交易日无价格涨跌幅限制：

（1）新股上市首日（包括封闭式基金）。

（2）股票增发上市的首日。

（3）股票暂停上市后恢复上市的首日。

（4）退市后重新上市的股票。

（5）证监会或交易所认定的其他情形。

买卖有价格涨跌幅限制的证券，在价格涨跌幅限制以内的申报为有效申报，超过价格涨跌幅限制的申报为无效申报。

二、股价涨停的意义

停板制度对于保障市场的正常运转，以及稳定市场秩序和发挥市场功能具有十分重要的作用。在实盘操作中，涨停对提高看盘和操盘能力具有重要意义。

（1）涨停家数的多少，跟大势强弱有直接关系。极端的情况是所有的股票都涨停，这个时候市场就强到极致了。散户可以通过比较今天涨停家数和昨天涨停家数的多寡，对市场的强弱得到一个直观的判断。毫无疑问，涨停家数多，说明大势强；涨停家数少，说明大势弱。如果以时间为横轴，涨停家数为纵轴，画一条曲线，大势的强弱就一目了然了。

（2）涨停个股关联度越高，说明市场越强。涨停的背后有时候是庄家刻意做盘造成的，但如果同一个板块或者同一个概念出现许多个股纷纷涨停的局面，就不是庄家轻易可以做出来的。所以，涨停的个股之间关联性越强，说明市场越强，热点越明确；反之，如果彼此之间毫无关联，市场强度就大打折扣。

（3）涨停时间的早晚与走势的强弱成正比。这一点与“时空互换”有关系。开盘半小时就涨停，接下来它能够用于交换空间的时间就多，相应的走势就强；如果最后半小时才涨停，能够用于交换空间的时间就短，相应的走势就弱。听上去这是一个简单的问题，只是人们经常忽略它，喜欢在尾盘追涨。尾盘追涨停，股价以涨停收盘的概率是大了，但第二天的续涨能力就弱了。总之，越早封住涨停的股票走势越强。

（4）涨停封单的大小跟走势的强弱成正比。尽管巨量封死涨停的背后有些封单是假的，但不可否认的是，封单数量越大，其中的真实买盘相对来说就越多。如果只是稀稀拉拉地买盘，最后封住涨停，这种股票的走势通常是让人捏一把汗的。在计算涨停家数的时候，这种情况可以剔除。

（5）在出现过度投机和操纵市场等异常现象时，往往成为交易所控制风险的一种重要手段，如在单边市场行情中，通过适度缩小停板幅度，可以减小价格波动的速度和幅度，把投资者的风险控制在相对较小的范围之内。

（6）可以有效地减缓和抑制突发事件和过度投机行为对市场的冲击，给市场一定的时间来充分化解这些因素对市场所造成的影响，防止价格的狂涨暴跌，维护正常的市场秩序。

在了解了涨停的意义后，那么跌停的意义也就明确了，只是其逻辑相反而已，在这里没有必要赘述了。在实盘操作中，如何提高涨停板的操作技能？可以阅读《图解涨停》一书（中国经济出版社出版，2017 年 6 月）。

三、停板制度的弊端

总体而言，停板制度在市场中起到了积极作用，实现了设置时的初衷，但是任何事物都有其矛盾的两面性，利弊是相统一的，停板制度有其优点，也有其缺点。

（1）扭曲股价走势。股票的涨跌有其自身规律，用行政手段来限制只会适得其反。迄今为止还没有一只股票因为有了涨停限制最终涨得少了，相反往往是轻易地涨过了头，因为越是买不到越是涨得厉害，从而引起股价更加剧烈的震荡，如 2019 年 1—3 月的东方通信（600776）和 2019 年 1—3 月的风范股份（601700）就是例子。反过来也是如此，跌停也容易跌过头，如以前的“中科系”“德隆系”“明天系”中的个股出现悲壮的“跳水”表演。股价非理性的走势在 ST 类个股中表现得尤其明显，今天开盘就涨停，明天开盘却跌停。股价不仅没有因停板变得理性，反而更不理性了。

（2）给散户操作设立障碍。停板制度使散户的操作难度增加，因为好的股票买不到，差的股票卖不掉，等到能够买到了或者卖掉了，股价往往已经处在天价或地价，这时散户操作容易吃大亏。因为，此时的股价已经严重失实，被憋急了的散户容易冲动，要么买在天花板，要么抛在地板价。

（3）为庄家操纵股价提供便利。停板制度给散户操作增加难度的同时，为大资金操纵股价提供了方便。目前市场中庄家是主力，拥有一般散户投资者所不具备的得天独厚的资源优势，如资金、技术、研究人员、信息等，完全可以借助停板有计划地对市场行情进行有效的控制，大肆做盘做图形，诱骗散户上当，以达到自己的坐庄目的。

（4）个股停板带来市场的联动效应。某些个股连续涨停或跌停，很容易引起投资者的关注，从而带动大盘持续上涨或下跌，使市场投资者的参与意识发生改变，带动整个板块上涨或下跌，其市场影响面可能超过人们的想象。

（5）停板对股票成交量的变化也是有影响的。股市中出现停板的情况使成交量减少并不意味着顺势操作的人在减少，却能反映出操作的人在增加，只是在当日受停板限制的影响而不可能实现交易就是了。

（6）股市中的停板与期市中的停板有较大的区别。期市采用的交易规则是双向T+0模式，既可以做空也可以做多，投资者当日可以自由进出。股市采用的交易规则是单向T+1模式，只能做多不能做空，投资者当日只能进不能出，这实际上加大了助涨功能。

（7）停板助涨，更易助跌。因为涨停的价格越来越大，而跌停的价格越来越小，一个跌停肯定把前一天的价格全部吃光，但一个涨停不一定全部收复前一天的跌幅（如前一天跌停，第二天即使涨停，也无法涨回来）。

第四讲　特别处理制度

一、ST的含义

上市公司出现财务状况或其他状况异常，有可能导致其股票存在终止上市风险，或者投资者难以判断公司前景，其投资权益可能受到损害的，证券交易所对该公司股票交易实行特别处理，也称“退市风险警示”，该制度就叫做特别处理制度或ST制度。

ST是“特别处理”的英文缩写。ST制度针对的对象是出现财务状况或其他状况异常的上市公司。1998年4月22日，沪深交易所宣布，将对财务状况或其他状况出现异常的上市公司股票交易进行特别处理，股价日涨跌幅度限制在±5%。存在“退市风险警示”的股票，名称前面冠以“ST”，以区别于其他正常股票，这类股票称为ST股。其基本含义：

（1）ST——公司经营连续二年亏损，特别处理。

（2）*ST——公司经营连续三年亏损，退市预警。

二、摘星条件

摘星是指摘掉“*ST”前面的“*”，转为ST股票。要达到以下条件：

（1）年报盈利。

（2）最近一个会计年度的财务报告没有被会计师事务所出具无法表示意见或否定意见的审计报告。

（3）没有重大会计差错和虚假陈述，未在证监会责令整改期限内。

（4）没有重大事件导致公司生产经营受严重影响的情况、主要银行账号未被冻结、没有被解散或破产等交易所认定的情形。

摘掉星号的ST股票，股价日涨跌幅度仍然为±5%。

三、摘帽条件

摘帽是指摘掉ST股票的“ST”帽子，恢复为正常股票。摘帽条件更严一些，如果不符合，则仍保留ST。要符合以下条件：

（1）年报盈利。

（2）最新年报表明公司主营业务正常运营，扣除非经常性损益后的净利润为正值，不能只看每股收益数据，还要看扣除非经常性损益后的每股收益。

（3）最近一个会计年度的股东权益为正值，即每股净资产为正值，新规定不再要求每股净资产必须超过1元。

（4）一个会计年度的财务报告没有被会计师事务所出具无法表示意见或否定意见的审计报告。

（5）没有重大会计差错和虚假陈述，未在证监会责令整改期限内。

（6）没有重大事件导致公司生产经营受严重影响的情况、主要银行账号未被冻结、没有被解散或破产等交易所认定的情形。

摘掉ST帽子的硬性指标必须是年报的每股收益、扣除非经常性损益后的每股收益以及每股净资产三项指标同时为正值，才有提出摘帽的资格，交易所有权根据各家公司的具体情况来决定是否批准。

摘掉ST帽子后，股价日涨跌幅度恢复为±10%。

ST制度存在的缺陷：A股的ST制度存在一定的缺陷，由于香港股市没有

ST规则，如A股被戴ST帽子，造成股价下跌将使H股股东利益受损，这将引起股东之间不平衡。

四、风险警示板

风险警示板的股票有两类，包括“风险警示股票”和“退市整理股票”。风险警示板相关股票在行情显示、投资者适当性管理、交易安排、市场监控措施及交易信息公开等方面与其他股票均有所区别，投资者需特别注意。

（1）在行情显示方面，独立于其他股票的交易信息，“风险警示股票”以及“退市整理股票”的交易信息在相关股票行情中分别予以独立显示。

（2）在投资者适当性管理方面，投资者委托买入风险警示板股票，除需具备买入股票的一般条件外，还需满足以下两个条件：一是投资者首次提交买入“风险警示股票”和“退市整理股票”的委托前，必须通过电子或书面形式分别签署《风险警示股票风险揭示书》和《退市整理股票风险揭示书》。二是投资者每次提交买入“退市整理股票”的委托前，必须阅读并确认风险提示。投资者卖出其所持有的风险警示板股票，则不受上述限制。

（3）在交易安排方面：一是“风险警示股票”和“退市整理股票”投资者只能使用限价委托，而不能使用市价委托；二是“风险警示股票”价格涨跌幅限制设置为±5%，“退市整理股票”为±10%。

（4）在市场监控措施方面：一是“风险警示股票”交易异常波动情形，当日换手率达到30%的，属于异常波动，可对其实施盘中停牌，直至当日收盘前5分钟；二是限制单一账户买入数量，当日累计买入单只“风险警示股票”的数量不得超过50万股。

（5）在交易信息公开方面，对于“风险警示股票”，连续三个交易日内日收盘价格涨跌幅偏离值累计达到±15%的，将分别公告该股票交易异常波动期间累计买入、卖出金额最大的五家会员证券营业部的名称及其买入、卖出金额；对于“退市整理股票”，上交所将专门公布其当日买入、卖出金额最大的五家会员证券营业部的名称及其各自的买入、卖出金额。

第五讲 除权除息制度

一、除权与除息的概念

上市证券发生权益分派、公积金转增股本、配股等情况，交易所在权益登记日（B股为最后交易日）次一交易日对该证券作除权除息处理。

股票除权是在股票发行公司给股东配发股票股利（权值或取得增发股票的权利）期间，该股票的上市交易价格一般要除去发行公司配发给股东的那部分权值，这就是股票除权的含义。同股票除息一样，股票除权也是为了保证股票交易的公平性。股票除权通常分为无偿配股（盈余转增资或公积金增资）、有偿认股（现金或实物增资认股）、无偿配股或有偿认股同时进行三种形式。

由于股价除权除息后，盘面会留下一个“下跌”缺口，所以股民在分红时，要注意此现象。除权后的股票价格可能有三种走势：一是当发行公司获利能力良好、业绩优秀时，股票价格将随之上涨，并将除权差价补回，这种情况叫填权（涨权）。二是当发行公司获利能力较差、业绩不佳时，或除权以前股票上涨幅度已经过大时，股票价格会呈下跌趋势，这种情况叫贴权（跌权）。三是股票除权后，长时间盘整，涨跌幅度均不大，这种情况叫横权（平权）。如果仅发生了除息，则上述现象称为填息（涨息）、贴息（跌息）、平息（横息）。

填权、贴权、平息是股票除权后的三种可能，它与整个市场的状况、上市公司的经营情况以及送配的比例等多种因素有关，并没有确定的规律可循，但一般来说，上市公司股票通过送配以后除权，其单位价格下降，流动性进一步加强，上升的空间也相对增加。不过，这并不能让上市公司任意送配，它也要根据企业自身的经营情况和国家有关法规来规范自己的行为。

除权除息日即时行情中显示的该证券的前收盘价为除权除息参考价。除权除息日证券买卖，按除权除息参考价格作为计算涨跌幅度的基准价。除权日的开盘价不一定等于除权价，除权价仅是除权日开盘价的一个参考价格。

二、登记日与除权日

股权登记日，简单地说就是对股权进行登记，上市公司在送股、派息或配股之前，由股东大会确定某一天，对享有这种权利的股东进行确定，以享有公司分配权利，所确定的这一天就是股权登记日。如果在这个日期（含）之前买入这种股票的投资者，就拥有公告里说的转增，享受配送股或者红利的权利，股权登记日后的下一个交易日就是除权日或除息日，在此之后购入该公司股票的股东不再享有公司此次分红配股，因此可以理解为股权界定日。

除权日是指经过股权登记日之后，对在册股东进行分配而使总股本增加或分配红利，那么原来的市场价格就出现摊薄。一样的总市值，由于股数（股本）的增加，所以股价价格下降。

由于公司股本增加或者向股东分配红利，每股股票所代表的企业实际价值（每股净资产）有所减少，需要在发生该事实之后从股票市场价格中剔除这部分因素。因股本增加而形成的剔除行为称为除权，因红利分配引起的剔除行为称为除息。

实盘操作经验的投资者都非常重视高送转行情。根据对往年高送转股的研究发现，具有以下五种特征的高送转股最容易被炒作：最先高送转的股票、业绩好的高送转股、送转多的高送转股、高科技行业高送转、除权后的高送转股。

三、除权报价的产生

除权是由上市公司送配股行为引起，由证券交易所在该种股票的除权交易日开盘公布的参考价格，用以提示交易市场该股票因发行股本增加，其内在价值已被摊薄。

当一家上市公司宣布送股或配股时，在红股尚未分配，配股尚未实施之前，该股票被称为含权股票。要办理除权手续的股份公司先要报主管机关核定，在准予除权后，该公司即可确定股权登记基准日和除权基准日。凡在股权登记日之前拥有该股票的股东，就享有领取或认购股权的权利，即可参加分红或配股。

除权日（一般为股权登记日的次一交易日）确定后，在除权当天，交易所依据分红的不同，在股票简称前面进行提示，在股票名称前加 XR 为除权，

XD为除息，DR为权息同除。从除权后的第二天开始，股票名称前面的特殊标记将取消。

除权当天会出现除权报价，除权报价的计算会因分红或有偿配股而不同，其全面的公式如下：

除权价=（除权前一日收盘价+配股价×配股率-息率）÷（1+配股比率+送股比率）。

享有某种股票配股权的投资者，无论上交所还是深交所，都只需在规定期限内像购买一般股票一样在计算机自助终端输入该股票的代码、价格、配股数等信息，就可成交买入配股。

四、除权除息的计算方法

除权除息报价的计算是按照上市公司增资配股（或送配股）公告中的比例为依据的。根据不同分配预案，采用以下几种相应的计算方法：

（1）计算除息价：除息价=股息登记日的收盘价-每股所分红利现金额。

例如，某股票股息登记日的收盘价是4.17元，每股送红利现金0.03元，则其次日股价为：4.17-0.03=4.14元。

（2）计算除权价：送红股后的除权价=股权登记日的收盘价÷（1+每股送红股数）。

例如，某股票股权登记日的收盘价是24.75元，每10股送3股，即每股送红股数为0.3股，则次日股价为：24.75÷（1+0.3）=19.04元。

（3）计算配股除权价：配股后的除权价=（股权登记日的收盘价+配股价×每股配股数）÷（1+每股配股数）。

例如，某股票股权登记日的收盘价为18.00元，10股配3股，即每股配股数为0.3股，配股价为每股6.00元，则次日股价为：（18.00+6.00×0.3）÷（1+0.3）=15.23元。

（4）计算除权除息价：除权除息价=（股权登记日的收盘价-每股所分红利现金额+配股价×每股配股数）÷（1+每股送红股数+每股配股数）。

例如，某股票股权登记日的收盘价为20.35元，每10股派发现金红利4.00元，送1股，配2股，配股价为每股5.50元，即每股分红0.4元，送0.1股，配0.2股，则次日除权除息价为：（20.35-0.4+5.50×0.2）÷（1+0.1+0.2）=16.19元。

对于某种股票发生尚未上市流通的国家和法人持股部分向已上市流通股持有人有偿转让的所谓“转配问题”，因其只引起流通股与非流通股的此消彼长，并不涉及该股票股份总量的变化，在除权报价的计算中，对“转配”将不予考虑。

但考虑“转配”存在对股票价格波动的特殊影响，统计时将采用“撤权”和“复权”的办法对上证指数进行必要的修正。所谓撤权，即在含转配的股票除权交易起始日，上证指数的样本股票中将该股票剔除；所谓复权，即在该股票配股部分上市流通后第十一个交易日起，再进入样本股票的范围。

第六讲　挂牌、摘牌、停牌与复牌制度

一、挂牌、摘牌、停牌与复牌的定义

挂牌是指证券被列入证券牌价表，并允许进行交易。摘牌是指将证券从证券牌价表中剔除，不允许再进行交易。停牌是指证券仍然位于证券牌价表中，但暂时停止进行交易。复牌是指处于停牌中的证券恢复进行交易。

交易所可以对涉嫌违法违规交易的证券实施特别停牌并予以公告，相关当事人应按照交易所的要求提交书面报告。特别停牌及复牌的时间和方式由交易所决定。

无价格涨跌幅限制股票交易出现下列情形的，交易所可以对其实施盘中临时停牌措施：

（1）盘中成交价较当日开盘价首次上涨或下跌达到或超过10%的，临时停牌时间为30分钟。

（2）盘中成交价较当日开盘价首次上涨或下跌达到或超过20%的，临时停牌时间为30分钟。

（3）盘中成交价较当日开盘价首次上涨或下跌达到或超过20%的，临时停牌时间为1小时。

（4）盘中成交价较当日开盘价首次上涨或下跌达到或超过80%的，临时停牌至14:57。

（5）盘中换手率达到或超过50%的，临时停牌时间为1小时。

盘中临时停牌具体时间以交易所公告为准，临时停牌时间跨越14:57的，于14:57复牌并对已接受的申报进行复牌集合竞价，再进行收盘集合竞价。

交易所可以视盘中交易情况调整相关指标阈值，或采取进一步的盘中风险控制措施。

证券停牌时，交易所发布的行情中包括该证券的信息；证券摘牌后，交易所发布的行情中无该证券的信息。

证券在9:25前停牌的，当日复牌时对已接受的申报实行开盘集合竞价，复牌后继续当日交易。

证券在9:30及其后临时停牌的，当日复牌时对已接受的申报实行盘中集合竞价，即停牌前的申报参加当日该证券复牌后的交易，复牌后继续当日交易。停牌期间，可以继续申报，也可以撤销申报。复牌时对已接受的申报实行集合竞价，集合竞价期间不揭示虚拟竞价参考价格、虚拟匹配量、虚拟未匹配量。

二、退市整理期间交易事项

退市整理期间，上市公司股票进入退市整理板交易，不在主板、中小企业板或者创业板行情中揭示。

数据显示，自2001年4月第一家上市公司PT水仙被终止上市起，沪深两市迄今共有退市公司75家。其中，绩差公司因连续亏损而退市的有49家，其余公司的退市则因为被吸收合并。退市比例占整个A股挂牌家数的1.8%，而美国纳斯达克每年大约8%的公司退市，美国纽约证券交易所的退市率为6%，英国AIM的退市率更高，大约12%。

股票进入退市整理板交易的上市公司，其可转换公司债券、权证等衍生品种可以同时进入退市整理板交易。交易所对股票退市整理期间交易实行价格涨跌幅限制，涨跌幅限制比例为±10%。

股票退市整理期间，交易所公布其当日买入、卖出金额最大的五家会员证券营业部或交易单元的名称及其各自的买入、卖出金额。

股票退市整理期间交易不纳入证券公开信息披露及异常波动指标的计算，也不纳入交易所指数的计算，但成交量计入当日市场成交总量。

第四课 股市经典理论

第一讲 道氏理论

一、道氏理论简介

道氏理论是所有市场技术研究的鼻祖。尽管其经常因为“反应太迟”而受到批评，并且有时还受到那些拒不相信其判定的人士的讥讽（尤其是在熊市的早期），但只要对股市稍有经历的人都对它有所听闻，并受到大多数人的敬重。但人们从未意识到那是完全简单的技术性的，那不是根据什么别的，是股市本身的行为（通常用指数来表达），而不是基本分析人士所依靠的商业统计材料。

道氏理论的形成经历了几十年。1902 年，在查尔斯·道去世以后，威廉姆·皮特·汉密尔顿和罗伯特·雷亚继承了道氏理论，并在其后有关股市的评论写作过程中，加以组织与归纳而成为今天大家所见到的理论。他们所著的《股市晴雨表》《道氏理论》成为后人研究道氏理论的经典著作。

值得一提的是，这一理论的创始者——查尔斯·道，声称其理论并不是用于预测股市，甚至不是用于指导投资者，而是一种反映市场总体趋势的晴雨表。大多数人将道氏理论当作一种技术分析手段——这是非常遗憾的一种观点。其实，道氏理论的最伟大之处在于其宝贵的哲学思想，这是它全部的精髓。雷亚在所有相关著述中都强调，“道氏理论”在设计上是一种提升投机者或投资者知识的配备或工具，并不是可以脱离经济基本条件与市场现况的一种全方位的严格技术理论。根据定义，道氏理论是一种技术理论；换言之，它是根据价格模式的研究，推测未来价格行为的一种方法。

二、道氏理论核心思想

道氏理论有三个核心思想：三重运动原理、相互验证原则和投机原理。

1. 三重运动原理

这是道氏理论核心思想的核心。在三重运动原理中，道氏将市场的走势分为三种运动：基本运动、次级运动以及日常波动。市场的基本运动是可以被预测的，预测次级运动很容易被欺骗，而日常运动是随机漫步的，是不可预测的，因此市场的主体趋势是可以被预测的，而每一个价格的波动时间和位置又是测不准确的。必然当中有偶然，偶然中又有必然，这是一种辩证的思想方法。

道氏理论正确地指出，市场行为是一种发源于自然的人的心理行为，它是有规律的，但无法由绝对的角度来衡量，但在概率的层次上却有高度的可预测性。这个原理告诉大家市场的主要趋势是可以被预测的，但具体运动轨迹又是测不准的这样一个辩证思想，这也正是道氏理论活的灵魂。

在结构上，三重运动是指基本的上升或下降运动、次级下跌或反弹以及永不停歇的日常波动，在股票市场的发展过程中同时存在这三种运动，彼此的方向可能相同也可能相反。在可预测性方面，大级别的基本运动是最重要的，基本运动的规律能够为大家所把握；但次级运动带有一定的欺骗性，虽然可以被认识，但是难以准确把握，而日常波动这样小级别的运动具有很强的随机性、不确定性和可人为操纵性，根本不可能被大家所把握。在时间上，日常波动，持续数天至数个星期；次级运动，持续数个星期至数个月；基本运动，持续数个月至数年。任何市场中，这三种趋势必然同时存在。

这个原理也适用于投机者，可以利用短期趋势的发展，观察中期趋势的变化征兆。当然希望精确掌握中期趋势，必须了解它与主要趋势之间的关系，但是这种方式不是道氏所赞成的。

尽管道氏理论正确地指出了在股票市场中同时存在三种确定的运动——上升或下降的基本运动；不时让前者中断的次级下跌或反弹（视具体情况而定）；以及无法计算的日常波动。正如道氏指出的那样，在股票市场的基本运动和次级运动的过程中，自始至终都存在一种明显的日常波动。

但是道氏还是坚信，大部分股市投资者钟情于市场的主要方向，所以道氏理论的着眼点仅是股市运动的主导潮流。因为次级运动和日常波动的随机色彩很浓，不易预测和捕捉，而且持续时间往往都不会太久。但是一旦股市潮流形成之后，尽管也会时常发生次级运动的干扰，出现日常波动的噪声，但其总体趋势仍会继续延伸下去，直到整个主导潮流发生根本性的逆转。这种对于股市运动的多层次理解和剖析，给予了后来的股市投资分析以极其重要和深远的影响。

2. 相互验证原则

这是道氏理论的第二个核心，尽管基本运动能够为大家所把握，但是通过一种方式得出的结果，必须用另一种方式得出的结果来验证，两个指标一致，这才是科学的态度。利用相关性来验证结论的正确性，通过认识市场以及再认识市场，不断重复理论与实践的循环来验证市场与大家的预测之间的关系。

对于两个有较强相关性的品种或指数，当它们之间的走势一致的时候，其中一个品种或指数的走势可以得到另一个品种或指数的验证，这意味着趋势还将继续发展；当它们之间的走势出现背离的时候，则其中一个品种或指数的走势得不到另一个品种或指数的验证，这意味着趋势难以继续下去。

道氏所指的相互验证原理并非是现象间简单的验证，它既是指不同相关制约要素间的相互验证关系，也是指不同要素、不同指标间的相互验证。对此投资者应该进行准确的理解。两者的制约因素不同，但是又有较强的相关性，这是相互验证原则成立的必要条件。相互验证原则是十分重要的，它贯穿于市场分析的始终。

既然有较强的相关性，也就存在一定的不相关，当出现不相关时，这就是相互背离现象。相互背离现象和它相对应的相互验证原理总是联合使用，因为它们的运作机理是一致的。所谓相互验证是指把技术信号或指标加以比较，从而保证它们中的大部分相互验证，指向共同方向。在股票市场的交易中，存在一种最严重的错误，那便是仅根据一种指数的走势做出判断。大家经常可以发现，某一市场指数出现反转走势达数星期或数个月之久，另一种指数却呈现相反方向的走势。这种现象称为背离，就趋势还将继续而言，它仅有负面性质的用途。

犹如雷亚所说：两种市场指数必须相互验证——铁路与工业指数的走势永远应该一起考虑。一种指数的走势必须得到另一种指数的确认，如此才可以做有效的推论。仅根据一种指数的趋势判断，另一种指数并未确认，结论几乎是必然错误。

更重要的是，在相关市场所组成的群类中，各个市场倾向于同步，因此大家必须探索一下与研究对象同属一个群类的其他市场的行为。如果大家分析的是某金属市场，那么也应当看看其他金属市场的情况如何。对其他市场的研究经常为大家的分析对象提供一些线索。

还可以考察大家的分析是否与商品市场的大方向一致。如果商品市场在总体上处于下降趋势中，对于任何个别市场的看涨分析，大家都需要把它的分量打些折扣。因此，大家必须明确，商品的总体环境到底是牛市还是熊市。

3. 投机原理

这是道氏理论的第三个核心——投机原理。市场之所以可以被大家预测是由于市场中具有投机性，投机性是市场的基本属性之一，如果没有投机性，市场也就不存在了。道氏理论的投机原理是大家一直所忽略的，或者说大家一直将投机视为非市场属性。

所谓投机也就是大家的预期是否能够在市场中得到体现，可以说市场中已经包含了大家对于市场的预期，大家的预期是市场中不可分割的组成部分，因此投机也是市场的成分之一。可以这样说，市场之所以可以被预测正是由于大家在预测市场，所以预测就是大家在预测大家的预测，以个体来对群体行为的预测。因此，大家和大家预测的市场是一对对立统一体。

技术分析派人士提出的“市场行为包容并消化一切”，是技术分析的三大假设之一，这是进行一切技术分析的基础。其主要思想是认为影响价格的每一个因素（包括内在的和外在的）都反映在市场行为中，它所遵循的道氏理论的一个基本原则是：“任何人所了解、希望、相信和预期的任何事都可以在市场中得到体现。”因此，市场行为也必然包括投机行为。它是市场中最鲜活的因素，为市场带来可以被预测的重要元素。不过，关于投机行为一直都没有一个严谨的定义，不妨给出一个能够表现投机行为本质特征的定义：投机行为就是采取积极的措施，希望将自己所预期、理想和相信的并带有很强随机性的和不确定性的事情得以实现的行为。

在投机的定义中表明，投机的本质特征是主体（投资者）伪愿望能在客体（市场）中得到反映。如果市场所反映的是广大投资者的愿望，这才是大家真正意义上的市场投机行为；但如果投机行为反映的仅是政府或政策的愿望，反而会给市场带来过度投机；而如果投机行为反映的是战争发动者的愿望，则将会带来极限投机。因此，大家有必要分清市场投机行为与过度投机行为和极限投机行为的区别。

三、道氏理论的五个定理

1. 定理一：三种趋势（短期、中期、长期趋势）

在道氏理论中，股票指数和任何市场都存在三种走势，即短期走势、中期走势和长期走势。短期走势时间周期比较短，时间在几天或者几周；中期趋势，时间上持续数周和数月；长期趋势，持续数个月至数年。

长期的趋势最重要，中期和短期趋势都蕴含在长期中，明白短期和中期的趋势处于长期的位置，对于市场的操作非常有利。中期趋势次之，是投机者最关注的趋势。中期趋势有可能和长期趋势相背离，如果背离严重，就是次级的折返走势。短期的趋势相对来说最难以预测，通过短期趋势来寻找短期的买进和卖出机会获得最大利润。

2. 定理二：主要走势（空头或多头市场）

主要的走势表示整体的基本趋势，一般来说就是大家所说的空头市场或者多头市场，时间周期上要持续一年或者数年时间。对于主要趋势的判断，决定大家可否在市场上取得成功。对于主要走势的了解一个操作者最基本要知道的，对于长期走势看好，再适合的时间买入才能获得不错的收益。虽然现在没有明确的预测方法，但是大家可以利用历史上的走势资料，做统计之后归纳出主要趋势和次级的折返走势。

3. 定理三：主要走势的空头市场（包含三个主要的阶段）

空头市场就是长期向下的市场走势，这之间夹杂着重要的反弹。造成空头市场有很多不利的经济因素，只有股票的价格出现最糟糕的情况后才会结束空头市场。

空头市场会经历三个比较重要的阶段：第一阶段，持股者对股票不会有大幅上涨的期望；第二阶段的卖出压力反映出企业的经济状况和企业盈余的减少；第三个阶段无论股票价值如何，大多数的投资者都在急于卖出一部分。

关于空头市场，雷亚也有更进一步的研究：在空头市场结束的最后，市场还是利空消息不断，但是这时候大家都已经对于利空消息免疫，而股价也失去了反弹的能力，此时市场已经到达一种均衡的状态，买入不活跃，卖出也不会大幅压低股票价格，股价处于窄幅震荡的走势中，一旦这种走势明确向上突破，市场走势会出现一波高于一波的反弹走势，这时候夹杂在其中的下跌走势都未跌破前一波下跌走势的低点。

4. 定理四：主要走势的多头市场（也有三个主要的阶段）

主要的多头市场与空头市场正好相反是处于整体上涨的趋势，在期间夹杂有次级折返走势，平均持续时间长于两年。在此期间，由于经济情况好转与投机活动转盛，所以投资性与投机性的需求增加，并因此推高股票价格。

多头市场也出现有三个阶段：第一阶段投资者对于市场的投资信心恢复；第二阶段股票上市公司盈余改善；第三阶段就是大量投资者投资股票，股价飙升，这一阶段市场股价上涨是基于期待和希望。

多头市场的特色是所有主要指数都持续联袂走高，拉回走势不会跌破前一个次级折返走势的低点，然后再继续上涨而创新高价。在次级的折返走势中，指数不会同时跌破先前的重要低点。

5. 定理五：次级折返走势

次级折返走势是指出现在上涨行情中的下跌行情或者是下跌行情中的反弹走势。持续时间在三个星期或者数个月不等；在这期间，折返的空间是前一次折返走势结束的33%~66%。这种走势经常被投资者误认为是市场趋势的转变。在多头市场走势的初期，显然会认为是空头市场的次级折返，相反的情况也会出现在多头市场的顶部阶段。对于这个阶段的判断雷亚认为：大多数的折返趋势幅度是一个主要走势波段的1/3~2/3，持续三周或者三个月。

次级折返走势是一种重要的中期走势，它是逆于主要趋势的重大折返走势。判断何者是逆于主要趋势的“重要”中期走势，这是道氏理论中最微妙与困难的一环；对于信用高度扩张的投机者来说，任何的误判都可能造成严重的财务后果。

判断中期趋势是否为修正走势时，需要观察成交量的关系，修正走势之历史或然率的统计资料，市场参与者的普遍态度，各个企业的财务状况，整体状况。走势在归类上确实有些主观成分，但判断的精确性却关系重大。一个走势，究竟属于次级折返走势，或是主要趋势的结束，我们经常很难甚至无法判断。

次级折返走势不可与小型折返走势相互混淆，后者经常出现在主要与次要的走势中。小型折返走势是逆于中期趋势的走势，多数情况下，持续的期间不超过两个星期。它们对于中期与长期趋势几乎完全没有影响。

第二讲 波浪理论

一、波浪理论简介

美国证券分析家拉尔夫·纳尔逊·艾略特利用道琼斯工业平均指数作为研究工具，发现不断变化的股价结构性形态反映了自然和谐之美。

艾略特根据这一发现提出了一套相关的市场分析理论，精炼出市场的13种形态或波浪，在市场上这些形态重复出现，但是出现的时间间隔及幅度大小并不一定具有再现性。而后他又发现了这些呈结构性形态之图形可以连接起来形成同样形态的更大图形。这样提出了一系列权威性的演绎法则用来解释市场的行为，并特别强调波动原理的预测价值，这就是久负盛名的艾略特波浪理论。

艾略特波浪理论是股票技术分析的一种理论，是描述股市的一种语言，帮助无数股民洞悉股市，艾略特波浪理论是最常用的趋势分析工具之一，被称为“市场行为的关键”。认为市场走势不断重复一种模式，每一周期由5个上升浪和3个下跌浪组成。艾略特波浪理论将不同规模的趋势分成九大类，最长的超大循环波是横跨200年的超大型周期，而次微波则只覆盖数小时之内的走势。但无论趋势的规模如何，每一周期由8个波浪构成这一点是不变的。

这个理论的前提是：股价随主趋势而行时，依五波的顺序波动；逆主趋势而行时，则依三波的顺序波动。长波可以持续100年以上，次波的期间相当短暂。

二、浪中浪

关于波浪理论的浪中浪，大浪有中浪，中浪有小浪，小浪还有超小浪，小浪组成大浪，如图4-1所示。

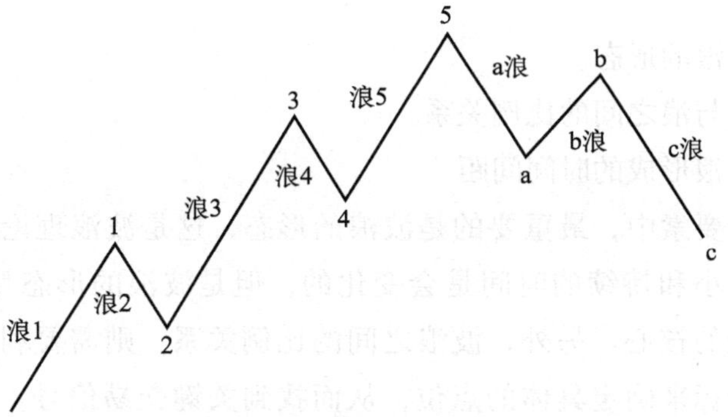

图 4-1　波浪结构示意

艾略特波浪理论认为，无论是多头市场还是空头市场，每个完整循环都会有几个波段。多头市场的一个循环中前五个波段是推动的，后三个则是调整的；前五个波段中，第一、三、五，即奇数是推动上升的，第二、四，即偶数，属于调整下跌。

在股票市场中无论多头市场还是空头市场，第三浪可能是最长的，即上升时升幅最大，下降时跌幅也最大。

艾略特波浪理论的基本要点：

（1）一个完整的循环包括八个波浪，五上三落。

（2）波浪可合并为高一级的浪，亦可以再分割为低一级的小浪。

（3）跟随主流行走的波浪可以分割为低一级的五个小浪。

（4）1、3、5 三个波浪中，第 3 浪不可以是最短的一个波浪。

（5）假如三个推动浪中的任何一个浪成为延伸浪，其余两个波浪的运行时间及幅度会趋一致。

（6）调整浪通常以三个浪的形态运行。

（7）黄金分割率理论、奇异数字组合是波浪理论的数据基础。

（8）经常遇见的回吐比率为 0.382、0.5 及 0.618。

（9）第四浪的底不可以低于第一浪的顶。

（10）艾略特波段理论主要反映群众心理，越多人参与的市场，其准确性越高。

三、三个关键要素

艾略特波浪理论包括三个关键要素：形态、比率及时间，其重要性以排行先后为序。

第一为波浪的形态。

第二为浪与浪之间的比例关系。

第三为波浪形成的时间间距。

在这三个要素中，最重要的是波浪的形态，这是波浪理论形成的根本条件。波浪的大小和持续的时间是会变化的，但是波浪的形态是不会变化的，这是波浪理论的核心。另外，波浪之间的比例关系，则需要利用斐波那契回调这些技术指标来确定具体的点位，从而找到关键交易信号。最后在交易的时候，还需要关注成交量的变化，这往往可以预测波浪是否还会持续或者是否会延长。

波浪理论并不是独立存在的，它与道氏理论、技术分析、经济基本面分析等都有一些神奇的相关联的关系。众多投资人士称："道氏理论告诉人们何谓大海，而波浪理论指导你如何在大海上冲浪"。由此可以体现以下基本特点：

（1）股价指数的上升和下跌将会交替进行。

（2）推动浪和调整浪是价格波动的两个最基本形态。推动浪（与大势走向一致的波浪）可以再分割成五个小浪，一般用第 1 浪、第 2 浪、第 3 浪、第 4 浪、第 5 浪来表示；调整浪也可以划分成三个小浪，通常用 A 浪、B 浪、C 浪表示。

（3）在上述八个波浪（五上三落）完毕之后，一个循环即告完成，走势将进入下一个八波浪循环。

（4）时间的长短不会改变波浪的形态，因为市场仍会依照其基本形态发展。波浪可以拉长，也可以缩细，但其基本形态永恒不变。

总之，波浪理论可以用一句话来概括，即"八浪循环"。

四、波浪三个原则

（1）修正波纵深原则。用来衡量修正波回撤幅度，通常修正波会达到小一级别 4 浪低点附近。在强势行情中，只创新高不创新低，此时的小一级别 4 浪低点会是一个很好的支撑位，可以借此跟进止损。

（2）黄金分割原则。波动比率呈现黄金分割比率。例如，3 浪为 1 浪的 1.618、2.618；2 浪回调为 1 浪的 0.382、0.5、0.618；4 浪回调为 3 浪的

0.382、0.5；5 浪为 1~3 浪的 0.618。在时间上同样呈现这个原则。

①黄金比例既可以帮大家实现很好的进场，又可以实现很好的出场，如果大家能与市场融为一体，这些神秘的黄金数字会成为投资者的终身伴侣。

②1.618 可以反过来加以确定眼前的 3 浪是否是真正的 3 浪，如果 3 浪连 1 浪的 1.618 都到不了，那它多半不是 3 浪。如果大家能判断市场要出现延长的大行情，那么市场通常会到前面一浪的 2.618 倍位置上，给予了一个非常好的参考目标。

③在趋势初期，回撤幅度多为 0.618，如果回撤以平台形进行，则多为 0.5；在趋势中期，当趋势逐渐明显时，市场回撤 0.618 的概率开始下降，期待偏向于 0.5 的回调位。

（3）交替原则。简单与复杂、上升与下跌、推动与调整、规则与不规则，修正波呈现交替现象。如 2 浪为锯齿，则 4 浪可能为平台形或三角形等，反之亦然；在时间上也存在此现象，2 浪急剧回调，则 4 浪可能长时间复杂调整，反之亦然；复杂程度上，2 浪简单，则 4 浪复杂，反之亦然；若第 2 浪为“复式”，则第 4 浪便可能为“单式”。

①小的调整匹配着小的推动，中等调整也预示着中等的驱动，大的调整则是在蓄积一波大幅的推动行情。眼前是一个小级别的调整则做好小推动的操作打算，眼前是一个大级别的调整则做好大推动的操作计划。

②如果 2 浪出现了简单性调整，则 4 浪多以复杂的调整，如果 2 浪调整的时间很短，基本可以判断 4 浪调整的时间不会很短，可以用已知的去预知即将到来的，从而提高了操作胜算。如果 2 浪走出了很规则的形态，要注意 4 浪可能走出不太规则的形态。

五、波浪理论的缺陷

（1）波浪理论家对现象的看法并不统一。每一个波浪理论家，包括艾略特本人，很多时候都会受一个问题的困扰，那就是一个浪是否已经完成而开始了另外一个浪呢？有时甲看是第一浪，乙看是第二浪。“差之毫厘，失之千里”。看错的后果却可能十分严重。一套不能确定的理论用在风险奇高的股票市场，运作错误足以使人损失惨重。

（2）波浪理论怎样才算是一个完整的浪，也无明确定义，在股票市场中升跌次数绝大多数不按“五升三跌”这个机械模式出现。但波浪理论家却曲解说有些升跌不应该计算入浪里面，可见数浪完全是随意主观的。

（3）波浪理论有所谓伸展浪，有时五个浪可以伸展成九个浪。但在什么时候或者在什么准则之下波浪可以伸展呢？艾略特却没有明言，使数浪这回事变成各自启发，自己去想。

（4）波浪理论的浪中有浪，可以无限伸延，亦即是升势时可以无限上升，都是在上升浪之中，一个巨型浪，一百几十年都可以。下跌浪也可以跌到无影无踪都仍然是在下跌浪。只要是升势未完就仍然是上升浪，跌势未完就仍然是下跌浪。这样的理论有什么作用？能否推测浪顶浪底的运行时间甚属可疑，等于纯粹猜测。

（5）艾略特的波浪理论是一套主观分析工具，毫无客观准则。市场运行却是受情绪影响而并非机械运行。波浪理论套用在变化万千的股市会十分危险，出错机会大于一切。

（6）波浪理论不能运用于个股的选择上。

第三讲　亚当理论

一、亚当理论简介

亚当理论是美国人威尔德所创立的投资理论，说的是在全世界任何自由市场操作获利的道理。亚当理论指引大家用特殊的方式观察市场，并运用比较特别的方法从事市场操作。该理论还告诉操作者，市场未来最可能运行的方向。运用亚当理论的预测技术，操作者可以预估并确实见到行进的路线。之后，操作者可以自问：“我要不要进场？”如果答案肯定，就立即进场。

亚当理论可以运用到任何时间结构，也就是说，可以运用到月图、周图、日图以及分时走势。它是运用视觉反应的理论，简单的K线图就可以看得很清楚，不必用数学。现运用K线图，回到“你是不是想操作”的问题上。如果答案肯定，操作者就进入市场，第二天，操作者再应用亚当理论，获悉市场最可能运行的路线。再自问“我还要操作吗？”这个问题，当答案终究会是“不”时亚当理论也会带领你出场。亚当理论从事上述工作时只观察市场本身所透露的信息决不武断，是最简单而且最纯粹的概念，多数操作者却忽视了它。

亚当理论关心的问题是：在市场中获利的基本原则是什么？换句话说，如何完成下列句子：人们是否必须存在若干共通原则，是操作者有意或无意中运用，才能在市场上获胜？请注意，市场如何运作的理论和发展，与在市场上获利是有差别的。亚当理论主要不是讨论市场或市场的运作方式，而是在市场成功的秘诀，这是不同的。越伟大的秘诀越简单，这是合理的说法。这就是亚当理论遭到轻忽的理由，因为他太简单了。

二、亚当理论基本内容

（1）任何技术分析都有缺陷，都无法准确预测股市。

（2）凭技术指标就能预测股市的话，掌握了 RSI、SAR 等技术指标工具的人就可以毫不费力地成为百万富翁。但实际上，正是掌握了 RSI、SAR 等技术指标工具的人，却在炒股中往往亏得一塌糊涂。

（3）必须摒弃马后炮、主观的技术分析，炒股就是要顺势而行，不可逆势而行。只要是升势确立，哪怕已经升高也要坚决跟进，因为升高了还可以再升高。只要是跌势确立，哪怕亏损割肉也要坚决平仓，杜绝均价摊低、越跌越买的愚蠢买入法，因为跌深了还可以再跌深。

（4）及时认错，坚决出局。一旦判断失误，炒作方向错误，则应该认错改错，坚决果断出局。不能摆出一副“死猪不怕开水烫”的态度，不要和股市较劲。

（5）一定要认识市场运作，认识市势，否则绝对不买卖。市升买升，市跌卖跌，顺势而行。对资金要留有余额，全部投入则没有周转的空间。

三、亚当理论应用之招

亚当理论对中国股市有一定的参考价值。例如，对待技术分析和随机漫步理论有相同之处，从我国股市实践看，技术分析无法准确预测股市，有时甚至还预测相反。

又如，有关股市各种分析软件五花八门，如果凭技术指标分析软件就能准确掌握股市动态的话，这些软件推销人为何不用自己发明的软件去炒股？事实证明，在股市中稳赢不亏的人，绝对不是炒股者本人，而是那些股市边缘化的群体，即券商、卖证券书报的、卖证券分析软件的。

再如，在中国炒股，更要顺势而行，与势俱进，不可逆势而行。只要升势确立，就可以积极跟进，甚至满仓杀入，如2005年12月股价盘出底部后，即使已经涨了一段，也要坚决跟进，涨到2800点，还会涨到4200点，还可以再升高到6100点。2015年暴涨行情更是如此，回升高到3000点，还可以再升高到5100点。但如果跌势确立，哪怕亏损割肉也要坚决平仓。如2015年6月以后的调整，首先杜绝均价摊低越跌越买的愚蠢买入法，其次必须毫不犹豫地坚决出局。因为跌破4000点，还可以再次跌破3000点、2500点。一旦追进后，行情判断失误，则应认错改错，坚决果断出局。抄底失败后，不要和股市较劲，及时止损是君子风度。

四、正当理论精义

亚当理论的精义是没有任何分析工具可以绝对准确地推测市势的走向，每一套分析工具都有缺陷，市势根本不可以预测。如果市势可以预测的话，凭借RSI、PAR、MOM等辅助指标，理论上就可以发财。但是不少人运用这些指标却得不到预期后果，仍然输得很惨，原因就是依赖一些并非完美的工具推测去向不定、难以捉摸的市势，将会是徒劳无功的。所以亚当理论的精神就是教导投资人士要放弃所有主观的分析工具。在市场生存就是适应市势，顺势而行就是亚当理论的精义。市场是升势，抓逆水做沽空，或者市场是跌市，持相反理论去入市，将会一败涂地。原因是升势，升完可以再升；跌势时，跌完可以再跌。事前无人可以预计升跌会何时完结。只要顺势而行，则将损失风险减到最低限度。所以需要做到以下几点：

（1）在介入投机市场前，一定要认清该市场的趋势是上升还是下跌，在升势中主要以做多为主，在跌势中则以卖空为主，切记买卖方向不要做错，即在升势做空、跌势买涨是最愚蠢而且相当危险的。

（2）买入后遇跌，卖出后却升，就应该警惕是否看错大势，看错就要认错，及早投降，不要和大势为敌。不要固执己见，要承认自己看错方向，及早认识错误则可将损失减到较少的程度。在买卖之前一定要设立停损点，并且不要随意更改既定的停损点。切忌寻找各种借口为自己的错误看法辩护，因为那样只会使自己深陷泥潭，损失更大。在投机市场中，不要把面子看得太重，看重脸面则损失更大。

（3）抛弃迷信技术分析指标或工具的做法，各种技术分析、技术指标均有缺陷，过于依赖这些技术分析指标的所谓买卖信号，有可能使资金遭遇被套的危险，那些相反理论买入法或马丁基的加码法教人越跌越买并不是好的投资理论和方法，这些做法坚决摒弃。

（4）切勿妄自推测升到哪个价位或跌到哪个价位才升到尽、跌到头，浪顶浪底最难测，不如顺势而行。

（5）进场看错，不宜一错再错，手风不顺者要离，再冷静分析检讨；进场看错，只可停损，不可一路加仓以平均价位，否则可能越蚀越多。看错市而不肯认输，只会越陷越深。

五、亚当理论十大守则

（1）赔钱的部位绝不要加码，或“摊平”成本。如果操作的是赚钱的部位，那么在那个时点是对的；如果操作的是赔钱的部位，那么在那个时点是错的。

（2）在开始操作或加码时，绝不能不同时设停损，以便在万一出差错时，能够及时出场。也就是说，这笔操作愿意赔多少钱。

（3）除非是朝操作所要的方向，否则绝不要取消或是移动停损。如果移动停损可能会导致操作赔更多钱。

（4）绝不要让合理的小损失变成一发不可收拾的大损失。情况不对，立即退场，留得青山在，不怕没柴烧。

（5）一笔操作或任何一天的操作，绝不要让自己亏掉操作资金的 10% 以上。

（6）别去抓头部和底部，让市场把它们抓出来。亚当理论永远抓不准头部和底部，想去抓的人也抓不准。但是头部和底部出现时，亚当理论只会错一次。

（7）别挡在列车前面，如果市场往某个方向爆炸性发展，千万别逆势操作，除非有强烈的证据，显示反转已经发生（已经发生，而不是将发生或是应发生）。

（8）保持弹性。记住你可能会错，亚当理论可能会错，世界上任何事情可能偶尔出差错。记住亚当理论所说的是概率很高的事，而不是绝对肯定的事。

（9）操作不顺时，不妨缩手休息。如果你一再发生亏损，请退场到别的地方去度假，让你的情绪冷静下来，等头脑变得清醒再说。

(10) 问问你自己。你全身从里到外是不是真的想从市场中赚一笔钱，并仔细听一下你自己的答案。

第四讲　江恩理论

一、江恩理论简介

江恩理论是投资大师威廉·江恩通过对数学、几何学、宗教、天文学的综合运用建立的独特分析方法和测市理论，结合自己在股票和期货市场上的骄人成绩和宝贵经验提出的，包括江恩时间法则、江恩价格法则和江恩线等。

江恩理论认为股票、期货市场里也存在宇宙中的自然规则，市场的价格运行趋势不是杂乱的，而是可以通过数学方法预测的。它的实质就是在看似无序的市场中建立了严格的交易秩序，可以用来发现何时价格会发生回调和将回调到什么价位。

资本亏损的因素有以下几方面：

因素一：在有限的资本上过度买卖。也就是说，操作过分频繁，在市场中的短线和超短线是要求有很高的操作技巧的，在投资者没有掌握这些操作技巧之前，过分强调做短线常会导致不小的损失。

因素二：投资者没有设立止损点以控制损失。很多投资者遭受巨大损失就是因为没有设置合适的止损点，结果任其错误无限发展，损失越来越大。因此学会设置止损点以控制风险是投资者必须学会的基本功之一。还有一些投资者，甚至是一些市场老手，虽然设了止损点，但在实际操作中并不坚决执行，结果因一念之差，遭受巨大损失。

因素三：缺乏市场知识，是在市场买卖中损失的最重要原因。一些投资者并不注重学习市场知识，而是想当然办事或主观认为市场如何如何，不会辨别消息的真伪，结果接受错误误导，遭受巨大的损失。还有一些投资者仅凭一些书本上学来的知识来指导实践，不加区别地套用，造成巨大损失。江恩强调的是市场的知识，实践的经验。这种市场的知识往往要在市场中摸爬滚打相当时间才会真正有所体会。

二、江恩理论主要内容

在江恩理论中，时间是交易中最重要的因素。江恩的时间法则（波动法则）用于揭示价格发生回调的规律。江恩认为一定量的价格回调发生在特定的时间内，运用江恩时间法则，实际的价格回调是能够预测的。

（1）交易年。江恩把时间定义为江恩交易年，它可以一分为二，即 6 个月或 26 周，也可以 1/3、1/4 乃至更多，如将江恩交易年分为 1/8 和 1/16。

（2）时间间隔。在江恩交易年中还有一些重要的时间间隔。例如，一周有 7 天，而 7×7 是 49，他将 49 视为非常有意义的日子，一些重要的顶或底的间隔在 49 天至 52 天。中级趋势的转变时间间隔为 42 天至 45 天，而 45 天恰恰是一年的 1/8。

（3）分割比率。江恩的分割比率是以 8 为基础的，也就是江恩的分割比率是 50%（1/2），其次是 25%（1/4）和 75%（3/4），依次便是 1/8、3/8、5/8 及 7/8。

江恩的波动法则和分割比率并不局限于某一特定区域，它是一种自然法则，而这种自然法则是人们在交易过程中自然而然遵循的一个法则，它是人们固定习性的反映，而这种固定习性是不会轻易被打破的。

（4）倍数关系。江恩波动法则中非常强调倍数关系和分割比率的分数关系，而倍数关系和分数关系是可以相互转化的，这就要看大家所取的数值的大小。

例如，一个庄家要把 4.00 元的股票炒到 8.00 元，那么从 4 元至 8 元上涨 100%；而 6.00 元为上涨的 50%，5.00 元为上涨的 25%，7.00 元为上涨的 75%，那么在这些位置是江恩分割比率要重视的位置。如果大家把 4.00 元涨至 5.00 元，涨幅 1.00 元作为涨幅的第一阶段为 1 的话，那么到 6.00 元涨 2 元，到 8.00 元涨 4 元，就是第一阶段涨幅 1 元的倍数关系。这又是江恩波动法则强调的可能产生共震点的倍数关系。倍数关系可以无限扩大，分数关系可以无限缩小，关键是取什么数值定为 1。当大家了解到这种倍数关系和分数关系的重要性的时候，就可以利用它建立起一种市场框架，当时间和价位的单位都运行到这种倍数关系和分数关系时，市场的转折点就可能已到达。在价位方面会出现自然的支撑和阻力，在时间方面会出现时间的阻力。在市场的重要低位开始，计算 1/2、1/4、1/8 的增长水平，及 1 倍、2 倍、4 倍、8

倍的位置，将可能成为重要的支撑和阻力。在低位区，走势常受到1/8的阻力，波动小，时间长，走势反复，一旦产生有效突破，阻力减少，走势明快。在市场的重要高点，计算该位置的1/2、1/3、1/4及1/8，常为调整的重要支撑。将股价的重要低点至高点的幅度分割为8份，分割的位置都是重要的支撑和阻力。对于时间循环，可将一个圆形的360度看作市场的时间周期的单位，并用1/2、1/4及1/8的比率分割，分割为180度、90度、45度，包括月份、星期、日期的周期单位，分割的位置常成为市场周期的重要转折点。

（5）循环理论。江恩的循环理论是对整个江恩思想及其多年投资经验的总结。江恩理论用按一定规律展开的圆形、正方形和六角形来进行推述。这些图形包括了江恩理论中的时间法则、价格法则、几何角、回调带等概念，图形化揭示了市场价格的运行规律。江恩认为较重要的循环周期有：

短期循环：1小时、2小时、4小时……18小时、24小时、3周、7周、13周、15周、3个月、7个月。

中期循环：1年、2年、3年、5年、7年、10年、13年、15年。

长期循环：20年、30年、45年、49年、60年、82或84年、90年、100年。

30年循环周期是江恩分析的重要基础，因为30年共有360个月，这恰好是360度圆周循环，按江恩的价格带理论对其进行1/8、2/8、3/8……7/8等，正好可以得到江恩长期、中期和短期循环。

10年循环周期也是江恩分析的重要基础，江恩认为10年周期可以再现市场的循环。例如，一个新的历史低点将出现在一个历史高点的10年之后，反之，一个新的历史高点将出现在一个历史低点的10年之后。同时，江恩指出任何一个长期的升势或跌势都不可能持续3年以上不做调整，其间必然有3~6个月的调整期。因此，10年循环的升势过程实际上是前6年中，每3年出现一个顶部，最后4年出现最后的顶部。

上述长短不同的循环周期之间存在某种数量上的联系，如倍数关系或平方关系。江恩将这些关系用圆形、正方形、六角形等显示出来，为正确预测股市走势提供了有力的工具。

熟练地掌握循环理论，可以有效地把握进出市场的时机，成为股市的赢家。

（6）江恩线。江恩线的数学表达有两个基本要素，即价格和时间。江恩通过江恩圆形、江恩螺旋正方形、江恩六边形、江恩“轮中轮”等图形将价格与时间完美地融合起来。在江恩的理论中，“7”是一个非常重要的数字，江恩在划分市场周期循环时，经常使用“7”或“7”的倍数，认为“7”融合了自然、天文与宗教的理念。

江恩线是江恩理论与投资方法的重要概念。江恩在 X 轴上建立时间，在 Y 轴建立价格，江恩线符号由“TXP”表示。江恩线的基本比率为 1∶1，即一个单位时间对应一个价格单位，此时的江恩线为 45 度。通过对市场的分析，江恩还分别以 3 和 8 为单位进行划分，如 1/3、1/8 等，这些江恩线构成了市场回调或上升的支持位和阻力位。

通过江恩理论，可以比较准确地预测市场价格的走势与波动，成为股市操作的赢家。

（7）江恩方格。江恩理论虽然与波浪理论诞生于同一时代，但远不如后者受欢迎，因此流传面也不广。与波浪理论相比，江恩理论更注重市场运动的时间要素，强调时间周期的重要性，因为该理论认为时间是大自然的执法者，江恩理论中有许多地方与中国古代经典著作《易经》及中国古代天文历法的某些内容契合，这更为江恩理论增添了一层神秘色彩。

江恩先生并没有把他的预测分析过程写进书中，但江恩周期、江恩几何角度线、江恩圆形图、江恩六角形、江恩方格等理论和方法还是为大家研判和预测市场提供了极好的工具。

根据江恩理论，江恩方格起点的垂直水平线和对角线上的数据（起点的东、南、西、北和东南、东北、西南、西北八个方位）可能是市场的反转价位。

江恩方格能有效地帮助大家找到市场内在的一些关键支撑和阻挡点位，而且有些点位与传统技术分析理论中关于支撑和阻挡的论述不尽相符。另外，潮汐理论认为，当市场处于盘整市时，价格呈箱形运动，但形态比较复杂，可能是箱子摞箱子也可能是箱子套箱子，而江恩方格则能比较有效地揭示市场的这种状态，为大家判断箱顶和箱底位置提供有益的帮助。

三、江恩理论买卖守则

（1）将你的资本分为十份，每次入市买卖，损失不会超过资本的十分之一。

（2）设下止损位，减少买卖出错时可能造成的损失，也可以用止损位保障所得利润。入市时设下的止损位，不宜胡乱取消。

（3）不可过量买卖，赔多赚少的买卖不要做。

（4）不应只做单边，不让所持仓位由盈转亏。

（5）不逆市而为，市场趋势不明显时，宁可在场外观望，也不要介入。

（6）入市时要坚决，犹豫不决时不要入市。只在活跃的市场买卖，买卖清淡时不宜操作。

（7）避免限价出入市，要在市场中买卖。做多错多，入市要等待机会。

（8）避免在不适当的时候金字塔式加码，永不对冲。

（9）在市场中连战皆胜后，可将部分利润提出，以备急时之需。

（10）买股票切忌只望收息。无适当理由，避免胡乱更改所持仓位的买卖策略。

（11）不要因为不耐烦而入市，也不要因为不耐烦而清仓。

（12）不要因为价位过低而吸纳，也不要因为价位过高而看空。

第五讲　缺口理论

一、缺口理论简介

缺口是指股价在快速大幅变动中有一段价格没有任何交易，显示在股价趋势图上是一个真空区域，这个区域称为“缺口”，通常又称为跳空。当股价出现缺口，经过几天，甚至更长时间的变动，然后反转过来，回到原来缺口的价位时，称为缺口的封闭。缺口分普通缺口、突破缺口、持续性缺口与消耗性缺口四种。从缺口发生的部位大小，可以预测走势的强弱，确定是突破还是已到趋势之尽头。它是分析各种形态时最有力的判断依据。

K 线图中的缺口是指由于受到利好或者利空消息的影响，股价出现大幅上涨或者大幅下跌。从日 K 线图来看，缺口是当一种股票某天最低成交价格比前一天的最高价格还要高，或是某天的最高成交价格比前一天的最低成交价格还要低。周 K 线图缺口必须是一周中的最低成交价格比前一周最高价还高，或是最高价较前一周的最低价还低。月 K 线亦是如此，只是月线缺口因时间较长，而发生月尾与月初股价“断线”的机会极微。虽然开盘价较前一日开盘价高，或是较前一日收盘价低，但彼此影线相连，虽然是跳空现象，但这并不是缺口。

二、缺口的种类

（1）普通缺口。普通缺口的分析价值比较低，一般是指在横盘整理中偶然出现的跳空，并且很快就会被补回来，对趋势研判作用不大。

（2）突破缺口。突破缺口是当一个密集的反转或整理形态完成后突破盘局时产生的缺口。当股价以一个很大的缺口跳空远离形态时，这表示真正的突破已经形成了。因为错误的移动很少会产生缺口，同时缺口能显示突破的强劲性，突破缺口越大表示未来的变动越强烈。

（3）持续性缺口。在上升或下跌途中出现缺口，可能是持续性缺口。这种缺口不会和突破缺口混淆。任何离开形态或密集交易区域后的急速上升或下跌，所出现的缺口大多是持续性缺口。这种缺口可帮助大家估计未来后市波幅的缺口理论幅度，因此亦称为量度性缺口。

（4）消耗性缺口（竭尽缺口、衰竭缺口）。和持续性缺口一样，消耗性缺口伴随快速、大幅的股价波幅而出现。在急速的上升或下跌中，股价的波动并非是渐渐出现阻力，而是越来越急。这时价格的跳升（或跳空下跌）可能发生，此缺口就是消耗性缺口。通常消耗性缺口大多在恐慌性抛售或消耗性上升的末段出现，所以也叫竭尽缺口或衰竭缺口。

三、缺口市场含义

（1）普通缺口。普通缺口并无特别的分析意义，一般在几个交易日内便会完全填补，它只能帮助大家辨认清楚某种形态的形成。当发现发展中的三角形和矩形有许多缺口，就应该增强它是整理形态的信念。

（2）突破缺口。突破缺口的分析意义较大，经常在重要的转向形态（如头肩式的）突破时出现。

这种缺口可帮助大家辨认突破信号的真伪。如果股价突破支撑线或阻力线后，以一个很大的缺口跳离形态，可见突破十分强而有力。形成原因是其水平的阻力经过争持后，供给的力量完全被吸收，短暂时间缺乏货源，投资者被迫要以更高价求货。又或是其购买力完全被消耗，沽出的须以更低价才能找到买家，因此便形成缺口。

假如缺口发生前有大的交易量，而缺口发生后成交量却相对减少，则有一半的可能不久缺口将被封闭。若缺口发生后成交量并未随着股价的远离缺口而减少，反而加大，则短期内缺口将不会被封闭。

（3）持续性缺口。持续性缺口的技术性分析意义最大，它通常是在股价突破后远离形态至下一个反转或整理形态的中途出现，因此持续缺口能大约地预测股价未来可能移动的距离，所以又称为量度缺口。其量度的方法是从突破点开始，到持续性缺口始点的垂直距离，就是未来股价将会达到的幅度。

（4）消耗性缺口。消耗性缺口的出现，表示股价的趋势将暂告一段落。如果在上升途中，即表示即将下跌；若在下跌趋势中出现，就表示即将回升。不过，消耗性缺口并非意味着市道必定出现转向。

持续缺口是股价大幅变动中途产生的，因而不会于短时期内封闭。但是消耗性缺口是变动即将到达终点的最后现象，所以多半在2~5天的短期内被封闭。

四、缺口要点提示

（1）一般缺口都会填补。因为缺口是一段没有成交的真空区域，反映出投资者当时的冲动行为，当投资情绪平静下来时，投资者反省过去行为有些过分，于是缺口便告补回。其实并非所有类型的缺口都会填补，其中突破缺口、持续性缺口未必会填补。至少不会马上填补。只有消耗性缺口和普通缺口才可能在短期内补回，所以缺口填补与否对分析者观察后市的帮助不大。

（2）突破缺口出现后会不会马上填补，大家可以从成交量的变化中观察出来。如果顺突破缺口出现之前有大量成交，而缺口出现后成交相对减少，那么迅即填补缺口的机会只是五五之比；但假如缺口形成之后成交大量增加，股价在继续移动远离形态时仍保持大量的成交，那么缺口短期填补的可能便会很低了。就算出现回抽，也会在缺口之外。

（3）股价在突破其区域时急速上升，成交量在初期量大，然后在上升中不断减少，当股价停止原来的趋势时成交量又迅速增加，这是洽谈双方激烈争持的结果。其中一方得到压倒性胜利之后，于是便形成一个巨大的缺口，这时候又开始再减少了。这就是持续性缺口形成时的成交量变化情形。

（4）消耗性缺口通常是形成缺口的一天成交量最高（但也有可能在成交量最高的翌日出现），接着成交减少，显示市场购买力（或沽售力）已经消耗殆尽，于是股价很快便告回落（或回升）。

（5）在一次上升或下跌的过程中，缺口出现越多，显示其趋势越快接近终结。例如，当升市出现第三个缺口时，暗示升市快告终结；当第四个缺口出现时，短期下跌的可能性更加浓厚。

五、缺口应用技巧

当缺口出现以后，行情往往会朝着某个方向快速发展，该缺口也成为日后较强的支撑或阻力区域。利用缺口理论对行情大势进行研判是期货交易过程中的一个重要手段。

1. 普通缺口技巧

普通缺口是指没有特殊形态或特殊功能的缺口，它可以出现在任何走势形态之中，但大多数是出现在整理形态的行情中。它具有一个比较明显的特征，即缺口很快就会被回补。由于期货是双向交易，所以利用该特点，投资者可以把握一些短线的操作机会。

当向上方向的普通缺口出现之后，投资者可在缺口上方的相对高点附近做卖出交易，然后待缺口封闭之后再平仓买回；当向下方向的普通缺口出现之后，投资者可在缺口下方的相对低点附近做买入交易，然后待缺口封闭之后再平仓卖出。

这种操作方法的前提是，必须判明缺口是不是普通缺口，而且必须是在宽幅震荡整理行情中，才能采取这种高抛低吸的策略。

2. 突破缺口技巧

突破缺口是指行情向某一方向急速运动，脱离原有形态所形成的缺口。突破缺口的出现预示着后市将会出现一波爆发性的行情，因此针对突破缺口的分析，意义极大。突破缺口的出现有两种情况：一是向上的突破缺口，二是向下的突破缺口。

（1）向上突破缺口。该缺口的特点是，突破时成交量明显增大，且缺口不被封闭。该缺口出现后，投资者可以大胆买入中线持有，并以缺口作为风险控制的止损价位。

（2）向下突破缺口。该缺口的特点是，向下突破时成交量明显增大，且缺口不被封闭。由于行情的下跌力量往往比较凶猛，所以一旦向下突破缺口形成，杀伤力比较大，应该引起足够的重视。

当向下突破缺口出现后，如果投资者持有多单，应该立即果断地止损，并反手做空；如果投资者持有空单，则可以继续加码卖出，并中线持有，以缺口作为风险控制的止损价位。当向下突破缺口形成后，行情走势必将向纵深发展，踏上不归的熊途之路。

3. 持续性缺口技巧

这是涨升或下跌过程中出现的缺口，持续性缺口常在股价剧烈波动的开始与结束之间一段时间内形成。

持续性缺口又称为测量缺口，即股价到达缺口后，可能继续变动的幅度，一般等于股价从开始跳空到这一缺口的幅度。此类跳空反映出市场正以中等的交易量顺利地发展。在上升趋势中，测量缺口的出现表明市场坚挺；在下降趋势中，则显示市场疲软。正如突破跳空的情况一样，在上升趋势中，持续跳空在此后的市场调整中将构成支撑区，它们通常也不会被填回，而一旦价格重新回到中继跳空之下，那就是对上升趋势的不利信号。

4. 消耗性缺口技巧

股价在大幅度波动过程中价格在奄奄一息中回光返照，作最后一次跳跃，然而，最后的挣扎好景不长，在随后的几天乃至一个星期里的价格马上开始下滑。当收市价格低于这种最后的跳空后，表明衰竭跳空已经形成，所以消耗性缺口也称衰竭缺口。

上述情况非常典型，说明在上升趋势中，如果跳空被填回，则通常具有疲弱的意味，代表着短期头部已经形成，多头完成了最后一击。消耗性缺口的分析意义是能够说明维持原有变动趋势的力量已经减弱，股价即将进入整理或反转形态。

5. 除权缺口技巧

由于制度因素的原因，股价在上市公司送配后，股价会出现除权、除息缺口，表现在除权价与股权登记日的收盘价之间的跳空。这种缺口的出现为股价在新的一轮波动中提供了上升空间，诱发填权行情。

这种缺口并不是由交易行为产生，而是由法令规定将股票实际交易价格硬性地从某一交易日起降低，降低的程度则由该股票所含的股息与股权多寡来决定。

除息报价是以除息前一日收盘价减掉今年配发之现金股利，因此，任何股票现金股利配发愈多，所形成的缺口愈大。

除权报价是以除权前一日收盘价除以所含的权值。所谓权值则包括股票股利、资本公积配股与现金认股三部分，因此缺口更大。每年业绩良好，价位高与股票股利占多数的股票以及现金增效颇重的股票权值都非常大。除权后之报价极可能与前一日收盘价格相差20%，甚至更多。这些缺口若被封闭，则称为填息或填权。有些技术操作者为弥补除权后形成的无意义缺口，就以开盘后除权报价为准，将权值自行加于图表上，使图形继续连贯下去。如此一来，股票如果填权，在图形上则有双重的标示，一是现行股份，二是现行股份加上权值。

六、关于缺口的认识

从K线图形可以看出，如果一个形状很完全的形态，无论是整理形态还是反转形态，或在波动较小的价格区域内以低成交量变动的股票，有时某日会受突如其来的利多或利空消息，持者惜售或卖方争于脱手，供需失调，开盘后没有买进或卖出，使某些价位在开盘时抢买或卖情形下而没有成交，在图形上显示不连贯的缺口，技术分析里，缺口就是没有交易的范围。

在此必须提醒读者，缺口是高开或低开的结果，而高开或低开在图形上并不一定显示缺口。长阳线距先前之阳线有段空隙，是高开而且跳空留下缺口，第二根阳线是高开而未发生缺口。长阴线距先前之阴线有段空隙，是低开而且跳空形成缺口，第二根阴线是低开而未发生缺口。

每日交易过程里，亦会发生某价位没有成交的情形，K线图形中却没有显现出来，大家只能解释是一种暂时的供需不平衡，虽然它们时常比许多隔天的缺口更具有“多空已分胜负”的意义，在技术分析上它只供短线操作者参考，而被专家所忽略。

许多技术操作者认为，任何缺口必须封闭，措辞稍为缓和的则认为，假使一个缺口在三天内不封闭，则将在三星期内封闭，另有些人则认为，三天内若不封闭缺口，则此缺口绝对有意义，短期内将不会“补空”。事实上，这些争执并不重要，主要是注意与了解封闭后股价走势的动向，一般而言，缺口若不被下一个次级移动封闭，极可能是一年或几年才会被封闭。缺口被封闭后的走势是投资人所关心的。短期内缺口即被封闭，表示多空双方争战，原先取得优势的一方后劲乏力，未能继续向前推进，而由进攻改为防守，处境自然不利。长期存在的缺口若被封闭，表示股价趋势已反转，原先主动的一方已成为被动，原先被动的一方则转而控制大局。

第六讲　切线理论

一、切线理论简介

股票价格的变动一般都有一定的趋势，但在长期的下跌或上涨趋势中，股票市场会有短暂的调整或盘旋，因此投资者在进行投资操作中应把握长期趋势，同时不应被短暂的回调或反弹所迷惑，并且也应该准确地把握大势的反转。切线理论就是帮助投资者识别股票市场大势变动方向的理论方法。

证券市场中有一个顺应潮流的问题，也就是“顺势而为，不逆势而动”，这一道理已成为了投资者的共识，切线理论就是在这一背景下提出和发展起来的。切线理论诞生于20世纪70年代左右，该理论是由约翰·墨菲、威尔斯·王德和乔治·恩等人提出的。切线理论和形态理论共同继承了道氏理论的三个基本信条，即市场行为包含一切信息、市场价格以趋势的方式进行演变、历史必然会重演。切线理论主要包括趋势分析、支撑线和压力线、趋势线和轨道线、黄金分割线和百分比线等内容。

二、趋势分析内容

趋势就是指股票市场的波动方向，或者说是股票市场运动的方向。若确定了一段上升或下降的趋势，则股票价格必然朝着这个方向运动下去。在上升或下降的行情中，虽然中间会出现短暂的下降或上升，但不影响大方向。从方向看，趋势分以下几种：

（1）上升趋势。在股票价格的波动图中，如果每个后面的峰和谷都高于前面的峰和谷，则该趋势就是上升趋势。

（2）下降趋势。在股票价格的波动图中，如果每个后面的峰和谷都低于前面的峰和谷，则该趋势就是下降趋势。

（3）水平趋势。在股票价格的波动图中，如果后面的峰和谷与前面的峰和谷相比，没有明显的高低之分，几乎呈水平状态，则该趋势就是水平趋势。

同时，在趋势分析中，按照道氏理论的观点，主要分为三种趋势类型：

（1）主要趋势。该趋势是股票价格波动的主要方向，一般持续时间比较长，是投资者极力要弄清楚的。

（2）次要趋势。该趋势是在主要趋势的过程中进行调整的趋势，主要趋势不是直来直往的，在运行中难免会有调整和回撤，这都是次要趋势的使命。

（3）短暂趋势。该趋势是对次要趋势的调整，短暂趋势和次要趋势的关系就相当于次要趋势和主要趋势的关系。

三、支撑线和压力线

支撑线又称抵抗线，是指当股票价格下跌到某个价位时，会出现买方增加、卖方减少的状况，从而使股票的价格停止下跌，甚至有可能回升。支撑线的作用就是阻止股票价格的进一步下跌。阻止股票价格下跌的价格就是支撑线所在的位置。

压力性又称阻力线，是指当股票价格上涨到某个价位时，会出现卖方增加、买方减少的状况，从而使股票的价格停止上涨，甚至出现回落。压力线就是起阻止股票价格继续上升的作用。阻止股票价格上升的价格就是压力线所在的位置。

支撑线和压力线的作用就是阻止或暂时阻止股票价格朝同一个方向继续运动。大家知道股票价格的变动是有趋势的，要维持这种趋势，保持原来的运动方向，就必须冲破阻止其继续前进的障碍，也就是说，只有突破支撑线和压力线的阻碍，股票价格的变动才能沿着原来的趋势继续运行下去。

四、趋势线和轨道线

1. 趋势线

由于证券价格的变化是有一定的趋势的，也就是说是有方向的，并且这种趋势或方向可以用直线表示出来，这样的直线就是趋势线。反映股票价格向上波动发展的直线就是上升趋势线，反映股票价格向下波动发展的直线就是下降趋势线。由于股票价格的波动可以分为长期趋势、中期趋势和短期趋势三种，因此表示价格的趋势线也就有长期趋势线、中期趋势线和短期趋势线三种。

一般来说，趋势线有以下两种作用：

（1）趋势线可以对今后价格的变化起约束作用，使价格的变化总保持在这条趋势线上。

（2）如果在股价的运行中趋势线被突破，就说明股票价格有强烈的反转信号。越重要的趋势线被突破，股价反转的信号也就越强烈。趋势线在被突破后将起相反的作用。

2. 轨道线

轨道线又称通道线或者管道线，该线是基于趋势线的一种方法。在已经得到了基本的趋势线以后，可以通过第一个峰和谷做出一条平行于趋势线的直线，这条平行线就是轨道线。轨道线和趋势线是相互合作的一对直线，很显然，轨道线是在趋势线的基础上画出的，有了趋势线，才有轨道线。趋势线的重要性要大于轨道线，同时轨道线是不能脱离趋势线而单独存在的。

五、黄金分割线和百分比线

黄金分割线和百分比线是两类非常重要的切线，并在实际操作中得到了广泛的应用。这两条直线的共同特点是：它们都是水平的直线，并且只注重于支撑线和压力线的价位，而对于什么时间达到什么样的价位并不关心。黄金分割线是依据0.618这一黄金分割率的原理计算出来的点位，这些点位在股票价格的上升和下跌的过程中表现出极强的支撑和压力效能，其计算方法是依据上升或下跌幅度的0.618及其黄金比率的倍率来确定压力和支撑的点位。而百分比在考虑问题时，它的出发点是一些整数位的分界点和人们的心理因素。当股票价格持续上涨到一定的程度，肯定会受到压力，当遇到压力后，价格就会往下撤。因此在价格下撤的过程中，下撤的位置是很重要的，黄金分割线和百分比线为股票价格的下撤提供了好几个价位。

六、使用切线理论应注意的问题

(1) 切线理论是一种“趋势”理论。应用该理论能够很好地把握股票市场的整体趋势，有利于长期投资者进行投资决策，但这一理论对短期投资没有指导意义。

(2) 切线理论为投资者进行投资决策时提供了可能存在的压力线和支撑线，这些直线有很强的指导作用，但趋势线和压力线都有随时被突破的可能，因此在应用切线理论进行投资决策时，不能将它们看作万能的工具。

(3) 切线理论中的黄金分割线和百分比线提供的一些价位点也只是具有参考作用，同时这些点是在一定的理论前提下提供的，与现实或多或少都是存在一定差距的，因此使用这些价位点进行分析时也要进行注意。

总之，切线理论不是一个万能的理论，投资者在进行分析时必须和其他的技术分析理论相结合才能得到合适的结果。

第七讲 量价理论

一、量价理论简介

量价理论是一种衡量股价的理论，最早见于美国股市分析家葛兰碧所著的《股票市场指标》。葛兰碧认为成交量是股市的元气与动力，成交量的变动，直接表现股市交易是否活跃，人气是否旺盛，而且体现了市场运作过程中供给与需求间的动态实况，没有成交量的发生，市场价格就不可能变动，也就无股价趋势可言，成交量的增加或萎缩都表现出一定的股价趋势。

二、八种量价关系

研究表明，成交量几乎总是先于股价，成交量为股价的先行指标。在量价理论里，成交量与股价趋势的关系非常密切，可归纳为以下八种：

（1）量增价跌，卖出观望。若在趋势逆转为跌的初期出现量增价跌，应果断出局。在股价经过长期下跌之后，出现“量增价跌”时，也要慎重对待极度恐慌的杀跌，以空仓观望为主。若在低价区出现增量，说明有资金接盘，说明后期有望形成底部或反弹的产生，适宜关注。

（2）量平价跌，继续卖出。成交量停止减少，股价急速滑落，此阶段应继续坚持及早卖出的方针，不要买入，当心“飞刀断手”。

（3）量减价跌，卖出信号。成交量继续减少，股价趋势开始转为下降，为卖出信号。此为无量阴跌，底部遥遥无期，所谓多头不死跌势不止，一直跌到多头彻底丧失信心斩仓认赔，爆出大的成交量，跌势才会停止，所以在操作上，只要趋势逆转，应及时止损出局。

（4）量减价平，警戒信号。成交量显著减少，股价经过长期大幅上涨之后，进行横向整理不再上升，此为警戒出货的信号。此阶段如果突发巨量天量拉出大阳大阴线，无论有无利好利空消息，均应果断派发。

（5）量减价升，继续持有。成交量减少，股价仍在继续上升，适宜继续持股，可以轻仓短线参与，因为股价已有一定的涨幅，接近上涨末期。有时在上涨初期也会出现“量减价升”，则可能是昙花一现，但经过补量后仍有上行空间。

（6）量平价升，持续买入。成交量保持等量水平，股价持续上升，可适时参与。

（7）量增价升，买入信号。成交量持续增加，股价趋势也转为上升，这是短中线最佳的买入信号。这是最常见的多头主动进攻模式，应积极进场买入，与庄共舞。

（8）量增价平，转阳信号。股价经过持续下跌的低位区，出现成交量增加股价企稳现象，此时一般成交量的阳线明显多于阴线，凸凹量差比较明显，说明底部在积聚上涨动力、有主力在进货，此为中线转阳信号，可以适量买进持股待涨。有时在上升趋势中途也会出现“量增价平”，说明股价上行暂时受挫，只要上升趋势未破，一般整理后仍会有行情。

三、量价分析细节

（1）量涨价涨，有价有市，后市看好。但是，如果股价在高位放出天量时，往往是暴跌的前兆。

（2）量缩价涨，股价创新高，但成交量却没有创新高，此时股价涨势较可疑，股价趋势中存在潜在的反转信号。

（3）股价随成交量递减而回升，显示股价上涨原动力不足，股价趋势存在反转信号。

（4）股价随着成交量递增而逐渐上升，然后成交量剧增，股价暴涨（井喷行情），随后成交量大幅萎缩，股价急速下跌，这表明涨势已到末期，上升乏力，趋势即将反转。反转的幅度将视前一轮股价上涨的幅度大小及成交量的变化程度而定。

（5）股价随成交量的递增而上涨的行情持续数日后，一旦出现成交量急剧增加而股价上涨乏力，在高档盘旋却无法再向上大幅上涨时，表明股价在高档卖压沉重，此为股价下跌的先兆。股价连续下跌后，在低档出现大成交量，股价却并未随之下跌，呈小幅变动，则表明行情即将反转上涨，是买进的机会。

（6）在一段长期下跌形成谷底后，股价向上回升，成交量却并没有因股价上升而递增，股价上涨行情欲震无力，然后再度跌落至先前谷底附近（或高于谷底）时，如第二谷底的成交量低于第一谷底，则表明股价即将上涨。

（7）股价下跌相当长的一段时间后，会出现恐慌性抛盘。随着日益增加的成交量，股价大幅度下跌。继恐慌性卖出后，预期股价可能上涨，同时因恐慌性卖出后所创的低价不可能在极短时间内突破，故随着恐慌性抛盘后，往往标志着空头市场的结束。

（8）股价向下跌破股价形态、趋势线或均线，同时出现较大成交量，是股价下跌的信号。

四、量价同步和背离

量价同步，是指成交量增减与股价涨跌相匹配。也就是说，成交量增减大小与股价涨跌力度相一致。按趋势可分为：上涨同步（价升量增）和下跌同步（价跌量增）；按区域可分为：单日同步和区域同步。

一般而言，量价同步反映原来的发展趋势比较健康，没有出现异常的变化，股价仍然运行在原来的趋势之中。

量价背离，是指成交量增减与股价涨跌不相匹配。也就是说，成交量增减大小与股价涨跌力度不相一致。按趋势可分为：上涨背离（价涨量缩）和下跌背离（价跌量缩）；按量价关系可分为：正背离（价增量缩）和负背离（价减量增）；按区域可分为：单日背离和区域背离。

通常量价背离反映原来的发展趋势出现某些不协调，多空意见分歧加大，是股价改变原来运行趋势的潜在信号。

这里仅就量价背离现象做些分析，常见的量价背离有以下几种现象。

（1）价升量缩。成交量持续减小，而股价仍在继续上升，表明市场做多动能在逐步衰竭（对于高度控盘的个股，说明筹码锁定性较好），意味着行情可能反转或短线回档盘整，为卖出信号。

（2）价跌量增。当行情经过一段持续的上涨以后，如果出现成交量持续放大，而价格却不断下降的现象，说明庄家在减仓出货，为卖出信号。

如果股价经过长期大幅下跌之后，出现成交量持续放大，即使价格仍在下跌，也要改变对下跌性质的认识。需注意，在低价区增量，说明有大资金在承接，后市有望形成底部或产生反弹，此时可以逢低买进。

（3）价平量增。如果是在底部阶段出现价平量增，说明底部在积聚上涨动力，有庄家在暗中进货，可以适量参与持股待涨。如果在涨势或跌势的中途，出现成交量放大而股价基本持平，则说明股价暂时进行休整，只要没有成功改变原来的趋势，在整理结束之后，行情仍会向原来趋势发展一段时间。如果股价处于涨势的高位区域，出现价平量增时，为滞涨信号，说明庄家在寻求出货机会。

（4）价涨量平。股价上涨，但成交量却与平时差不多，这可以反映大资金并没有大举进场，因此涨势难以持久（庄家高度控盘除外），行情可能是昙花一现的反弹而已，后市方向不明朗，观望为宜。

价涨量平有以下几种启示：①若股价原先处于下跌趋势，出现价涨量平，则明显地反映股价虽升但成交量不足，属于弱势反弹。②若股价原先上涨已多，出现价涨量平，则反映多空双方力量均衡，后市有可能滞涨回调，具转向意味。③若是因为涨停板而出现价涨量平现象，那么投资者无机会实施买卖，翌日应该仍有高位可见，持股者不应急于出货。

（5）价平量缩。成交量放大，而股价基本持平，说明上涨或下跌的停顿迹象，后市走向还不明朗，应注意变盘的情况出现。若在大涨后的高位，进行横向整理，股价不再上升，则多为出货警戒信号。反之，股价经过长期下跌后，进行横向整理，不再继续下跌，则为止跌信号，可以伺机介入。

（6）价跌量平。股价下跌，而成交量与平时差不多，反映当时的升势或跌势并未出现重大变化，预料仍将沿原有趋势运行。也就是说，在上升趋势中，价跌量平只反映部分投资者出货套利，大资金仍没有大幅抛售。只要跌幅不深，升势仍可预期。

第八讲　箱体理论

一、箱体理论简介

所谓箱体理论是指股票在运行过程中，形成了一定的价格区域，即股价是在一定的范围内波动，这样就形成一个股价运行的箱形形态。当股价滑落到箱体的底部时会受到买盘的支撑，当股价上升到箱体的顶部时会受到卖盘的压力。一旦股价有效突破原箱体的顶部或底部，股价就会进入一个新的箱体里运行，原箱体的顶部或底部将成为重要的支撑位和压力位。

因此，只要股价上涨并冲到了心里所想象的另外一个箱子，就应买进；

反之应卖出。箱体理论的优势在于不是以一天或几天的 K 线数据为研究对象，而是以整个的所有 K 线数据作为研究对象，因而决策的信息量更大。

箱体理论的精髓在于，股价收盘有效突破箱顶，就意味着原先的强阻力变成了强支撑，而股价必然向上进入上升周期。只要技术指标盘中不即时显示箱顶标志，持仓待涨应该是个不错的选择，尤其当股价升势明显时。同理，当上升中的股价出现箱顶标志后开始出现下跌，以后很可能会下跌或整理一段较长的时间，将时间或精力耗在其中是件不明智的事情，但对此投资者往往是无法预测到的。突破（跌破）强阻力（支撑）必然上涨（下跌）寻新的强阻力（支撑），所以突破上箱底进入上箱寻顶，跌破下箱顶进入下箱寻底。

股票箱体就是把股票的高点做顶，低点做底，在一个涨跌的周期里画成一个方形的箱，这就是股票箱。其实圆弧形、三角形、平台都是箱形的一种特殊形式。箱体整理指股票在箱体内运动时，在触到顶部区（或箱体的高位区）附近即回落，触到底部区（或箱体的底位区）附近即反弹。最高点的连线平行于最低点的连线，形状像一个长方形。

二、箱体的形成过程

箱体理论将股价行情连续起伏用方框一段一段地分开来，也就是说将上升行情或下跌行情分成若干小行情，再研究这些小行情的高点和低点。上升行情里，股价每突破新高价后，由于群众惧高心理，极可能发生回跌，然后再上升，在新高价与回跌低点之间就形成一个箱子；在下跌行情里，股价每跌至新低价时，基于强反弹心理，极可能产生回升，然后再趋下游，在回升之高点与新低价间亦是形成一个箱子，然后再依照箱内股价波动情形来推测股价变动趋势。从箱体理论的基本特征可以清楚看出，这是抵抗线概念的延伸，股价涨至某一水准，会遇到阻力，跌至某一水准，则遇到支撑，自然而然使股价在某水准间浮沉。这种浮动产生不少的箱形。股价趋向若确立为箱形走势，自然有高价与低价之分。每当股价到达高价附近，卖压较重，自应卖出股票；当股价回到低点附近，支撑力强，便是买进机会。这种短线操作可维持至股价向箱体上界限或下界限突破时，再改变操作策略。由于股价趋势冲破箱形上界限，表示阻力已克服，股价继续上升，一旦回跌，过去阻力水准自然形成支撑，使股价回升，另一个上升箱形又告成立。因此，股价突破阻力线回跌时，自然形成一买点，此时买进，获利机会较大，风险较低。

相反，股价趋势突破箱形下界限时，表示支撑已失效，股价继续下跌，一旦回升，过去支撑自然形成阻力，使股价回跌，另一个下跌箱形成立。因此股价跌破支撑而回升时就是卖点，而不适于买进，否则亏损机会大，风险同样增加。

箱体理论的重点就是将某一阶段的涨跌，视之为箱体，当股价在第一个箱体内起起伏伏时，只做冷静分析，而不采取行动，一直等到股价确实上升到第二个箱体，甚至第三个箱体时，才会进场买进，在买进股票之后，只要股价不回跌至前一箱体顶之下，就不卖出，当股价碰触到停损点时，要毫不犹豫立刻卖出，当股价即将由上一个箱体下降到下一个箱体时，上一个箱体的底部就是停损点，当股价破底时要马上出脱。停损点是为获利而设的，停损点也等于是获利了结。每一个箱体都有头部与底部，头部就是箱形的压力，而底部就是它的支撑。这一套是短线操作法宝，理论依据在于不买便宜的股票，只买会涨的股票（要站在箱体之上）。

三、箱体的操作法则

市场短中长线运行中，会有对应的短中长线箱体，每一种箱体的运用方法与原理是互通的。具体实盘中的操作方式为，设定好现在箱体的压力、支撑后，就可以在箱体内，短线来回操作，不断来回进出，从中赚取差价，然后随时留意箱体的变化，并比对上、下两个箱体的位置，意即支撑与压力会互换，行情往上突破，当初的压力就变支撑，行情往下跌破，当初箱体的底部支撑就变成目前股价的压力，当箱体发生变化之后，投资人必须在新的箱体被确认后，才可以在新的箱体之内短线操作。

箱体的主要操作法则：

（1）股价会在一个箱体内运行。当股价下降或上升时会受到一个底部支撑和一个顶部压力。

（2）箱体底部对股价产生支撑，顶部对股价产生压制，顶部被突破亦同。

（3）底部一旦被有效突破，将步入另外一个箱体运行，顶部被突破亦同。

（4）股价有升就有跌，有反弹必然有回档。

（5）在一个箱体中，在中位数附近突破箱体箱顶是个好买入点。如果股价在中位数附近突破箱顶，到下一个箱子的高点卖出。

（6）当到了另外一个箱体的顶部是一个卖出的好时机。

（7）跌破箱体的底部后 2~3 个交易日里，收盘价不能再超过箱体底价。突破箱体股价在 2~3 日内，股价不得有效回踩原箱体，不然突破无效。

（8）底部和顶部的画线：在波段的高点和波段低点分别画出平行线。

四、箱体的计算公式

公式 1：支撑价=原箱体底部支撑价-（原箱体顶部压力价-原箱体底部支撑价）价差箱体的高度=最高价-最底价=价差（箱体的高度）。向下突破箱体，第二个箱体的底部为第一个箱体的底部-价差。向上突破箱体，第二个箱体的顶部（压力位）为原箱体最高价+价差。突破箱体，顶与底互换。

公式 2：股价在一波上升趋势中，以低点画箱体的底部，以其高点画箱体顶部，股价突破箱体后，在 2~3 个交易日后，不能再次站在箱体底部或顶部的股价位置，才算突破箱体有效。突破后股票的下一个支撑价=原箱体底部支撑价-（原箱体顶部压力价-原箱体底部支撑价）价差箱体的高度=最高价-最底价=价差（箱体的高度）。向下突破箱体，第二个箱体的底部为第一个箱体的底部-价差。向上突破箱体，第二个箱体的顶部（压力位）为原箱体最高价+价差。突破箱体，顶与底互换。

第九讲 相反理论

一、相反理论简介

相反理论的基本要点是投资买卖决定全部基于群众的行为。它指出无论股市还是期货市场，当所有人都看好时，就是牛市开始到顶；当人人看淡时，熊市已经见底。只要你和群众意见相反的话，致富机会永远存在。

（1）相反理论并非只是大部分人看好，大家就要开始看淡，或大众看淡时大家就要看好。相反理论会考虑这些看好看淡比例的趋势，这是一个运动概念。

（2）相反理论并不是说大众一定是错的，大众通常都在主要趋势上看得对。大部分人看好，市势会因这些看好情绪变成实质购买力而上升，这个现象有可能维持很久。直到所有人看好情绪趋于一致时，市势会发生质的变化——供求的失衡，当每一个人都有相同想法时，每一个人都是错的。

（3）相反理论从实际市场研究中，发现赚大钱的人只占5%，95%都是输家。要做赢家只可以和群众思想路线相背，切不可以同流。

（4）相反理论的论据就是在市场行情将要转势，由牛市转入熊市前一刻，每一个人都看好，都会觉得价位会再上升，无止境的上升。大家都有这个共识的时候，就会尽量买入了，升势消耗了买家的购买力，直到想买入的人都已经买入了，而后来资金却无以为继。牛市就会在大家所有人看好声中完结。相反，在熊市转入牛市时，就是市场一片淡风，所有看淡的人士都想出货，直到大众全部都出了货，市场已经再无看淡的人采取行动，市场就会在所有人都出清货时见到了谷底。

（5）在牛市最疯狂，行情即将死亡之前，大众媒介都反映了普通大众的意见，尽量宣传市场的看好情绪。人人热情高涨时，就是市场暴跌的先兆。相反，大众媒介懒得去报道市场消息，市场已经没有人去理会，看到的都是市场坏消息时，就是市场黎明的前一刻，最沉寂最黑暗时候，曙光就在前面。大众媒介永远都采取群众路线，所以和相反理论原则刚刚违背。这反而做成相反理论借鉴的资料。大众媒介全面看好，就要看淡，大众媒介看淡反而是入市时机。

二、两个数据指标

上述所说的，只是相反理论的精神。大家凭什么而知道大家的看法是看好还是看淡呢？单凭直觉印象或者想象并不足够。运用相反理论时，真正的数据通常有两个：一是好友指数（Bullish Consensus），另一个是市场情绪指标（Market Sentiment Index）。两个指标都是一些大经纪行、专业投资机构的期货或股票部门收集的资料。资料来源为各大经纪行、基金、专业投资通讯录，甚至报章、杂志的评论，计算出看好和看淡情绪的比例。

就以好友指数为例，指数由零开始，即所有人都绝对看淡；直到100%为止，即人人看好，包括基金、大经纪行、投资机构、报章杂志的报导。如果好友指数在50%左右，则表示看好看淡情绪参半。指数通常会在30~80升降。如果一面倒的看好看淡，显示牛市或熊市已经到了尽头，行将转角。因为好友指数由0~100都有不同启示，详细的分析将会给投资者一个更清晰的概念，运用相反理论时也较有把握。

三、相反理论的应用

从好友指数的变化比例，可以得到以下提示：

（1）0~5%。一个主要的上升趋势已经就在当前，为期不远。人人看淡时，淡友要出货的，已经你也抛我也抛，以致抛无可抛。大市淡无可淡，这就是转势的时机。把握时机入货，博取无穷利润，就是在这个时候。

（2）5%~20%。这是一个不明的区域，大部分人看淡，只有少部分人看好。这些看淡的人足以压倒性姿势将大市推低。但因为看淡的人比例大，市势亦可以随时见底。很多时转势情形都会在这个区域产生。投资人士可以辅之以图表、成交量等去探测大市是否已经见底。

（3）20%~40%。看淡的人在比例上仍然盖过乐观情绪。从统计数据看出，继续看淡赢面机会较大。如果在这一个区域，大市不再向下，市势就会变得十分不明朗，要忍手为上。如果在这个区域，大市转势上升，通常升幅会十分凌厉，而且创出新高点。因为大众看淡时，却看错了，市势一升就一发不可收拾，创新高点机会大于一切。

（4）40%~55%。市价可以向上向下，绝对不明朗。在这个区域，投资人士一定要忍手，切勿轻率入市作买卖，因为赢面和输面比例差不多。在保本为第一原则之下，不作买卖反而最安全。

（5）55%~75%。看好的人占多数，但又并非绝大多数。市势发展有很大上升余地。但如果这个比例看好的人多，大市却不升反跌，一定会是急促而且令人害怕的。通常大家看好时下跌，多数会出现低点。

（6）75%~95%。市场并不十分明朗，很多时候都会在这个区域转势向下，但仍然有机会在看好情绪一路高涨之下，一路攀升直到百分之百的人都看好为止，所以利用图表分析作为辅助工具就比较安全得多。

（7）95%~100%。大市已经出现全部看好的局面，投资的本钱已经全部投入大市。这是弹尽粮绝，强弩之末之兆，大市转势迫在眉睫。速速沽货为上，要离开市场。如果加多一脚，做淡友沽空，胜算最大。

四、相反理论的启发

相反理论带给投资者的信息十分有启发性。这个理论并非局限于股票或期货，其实亦可以运用于地产、黄金、外汇等。它指示投资者一个时间指针，何时离市，那个时候是机会，那个时刻市势未明朗而应该忍手。相反理论更加像一个处世哲学，古今多少成功的人士，都是超越了他们同辈人的狭窄思维，即使面对各种困难，也仍然一往无前向自己目标迈进，才成为杰出人物。人云亦云，将是在人海中消失的小人物。作为投资人士借鉴的地方，相反理论提醒投资者应该要：

（1）深思熟虑，不要被他人所影响，要自己去判断。

（2）要向传统智慧挑战，群众所想所做未必是对的。即使投资专家所说的，也要用怀疑态度去看待处理。

（3）凡事发展，并不一定好似表面一样，你想象市升就一定市升。大家要高瞻远瞩，看得远，看得深，才会取得胜利。

（4）一定要控制个人情绪。恐惧贪婪都是成事不足，败事有余。周围环境的人，他们的情绪会影响到你，你反而因此要加倍冷静。其他人恐惧大市已经不能做了，有可能这才是时机来临。在一窝蜂地争着在市场买入期货、股票时，你要考虑市势是否很快就会见顶而转入熊市。

（5）当事实摆在眼前和希望并非相符时，勇于承认错误。投资者都是普通人，不免会发生错误。只要肯认输，接受失败的现实，不作自欺欺人，将自己从普通大众中提升为有独到眼光见解的人，才可改变自己为成功人物。

在任何市场，相反理论都可以大派用场，因为每一个市场的人心、性格、思想、行为都是一样。大部分人都是追随者，见好就追入，见淡就看空。只有少部分人才是领袖人物。领袖人物之所以成为领导人，皆因他们见解、眼光、判断能力和智慧超越常人。亦只有这些异于常人的眼光和决策才可以在群众角力的投资市场脱颖而出，在金钱游戏中成为胜利者。

实际运用相反理论时，一般的难题都出于收集资料方面。所以，投资人士可以自行将报纸杂志投资专家发表的言论去归纳分析好淡观感的比例，以作买卖决策。但资料是否全面，当然是一大疑问。另外，相反理论有个很好的启示，那就是当大众媒介都争着报导好消息时，大市见顶已为时不远。这个说法，屡经印证，屡试不破。投资人士可以加倍留意。

最后一点要提醒大家，即使收集到一个可靠的好友指数也不等于百分之一百的人看好时才决定离市，或者所有人看淡时才入市。因为当你的数据确认有这些现象出现时，时间上已经出现了差距，其他人早比你洞悉先机可能已经比你快一步采取行动。你有可能错失在最高价卖出或最低价买入的机会。快人一步，早过好友指数采取适当行动的投资人士将会更加稳操胜券。

第十讲 黄金分割理论

一、神奇数列组合

黄金分割指的并不是平常生活中所说的贵金属“黄金”的分割，而是人们经过长时间经验积累发现，大自然中所有美丽的动植物，在它们的形体构造上都有一个固定的比值，使它们散发出一种令人着迷的气质，这个比值就是0.618。

神奇数字是由意大利数学家列奥多·斐波南契首次提出来的。他在13世纪所著的《算盘书》中列出神奇数列：1、1、2、3、5、8、13、21、34、55、89、144……直至无限。由此推导出来的数列，实际应用远远超出了本身的范围，比如从植物叶子梗子上的排列、花朵的花瓣数、蜜蜂的繁殖、音符排列、人口年龄结构预测，直到方程论……神奇数列引起了科学界的极大兴趣和密切关注，但至今仍未解释出原因。这个组合揭示了一切大自然的规律，应用在证券市场中也具有意想不到的效果。

第一，上述数列中，包含着丰富的内涵。

（1）任意两个数之和，等于后一个数。

（2）除前4个数外，任意前一位数字除以后一位数字，其值接近0.618。如5÷8=0.625；21÷34=0.6176……

（3）除前4个数外，任意后一位数字与前一位数字之比，其值接近1.618。如8÷5=1.6；34÷21=1.6189……

（4）相隔一个数的两个数字相除，结果分别接近于0.382和2.618。如21÷55=0.382；21÷8=2.625……

（5）任意一个数字的平方，等于它相邻的前一个和相邻的后一个数的乘积加上1或减去1。如13的平方=8×21+1=169……

第二，上述比列的特征，包含诸多市场现象。

（1）0.382×0.618=0.236，是较为少见的波浪理论第2浪或第4浪的回吐比例，通常在事后才发现，这时调整已结束。

（2）0.382是第4浪常见的回吐比率，部分第2浪的回吐比率，以及B浪的回吐行程。

（3）0. 5 是 B 浪的调整幅度。

（4）0. 618 是大部分第 2 浪的调整幅度，B 浪调整比率，第 5 浪的预期目标。

（5）1. 618÷1. 382，在不规则的调整形态内，可以利用 B 浪对 A 浪的关系，预测 B 浪的目标。

（6）1. 618 是第 3 浪与第 1 浪的关系，B 浪与 A 浪的比例。

二、黄金分割率

黄金分割率的基本公式，是将 1 分为 0. 382 和 0. 618 两个数，然后再根据不同要求，演变成其他的计算公式。其中，最为常见的有两组神秘比值，即：

第一组：0. 191、0. 382、0. 5、0. 618、0. 809。

第二组：1、1. 382、1. 5、1. 618、2、2. 382、2. 618。

那么，0. 382 和 0. 618 究竟有什么“黄金”之所在呢？埃及著名的金字塔与上述神奇数字有着密切的关系。金字塔的几何形状有 5 个面，8 个边，总数为 13 层，从任何一边看上去，都可以看到三个层面。金字塔的长度 5813 寸，即 5+8=13，高和低的比率是 0. 618。

黄金分割率在证券市场中应用十分广泛，其作用也十分神奇。当一轮行情上涨或反弹到黄金分割线时，就会遇到很大的压力，容易出现回落；反之，当行情下跌或回档到黄金分割线时，就有可能获得支撑，产生反弹。黄金分割率印证了中国股市 20 多年的发展规律。

三、神奇数字与技术分析

在证券市场中，神奇数字之所以持久应用，是因其使用结果的准确度之高，令人信服。利用神奇数字做出股价或指数的支撑线与阻力线，判断行情在涨跌过程中可能受到的支撑与阻力，能帮助投资者更好地把握时机。最常用的是 0. 38、0. 5、0. 168 这三个比率，能够对股价形成初级、中级、高级三个档次的支撑或阻力。

例如，在波浪理论中，一个完整的波浪形态，由一个上升主浪和一个下跌主浪构成。上升主浪由 5 个子浪，包括 3 个上升浪和 2 个调整浪；下跌主浪由 3 个子浪构成，包括 1 个上升浪和 2 个调整浪。这样一个完整的波浪形态，由 8 个子浪构成。

在循环周期理论中，8、13、21、34、55 都是一些重要的循环周期，1 天、2 天、3 天、5 天、8 天……，周、月、年，也可以等同运用，这样就更有利于从时间的角度对市场行情的运行趋势来加以估计。有时将这些数字配合在周线中，可以帮助我们发现一些中期及长期波动的顶点及底点。

在技术指标中，将部分神奇数字运用到部分技术指标的参数中，也具有神奇的果效。一般日线（分时线）变盘的重要参数：8、13、21、34、55 天（或小时），其中尤以 13、34、55 相对重要。周线中，8、13、21、26（13×2=26）周，可能有变盘的意义。月线中，13、17（34÷2=17）个月，显得尤为重要。将这些神奇数字作为某些指标的技术参数，如移动平均线等，效果非常明显。

K 线理论、切线理论、形态理论也与神奇数字有一定的联系。

神奇数字利用大自然的神秘规律，运用于股市技术分析中，充分揭示人们的心理因素及股市内在的规律。由于市场人为炒作的因素居多，因而神奇数字运用于指数分析上效果更为明显。同时，根据神奇数字计算出来的结果，只是为投资者提出了一个参考的依据，不能过分依赖，而要与其他因素进行综合研判。

四、黄金分割的运用

在股价预测中，根据上述两组黄金比值，有两种分析方法。

第一种方法：以股价近期走势中重要的峰位或底位，即重要的高点或低点为计算测量未来走势的基础，当股价上涨时，以底位股价为基数，跌幅在达到某一黄金比率时较有可能受到支撑。当行情接近尾声，股价发生急升或急跌后，其涨跌幅达到某一重要黄金比率时，则有可能发生转势。

第二种方法：行情发生转势后，无论是止跌转升的反转抑或止升转跌的反转，以近期走势中重要的峰位和底位之间的涨幅作为计量的基数，将原涨跌幅按 0. 191、0. 382、0. 5、0. 618、0. 809 分割为五个黄金点。股价在反转后的走势将有可能在这些黄金点上遇到暂时的阻力或支撑。

举例：当下跌行情结束前，某股的最低价 10 元，那么股价反转上升时，投资人可以预先计算出各种不同的反压价位，也就是 10×（1+19. 1%）= 11. 9 元，10×（1+38. 2%）= 13. 8 元，10×（1+61. 8%）= 16. 2 元，10×（1+80. 9%）= 18. 1 元，10×（1+100%）= 20 元，10×（1+119. 1%）- 21. 9 元，

然后，再依照实际股价变动情形做斟酌。反之，上升行情结束前，某股最高价为 30 元，那么股价反转下跌时，投资人也可以计算出各种不同的持价位，也就是 30×（1-19.1%）= 24.3 元，30×（1-38.2%）= 18.5 元，30×（1-61.8%）= 11.5 元，30×（1-80.9%）= 5.7 元。然后，依照实际变动情形做斟酌。

黄金分割率的神秘数字由于没有理论作为依据，所以有人批评是迷信、是巧合，但自然界的确充满一些奇妙的巧合，一直难以说出道理。

黄金分割率为艾略特所创的波浪理论所套用，成为世界闻名的波浪的骨干，广泛地为投资人士所采用。神秘数字是否真的只是巧合呢？还是大自然一切生态都可以用神秘数字来解释呢？这个问题只能见仁见智。但黄金分割率在股市上无人不知、无人不用，作为一个投资者不能不对此研究，但是不能太过执着。

第五课

如何看懂 K 线图

第一讲　K 线的形成

一、什么是 K 线

K 线技术是技术分析领域的基础，任何技术分析都离不开 K 线，可以阅读《K 线操盘术》一书（清华大学出版社出版，2019 年 5 月）。

1. K 线的起源

所谓 K 线，又称阴阳线、棒线、红黑线或蜡烛线，它起源于日本德川幕府时代（1603—1867 年）的米市交易，用来计算米价每天的涨跌，后来人们把它引入股票市场价格走势的分析中，目前已成为股票技术分析中的重要方法。根据开盘价、收盘价、最高价以及最低价之间的不同情况，阴线和阳线会呈现不同的形态。然后，根据单根 K 线的大小、形态以及两根以上 K 线的组合排列情况进行分析研判未来市场的运行趋势，这就是 K 线操盘学。

通常，当收盘价高于开盘价时，称为阳线；当收盘价低于开盘价时，称为阴线。从开盘价到收盘价这一段距离，称为 K 线实体（阳线实体和阴线实体）。从最低点到实体底端部分，称为下影线；从最高点到实体高端部分，称为上影线，如图 5-1 所示。

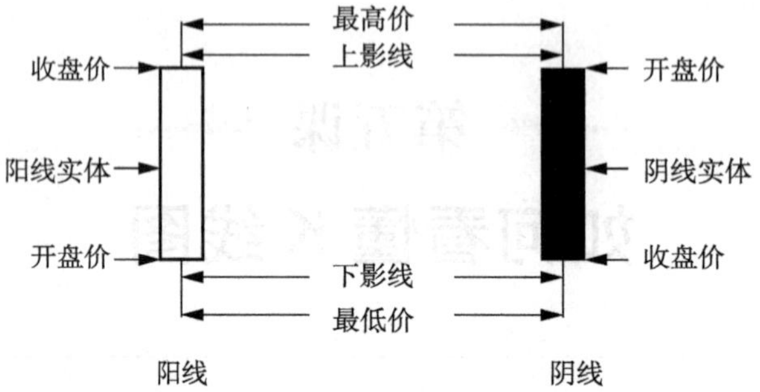

图 5-1　实体 K 线示意

当开盘价等于收盘价时，为无实体 K 线。无实体 K 线根据有无上下影线，可分为以下四种不同 K 线：当开盘价等于收盘价时，为十字线；当开盘价、收盘价、最高价相等时，为丁字线；当开盘价、收盘价、最低价相等时，为⊥字线；当开盘价、收盘价、最高价以及最低价都相同时，为一字线，如图 5-2 所示。

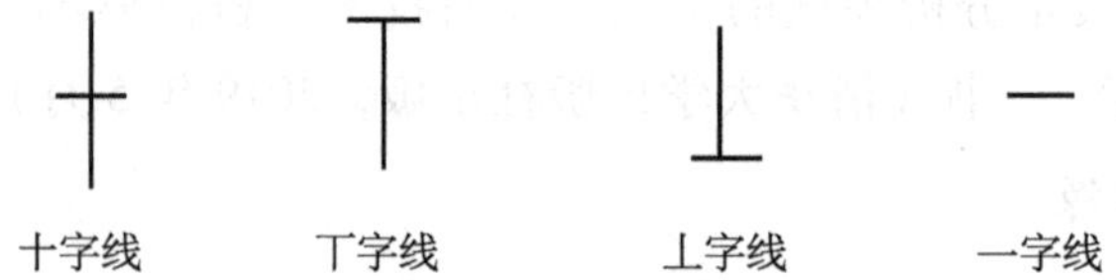

图 5-2　无实体 K 线示意

2. K 线的基本概念

一根 K 线能够反映当天股价的以下几个关键内容：

（1）开盘价——如果是红色 K 线，方块下沿价格表示开盘价格，绿色 K 线开盘价为上沿价格。为每天开盘时第一笔成交的价格。

（2）收盘价——如果是红色 K 线，方块上沿价格表示收盘价格，绿色 K 线收盘价为下沿价格。为每天收盘前的最后一笔成交的价格。

（3）最高价——当日分时走势图中所能触及的最高点，为当日 K 线的最高价。

（4）最低价——当日分时走势图中所能触及的最低点，为当日 K 线的最低价。

（5）实体线——开盘价与收盘价之间所保留的实际幅度。经过一天震荡后，多方或空方最后成功所坚守的区域。

（6）上影线——位于“实体”上方，实体与最高价的连线。

（7）下影线——位于“实体”下方，实体与最低价的连线。

（8）红色线——收盘价高于开盘价，股价向上走高后收盘，称作“阳线”。

（9）绿色线——收盘价低于开盘价，股价向下走低后收盘，称作“阴线”。

（10）颜色——通过走势判断，红色表示股价低开高走，为阳线；绿色表示股价高开低走，为阴线。开盘价等于收盘价时，当日 K 线为白色，没有柱状实体部分。

日 K 线，简称为日线，就是将一个完整交易日中的盘口走势浓缩为一根 K 线，也就是说，将一个交易日的开盘价、收盘价、最高价、最低价在一根 K 线中得到体现，忽略了分时走势图中的其他次要细节。其他各种类型的 K 线，也是如此。所谓 K 线图，就是将股票的每日、每周、每月的开盘价、收盘价、最高价、最低价等涨跌变化状况，按照时间跨度，不断逐渐累加起来，用图形的方式表现出来，就形成一幅 K 线图，如图 5-3 所示。

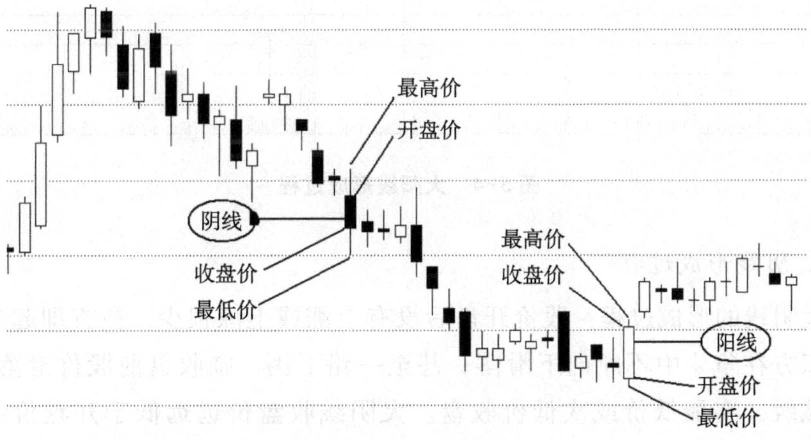

图 5-3 实盘 K 线

二、K 线的画法

1. 阳线形成过程

将一天的分时走势中的“开盘、收盘、最高、最低”四价浓缩为一根线，就形成一天的 K 线。

大阳线的形成过程：股价开盘后没有下跌或下跌很少，遇到买方支撑，多空双方在争斗中不断向上攀升，甚至一路狂奔而上，临收盘前股价有所回落或没有回落，在最高价或次高价收盘。大阳线收盘价远远高出开盘价许多，具有强烈的底部单日反转或强势持续信号。大阳线形成过程，如图 5-4 所示。

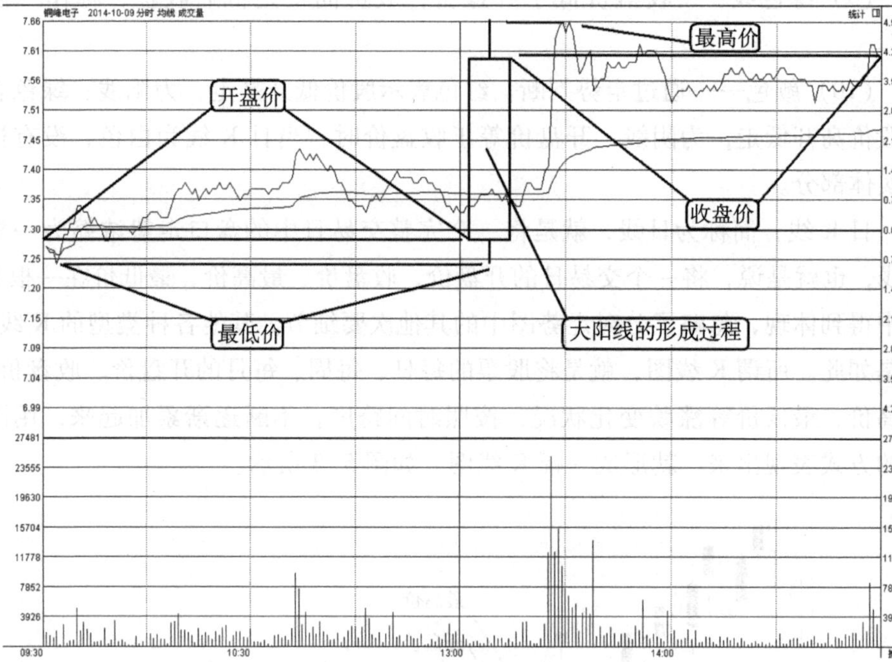

图 5-4　大阳线形成过程

2. 阴线形成过程

大阴线的形成过程：股价开盘后没有上涨或上涨很少，空方即起打压，多空双方在争斗中不断向下滑落，甚至一路下泻，临收盘前股价滑落走势有所减缓，在最低价或次低价收盘。大阴线收盘价远远低于开盘价许多，具有强烈的顶部单日反转或弱势持续信号。大阴线形成过程，如图 5-5 所示。

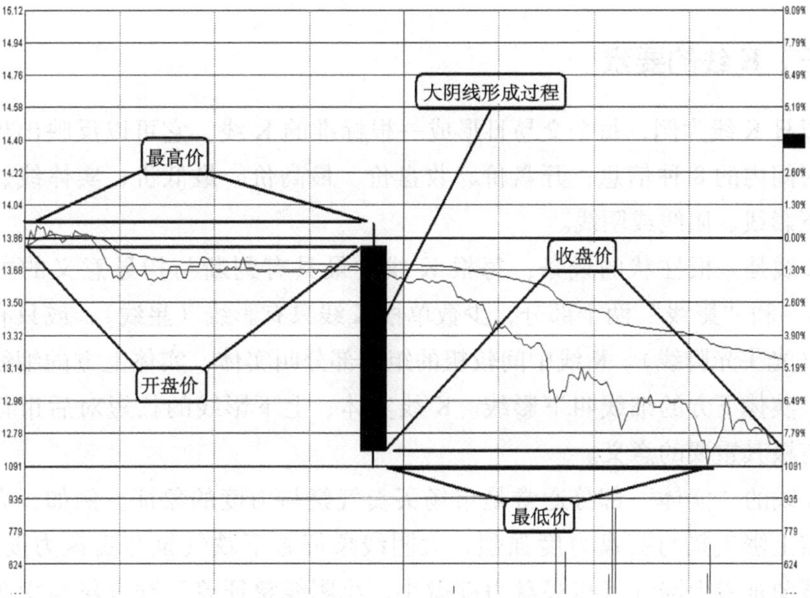

图 5-5 大阴线形成过程

3. 星线形成过程

开盘价等于（或接近）收盘价时，当日 K 线为白色，没有柱状实体部分，如图 5-6 所示。

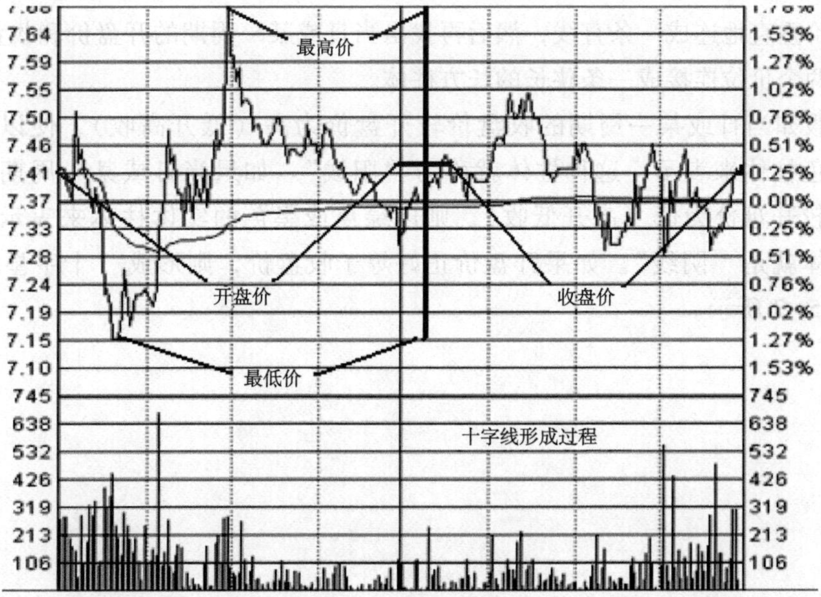

图 5-6 星线形成过程

三、K线的要素

以日K线为例，每个交易日形成一根标准的K线，它可以反映出规定的交易时间内的8种信息：开盘价、收盘价、最高价、最低价、实体线、上影线、下影线、阳线或阴线。

K线是一根柱状的线条，每根K线中最具有判断与指导意义的主要是“实体”和“影线”两个部分，少数单根K线只有影线（星线），或只有实体部分（光头光脚线）。K线中间较粗的矩形部分叫实体，实体上方的细线叫上影线，实体下方的细线叫下影线。K线实体、上下影线的长短对后市行情研判具有极其重要的意义。

K线的“实体”部分通常是市场买卖气氛与力度的象征。例如，大阳线象征着上涨气氛与买盘力度强烈，大阴线象征着下跌气氛与卖盘力度强烈；小阳线象征着上涨气氛与买盘力度微小，小阴线象征着下跌气氛与卖盘力度微小。

“影线”是上涨或下跌过程被折回后的痕迹。上影线象征着股价的上涨动能遭到阻挠与反抗；下影线预示着股价的下跌动能遭到阻挠与反抗，并且上下影线的长度与反抗力度成正比。

K线实体分阳线和阴线，在其形成过程中是在某日或某一周期的最高和最低价垂直地连成一条直线，然后再找出当日或某一周期的开盘价和收盘价，把这两个价位连接成一条狭长的长方柱体。

假如当日或某一周期的收盘价较开盘价为高（低开高收），便以空心的红色柱体来表示，这种柱体就称为“阳线”。如果当日或某一周期的收盘价较开盘价为低（高开低收），则以绿色或黑色的实体柱体来表示，这种柱体就是“阴线”。如果开盘价正好等于收盘价，则形成“十字星线”，如图 5-7 所示。

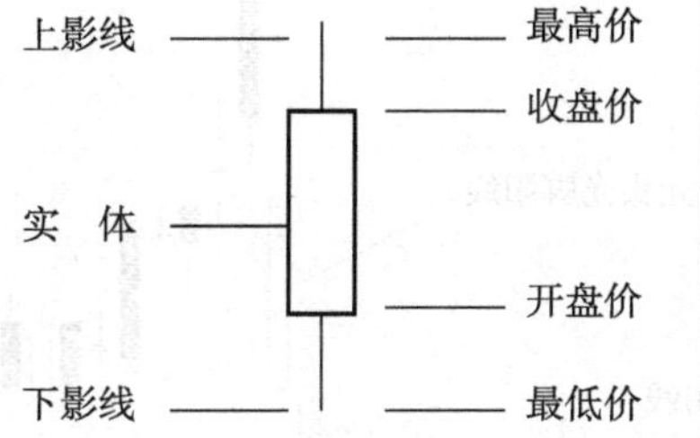

阳线

多头信号。

收盘价高于开盘价，以红色或白色空心柱体表示。

在涨势中，继续看涨，或加速上涨。

在跌势中，有止跌回升或反转上涨作用。

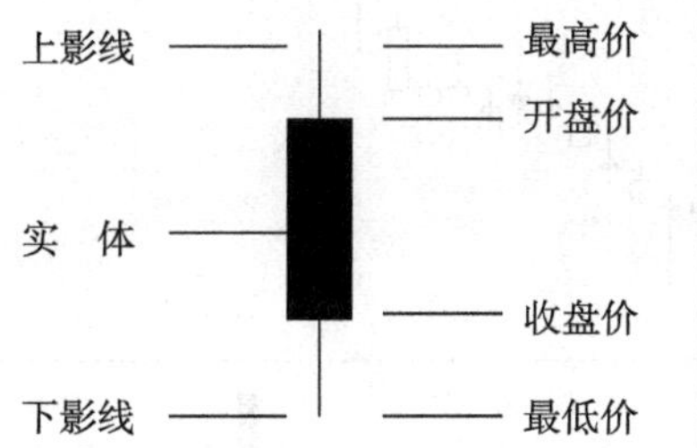

阴线

空头信号。

收盘价低于开盘价，以绿色或黑色实体柱体表示。

在跌势中，继续看空，或加速下跌。

在涨势中，有滞涨回调或反转下跌意义。

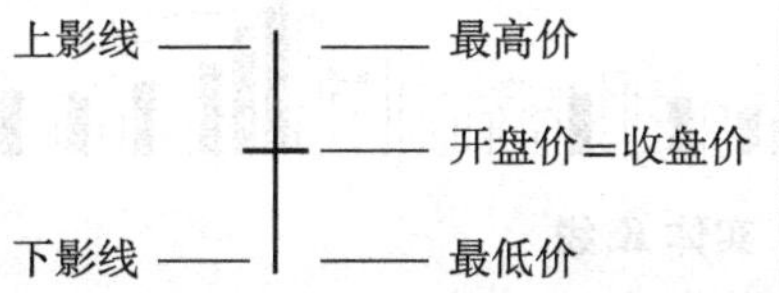

星线

变盘、调整信号。

收盘价等于开盘价。

在涨势中，意味上涨趋势将放缓，股价存在回调的可能。

在跌势中，有止跌企稳意义。

图 5-7　K 线基本结构

第二讲　K 线的形态

一、实体线

实体 K 线是指不带上下影线的 K 线，称为“光头光脚 K 线”，也称全秃线。这类 K 线占市场 K 线总量不大，但具有强烈的爆发力。

（1）光头光脚阳线。当开盘价等于最低价、收盘价等于最高价时，就形成了光头光脚的阳线，称此 K 线为实体阳线，通常在大幅上涨的行情中出现，如图 5-8 所示。

（2）光头光脚阴线。当开盘价等于最高价、收盘价等于最低价时，就形成了光头光脚的阴线，称此 K 线为实体阴线，通常在大幅下跌的行情中出现，如图 5-8 所示。

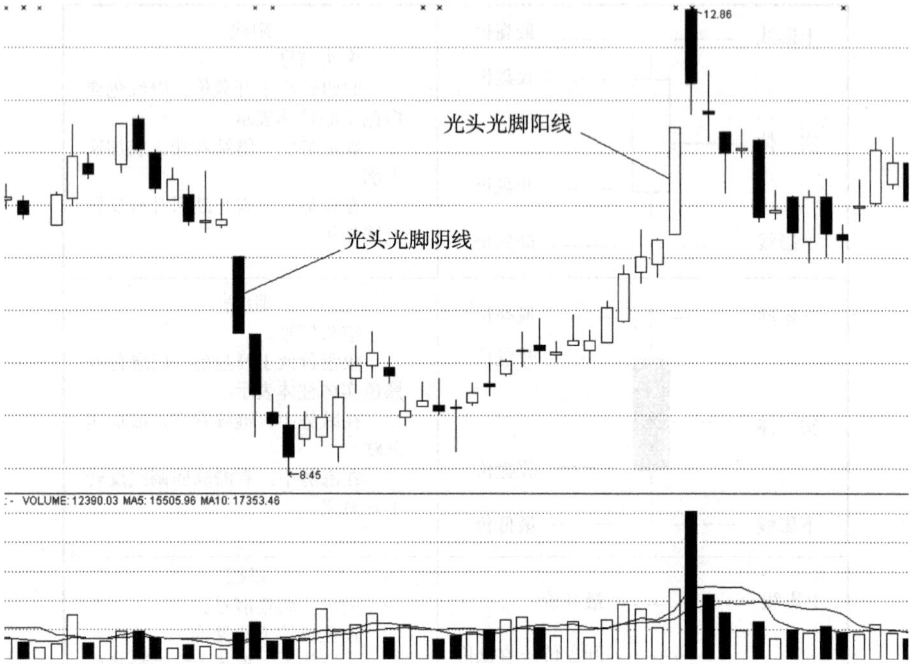

图 5-8　实体 K 线

二、单影线

只有一根上影线或下影线的 K 线，就叫单影线，可分为单上影线和单下影线两种，这类 K 线占市场 K 线总量较大。

（1）单下影阳线，也称带下影线的光头阳线。在 K 线的四个价位中，收盘价等于最高价，其他两个价位各不相同。其原理为：开盘后在空方的打压下，股价向下滑落，跌幅较深，但随后在买盘的介入下，股价止跌回升，重新拉起而不断走高，最后以当日最高价收盘。这就是先抑后扬走势，从而产生单下影阳线，是一种探底回升走势，如图 5-9 所示。

（2）单下影阴线，也称带下影线的光头阴线。在 K 线的四个价位中，开盘价等于最高价，其他两个价位各不相同。其原理为：开盘后，卖方占据盘面优势，股价不断向下滑落，在卖盘衰竭后，买方乘机反击，阻挡股价的下跌，最后股价略有回升，当天收在次低点，从而形成单下影阴线，是一种下跌抵抗型走势，如图 5-9 所示。

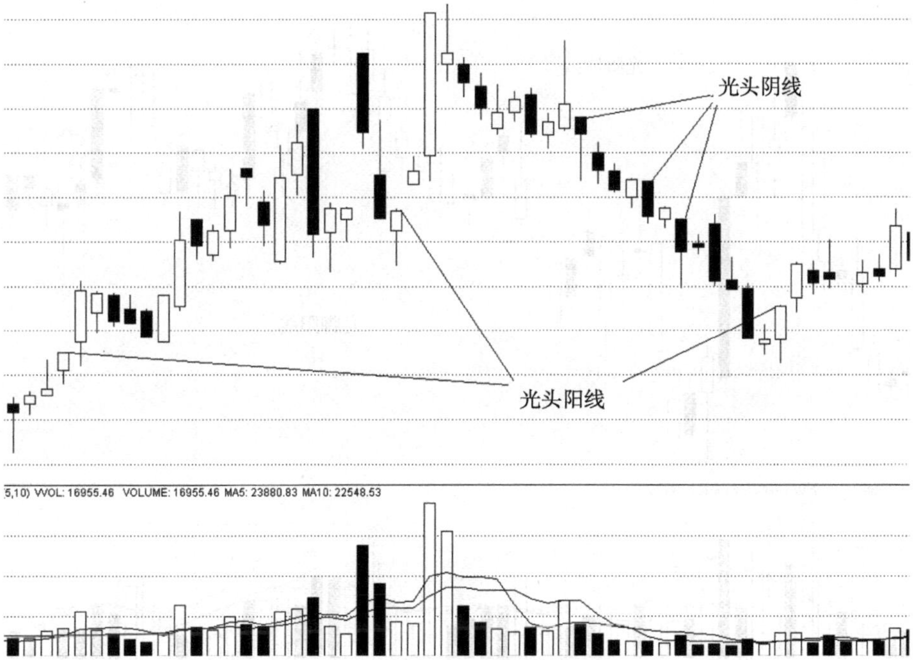

图 5-9　单下影线

（3）单上影阳线，也称带上影线的光脚阳线。在K线的四个价位中，开盘价等于最低价，其他两个价位各不相同。其原理为：开盘后，在买方的有力推动下，卖方难以阻挡股价一路走高，但由于持续力量不足以为继或遇到上方阻力，随后股价出现回落走势，最后在次高位收盘，因而就形成单上影阳线，是一种上涨回档走势，如图5-10所示。

（4）单上影阴线，也称带上影线的光脚阴线。在K线的四个价位中，收盘价等于最低价，其他两个价位各不相同。其原理为：开盘后，买方力量较强，将股价向上推高，但由于后继力量不足，上行受阻回落，卖方力量越来越强，股价一路下跌，最后在当天的最低价收盘。这就是先扬后抑走势。K线图形成单上影阴线，是一种上涨受阻走势，如图5-10所示。

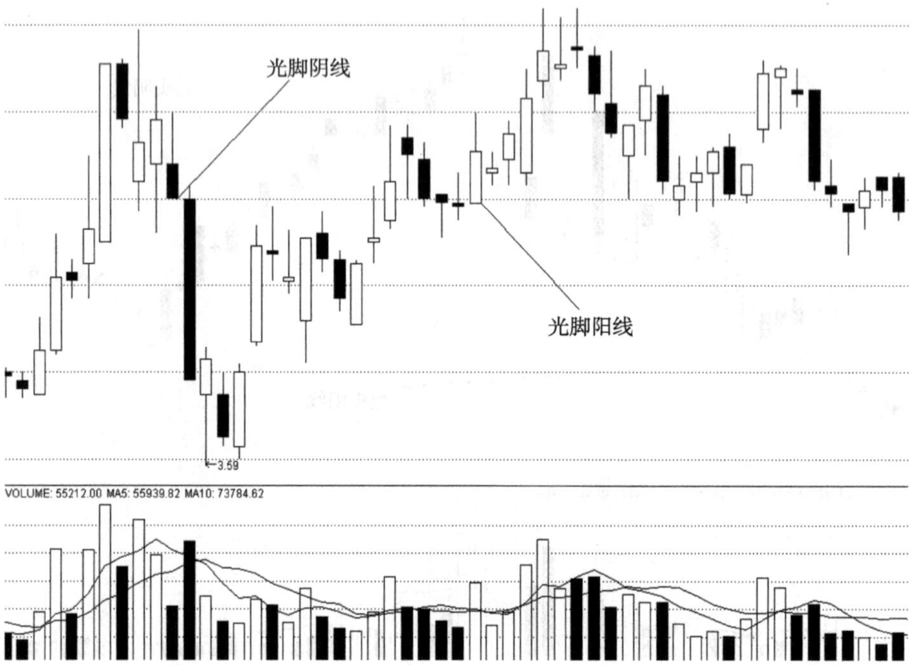

图 5-10　单上影线

三、双影线

既有上影线又有下影线的 K 线，称双影线，这类 K 线占市场 K 线总量最大。通常出现在上有压力、下有支撑的震荡行情之中，但在底部区域或顶部区域出现这种图形时，具有特别的分析意义。双影线可以分为双影阳线和双影阴线两种。

（1）双影阳线。它的形成原理是：因股价上下震荡而成，在盘中表现比较复杂，多数情况是股价先向下震荡回落，跌破了开盘价，随后又被买盘拉起，从而形成了下影线，直到上升到一个最高点后回落，股价收在次高点位置，从而形成了双影阳线，如图 5-11 所示。

（2）双影阴线。它的形成原理同样是因股价上下震荡而成，在盘中表现也比较复杂，多数情况是股价先向上震荡盘升，在盘中形成一个高点，随后股价向下滑落，从而形成了上影线，直到下滑到一个最低点后企稳回升，股价收在次低点位置，从而形成了双影阴线，如图 5-11 所示。

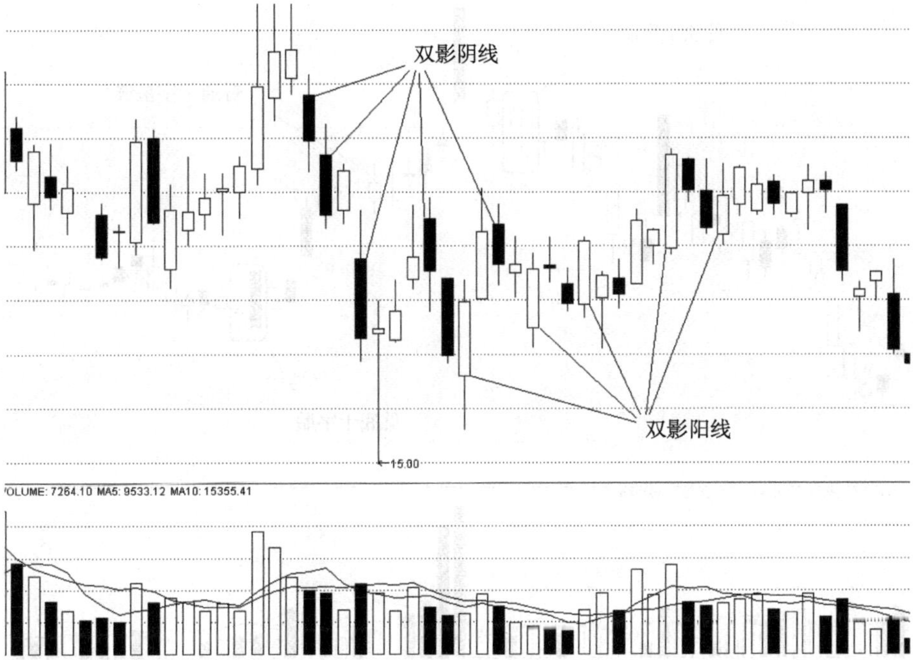

图 5-11 双影线

四、星形线

当开盘价与收盘价处于相同价位的时候，K 线图上表现为十字星形线，有时也把开盘价、收盘价相差不大，且上下影线较长的 K 线视为十字星形线。这类 K 线占市场 K 线总量较大。

单纯十字星形线反映市场犹豫不决，多空双方达到暂时平衡，往往预示着股价可能会出现转势，因此称为神奇十字。具体可分为十字星、十字胎、长十字、垂死十字。

(1) 十字星。一般有以下两种看法：一是当股价在上升趋势后期出现十字星时，暗示涨势结束；二是当股价在下跌趋势后期出现十字星时，暗示跌势结束。震荡中的十字星，没有技术分析意义，如图 5-12 所示。

(2) 十字胎。十字胎为“身怀六甲”组合的一种变异形态，为重要的转势信号。它由两根 K 线组合而成，前一根为大阳线或大阴线，后一根是十字星线，如图 5-12 所示。

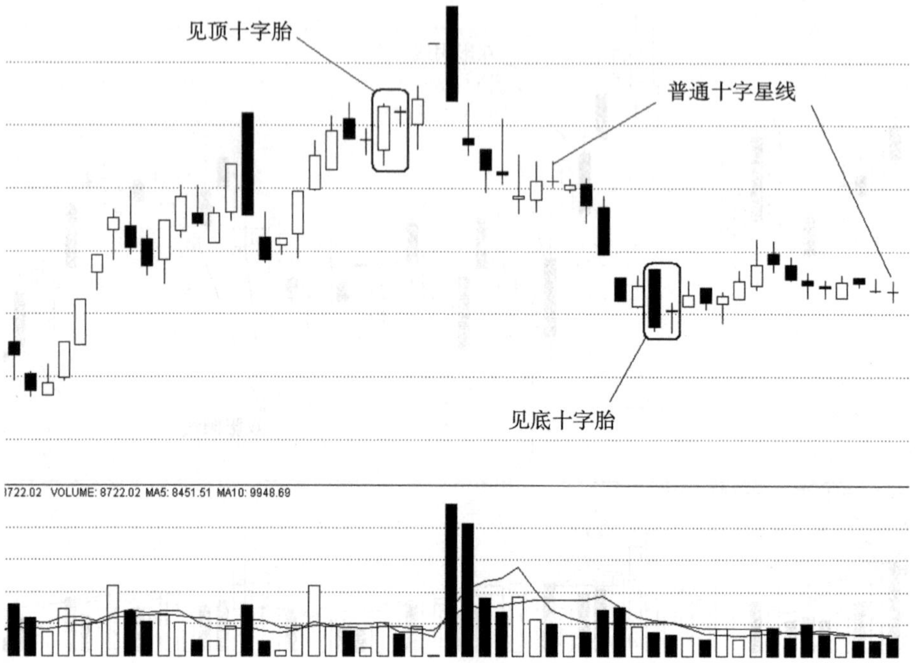

图 5-12　星形线

五、同价线

严格意义上的同价线是指 K 线中的开盘价、收盘价、最高价、最低价这四个价位相同（或接近）的 K 线，也就是专指一字线。这类 K 线占市场 K 线总量不大，但具有强烈的爆发力。

实际当中泛指在同一根 K 线中有三个以上的价位处于同一价位（或接近）的 K 线叫同价线，包括 T 字线和⊥字线。

（1）一字线。开盘价、收盘价、最高价、最低价相同的 K 线叫一字线。在涨势中出现一字线，表示股价封在涨停板价上，说明此时多方力量强大，日后股价往往会成为强势股，如图 5-13 所示。

如果在跌势中出现一字线，表示股价封杀在跌停价位上，说明此时空头力量极其强大，日后此股往往会成为弱势股。

（2）T 字线。它的形态特征为：开盘价、收盘价、最高价相同，K 线中只有下影线；即使有上影线，也是很短的，可以忽略。T 字线转势信号强弱与下影线成正比，下影线越长，则信号越强，如图 5-13 所示。

（3）⊥字线。它的形态特征为：开盘价、收盘价、最低价相同，K 线中只有上影线；即使有下影线，也是很短的，可以忽略。⊥字线转势信号强弱与上影线成正比，上影线越长，则信号越强，如图 5-13 所示。

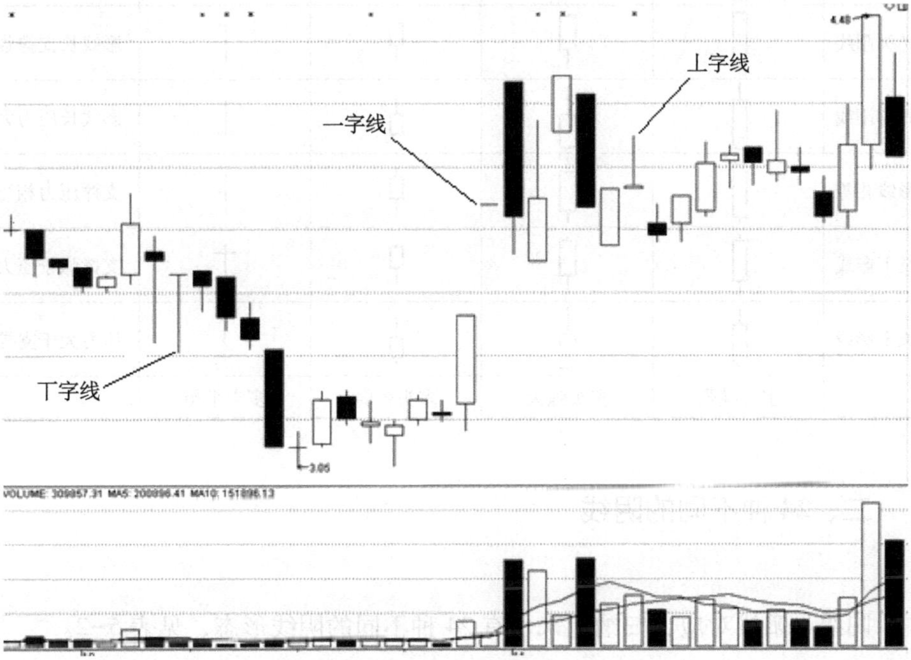

图 5-13　同价线

第三讲　K 线的种类

一、24 种不同的阳线

K 线依据实体及力度的大小，可以分为大、中、小及十字星类四种类别。

在股价走势图中，各种各样的 K 线形态看起来繁杂零乱，这给初学者分析判别时带来一些麻烦。其实，归纳起来一共只有 24 种不同的阳线形态，见表 5-1。

表 5-1　24 种不同的阳线

	大阳线	中阳线	小阳线	十字线	
光头光脚					多头控制局势
光头阳线					影线长支撑强
光脚阳线					影线长压力大
影线相等					支撑压力相当
长下影线					支撑强于压力
长上影线					压力大于支撑
	多头猛烈	多头强大	多头较弱	多空平衡	

二、24 种不同的阴线

阴线与阳线对应，归纳起来也有 24 种不同的阴线形态，见表 5-2。

表 5-2　24 种不同的阴线

光头光脚					空头控制局势
光头阴线					影线长支撑强
光脚阴线					影线长压力大
影线相等					支撑压力相当
长下影线					支撑强于压力
长上影线					压力大于支撑
	空头猛烈	空头强大	空头较弱	多空平衡	

三、12种基本K线图形

根据K线形态，可以分为阳线、阴线和同价线（也称星线）三大类，共有12种基本图形，见表5-3。收盘价高于开盘价时为阳线，收盘价低于开盘价时为阴线，收盘价等于（或接近）开盘价即两者处于同一个价位时为同价线或星线。同价线或星线根据其影线的长短不同，可以分为十字线、⊥字线、T字线和一字线四种。

表5-3 12种基本K线图形

阳线 — 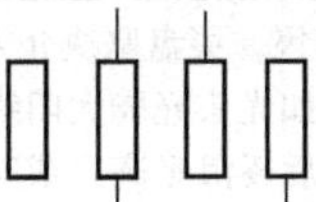	阳线 1. 光头光脚阳线，强势信号； 2. 带上下影阳线，持续信号； 3. 带上影线阳线，持续信号； 4. 带下影线阳线，看涨信号。
阴线 — 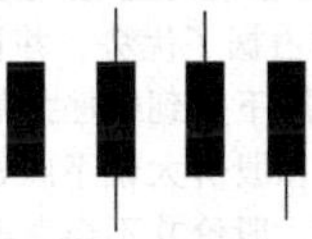	阴线 1. 光头光脚阴线，弱势信号； 2. 带上下影阴线，持续信号； 3. 带上影线阴线，看跌信号； 4. 带下影线阴线，持续信号。
星线 — 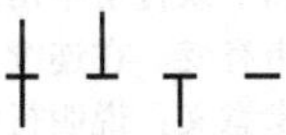	星线 1. 十字星，端点位置的变盘信号； 2. ⊥字线，低位回升，高位受阻； 3. T字线，低位止跌，高位受阻； 4. 一字线，持续信号，难以逆转。

第四讲 常见K线形态汇总

常见K线形态汇总，见表5-4。

表5-4 常见K线形态汇总

K线名称	形态属性	形态特征和市场含义
 无影线大阳线	强烈看涨	最强烈的看涨信号。市场意义：1. 如果在上升趋势中出现，往往是牛市继续的表现；2. 如果在下跌趋势后期出现，则是转势信号，即跌势反转，可以跟进做多；3. 如果在横盘末期出现，表明买方力量渐渐增强，股价向上突破。

续表

K 线名称	形态属性	形态特征和市场含义
 大阳线	强烈看涨	上涨趋势，行情看好。市场意义：1. 若在连续下跌后期出现大阳线，则说明多方发起了进攻，股价可能见底回升；2. 若在涨势初期出现大阳线，表示有加速上涨的意味；3. 若在大幅上涨后的高位出现大阳线时，则要小心拉高出货。
 光脚大阳线	看涨信号	这类 K 线表示强势上涨，上影线代表遇到空方反击，需要注意上方压力。 表示上升势头很强，出现在低价区或涨势途中，其看涨意义较强烈，但在高价位置说明多空双方有分歧，购买时应谨慎。
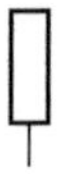 光头大阳线	强势上涨	这类 K 线表明市场低价惜售，买盘坚决介入，下一个交易日上涨的可能性较高，但不如光头光脚大阳线上涨信号强烈。在低价位区域，股价探底后逐浪走高且成交量同时放大，预示一轮上升行情即将开始。如果出现在上升行情途中，表明后市继续看好。
 中阳线	涨势持续	这类 K 线形态表现为多方占据了优势，并且对空方给予了强大的反击，空方在这种情况下受到的挫折很大。这种 K 线一般出现在强势中，但如果在股价大幅下跌过程中出现这种 K 线，也只是暂时性的止跌，股价并不会立即出现反转迹象。
 小阳线	持续信号或停顿信号	这类 K 线实体很小，可带上、下影线或光头光脚，在盘局中出现较多，也可以在上涨和下跌行情中出现。在连续上涨后出现，说明涨势停顿，后市有变。在连续下跌后出现，说明跌势停顿，后市有变。技术意义：说明行情不明朗，多空双方十分谨慎，但多方略占上风。注意：单根小阳线研判意义不大，应结合其他 K 线形态一起研判。
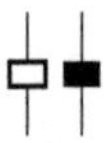 小星线	转势信号或停顿信号	这类 K 线也称螺旋线，中间的实体很小，上、下影线很长，可出现在任何阶段。技术意义：1. 行情不确定，涨跌难判断，走势扑朔迷离。2. 表示多空双方处于休战或转换阶段，一般与其他 K 线组成信号更强的 K 线形态。3. 在大涨之后，产生滞涨作用；在大跌之后，起到止跌作用。注意：1. K 线可阴可阳，无实质区别。一般认为，涨势中出现阴线，则比阳线力量要大，在跌势中则相反；2. 转势信号比十字星更强。
 无影线大阴线	强烈看跌	极端脆弱的 K 线信号。市场意义：1. 若出现在大涨之后，表示股价即将回档或下跌；2. 在下跌途中出现大阴线，表明股价仍有下跌空间；3. 若出现在较大跌幅之后，暗示做空能量得到释放，物极必反，此时应弃卖而买，逢低吸纳。
 大阴线	强烈看跌	下跌趋势，后市看空。市场意义：1. 若在连续涨势后期出现大阴线，则说明空方开始打压，股价可能见顶下跌；2. 若在跌势初期或中期出现大阴线，表示将继续下跌；3. 若在大幅下跌后的低位出现大阴线，可能是最后的杀跌现象。

续表

K线名称	形态属性	形态特征和市场含义
 光脚大阴线	看跌信号	这类K线形态收盘价是全日最低价，表明买方力量已经枯竭，空方力量强大，预示后市仍将下降，但是，在当天交易过程中股价毕竟冲破开盘价创出全天最高价，这比没有上、下影线的光头光脚大阴线的下跌动力要小一些。
 光头大阴线	看跌信号	这类K线形态当日股价出现先抑后扬走势，以下影线收盘，收盘价已不再创新低，说明下方有一定支撑，股价有回升动力。若出现在涨势途中，表明主力在打压洗盘，后市升势可期；若在跌势途中出现，说明股价下跌过程中遇到多方零星的抵抗而出现小幅反弹，后市仍有下跌动能。
 中阴线	跌势持续	这类K线形态表示空方占据了优势，并且对多方发起了强大的打压，多方在这种情况下受到阻力而放弃。这种K线一般出现在弱势中，如果在股价大幅上涨过程中出现这种K线，也只是暂时性的回档，股价并不一定立即出现反转下跌。
 小阴线	持续信号或停顿信号	这类K线实体很小，可带上、下影线或光头光脚，在盘局中出现较多，也可以在上涨和下跌行情中出现。在连续上涨后出现，说明涨势停顿，后市有变；在连续下跌后出现，说明跌势停顿，后市有变。技术意义：说明行情不明朗，多空双方十分谨慎，但空方略占上风。注意：单根小阴线研判意义不大，应结合其他K线形态一起研判。
 锤头线	底部反转	这类K线形态出现在连续下跌的低位，叫锤头线（高位叫吊颈线），表示股价下跌过程中遇到过剧烈的反击，下档有较强的支撑，股价有见底回升的可能，一般为见底回升信号。
 吊颈线	顶部反转	这类K线形态出现在连续上涨的高位，叫吊颈线（低位叫锤头线），表示股价上涨过程中遇到了空方的强大抛压，上涨有较强的压力，随时有见顶下跌的可能，一般为卖出信号。
 倒锤头线	底部反转	出现在连续下跌的低位，叫倒锤头线（高位叫流星线），表示股价下跌过程中遇到了强大的支撑，多方开始猛烈反击，随时有触底反弹回升的可能，一般为见底回升信号。
 流星线	顶部反转	出现在连续上涨的高位，叫流星线（低位叫倒锤头线），表示股价上涨过程中遇到了空方的强大抛压，虽然有过猛烈的上冲动作，但未能坚守高位，随时有见顶下跌的可能，一般为卖出信号。
 十字星	反转信号	开盘价、收盘价几乎相同，上、下影线较长，既可出现在涨势中，也可出现在跌势中。技术意义：1. 在涨势末端出现，为见顶信号；2. 在跌势末端出现，为见底信号；3. 在涨势过程中出现，为续涨信号；4. 在跌势过程中出现，为续跌信号。注意：端点位置的变盘信号，无论出现在高价区还是低价区，都可视为顶部或底部信号，预示将改变原来的趋向。

续表

K 线名称	形态属性	形态特征和市场含义
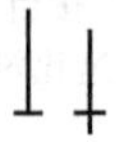 T 字线	反转信号	开盘价、收盘价、最高价几乎相同（全天最高价），下影线较长，无上影线或很短。技术意义：1. 出现在较大涨幅之后，为见顶信号；2. 出现在较大跌幅之后，为见底信号；3. 出现在涨势过程中，为续涨信号；4. 出现在跌势过程中，为续跌信号。注意：T 字线下影线越长，说明力度越大，信号越强。
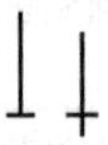 ⊥字线	反转信号	开盘价、收盘价、最低价几乎相同（全天最低价），上影线较长，无下影线或很短。技术意义：表明在空方打压下，多方无力维持在当天高位，股价有下跌之虞。注意：空方打压的力度大小，与其形成的时间长短有关系，即日线与周线形成的倒 T 字线作用大小是不一样的。通常形成的时间越长，威力就越大。
— 一字线	极端信号	四价合一 K 线，常出现于涨、跌停板处，或在交易冷清的分时图中。 技术意义：1. 在涨势初期出现一字线后，股价继续上涨的可能性很大。注意：如果已一连出现多个一字线，就不宜继续追涨。2. 在跌势初期出现一字线，股价继续下跌的可能性很大。注意：如果已一连出现多个一字线后，就不宜继续杀跌。
 曙光初现	底部反转	底部反转形态，股价经长时间下跌后，空方量能得到较好释放，盘面出现了强烈的转势信号。第二天的大阳线深入前一根阴线实体的中部以上，早晨的阳光普照大地，一扫阴霾之气，后市将迎来一片艳阳天。阳线穿入阴线的幅度越大，反转信号越强。
 待入线	看淡形态	高位看跌，低位看涨，需要验证信号。大阴线之后出现一根小阳线，但收盘价仅回到大阴线的下影线（最低价）附近，留有一个小缺口。说明股价反弹力度较弱，后市仍有承前下跌趋势，故属于整理形态，但在长期下跌后的低位往往具有止跌或看涨意义。
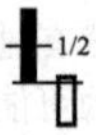 切入线	看淡形态	高位看跌，低位看涨，需要验证信号。在下跌趋势中出现，收盘价略微高于前一根大阴线实体的收盘价位置，较待入线为好，较曙光初现为弱，后市仍有承前下跌趋势，也属于整理形态，但在长期下跌后的低位往往具有止跌或看涨意义。
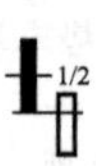 插入线	看淡形态	高位看跌，低位看涨，需要验证信号。与上面两种形态相似，不同之处在于小阳线已插入到阴线的内部，但幅度不到 1/2 位置，所以看涨意义始终不及曙光初现形态强烈，故仍属利淡信号，但在长期下跌后的低位往往具有止跌或看涨意义。

续表

K线名称	形态属性	形态特征和市场含义
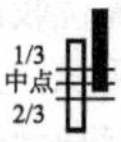 乌云盖顶	顶部反转	顶部反转形态，股价大幅上涨后，突然出现的一根大阴线吃掉了前一根阳线实体的一半多，封杀了股价的上涨势头，这意味着市场上升动力已经耗尽，买方策划的最后一波上攻失利，结果被卖方控制局面，形成下跌趋势。
 旭日东升	底部反转	具有强烈底部反转意义的K线组合，其反转力度大于曙光初现形态。同样出现在下跌趋势的低位，第二天股价跳空高开高走，阳线的收盘价超过前一根阴线的开盘价（高出的部分越多，反击的力度就越强），彻底扭转盘面颓势。
 倾盆大雨	顶部反转	顶部强烈反转形态，其反转力度大于乌云盖顶形态。低开、低走、低收的大阴线使多方信心受到极大的打击。所以，在涨势中尤其在股价有了很多涨幅之后出现这种形态时，从规避风险出发，应减磅操作为好。一旦发现在此之后，股价重心出现下移，应坚决抛空离场。
 阳包容线	底部反转	阳包容线出现在市场的跌势之中，为重要的下跌转势形态。在两根K线组合中，右边的阳线完全吃掉左边的阴线，第二根阳线的最低价低于第一根阴线的最低价，最高价则高于第一根阴线的最高价，代表空头趋势结束，行情反转向上，是空转多的底部反转信号。
 阴包容线	顶部反转	阴包容线形态出现在市场上升趋势之中，为重要的顶部反转形态。前面的K线是根小阳线，后面的K线是根大阴线，后面的阴线实体吞没了前面的阳线实体。阴包容线的两根K线还原之后是一根带长上影线的阴线、流星线或⊥字线，看跌意义显而易见。
 孕育阳线	底部反转	在明显的下跌趋势中，出现一根大阴线会强化利淡的气氛，但第二天股价高开反映下跌力度放缓，有买入盘吸纳，但买入盘仍然谨慎，未见大幅抢高而使股价急升，故收盘时仍在前一日大阴线范围内，形成利多的底部孕育阳线，具有强烈的看涨意义。
 孕育阴线	顶部反转	顶部孕育阴线与底部孕育阳线正好相反，在上涨趋势中，大阳线的第二天股价低开反映上涨力度放缓，有卖盘抛售，虽然未见股价大幅下跌，但利淡的顶部信号已初露端倪，因此具有利淡含义。孕育阴线可合并为带长上影线的阳线或流星线。
 接吻线	看涨形态	在低位收出一根下跌大阴线，第二天跳空低开高走收出大阳线，其收盘价等于或接近于前一天阴线的收盘价，这就形成了看涨接吻线。虽然当天的股价涨幅不大，却意味着先前的下降趋势被扭转过来，后市可能迎来一段升势行情，是一个反转见底信号。

续表

K 线名称	形态属性	形态特征和市场含义
 接吻线	看跌形态	看跌接吻线与看涨接吻线相反，在涨幅较大的高位收出一根上涨阳线，第二天股价大幅跳空高开低走收出阴线，其收盘价等于或接近于前一天阳线的收盘价。接吻线与乌云盖顶相似，但就利淡气势而言，不如乌云盖顶形态强烈。
 分手线	看跌形态	顶部反转形态，第一天开盘后向上逐波走高形成大阳线，第二天却跳低在第一天的开盘价位置附近开盘，并向下走低形成大阴线，就形成看跌分手线。说明空方杀跌力度较大，后市股价继续看跌。
 分手线	看涨形态	底部反转形态，第一天开盘后向下逐波走低形成大阴线，第二天却跳高在第一天的开盘价位置附近开盘，并向上走高形成大阳线，这就形成了看涨分手线。说明多方反击力度较大，后市股价看高一线。
 镊子底	底部反转	次要的底部反转形态，宜进一步确认形态的有效性。两根 K 线的最低价几乎相同，且形体大小相近，大多呈一阴一阳组合。说明最低价附近有强有力的支撑，不让股价轻易跌破这个价位，所以镊子底是庄家短线拒绝下跌的标志性组合 K 线，可定义为关键 K 线。
 镊子顶	顶部反转	次要的顶部反转形态，宜进一步确认形态的有效性。两根 K 线的最高价几乎相同，且形体大小相近，大多呈一阴一阳组合。说明最高价附近压力较大，股价难以逾越，既然庄家刻意不让股价突破这个价位，那么形成顶部的可能性极大。
 跌势尽头线	底部反转	次要的底部反转形态，宜进一步确认形态的有效性。在下跌趋势中，一根长阴线的下影线右方出现了一根 K 线实体完全涵盖在下影线范围之内的十字星或小阴小阳线，说明下跌动能竭尽，跌已经到了尽头，股价将要见底回升。
 涨势尽头线	顶部反转	次要的顶部反转形态，宜进一步确认形态的有效性。在上升趋势中，一根长阳线的上影线右方出现了一根 K 线实体完全涵盖在上影线范围内的十字星或小阴小阳线，说明市场上涨势头已接近尾声，后市股价将要下跌，这时投资者要考虑卖出。
 早晨之星	底部反转	强烈的底部反转形态，第一天下跌收出大阴线，第二天初步止跌收出星线，第三天上涨收出大阳线，说明股价扭转下跌趋势。早晨之星形态大多出现在下降趋势的末端，是一个较强烈的趋势反转信号，谨慎的投资者可以结合成交量和其他指标进行分析，得出的结论更准确。通常第二天的阳线越长，后市反转的力度越大。

续表

K线名称	形态属性	形态特征和市场含义
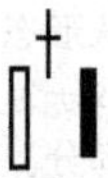 黄昏之星	顶部反转	夕阳无限好，只是近黄昏，强烈的顶部反转形态。先是一根较长的实体阳线，第二天股价跳空高开收出星线，第三天股价小幅低开低走收出阴线，其阴线实体部分明显地向下深入到第一根的实体阳线，显示市场上涨行情即将末了，头部形态构成，因此是一个比较可靠的顶部反转形态。
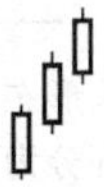 红三兵	底部反转	强烈的底部反转信号，由三根上涨阳线组成，后一根阳线的开盘价处于前一根阳线实体之内或与前一日阳线的收盘价持平，当日收于最高价或次高价，其上下影线均较短，每根K线较上一日价格上涨，三根阳线长度相近，呈梯状向上攀升，其势如同三个坚挺刚强的士兵，给人以可靠的安全感。
 黑三鸦	顶部反转	强烈的顶部反转信号，无须确认形态。由三根下跌阴线构成，实体阴线大小相近，呈阶梯状下跌走势，每日的开盘价均在前一日阴线的实体内，但开盘后即下挫形成阴线，收盘价向下跌落，三根阴线有秩序地呈下跌走势。三只乌鸦，不祥之兆，股价上档卖压十分沉重，多方能量渐渐耗尽，是一个普遍看跌的转势信号。
 平底形态	底部反转	温和的转势形态，预示后市见底回升，宜进 步确认形态的有效性。形态特征是股价最低点几乎处于相同位置，K线可阴可阳，也可以出现在任一阶段，但只有出现在下降趋势末期的平底形态，才意味着市场将要进入反转回升走势。
 平顶形态	顶部反转	在上升趋势的末期出现平顶形态，表明市场将要进入反转的走势，因此是一个见顶反转信号。通常在高位的平顶形态代表上涨趋势随时都可能会结束，若平顶形态出现在市场趋势的中部，就没有太大的价值，一般不具有反转信号的功能。
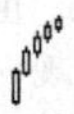 上涨收敛形态  下跌收敛形态	反转形态	市场意义：这种形态出现后，通常表明主导盘面的一方主力，由于连续的单边市场行为，虽然暂时逼退了对方，但也给自身造成大量的有生力量消耗，渐渐地消弱了继续攻击的能力，盘面显示强烈要求转攻为守，这就给对方一个喘气反手攻击的绝好机会，一旦对方力量占据盘面优势，就有可能给原来的一方造成毁灭性打击，使局势得到彻底扭转，因此收敛形态是一个次要的反转形态。
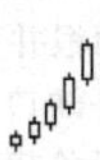 上涨扩散形态  下跌扩散形态	反转形态	次要的趋势反转信号，宜进一步确认形态的有效性。特征：由多根K线组成，数量三五根或六七根K线不等，但至少要在三根K线以上。上涨扩张形态，看跌；下跌扩张形态，看涨。 注意：扩散形态只有出现在最后加速上涨阶段或最后打压阶段时，才具有反转意义。上涨扩散形态若出现在市场底部，可能是一个底部反转或上涨持续信号，而不是顶部反转形态；若在头部初跌期出现下跌扩散形态，可能是一个加速下跌信号，而不是底部反转形态。

续表

K线名称	形态属性	形态特征和市场含义
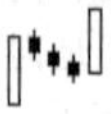 上升三法	上涨持续形态	上升强势整理，持续形态，后市看涨，无须确认形态。由五根阴阳K线组成，可分解为三个部分：第一部分为上升部分；第二部分为回调部分；第三部分为再上升部分。它是一个维持原来上升趋势的巩固信号。总体而言，上升三法类似上升旗形，因此具有看涨意义。
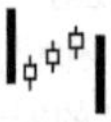 下降三法	下跌持续形态	下跌弱势调整，持续形态，后市看跌，无须确认形态。由五根阴阳K线组成，可以分解为三个部分：第一部分为下降部分；第二部分为回升部分；第三部分为再次下降部分。它是一个维持原来下跌趋势的加强信号。说明空方控制盘面，继续压低股价，后市看跌。
 两阳夹一阴	上涨持续形态	上涨持续形态，无须确认形态。由三根K线组成，即由两根阳线中间夹着一根阴线组成。技术意义：第一根上涨阳线表明多方主动发动行情，掌握了盘面优势；第二根缩量回调小阴线是对前一日突破阳线的确认；第三根阳线说明股价突破经确认有效，开始步入上升通道，多头信号形成。
 两阴夹一阳	下跌持续形态	下跌持续形态，无须确认形态。由三根K线组成，即由两根阴线中间夹着一根阳线组成。技术意义：第一根下跌阴线表明空方开始发动行情，掌握了盘面优势；第二根缩量回升小阳线通常是对前一日突破阴线的确认；第三根下跌阴线说明股价突破经确认有效，开始步入下降通道，空头信号形成。
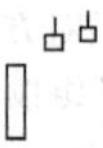 看涨并列线	上涨持续形态	向上跳空并列线，后续向上运行，无须确认形态。由三根K线组成，在上涨趋势中先产生一根大阳线后，出现一个向上跳空缺口，第二天在缺口上方出现一根小K线，第三天出现一根与第二根相近的K线，两根K线在缺口上方并列在一起，说明盘面依然保持强势状态。
 看跌并列线	下跌持续形态	向下跳空并列线，后续向下运行，无须确认形态。无论是何种跳空并列线均具有双重技术含义：一是形态本身具有强烈的技术意义，表明多头或空头气氛很浓；二是两根并列K线是对缺口有效性的验证。若经回抽后，没有填补缺口或虽填补缺口但立即反转运行，说明缺口的有效性，股价仍将继续原来趋势运行。

第五讲　单日K线形态

一、大阳线

1. 形成过程

简评：大阳线具有强烈的底部单日反转或强势持续信号，但宜进一步确认形态的有效性。

特征：在长期的低迷市场中，往往积累了一股难以阻挡的做多能量，这股能量一旦喷薄而出，就会形成十分惊人的场面，大阳线就属于这种形态。大阳线的收盘价远远高出开盘价许多，具有强烈的看涨意义。

在实盘中，多大的阳线才叫大阳线呢？通常大阳线的当日震荡幅度大于7%，且实体涨幅在5%以上，上下影线小于2%或没有影线的光头或光脚阳线，如图5-14所示。

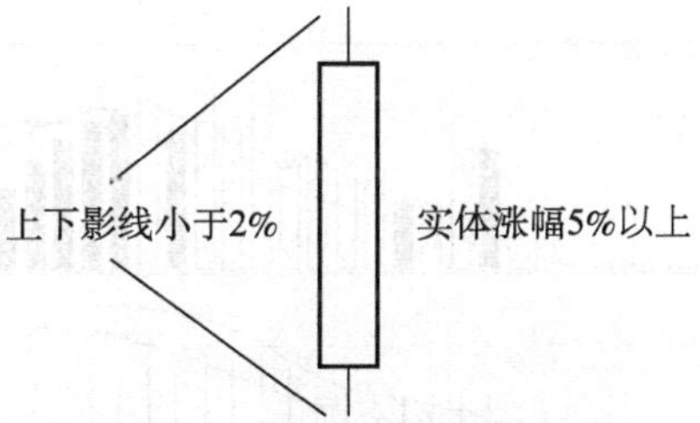

图5-14　大阳线实体幅度示意

对于大阳线的长短，市场中没有统一的标准，通常大阳线的涨幅在5%以上，中阳线的涨幅在3%~5%，小阳线的涨幅在3%以下。如果市场中长期以来其他阳线都比较短小，大阳线的标准也应适当降低。另外，判断大盘和个股的大阳线标准也有别，如上证指数的涨幅大多在1%左右，若超过2%的涨幅，就可以看作大阳线。在目前中国股市实行停板制度下，个股最大的单日阳线实体可以达到股价的20%，即从跌停板开盘，到涨停板收盘。

2. 市场含义

股价经过长期的下跌或充分的调整后，多方累积了大量的做多能量，长长的阳线表明多方发挥了最大的力量，以压倒性优势战胜空方，取得了决定性的胜利，上涨势头迅猛，市场轰动效应十分明显，具有强烈的看涨意义。

大阳线实体越长，表示多方力量越大。

不同阶段的大阳线有不同的技术含义。在上涨刚开始时，出现大阳线，后市看涨；在上涨途中，出现大阳线，继续看涨；在连续加速上涨行情中出现大阳线，是见顶信号；在下跌中期，出现大阳线，大多是反弹行为；在连续下跌的后期，出现大阳线，有见底回升的意义。

如图 5-15 所示，大众公用（600635）：这是该股 2018 年 11—12 月的走势，不同阶段出现的大阳线具有不同的技术含义。

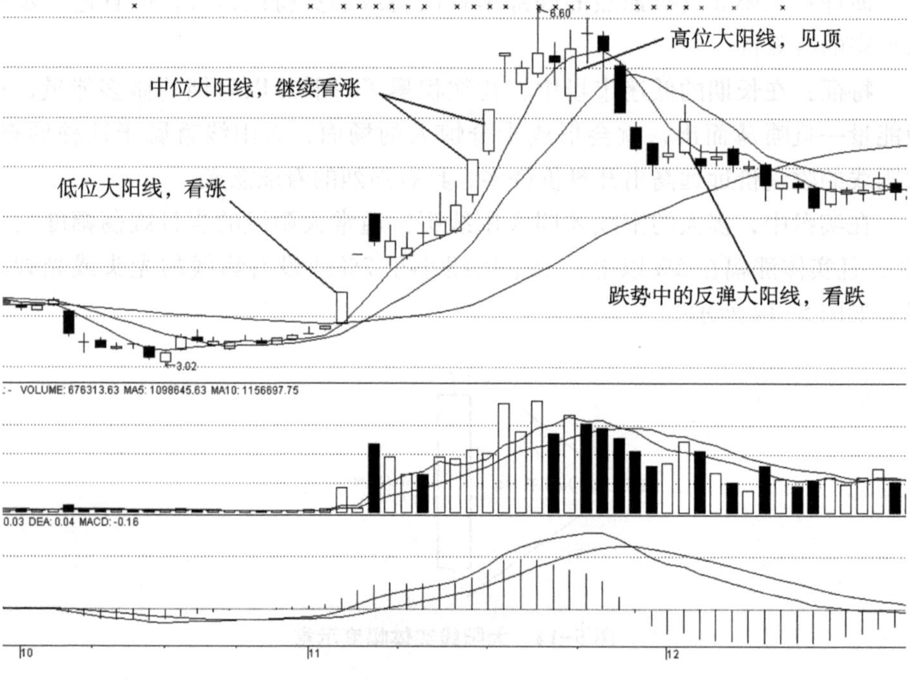

图 5-15　大众公用（600635）日 K 线

3. 应用法则

（1）收盘价大大高于开盘价，一般涨幅在 5%以上。

（2）实体部分较长，股价实际涨幅较大。

（3）没有上下影线，或上下影线很短。

（4）一般会伴随着底部放量，放量越明显，信号越强烈。

如图 5-16 所示，建新股份（300107）：该股主力在长时间的底部震荡过程中，吸纳了大量的低价筹码，在完成建仓计划后，于 2018 年 1 月 3 日一根放量大阳线拔地而起，成功摆脱底部盘区的制约，从此股价开启一轮快速上升行情。

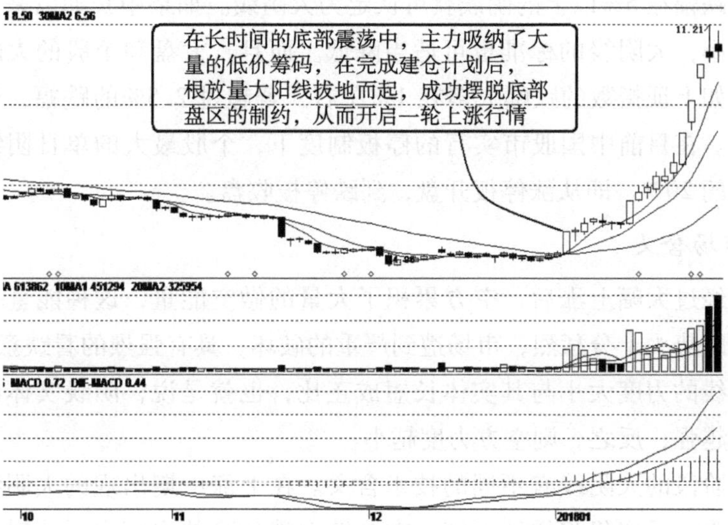

图 5-16　建新股份（300107）日 K 线

二、大阴线

1. 形成过程

简评：大阴线具有强烈的顶部单日反转或弱势持续信号，宜进一步确认形态的有效性。

特征：在长期被多方控制的火爆行情中，也往往会积蓄不可低估的做空能量，当能量达到极限时便会爆发出来，其结果往往超出预料。大阴线就是属于这种现象，其收盘价远远低于开盘价，因此具有强烈的看跌意义。

在实盘中，多大的阴线才叫大阴线呢？通常大阴线的当日震荡幅度大于7%，且实体跌幅在 5%以上，上下影线小于 2%或没有影线的光头或光脚阴线，如图 5-17 所示。

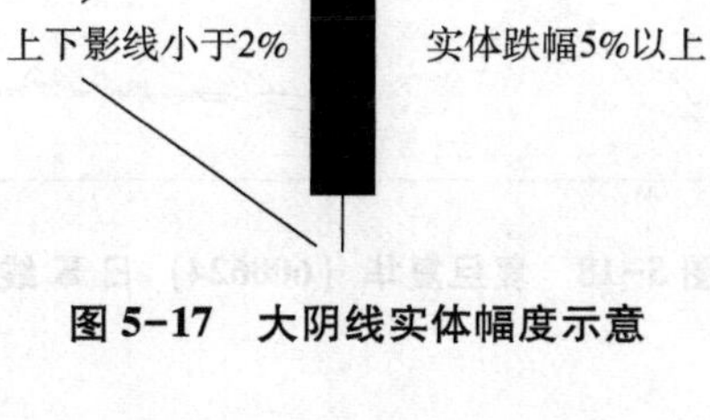

图 5-17　大阴线实体幅度示意

通常跌幅在5%以上的阴线就可认定为大阴线。如果中长期以来其他阴线都比较短小，大阴线的标准也可适当降低。而且，大盘和个股的大阴线标准也有别，如上证指数的跌幅大多在1%左右，若超过2.5%的跌幅，就可以看作大阴线。在目前中国股市实行的停板制度下，个股最大的单日阴线实体可达到股价的20%，即从涨停板开盘，到跌停板收盘。

2. 市场含义

股价经过大幅上涨后，空方累积了大量的做空能量，这种能量一旦得到释放，下跌势头十分猛烈，市场遭到严重的破坏，具有强烈的看跌意义。

大阴线的力度大小与其实体长短成正比，也就是说，阴线实体越长，则空方力度越强；反之，则空方力度越小。

不同阶段的大阴线有不同的技术含义。在上涨中期出现的大阴线，大多是洗盘行为，后市仍将继续上涨。在连续上涨的高位出现大阴线时，是见顶回落信号，后市股价看跌；在跌势途中出现大阴线时，有继续加速下跌作用；在连续加速下跌行情中出现大阴线，却是赶底信号。

如图5-18所示，复旦复华（600624）：这是该股2018年11月至2019年2月的走势，不同阶段出现的大阴线具有不同的技术含义。

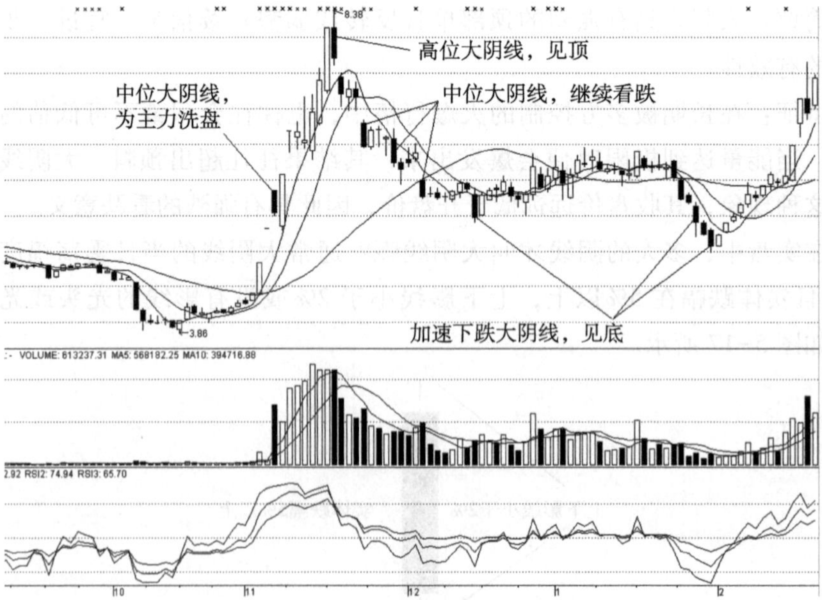

图5-18　复旦复华（600624）日K线

3. 应用法则

（1）收盘价大大低于开盘价。

（2）实体部分较长，股价实际跌幅较大。

（3）没有上下影线，或上下影线很短。

如图 5-19 所示，东方通信（600776）：庄家在股价长时间的下跌调整过程中，吸纳了大量的低价筹码，股价成功脱离底部区域，并经过两波较大幅度的炒作。2019 年 2 月 26 日，股价从涨停板开盘后，在涨停价位附近反复震荡，尾盘半小时开板大幅跳水，当天以接近跌停板收盘，在高位形成了光头光脚的大阴线，说明上涨行情已经到了末期，股价面临反转下跌。

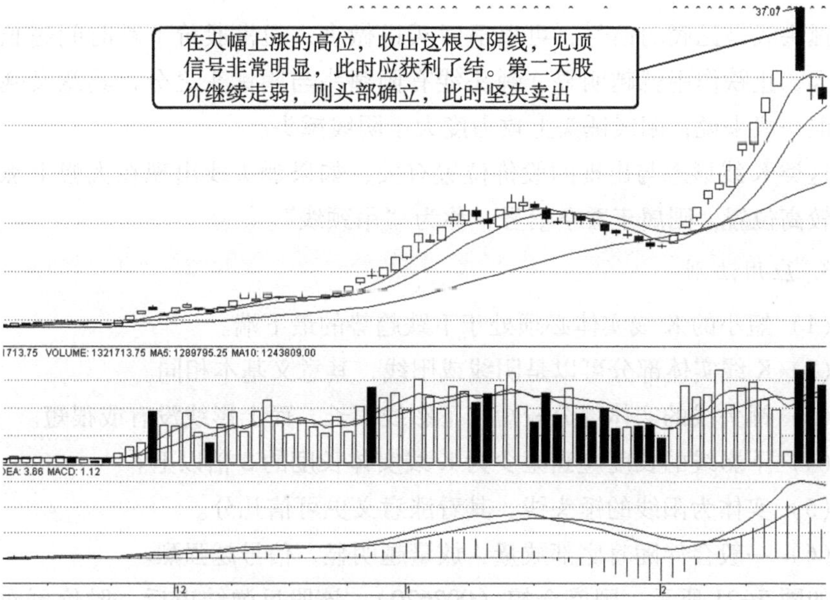

图 5-19　东方通信（600776）日 K 线

三、锤头线

1. 形成过程

简评：锤头线为次要的单日底部反转征兆，宜进一步确认形态的有效性。

特征：锤头线的下影线很长（锤柄），实体 K 线却很短（锤头），呈锤子状，故称为锤头线。锤头线指的是股价持续下跌一段时间后，在底部出现了一根小实体带长下影线的K线。标准的锤头线其下影线长度至少是实体部分的2倍，没有上影线或上影线极短。锤头线如图5-20所示。

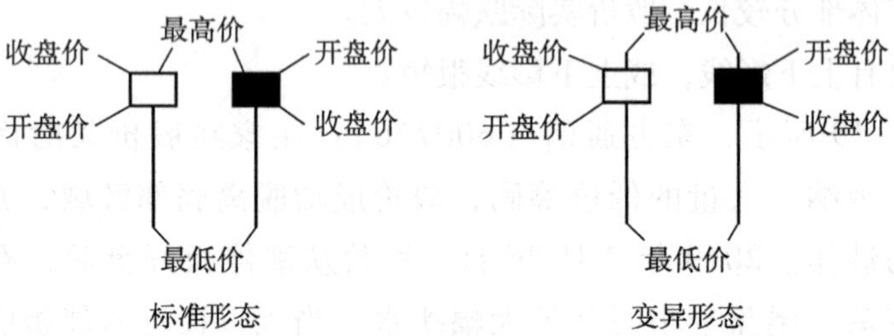

图5-20 锤头线示意

2. 市场含义

锤头线是见底的信号，可以适时买进做多，通常股价下跌时间越长，幅度越大，止跌作用就越明显。锤头线有阳锤头与阴锤头之分，其意义基本相同，但一般来说，阳线锤头上攻力度大于阴线锤头。

这类K线形态与出现的股价位置有关，如果锤头线出现在大幅上涨后的相对较高位置，则属于看空信号，称为"吊颈线"。

3. 应用法则

(1) 短小的K线实体必须处于下跌趋势的最下端。

(2) K线实体部分可以是阴线或阳线，其意义基本相同。

(3) 锤头线的实体部分较短，下影线很长，而上影线没有或很短。

(4) 下影线的长度应当至少为K线实体长度的2倍以上。

(5) 实体为阳线的锤头线，其看涨意义更可信几分。

(6) 一般会伴随着底部放量，放量越明显，信号越强烈。

如图5-21所示，国盛金控（002670）：该股反弹结束后，股价再次回落前期低点附近，2019年1月31日，开盘后股价大幅砸低，由于抄底资金介入，股价渐渐回升，当日收出一根下影线较长的K线，形成底部锤头线，随后形成有力的反弹回升行情。

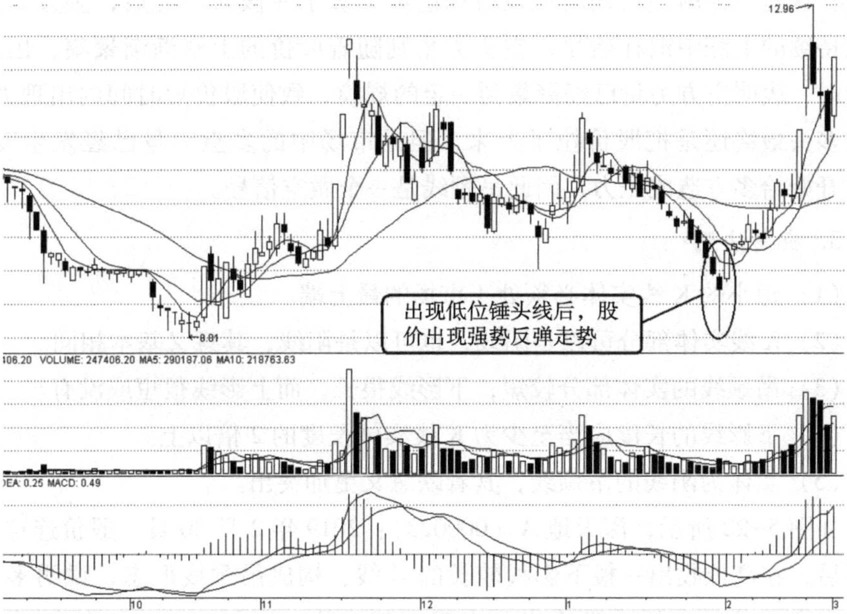

图 5-21　国盛金控（002670）日 K 线

四、吊颈线

1. 形成过程

简评：为次要的单日顶部反转征兆，宜进一步确认形态的有效性。

特征：吊颈线也称上吊线，形态与锤头线相同，只不过两者出现的位置不同，锤头线出现在跌势行情的底部，吊颈线出现在涨势行情的顶部。股价经过一轮持续涨升行情后，在高位出现一根长下影线的小实体 K 线图形，称为吊颈线。

吊颈线的形成过程是股价开盘后向下大幅下挫，但在下挫之后又被大幅度拉起来，最终收出一根长长的下影线。标准的吊颈线不带上影线或上影线很短，其下影线长度至少是实体部分的 2 倍以上。吊颈有阳线吊颈与阴线吊颈之分，其技术含义是相同的，但阴线吊颈在散户心里更具有看跌作用。

2. 市场含义

吊颈线与锤头线对称，为什么一个是底部反转形态，一个是顶部反转形态呢？这是因为吊颈线是出现在市场已经上涨了一段时间之后，多方力量已经在持续的上涨中消耗殆尽，空头力量则随着股价的上涨渐渐聚集，出现吊颈线时，表明空方力量已经聚集到一定的规模，致使股价短时间内出现大跌，虽然多头最终还是把股价拉了上来，但是市场中的多空力量已经发生变化，空方开始给多方造成压力，因此吊颈线是一个做空信号。

3. 应用法则

（1）短小的K线实体必须处于市场的最上端。

（2）K线实体部分可以是阴线，也可以是阳线，其意义基本相同。

（3）吊颈线的实体部分较短，下影线很长，而上影线很短或没有。

（4）下影线的长度应当至少为K线实体长度的2倍以上。

（5）实体为阴线的吊颈线，其看跌意义更加突出。

如图5-22所示，深天地A（000023）：2019年2月20日，股价连拉3个涨停后，在高位收出一根下影线较长的K线，构成吊颈线形态，说明多空双方出现意见分歧，预示股价将要出现调整走势，这是短线一个较好的卖出信号。

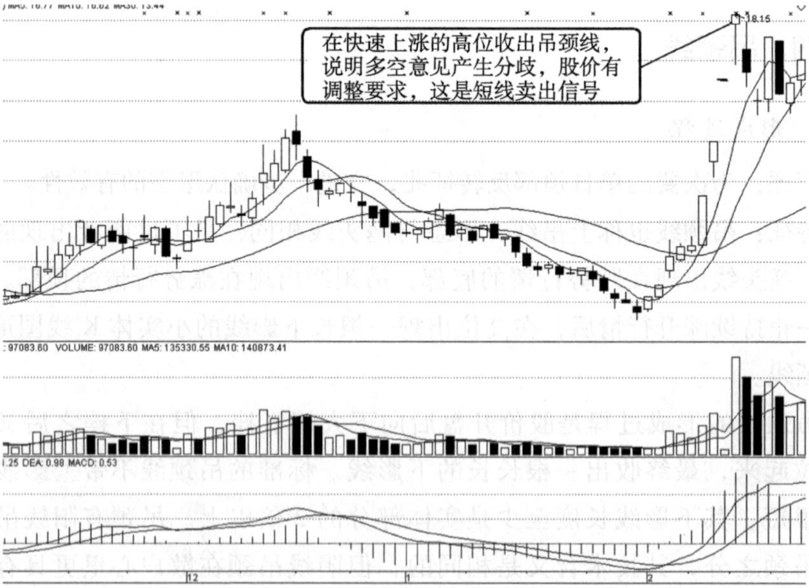

图5-22　深天地A（000023）日K线

五、倒锤头线

1. 形成过程

简评：倒锤头线为次要的单日底部反转征兆，宜进一步确认形态的有效性。

特征：倒锤头线形态与锤头线形态正好相反，倒锤头线的上影线很长（锤柄），实体K线却很短（锤头），呈倒锤头状态，故得其名。标准的倒锤头线上影线长度至少是实体部分的2倍以上，没有下影线或下影线很短。倒锤头线，如图5-23所示。

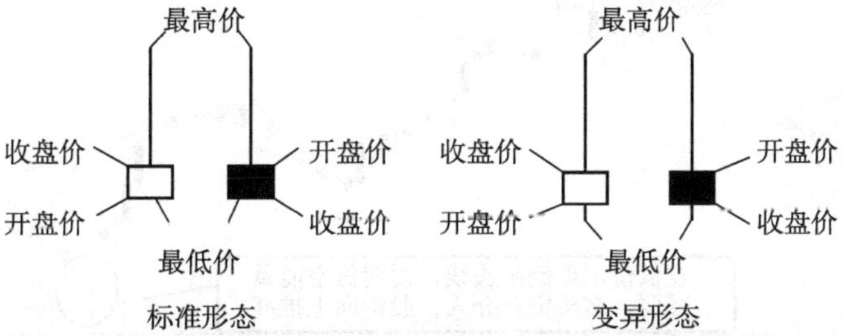

图5-23　倒锤头线示意

倒锤头线的形成过程是在一段大幅下跌的末期，多方积蓄已久的能量展开一次向上攻势，但空方防守反击，坚守空方阵地，向下力压股价，导致多方初战失利，股价未能在较高位置收盘，留下长长的上影线K线。

2. 市场含义

如果倒锤头线出现在底部区域，通常认为是一种潜在的底部转势K线，是股价回升的先兆，表明空方的卖盘渐渐趋弱，做空动能渐渐衰竭，失去了对盘面的控制，由于在此区域多方积聚了大量的做多能量，一旦多头市场确立，其上涨力度往往是惊人的，因此是一个做多信号。倒锤头线可以是阳线，也可以是阴线，其技术含义是相同的，但底部倒锤头阳线，在投资者心里更具有看涨作用。

3. 应用法则

（1）短小的K线实体必须处于下跌趋势的最下端。

（2）倒锤头线的实体较短，上影线很长，而下影线没有或很短。

（3）实体部分可以是阴线，也可以是阳线，其意义基本相同。

（4）上影线长度应远较实体长，至少是实体的 2 倍。

（5）一般会伴随着底部放量，放量越明显，信号越强烈。

如图 5-24 所示，中珠医疗（600568）：该股经过大幅下跌后，2019 年 1 月 31 日大幅低开，股价再创新低，多头资金试图向上拉起，但受恐慌性下跌影响，最终股价被按在跌停位置，形成一个倒锤头线。次日，股价并没有出现大幅下跌走势，说明空方能量得到有效释放。之后多方缓缓将股价向上推升。

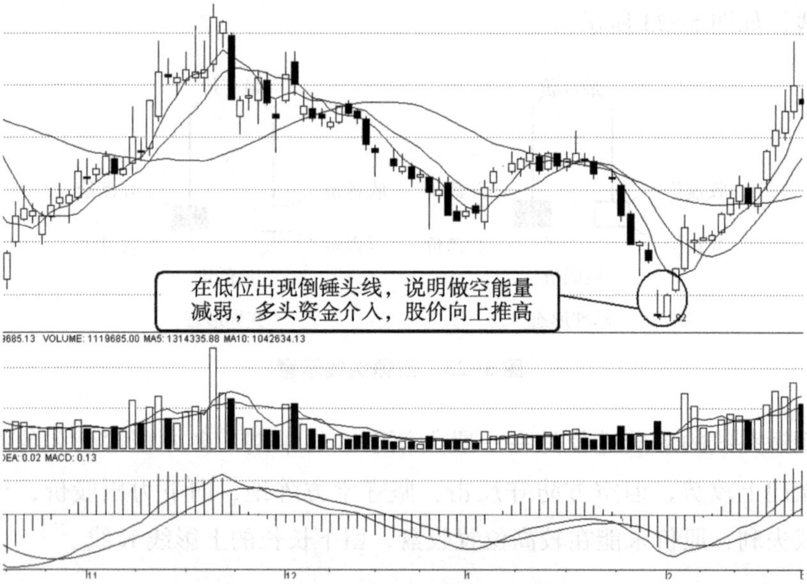

图 5-24　中珠医疗（600568）日 K 线

六、流星线

1. 形成过程

简评：为次要的单日顶部反转征兆，宜进一步确认形态的有效性。

特征：在高位出现流星线，反映该交易日股价在高位开盘后，通常受惯性的影响，股价大幅向上拉升，但遇到套利盘的抛压，股价持续时间不长，很快返回到开盘价附近，最终以类似星线形态收盘，形成一根实体短小而上影线较长的 K 线，因其形态和走势如同宇宙流星一般，故称为流星线。

流星线一般出现在阶段性顶部，这说明高位承接力较弱，且有高位抛压行为，失去上升的持久性，预示股价可能出现反转向下走势，宜获利了结或顺势抛售。流星线的图形与倒锤头线相同，只是位置不同，流星线出现在高位，而倒锤头线出现在低位。

2. 市场含义

在顶部区域出现的流星线，一般认为是一种衰竭性K线，是股价下跌较为强烈的信号，表明多方的买入力度渐渐减弱，做空动能渐渐而生，多方失去对盘面的控制，由于在此区域空方积聚了大量的做空能量，一旦空头掌控盘面，就会形成有力的下跌行情，因此是一个做空信号。但其可靠性一般，属于次要的单日反转信号，形态宜进一步确认，其技术意义不如“黄昏之星”K线组合形态。

3. 应用法则

（1）短小的K线实体必须处于市场的最上端。

（2）K线实体部分可以是阴线，也可以是阳线，其意义基本相同。

（3）流星线的实体部分较短，上影线很长，而下影线很短或没有。

（4）上影线的长度应当至少为K线实体长度的2倍以上。

如图5-25所示，弘业股份（600128）：该股经过快速拉升后，盘中堆积了大量的获利筹码，在高位出现震荡走势。2018年11月19日，股价冲高回落，形成流星线形态，说明做多力量出现衰竭，具有强烈见顶意义。次日，大幅低开6.46%后，快速跌停，前一天的见顶流星线得到验证，之后股价进入中期调整。

在K线形态上，锤头线、吊颈线、倒锤头线、流星线非常接近，有时容易混淆。辨别方法：锤头线与吊颈线形态相同，但锤头线出现在市场的底部，看涨；吊颈线出现在市场的顶部，看跌。倒锤头线与流星线形态相同，但倒锤头线出现在市场的底部，看涨；流星线出现在市场的顶部，看跌。

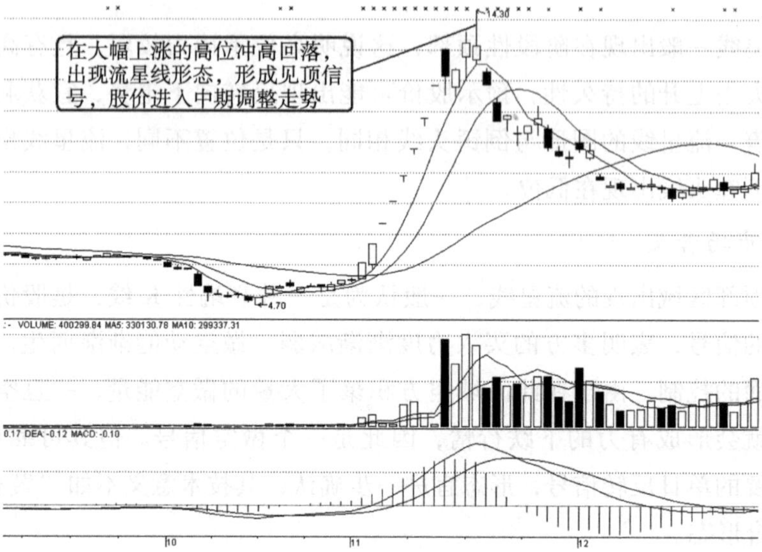

图 5-25　弘业股份（600128）日 K 线

七、纺锤线

1. 形成过程

简评：预警信号，多空力量处于均衡状态，缺乏上升和下跌的动力。

特征：上影线和下影线较长，但实体部分却很短，其形状如同纺锤，故得其名。它可以是阴线实体也可以是阳线实体，所代表的技术意义是一样的。纺锤线形成过程就是多空双方处于拉锯走势所致。

2. 市场含义

纺锤线是一种预警信号，表明市场正在丧失方向，或原来的方向正在减弱，也就是说，市场缺乏进一步上升和下跌的力量。

如果纺锤线发生在股价高位，经过急涨的行情之后，表示多头出现后续乏力，先前的升势可能因此停顿；如果纺锤线发生在股价低位附近，经过急跌的走势之后，表示空头已经无下跌动力，先前的跌势可能因此停顿。

无论是高位的纺锤线，还是低位的纺锤线，市场是否出现反转，还有待市场走势的进一步确认和验证，带有巨大成交量的纺锤线意义更加重要。

3. 应用法则

（1）低位的纺锤线，为止跌看涨信号。

（2）高位的纺锤线，为滞涨看空信号。

（3）中位的纺锤线，为蓄势整理信号。

（4）纺锤线的买卖信号出现在股价突破该形态的高、低点。

如图 5-26 所示，登云股份（002715）：这是该股 2018 年 10—12 月的走势。股价在低位连续收出多根纺锤线，表示做空能量逐渐衰竭，提示逢低买入，随后股价渐渐企稳盘升。当股价盘升到相对高位时，此时出现的纺锤线，意味追涨意愿不强，做多动力不足，股价有短期回调的要求，提示逢高减仓。

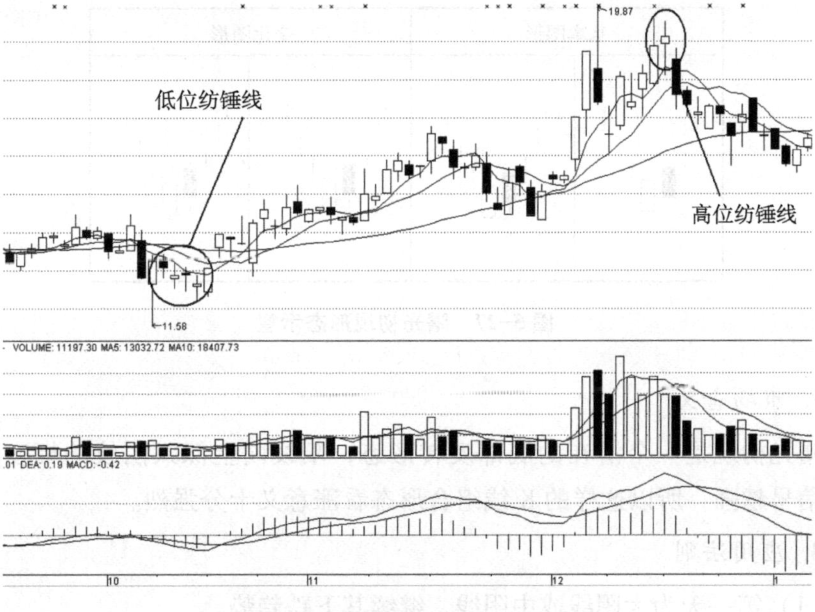

图 5-26 登云股份（002715）日 K 线

第六讲 双日 K 线形态

一、曙光初现

1. 形成过程

简评：下跌动力减弱，底部反转信号。无须确认，利多信号强烈。

特征：曙光初现形态与乌云盖顶形态相对应，它出现在行情的底部，由两根 K 线组成。其形成过程如下：

（1）第一天的 K 线是一根向下的大阴线或中阴线，显示跌势持续向下。

（2）第二根 K 线为一根跳空低开高走的大阳线或中阳线，即第二天的开盘价低于第一天的最低价，也就是说，低于第一天 K 线下影线的底部，但是股价却收在接近最高价的水平。

（3）阳线的收盘价明显向上深入到第一天阴线实体中，收盘价至少高于第一根阴线实体的 1/2 以上，这样才是标准的曙光初现形态，如图 5-27 所示。

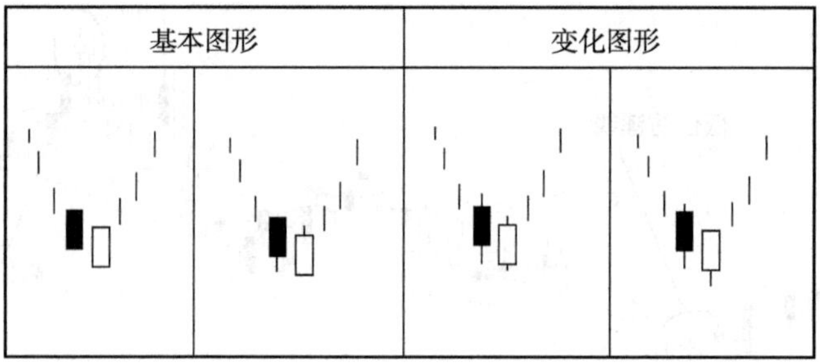

图 5-27　曙光初现形态示意

2. 市场含义

曙光初现是一个潜在的底部反转形态，阳线向上深入阴线的幅度越大，反转信号越强，所以这样的 K 线组合形态看涨意义十分强烈。

3. 应用法则

（1）第一天为大阴线或中阴线，继续其下跌趋势。

（2）第二天为大阳线或中阳线，其开盘价低于前一天大阴线的最低价。

（3）第二天的收盘价位于前一天大阴线实体的一半以上。

（4）曙光初现形态应出现在下跌趋势的底部或阶段性低点。

如图 5-28 所示，中海达（300177）：该股在 2018 年 3 月 26 日形成曙光初现形态后，第二天股价继续维持在阳线的收盘价上方运行，成交量也出现温和放大，说明盘面处于强势之中，当进一步消化上方的压力后，股价开始向上突破。

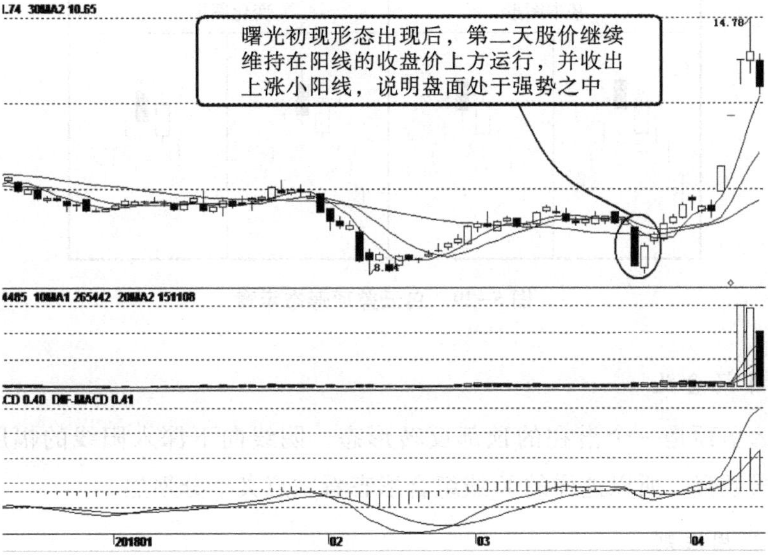

图 5-28 中海达（300177）日 K 线

二、乌云盖顶

1. 形成过程

简评：上升动力减弱，顶部反转信号。无须确认，利淡信号强烈。

特征：乌云盖顶形态与曙光初现形态相对应，由一根阳线和一根阴线组成，阴线在阳线收盘价之上开盘，在阳线实体内收盘，形成乌云盖顶之势，显示行情走势转弱，阳线实体被阴线覆盖得越多，表明买气越弱，空方攻击力度越强。其形成过程如下：

（1）第一天是一根坚挺向上的大阳线或中阳线，显示涨势强烈。

（2）第二天，股价跳空高开低走，收出大阴线或中阴线，第二天的开盘价超过第一天的最高价，也就是说，超过第一天 K 线上影线的顶端，但是收盘却收在大阳线的实体之内，且接近最低价收盘。

（3）第二天的阴线收盘价明显向下深入到第一天阳线实体的一半位置以下，通常深入到第一天阳线实体的幅度越大，则该形态的技术含义越高，即顶部反转形态的可靠性越高，如果全部吞没第一根阳线实体，就构成穿头破脚形态，则见顶信号更加明确。乌云盖顶形态，如图 5-29 所示。

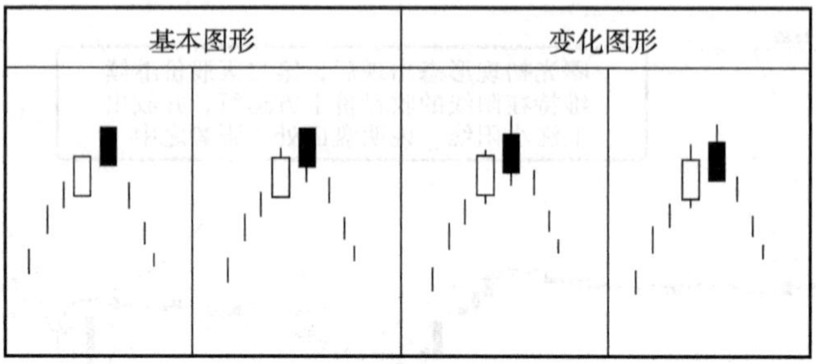

图 5-29　乌云盖顶形态示意

2. 市场含义

乌云盖顶是一个潜在的顶部反转形态，阴线向下深入阳线的幅度越大，反转信号越强，所以这样的 K 线组合形态看跌意义十分强烈。

3. 应用法则

（1）第一天为大阳线，表示继续其上升趋势。

（2）第二天为大阴线，其开盘价高于前一天大阳线的最高价。

（3）第二天的阴线收盘价低于前一天大阳线实体的一半位置。

（4）乌云盖顶形态应出现在上涨趋势的顶部或阶段性高点。

如图 5-30 所示，韶钢松山（000717）：股价经过一波快速拉升后，分别在 2017 年 9 月 4 日和 9 月 12 日两次出现乌云盖顶形态，当天成交量巨大，说明盘中抛盘较大，庄家筹码出现松动，此时会强化形态的看跌效果，应以卖出为主。

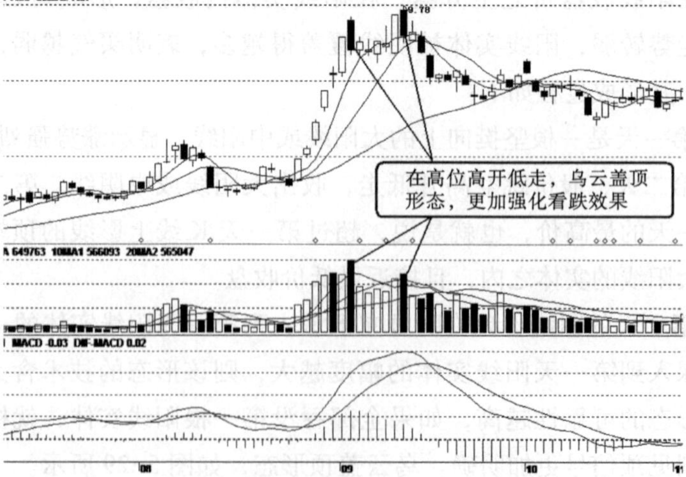

图 5-30　韶钢松山（000717）日 K 线

三、旭日东升

1. 形成过程

简评：底部反转信号，无须确认，利多信号强烈。

特征：旭日东升形态由两根 K 线组合而成，大多出现在行情的底部，说明股价经过一轮明显的下跌趋势后，多头发起猛烈的反攻，使下跌趋势被彻底扭转，涨升行情犹如旭日东升，冉冉升起。

旭日东升形态形成过程可分为三步：

（1）第一天收出一根大阴线或中阴线，说明市场处于下跌趋势之中。

（2）第二根 K 线为一根高开高走（高开于第一天阴线实体之内）的大阳线或中阳线，显示多方发起反击。

（3）第二天阳线的收盘价一定要高于第一天阴线的开盘价（阴线实体），下跌趋势被扭转。

旭日东升形态可以还原为锤头线，而底部的锤头线是典型的看涨形态。如图 5-31 所示。

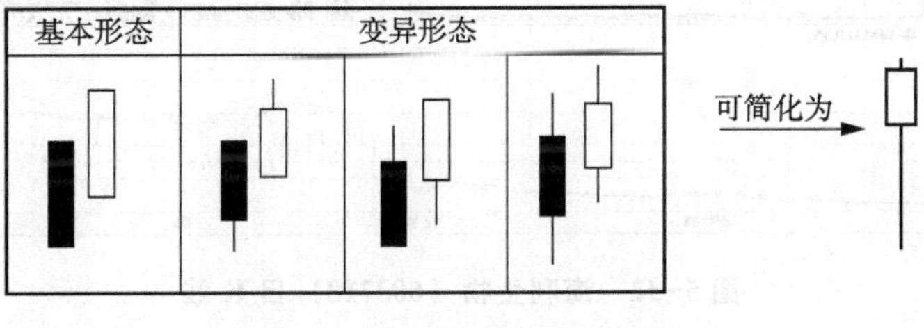

图 5-31　旭日东升形态示意

2. 市场含义

旭日东升形态是一种具有反击意义的 K 线组合，其反转力度要大于曙光初现形态的力度，同样也出现在一个下跌的趋势中的较低位置，当天收出一根阴线，表示跌势仍将继续。次日，股价在庄家或某种利好消息的影响下，跳空高开高走，而且收盘价高于前一天阴线的开盘价（高出的部分越多，反击的力度就越强），此时的空头投资者在市场的疯狂反弹下，相继改变思路，甚至反空做多，使行情的转势得到证实，组合形态也就有了实盘意义。

3. 应用法则

（1）出现在市场的底部区域，第一天为大阴线，继续其下跌趋势。

（2）第二天的开盘价高于前一天大阴线的收盘价。

（3）第二天的收盘价位于前一天大阴线实体以上（阴线开盘价上方）。

（4）第二天必须是一根大阳线或中阳线，最好有成交量的配合。

如图 5-32 所示，海利生物（603718）：2018 年 5 月 2 日，一根涨停大阳线拔地而起，吃掉了前面若干根小阴小阳线，强势特征一目了然。虽然这根大阳线前期是一些小 K 线，这与标准的旭日东升形态的要求有所差异，但这恰恰说明做空力度不大，股价下跌空间有限，所以随后的这根大阳线成功地扭转下跌势头。

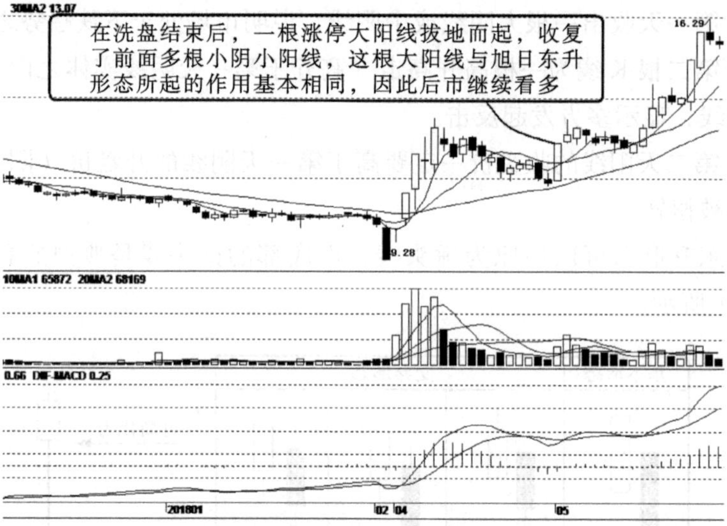

图 5-32　海利生物（603718）日 K 线

四、倾盆大雨

1. 形成过程

简评：顶部反转信号，无须确认，利空信号强烈。

特征：倾盆大雨是旭日东升的反向形态，由一阳一阴两根 K 线组成，第一根为上涨阳线，第二根为下跌阴线，而且阴线在阳线的实体内开盘，在阳线的实体之下收盘。

其形成过程可分为三步：

（1）第一天收出一根大阳线或中阳线，说明市场处于上升趋势之中。

（2）第二根 K 线为一根低开低走低收（低开于第一天阳线实体之内）的

大阴线或中阴线，显示空方发起反击。

（3）第二天阴线的收盘价一定要低于第一天阳线的开盘价（阳线实体），上升趋势被扭转。

倾盆大雨形态可以还原为流星线，而顶部的流星线是典型的看跌形态，如图 5-33 所示。

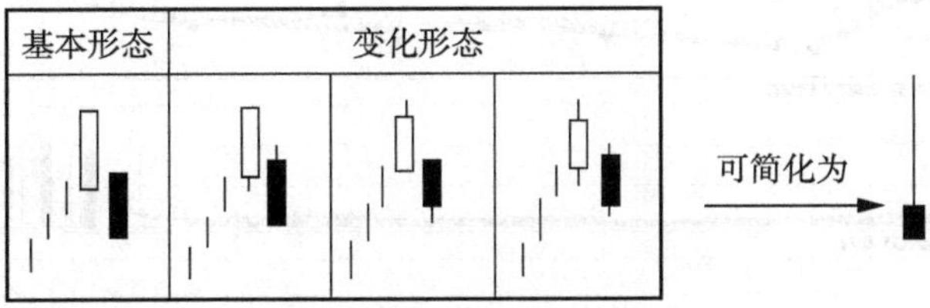

图 5-33　倾盆大雨形态示意

2. 市场含义

这种 K 线组合的出现，如伴有大成交量，则形势更糟糕。很多有经验的投资者见此图形，第一个反应就是减磅操作。在大幅上涨的高位，出现这种图形时，从规避风险出发，应及时减磅或离场。此后一旦发现股价重心在下移，就坚决抛空离场。

3. 应用法则

（1）出现在市场的顶部区域，第一天为大阳线，继续其上升趋势。

（2）第二天的开盘价低于前一天大阳线的收盘价。

（3）第二天的收盘价位于前一天大阴线实体以下（阳线开盘价下方）。

（4）第二天必须是一根大阴线或中阴线，最好有成交量的配合。

如图 5-34 所示，华锋股份（002806）：股价经过一波快速拉升行情后，盘中堆积了大量的获利筹码，在高位出现震荡走势，2018 年 5 月 22 日收出一根上涨阳线，创出本轮行情的新高，可是第二天却低开低走低收，收出一根跌停大阴线，收盘价低于前一天阳线的开盘价，从而形成倾盆大雨形态，此后股价开始回调整理。

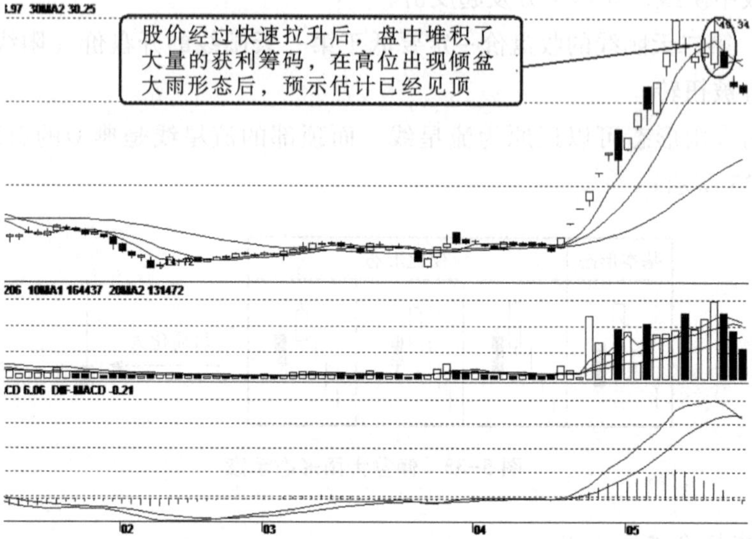

图 5-34 华锋股份（002806）日 K 线

五、包容线

1. 形成过程

简评：阳包容线利好，阴包容线利淡，但须进一步确认形态的有效性。

特征：包容线主要由两根实体颜色相反的阴阳 K 线组成，出现在市场的转折点上，有分析意义的包容线多发生在底部和顶部。根据包容的 K 线颜色不同，可以分为阳包容线和阴包容线两种。阳包容线也称破脚穿头线，为利好形态；阴包容线也称穿头破脚线，为利淡形态。

阳包容线形态出现在市场的跌势之中，先出现一根实体相对较小的阴线，第二天股价先跌破第一天阴线实体的低位部分，后呈急促反弹，突破第一天阴线实体的最高价收盘，形成一根大阳线，阳线实体两头都超过阴线实体的上下边，将第一天的阴线实体全面吞没。简单地说，就是在两根 K 线组合中，右边的阳线完全吃掉左边的阴线，第二根阳线的最低价低于第一根阴线的最低价，最高价则高于第一根阴线的最高价，这就叫“阳包容线”。

阳包容线的两根 K 线还原之后是一根带长下影线的阳线、锤头线或 T 字线，看涨意义非常强烈，如图 5-35 所示。

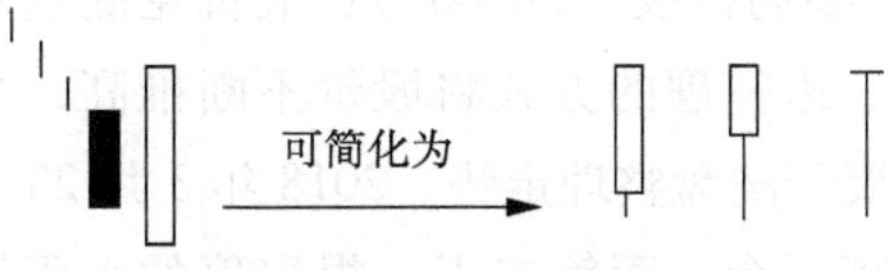

图 5-35 阳包容线形态示意

阴包容线形态的形成过程与阳包容线形态正好相反，它出现在市场上升趋势之中，前面的 K 线是根小阳线，后面的 K 线是根大阴线，后面的阴线实体吞没了前面的阳线实体。

阴包容线的两根 K 线还原之后是一根带长上影线的阴线、流星线或⊥字线，看跌意义显而易见，如图 5-36 所示。

图 5-36 阴包容线形态示意

2. 市场含义

包容线是重要的反转形态，阳包容线是市场底部反转信号，阴包容线是市场顶部反转信号。

阳包容线形态代表空头趋势结束，行情反转向上，是空转多的底部反转信号；阴包容线形态代表多头趋势结束，行情反转下跌，是多转空的顶部反转信号。

3. 应用法则

（1）包容线必须发生在明显的上涨或下跌趋势中，而不是横盘整理走势。阳包容线是在下跌趋势的末期，而阴包容线则在上涨趋势的末期。

（2）包容线中的两根 K 线实体，一般呈相反的颜色（少数情况颜色相同）。在阳包容线中，第一根为阴线或星线形态，而第二根为大阳线；在阴包容线中，第一根为阳线或星线形态，而第二根为大阴线。

（3）包容线只计实体部分，即第二根 K 线的实体部分必须将第一根 K 线实体吞没，但不一定要求覆盖第一根 K 线的上下影线。

（4）包容线的两根实体 K 线的上端或下端可以相等，但两者不可以同时相等。

如图 5-37 所示，必创科技（300667）：股价见底后步入盘升行情，庄家采用边拉升、边洗盘、边整理的方式将股价不断推高，当股价回升到前期盘区附近时，庄家主动展开洗盘整理走势。2018 年 3 月 23 日，一根接近跌停的大阴线向下击穿了整理平台，而第二天一根涨停的大阳线向上拉起，收复了前一天阴线的全部失地，形成阳包容线形态，成交量也开始明显放大，说明洗盘整理结束，从此股价出现飙升行情。

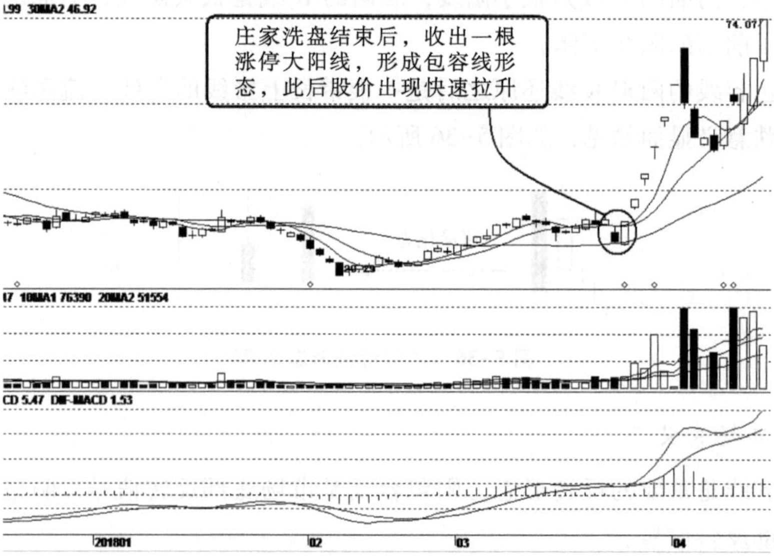

图 5-37 必创科技（300667）日 K 线

如图 5-38 所示，华菱星马（600375）：股价经过一波快速拉高行情后，在高位出现高开低走，收出一根放量跌停大阴线，吃掉了前面的数根上涨阳线，构成了阴包容线形态，看跌意义非常强烈。第二天，继续大幅跳空下跌收阴，成交量大幅放大，强化阴包容线形态的看跌效果，此后股价出现快速下跌。

六、孕育线

1. 形成过程

简评：底部孕育线属见底征兆，顶部孕育线属见顶征兆，均有待变意，宜进一步确认形态的有效性。

特征：孕育线也称母子线或身怀六甲，它与包容线组合形式相反，后面

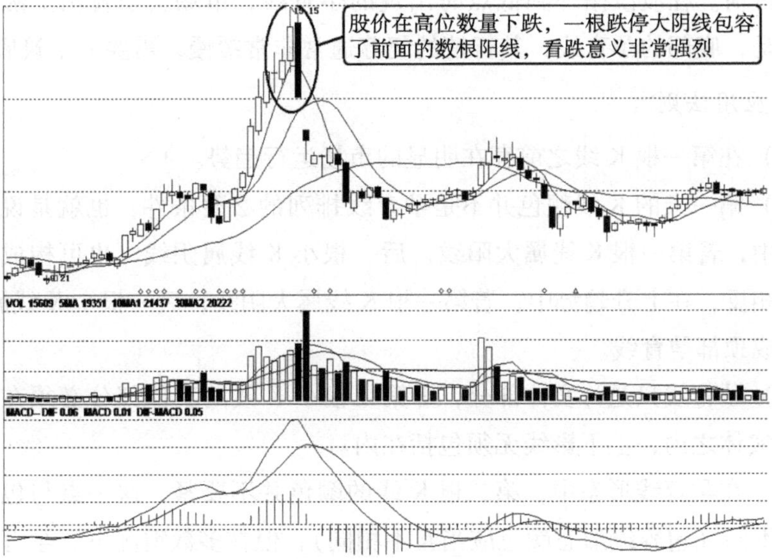

图 5-38 华菱星马（600375）日 K 线

的小实体被前面的大实体所包容，也就是前面一根实体很长的 K 线（母线），后面一根实体很短的 K 线（子线），且前一根的实体部分完全包容后一根 K 线的实体部分，如同母亲怀抱婴儿，“孕育”着新的生命和希望，暗示股价将产生新的走势，如图 5-39 所示。

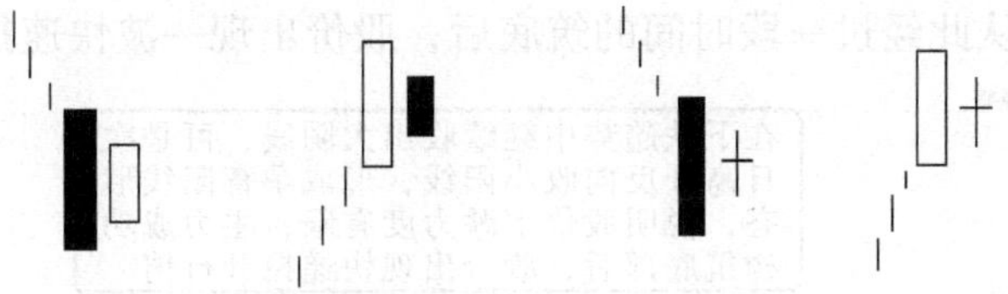

图 5-39 孕育线形态示意

2. 市场含义

孕育线是市场走势的一个次要反转信号，预示着当前市场趋势将要反转，或者市场将要进入平静状态，有时候这种形态构成重大趋势变化的重要信号，特别是这种形态出现在市场顶部或底部的时候。

通常，孕育线出现在头部或底部区域时，预示着接下来的走势将与先前行情的方向相反。也就是说，波段循环高点出现孕育线时，市场会孕育出下跌的新行情。在波段循环到低点时出现的孕育线，市场会孕育出上涨的新行情。但是，底部的孕育线，其行情的复苏通常非常缓慢，需要一个筑底过程。

3. 应用法则

（1）在第一根 K 线之前存在明显的市场运行趋势。

（2）第一天的 K 线颜色并不是孕育线排列的必要条件，也就是说，在下跌趋势中，若第一根 K 线属大阳线，后一根小 K 线属阴线，也可构成底部孕育线。相反，在上升趋势中，若第一根 K 线属大阴线，后一根小 K 线属阳线，也可构成顶部孕育线。

（3）孕育线只是计实体部分，即第二根小 K 线的实体部分必须在第一根大 K 线实体之内，上下影线无须包括在内。

（4）在孕育线形态中，第二根 K 线的颜色并不要紧，这一点与包容线形态有所不同（包容线形态颜色应当互不相同），但在多数情况下，孕育线的两个实体的颜色也是不同的。上下影线的大小通常也是无关紧要的。

（5）孕育线两根实体的上端或下端可以相等，但两者不可以同时相等。

如图 5-40 所示，天华超净（300390）：2018 年 2 月 6 日，股价延续下跌趋势再次收出一根大阴线，大有加速下跌之势。可是，第二天却高开于大阴线实体之内，全天在前一天的大阴线实体之内运行，股价小幅走高，这样一根小阳线被前面的大阴线所怀抱，从而形成孕育阳线形态。说明股价下跌动力已经不足，从此经过一段时间的筑底后，股价出现一波快速拉升行情。

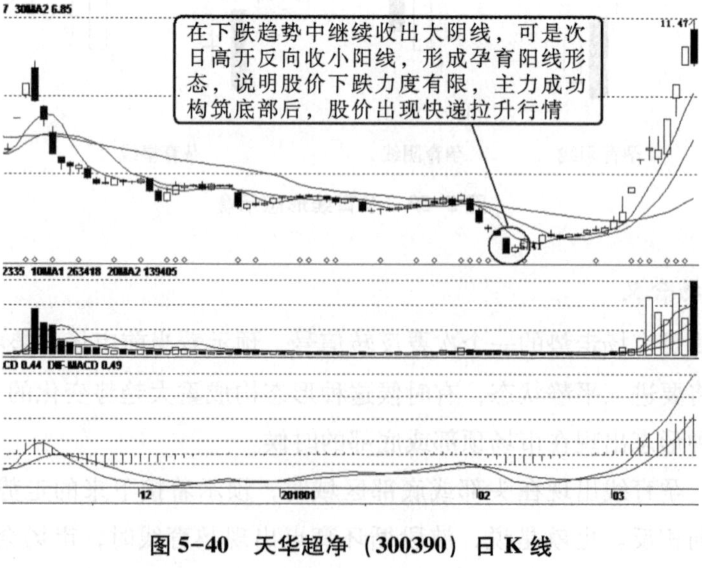

图 5-40 天华超净（300390）日 K 线

七、接吻线

1. 形成过程

简评：接吻线为次要的反转形态，有待变意，宜进一步确认形态的有效性。

特征：接吻线由两条阴阳相反的K线组合在一起，两根K线的开盘价不同，但收盘价相等或十分接近，即先是一根开盘后低走的阴线与一根开盘后高走的阳线组合在一起，其收盘价相等或十分接近，或者先是一根开盘后高走的阳线与一根开盘后低走的阴线组合在一起，其收盘价相等或十分接近，就形成了接吻线。前者为看涨接吻线，也称“好友反攻”；后者为看跌接吻线，也称“淡友反攻”。接吻线既可以出现在持续跌势的底部，也可以出现在持续升势的顶部，还有可能出现在回调洗盘阶段，均为次要的反转形态。接吻线如图5-41所示。

图5-41 接吻线形态示意

2. 市场含义

看涨接吻线具有一定的吸引力，使不少投资者产生浓厚的兴趣，因此经常演变为单日反转行情，形成V形图形。

看跌接吻线具有一定的恐惧性，特别在高位更为恐怖，如同一把架在多方头上的“达摩克利斯之剑”，随时都有落下的可能。

接吻线可以发生在上升趋势或下降趋势中，一个显著的特征是收盘价并没有推进到前一天K线的实体内部，而仅回到前一天的收盘价附近。此形态的反转意义不如包容线、插入线、孕育线等形态，其分析意义市场看法不统一，形态发展有可能反转，也有可能形成调整走势。

3. 应用法则

(1) 形态中的两根K线颜色必须相反，且其方向逆向而行。K线排列：

在看涨接吻线中，为前阴后阳；在看跌接吻线中，为前阳后阴。

（2）接吻线的第一天和第二天的收盘价相同或十分接近。

（3）形态出现在趋势的末端，第一根 K 线反映市场的原先趋势。

如图 5-42 所示，钧达股份（002865）：这是看涨接吻线实例，2018 年 3 月 23 日收出一根下跌大阴线，第二天大幅跳空低开 8.27%后，盘中逐波高走，股价在当日最高价收盘，前后两根 K 线在低位形成接吻线。此后几个交易日里股价温和上攻，全部收复了接吻线的第一根阴线，且股价站于均线系统之上，盘面形成强势上涨。

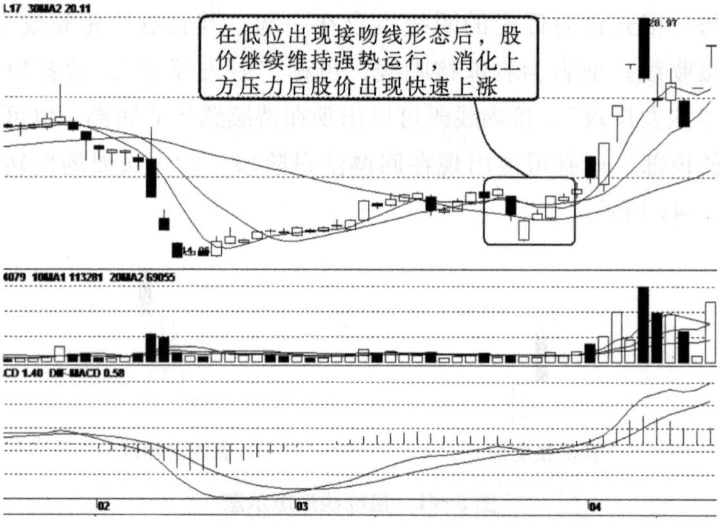

图 5-42　钧达股份（002865）日 K 线

如图 5-43 所示，振华股份（603067）：这是看涨接吻线实例，该股见底后出现一波快速上涨行情，股价连拉 5 个涨停，盘面强势特征可见一斑。2018 年 4 月 10 日，乘势大幅跳空高开 7.57%后，股价迅速秒停，但由于多方未能坚守封盘，所以很快打开封盘，股价震荡回落，成交量大幅放大，显示庄家在高位有减仓行为，当天股价仅微涨 1.29%收盘，前后两根 K 线形成接吻线形态，从此股价出现深幅回调。

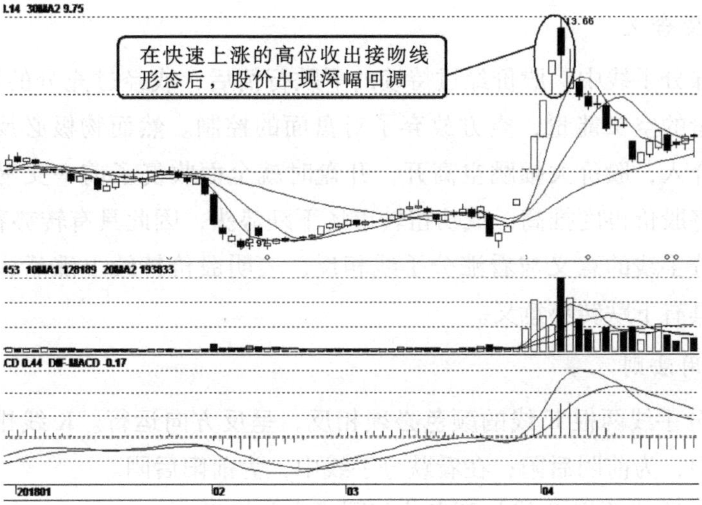

图 5-43　振华股份（603067）日 K 线

八、分手线

1. 形成过程

简评：强烈的反转形态，底部看涨，顶部看跌，无须确认信号。

特征：在股市中也很有趣，有了接吻线，也就有了与之相对应的分手线，两根 K 线之间的盘口距离越来越远，向两边分开，称为分手线，或称靠背线。它由开盘价处于相同价位或十分接近、收盘价不同的两根 K 线组成，即一根开盘后低走的阴线与一根高开高走的阳线，而第二天的开盘价与第一天的开盘价相同或十分接近，这是看涨分手线。或者，一根开盘后高走的阳线与一根低开低走的阴线，而第二天的开盘价与第一天开盘价相同或十分接近，就形成了分手线，这是看跌分手线。

分手线既可以出现在持续跌势的底部，也可以出现在持续升势的顶部，还有可能在回调洗盘阶段或反弹回升阶段出现，均为强烈的反转形态，其反转意义比接吻线要大得多，如图 5-44 所示。

图 5-44　分手线形态示意

2. 市场含义

在看涨分手线中，股价经过持续的下跌行情后，或经过充分的回调洗盘，释放了大量的空头能量，空方放弃了对盘面的控制。然而物极必反，第二天多方趁机介入，股价大幅跳空高开，开盘时就全面收复了前一交易日下跌的失地，并将股价再度推高，成功扭转市场下跌势头，因此具有转势看涨意义。

看跌分手线的意义与看涨分手线相反，表明股价持续上涨后，有滞涨回落要求，具有下跌转势意义。

3. 应用法则

（1）分手线两根 K 线的颜色必须相反，呈反方向运行。K 线排列：在看涨分手线中，为前阴后阳；在看跌分手线中，为前阳后阴。

（2）分手线两根 K 线的开盘价相同或十分接近。

（3）形态出现在趋势的末端，第一根 K 线反映市场的原先趋势。

如图 5-45 所示，大同煤业（601001）：看涨分手线的实例，该股见顶后一路震荡走低，2018 年 2 月 2 日收出一根下跌大阴线，盘面看空气势来势汹汹，但是，第二天股价大幅跳高到涨停价开盘，盘中瞬间急跌后拉起，当天收出“T”字形涨停，第三天小幅高开后股价拉至涨停。从图中可以看出，该股符合上述分手线的三个条件，从此股价出现一波快速拉高行情。

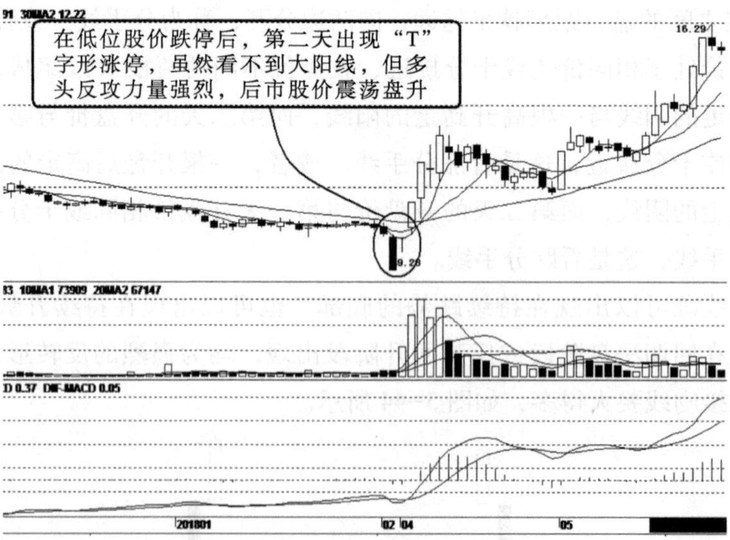

图 5-45 大同煤业（601001）日 K 线

如图5-46所示，抚顺特钢（600399）：看跌分手线的实例，该股在高位出现先抑后扬走势，当天收出一根涨幅超过6个多点的大阳线，按理说是一个强劲的上涨势头。可是，第二天股价大幅低开于前一天的开盘价附近，且全天逐波震荡走低，当天收出跌停大阴线，从而形成看跌分手线，此后股价渐行渐弱。

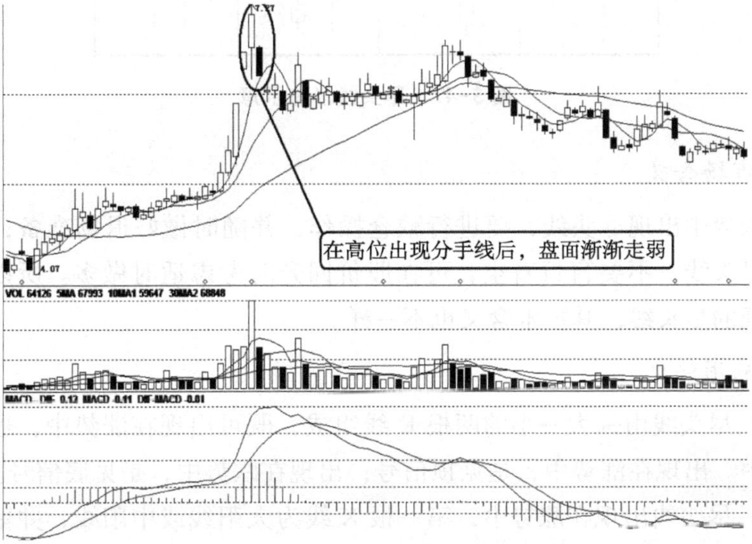

图5-46 抚顺特钢（600399）日K线

九、尽头线

1. 形成过程

简评：次要的底部或顶部反转形态，宜进一步确认形态的有效性。

特征：尽头线就是说明行情已经到了末期而难以继续发展的意思。尽头线是转势信号，可以分为跌势尽头线和涨势尽头线。

在上升趋势中，原行情进行得相当顺利，一般都认为这个趋势会继续进行下去，结果在一根长阳线的上影线右方，却出现了一根K线实体完全涵盖在上影线范围内的短十字星或小阴小阳线。在上涨行情中出现这种形态时，预示股价将要下跌，这时投资者要考虑卖出。

在下跌趋势中，在一根长阴线的下影线右方，出现了一根K线实体完全涵盖在下影线范围之内的十字星或小阴小阳线，这就是下跌尽头线。在下跌行情中出现这种形态时，预示股价将要上涨，这时投资者要考虑买进，如图 5-47 所示。

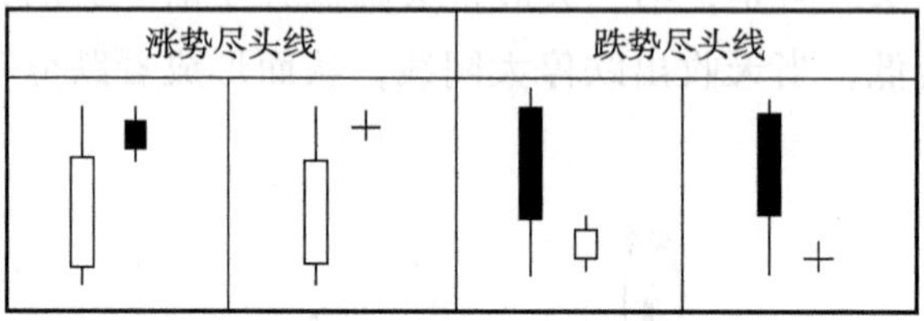

图 5-47　尽头线形态示意

2. 市场含义

在涨势中出现尽头线，要进行减仓操作，并随时做好退场准备；在跌势中出现尽头线，不要盲目看空，可在股价回升时考虑适时做多。所以，不同阶段出现的尽头线，其技术含义也不一样。

3. 应用法则

（1）尽头线由一大一小的两根 K 线组成，既可出现在涨势中，也可出现在跌势中。出现在涨势中，是见顶信号；出现在跌势中，是见底信号。

（2）尽头线出现在涨势中，第一根 K 线为大阳线或中阳线，并留有一根上影线，第二根 K 线为小十字线或小阳小阴线，依附在第一根 K 线的上影线之内。

（3）尽头线出现在跌势中，第一根 K 线为大阴线或中阴线，并留有一根下影线，第二根 K 线为小十字线或小阳小阴线，依附在第一根 K 线的下影线之内。

（4）尽头线的上影线或下影线的右方，带着的 K 线越小（如小十字星），则信号越强。

（5）尽头线的上下影线不一定全部被包容。由于在实盘中，第二根 K 线可能因受瞬间盘面波动影响，而超越第一根 K 线的高点或低点，只要收盘价依然收在第一根 K 线的影线范围内，且实体部分非常小，其分析意义依然相同。

如图 5-48 所示，丹化科技（600844）：股价反弹高位后，在高位收出了涨势尽头线的 K 线形态。第二天多方再次发力上攻，但无功而返，最后下跌收阴，从而使转势尽头线确立，随后股价向下调整。通常，尽头线一旦有效形成，往往成为后市股价上涨的一个重要阻力位。

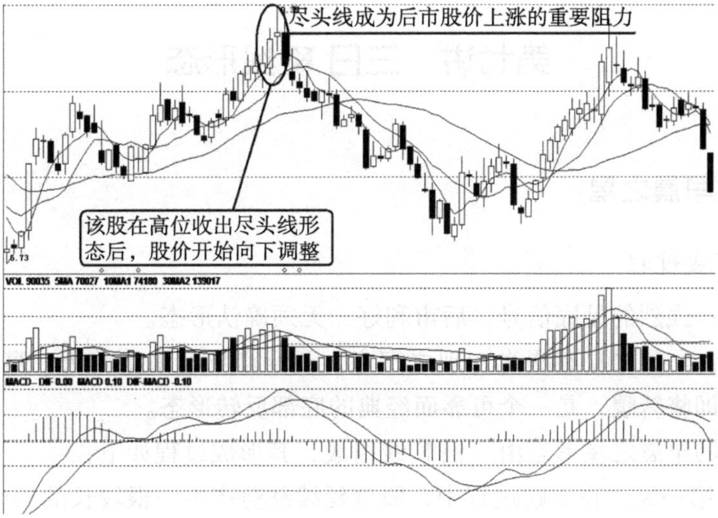

图 5-48　丹化科技（600844）日 K 线

如图 5-49 所示，朗玛信息（300288）：股价经过长时间的下跌调整后，在低位收出了跌势尽头线，说明市场经过长期的下跌调整后，空方能量得到较好释放，股价随时有见底回升的可能。随后股价开始上涨收阳，转势尽头线得到有效确认，随后出现一波快速拉升行情。

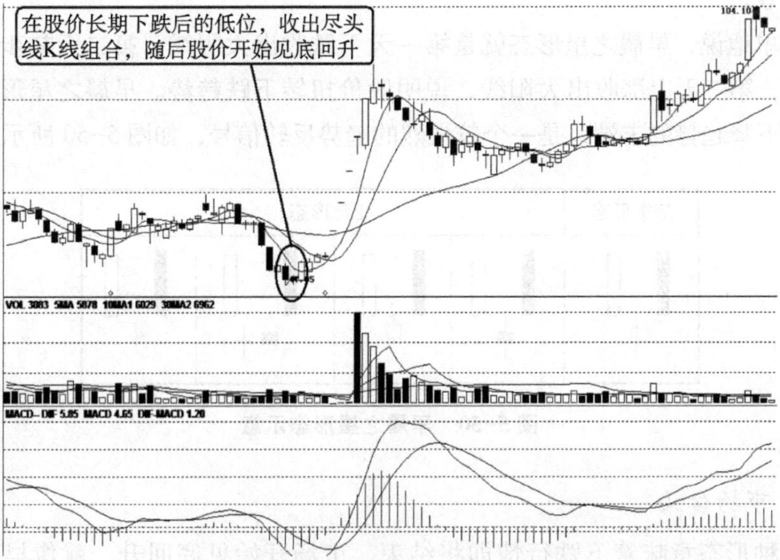

图 5-49　朗玛信息（300288）日 K 线

第七讲　三日 K 线形态

一、早晨之星

1. 形成过程

简评：强烈的见底信号，后市利好，无须确认形态。

特征：早晨之星有曙光初现之寓意，预示市场迎来艳阳天，寓意跌势将尽，大势即将转暖，是一个可靠而经典的底部反转形态。

标准的早晨之星形态由三根 K 线组成，其形成过程如下：

（1）第一天，在下跌过程中，股价延续跌势产生一根较长的实体大阴线，显示大势不妙，同时也说明空方能量得到进一步宣泄。

（2）第二天，股价跳空低开，但跌势趋缓而呈低位牛皮走势，收盘价与开盘价差不多在同一个水平，形成一个十字星形态（小实体阴阳 K 线亦可，其分析意义更佳），这根 K 线为早晨之星形态的主体部分。

（3）第三天，股价强势上涨，出现较大的反弹走势，收出一根较长的实体阳线，其实体部分或全部吞食第一根阴线的实体，显示出多头已经开始初步的反攻。

简单地说，早晨之星形态就是第一天下跌收出大阴线，第二天初步止跌收出星线，第三天上涨收出大阳线，说明股价扭转下跌趋势。早晨之星形态大多出现在下降趋势的末端，是一个较强烈的趋势反转信号，如图 5-50 所示。

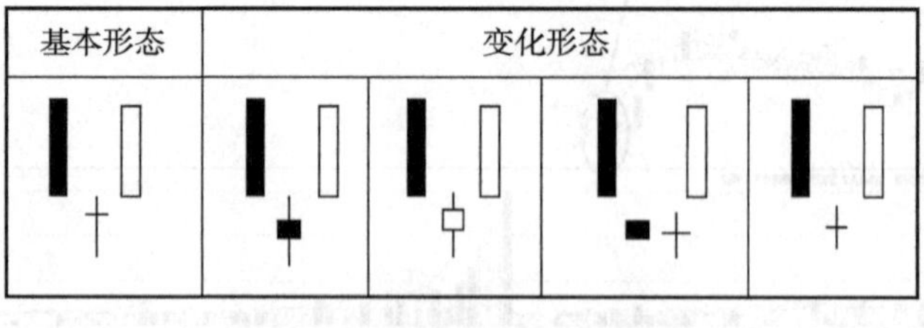

图 5-50　早晨之星形态示意

2. 市场含义

这种形态意味着下跌行情即将结束，市场开始见底回升，就像早晨的太阳一样，给人以无限生机。第一根阴线由于受到前期下跌走势的影响，由于恐慌性抛盘出现而形成一根大阴线。第二根十字星表明下跌功能衰竭，低位抛压减轻，在图形上形成星线的主体部分，这个星线可以是阳线，也可以是阴线。第三根阳线拔地而起，并收复了第一天的大部分失地，表明下跌势头被成功扭转，确定成功筑底，市场发出看涨信号。

3. 应用法则

（1）第一根K线的颜色承原先趋势，也就是说形态中的第一根K线应为阴线。

（2）第三根K线颜色应与第一根相反，即为阳线。

（3）第二根K线可以小幅高开或低开，也可以与第一根K线实体之间产生小缺口，而且第二根K线属阴线或阳线，并不影响分析。

（4）第二根K线可以是小幅上涨或下跌的十字星或小实体K线，并不影响形态的实盘分析。

（5）第三根阳线实体的长度越长，后市上涨力度越大。也就是说，第三根阳线实体收盘价深入第一根阴线实体越多，其信号就越可靠。

如图5-51所示，移为通信（300590）：股价经过大幅下跌后，2018年2月8日产生早晨之星形态，这是出现在市势久跌之后的低位，一根小阳线犹如一颗启明星，随后再出现的有力上升的大阳线，表明黑暗的长夜已经过去，市势迎来希望的曙光。所以，超跌后的早晨之星形态成为市势反转上升的转折点，遇到这种形态时投资者应积极关注。

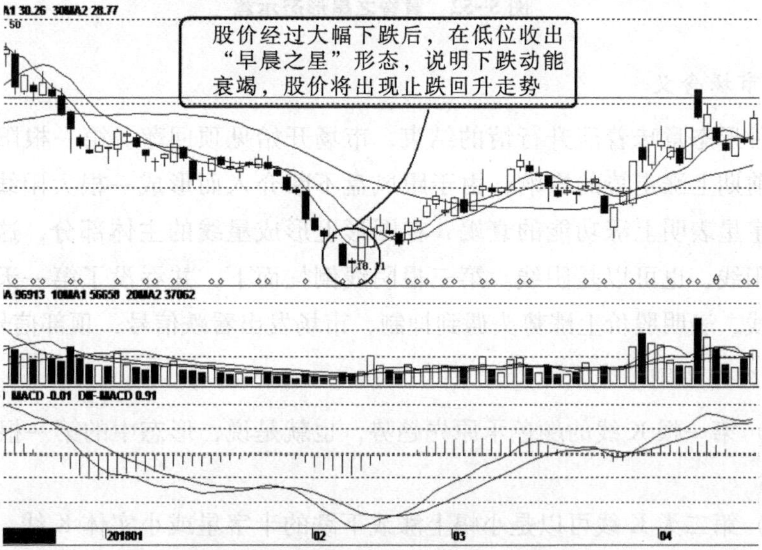

图5-51 移为通信（300590）日K线

二、黄昏之星

1. 形成过程

简评：黄昏之星是见顶信号，后市看空，无须确认形态。

特征：夕阳无限好，只是近黄昏。黄昏之星意味着日落西山，夜幕悄然来临，预示市场上涨行情即将末了，因此是一个比较可靠的顶部反转形态。

标准的黄昏之星形态由三根 K 线组成，其形成过程如下：

（1）先是一根较长的实体阳线，股价延续强势上涨势头。

（2）第二天股价跳空高开，但上涨势头明显减弱，形成一个十字星形态（实体小阴小阳 K 线亦可，分析意义相同）。

（3）第三天股价小幅低开，并产生一根较长的实体阴线，其实体部分明显地向下深入到第一根的实体阳线之内，显示头部形态构成，这就形成了一个标准的黄昏之星形态，如图 5-52 所示。

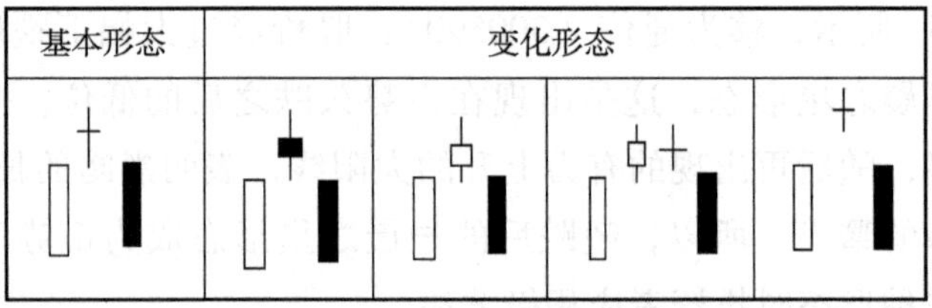

图 5-52　黄昏之星形态示意

2. 市场含义

这种形态意味着涨升行情的结束，市场开始见顶回落。第一根阳线是因为受到前期上涨走势的影响，由于跟风盘不断介入而形成一根大阳线。第二根的十字星表明上涨功能的衰竭，在图形上形成星线的主体部分，这个星线可以是阳线，也可以是阴线。第三根阴线倒挂而下，并吞没了第一天的大半部分阳线，表明股价上涨势头遇到抑制，市场发出看跌信号，顶部信号产生。

3. 应用法则

（1）第一根 K 线的颜色承原先趋势，也就是说，形态中的第一根 K 线应为阳线。

（2）第二天 K 线可以是小幅上涨或下跌的十字星或小实体 K 线，这不影响形态的实盘分析。

（3）第三根K线颜色应与第一根相反，即为阴线。

（4）第二根K线与第一根K线的实体之间有跳空缺口时，第二根K线为阴线或阳线，并不影响分析。

（5）第三根阴线实体的长度越长，后市下跌力度越大。也就是说，第三根阴线实体收盘价深入到第一根阳线实体越多，其信号就越可靠。

如图5-53所示，冠豪高新（600433）：从图中可以看出，在大阴线出现的前一天，收出了一个滞涨性十字星，而在星线之前却是一根上涨大阳线，这样就构成一个“黄昏之星”形态。在高位出现这种形态意味着上涨行情即将结束，市场开始见顶回落。

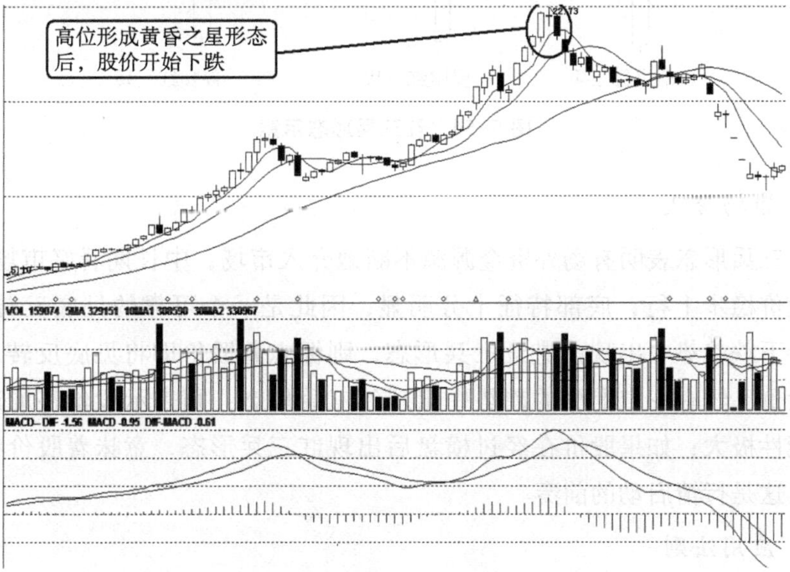

图5-53 冠豪高新（600433）日K线

三、红三兵

1. 形成过程

简评：红三兵形态挺进，底部强烈反转信号，无须确认形态。

特征：红三兵形态由三根上涨阳线组成，每根K线均是较上一日价格上涨、稳步成梯状向上攀升的大阳线，三根实体阳线长度相近，其势如同三个坚挺刚强的士兵，给人以可靠的安全感，因此是一个普遍看涨的转势信号。

红三兵形态是 K 线技术的重要形态之一，在底部出现一根上涨阳线后，再连续出现两根大体相当的阳线，后一根阳线的开盘价处于前一根阳线的实体之内或与前一日 K 线的收盘价持平，当日收于最高价位或次高价位，其上下影线均比较短。

红三兵形态根据技术含量高低可分为前进红三兵形态、受阻红三兵形态及停顿红三兵形态三种，如图 5-54 所示。

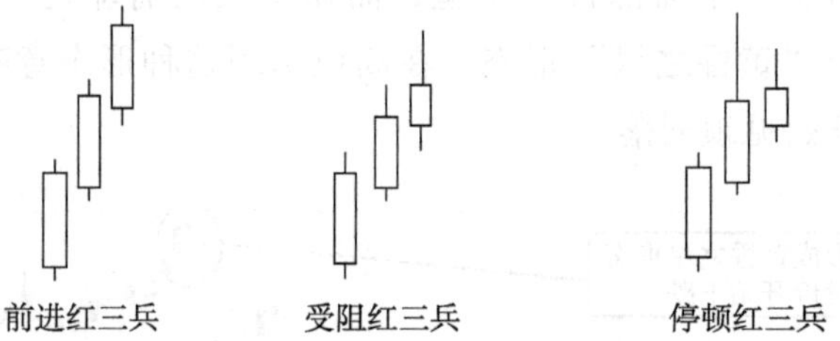

图 5-54　红三兵形态示意

2. 市场含义

红三兵形态表明有场外资金源源不断地介入市场，中长期看好市场前景，推动股价稳步上行，底部特征十分明显，因此是一个可靠的见底反转信号。在股价下跌趋势中出现前进红三兵形态，则标志着股价即将见底反转。如果是在股价已经有一定上涨的趋势中出现红三兵形态，则表示股价将加速上涨的可能性极大；如果股价在经过横盘后出现红三兵形态，意味着股价将向上突破，这是行情启动的前奏。

3. 应用法则

（1）红三兵形态必须出现在市场的底部。

（2）每天的开盘价应该在前一根阳线的实体之内或是附近收盘价水平。

（3）每根阳线的收盘价应在全日最高价或最高价附近。

（4）三根阳线的实体长度相近，由呈梯状向上攀升的大阳线组成。

（5）红三兵形态具有一定的弹性，第二天和第三天的开盘价可以在前一天实体之内的任何部位，但开盘价最好位于前一天实体中点的上方。必须记住，每天的开盘价之所以会低于前一天的收盘价，是因市场存在一定抛压，健康的涨势总是需要伴随一定程度的抛压。

如图 5-55 所示，莱茵体育（000558）：该股经过持续调整后，股价渐渐企稳回升，当股价回升到均线系统附近时，似乎遇到较大的压力。经短期的蓄势整理后，2018 年 5 月 4 日开始连拉三根阳线，形成一个红三兵形态，该形态成功突破均线系统的压制，从而结束了调整走势，股价保持在 30 日均线上方运行，此后股价经过强势整理后，再次向上突破。在实盘操作中遇到这种盘面时，激进的投资者可以在红三兵形态出现时积极做多，稳健的投资者应等待股价回落确认突破有效时介入。

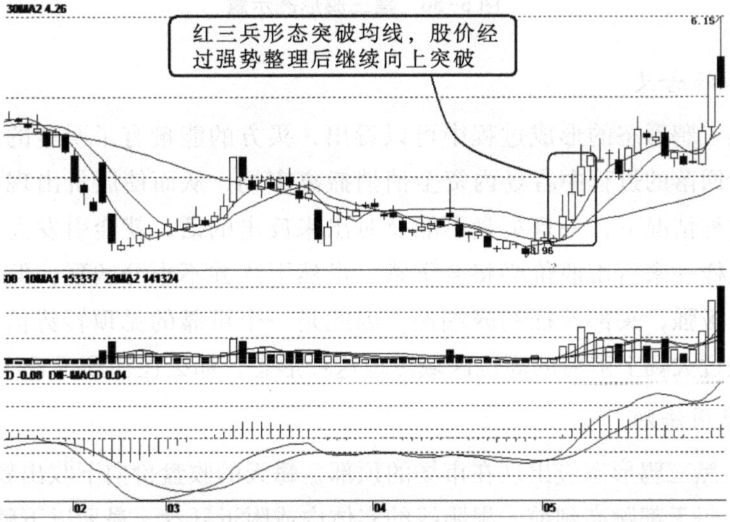

图 5-55 莱茵体育（000558）日 K 线

四、黑三鸦

1. 形成过程

简评：三只乌鸦，不祥之兆，强烈见顶反转信号，无须确认形态。

特征：黑三鸦形态由三根下跌阴线构成，实体阴线大小相近，呈阶梯状下跌走势，每日的开盘价均在前一日阴线的实体内，但开盘后即下挫形成阴线，收盘价向下跌落，三根阴线有秩序地呈下跌走势。

三只乌鸦嘴，不涨就会跌，是一个普遍看跌的转势信号。黑三鸦形态的相对形态自然是红三兵形态。根据技术含量高低可分为突破黑三鸦形态、支撑黑三鸦形态以及停顿黑三鸦形态三种，如图 5-56 所示。

图 5-56 黑三鸦形态示意

2. 市场含义

从黑三鸦形态的形成过程中可以看出，买方的能量有了明显的衰退，并且在股价回落的过程中有场内资金悄悄撤离市场，从而使股价出现了持续回落。在这种情况下，一旦买盘不能及时出来反击的话，就会引发大量的获利回吐，这样一来后市股价必将会下跌。虽然下跌并不十分凶猛，但对技术形态破坏力极强，头部特征初露端倪，因此是一个可靠的见顶转势信号。如果在股价经过大幅上涨后的高位区域出现这种形态，那么往往预示着庄家出货。

3. 应用法则

（1）黑三鸦形态应出现在市场的顶部，每天的收盘价向下收出新低。

（2）每天都跳高到前一根阴线的实体内或附近开盘，最后以下跌收盘。

（3）每一根阴线的收盘价应在全日最低价或附近水平。

（4）三根阴线的实体长度相近，均为梯状下跌的大阴线。

（5）黑三鸦形态具有一定的弹性，第二天和第三天的开盘价可以在前一天实体之内的任何部位，但开盘最好位于前一天实体中点的下方，三根阴线的收盘价都应当处于当日最低价或近似最低价。

如图 5-57 所示，西部资源（600139）：这是一个黑三鸦形态跌破均线系统的例子。该股产生一波反弹行情后，从 2018 年 8 月 15 日开始连收三根阴线，从而形成一个黑三鸦形态，股价跌破了 30 日均线的支撑，此后股价开始下跌。

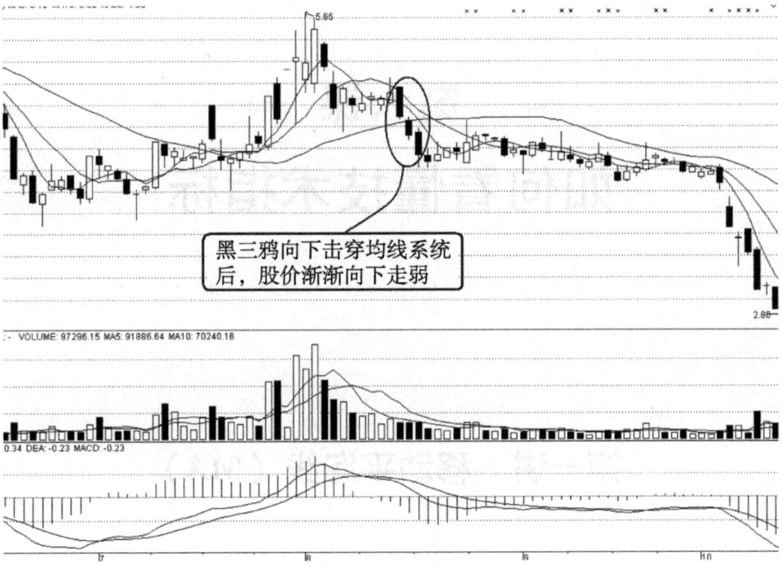

图 5-57 西部资源（600139）日 K 线

第六课
如何看懂技术指标

第一讲　移动平均线（MA）

一、移动平均线简介

表 6-1　移动平均线

中文全名	移动平均线
英文全名	Moving Average
指标热键	MA
指标属性	趋势型技术指标
指标应用	短线、中线、长线技术指标
原始参数	5、10、30
波动范围	无固定波动区间

简单地说，移动平均线就是 N 天收盘价的平均线，俗称均线（MA）。或者说，就是把某段时间的股价加以平均，再将这个每日不同大小的平均值标于图表上，并将各个平均值连接起来，便得到一条上下起伏的曲线，这就是著名的移动平均线。计算公式：最后 N 天的收盘价之和/N 天，所得的结果就是 N 天的移动平均线的值。

均线的主要作用表现在：借助一定时期股票收盘价的移动走势，反映真实的股价变动趋势。运用移动平均线与每天股价波动之间的相对位置、变动幅度、变化方向，同时配合多种均线的排列关系，来预测股价未来趋势，从而决定买卖时机。

根据时间长短不同，可以分为：短期均线，通常为 5 日、10 日、20 日的均线；中期均线，通常有 30 日、60 日的均线；长期均线，通常有 120 日、250 日的均线等。短期、中期、长期是相对的，可以自己确定周期长短。

依据均线计算方法不同，可以分为：算术移动平均线、加权移动平均线和平滑移动平均线。

就均线指标形态而言，可以分为：单根均线、普通组合均线和特殊组合均线（周均线、月均线和分时均线）。

二、移动平均线的特性

技术分析人士利用移动平均线来分析股价走势，主要有以下几大特性，这些特征也涵盖了均线的优点和缺点。

（1）趋势性。均线指标能够用来表示股价的趋势方向，并追随这个趋势，不轻易放弃。

（2）稳定性。通常愈是短期的均线，稳定性愈差；愈是长期的均线，稳定性愈强。长期的均线不会轻易向上或向下，必须等股价趋势形成之后，均线才会向上或向下延伸。在股价回落之初，均线却是向上的，等到股价下滑显著时，才能见均线掉头向下，这是均线最大的特点，但也因此使得均线有延迟反应的特性。

（3）真实性。均线指标是反映一定时期内股票收盘价移动平均值，能够反映市场的真实情况，一般难以长期造假。

（4）安全性。一般地，均线不会轻易地向上或向下运动，通常股价回落或上涨初期，均线反而是向上或向下运行的，待市势明朗后，均线才会真正地改变运行方向。均线选用的天数参数越大，其安全性能就越大。如 30 日均线的安全性能就大于 10 日均线。

（5）滞后性。在股价原有趋势发生改变时，由于均线追踪趋势的特性，其走势往往反应迟钝，改变运行方向通常落后于股价运行的方向，明显有“价先线后”的性质，这也是均线一个极大的弱点。

（6）助涨、助跌性。当股价突破均线，无论是向上突破还是向下突破，股价将会继续沿突破方向运动一段距离。

（7）支撑、阻力性。受上述这些特征的决定，它在股价走势中具有支撑和阻力的作用，向上突破均线起支撑作用，向下突破产生阻力。其支撑和阻力的力度大小，取决于均线所选用的周期长短，周期越长，对股价的支撑和阻力就越大。反之亦然。

三、葛氏八大买卖法则

在证券技术分析中，美国证券技术分析大师葛兰碧对股价与移动平均线的关系进行细致的分析，提出了“移动平均线八大买卖法则”，买入、卖出各有4个信号。这八大法则在技术分析中颇具权威性，对实盘操作具有很强的指导意义，如图6-1所示。

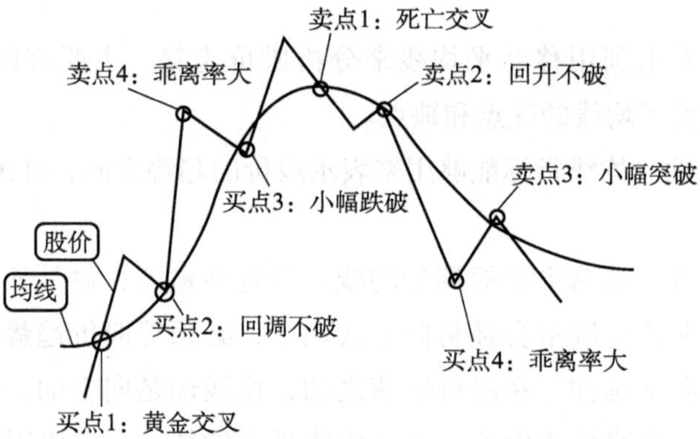

图6-1　葛兰碧移动平均线八大买卖法则示意

1. 买入法则

（1）买点1：股价由下向上穿过均线并继续向上运行，为买入信号。均线由下降通道渐渐走平，而股价从均线下部向上突破均线，形成黄金交叉，并带动均线上移，此为典型的买进信号。

（2）买点2：股价跌至均线附近但不死叉掉头向上，为买入信号。股价一直在均线之上运行，说明仍为涨势，应是买入信号。

（3）买点3：股价跌破均线但很快重返均线之上，为买入信号。股价与均线有“价先线后”的关系，在均线缓缓上升的过程中，股价一时跌破均线，不久即返回均线之上，说明市场仍处于强势。此时的下破为假动作，应是买入信号。

（4）买点4：股价大幅下跌并已远离均线，为买入信号。股价大幅下挫，跌破了均线，且继续远离均线，乖离率（BIAS）增大，有向均线回归的可能，此时可以买进做反弹。

从技术理论上分析：买点 1 法则为盘底现象，是买进信号；买点 2 法则为探底现象，为加仓买进信号；买点 3 法则为回档现象，均线有支撑作用，为加仓买进信号；买点 4 法则为反弹现象，应快进快出。

2. 卖出法则

（1）卖点 1：股价从上而下跌破均线并继续向下，为卖出信号。均线在高位由上升趋势渐渐走平或有拐头向下的迹象，而股价由上向下跌破均线，形成死亡交叉，表明市场抛压较重，此时应卖出股票。

（2）卖点 2：股价上升到均线附近又掉头向下，为卖出信号。股价一直在均线之下运行，说明空头气氛浓烈，应是卖出信号。

（3）卖点 3：股价向上小幅突破均线后，很快回到均线之下，为卖出信号。均线缓缓向下压，股价在其下位置运行，构成下降通道。股价昙花一现般地上穿均线，接着重回均线之下，说明市场为弱势。这种突破为假动作，应尽快卖出。

（4）卖点 4：股价大幅上涨且远离均线，为卖出信号。股价涨势过猛，突破后继续远离均线，乖离率（BIAS）偏大，有向均线回档的可能，此时应卖出股票。

从技术理论上分析：卖点 1 法则为盘头现象，为卖出信号；卖点 2 法则为反弹现象，均线具有阻力作用；卖点 3 法则为做头现象，为卖出信号；卖点 4 法则为回档现象，为短线做空信号。

四、移动平均线实盘技巧

1. 多头排列

多头排列一般是指短期均线大于中期均线，中期均线大于长期均线，且呈现不断向上攀升的运行趋势。也就是说，短期均线在上方，中期均线在中位，长期均线在下方，趋势不断向上发散。说明股价处于上升过程中，后市股价继续看涨，因此是一个逢低买入信号。

如图 6-2 所示，康泰生物（300601）：在 2018 年 2 月初，股价开始向上突破，均线系统呈现多头排列，股价稳步向上走高。从图中可以看出，该股位于上方的 5 日均线、居于中间的 10 日均线和处于下方的 30 日均线，这三根均线处于稳健的向上攀升走势，呈现出典型的多头排列状态，说明这只股票由多方牢牢控制着局势。

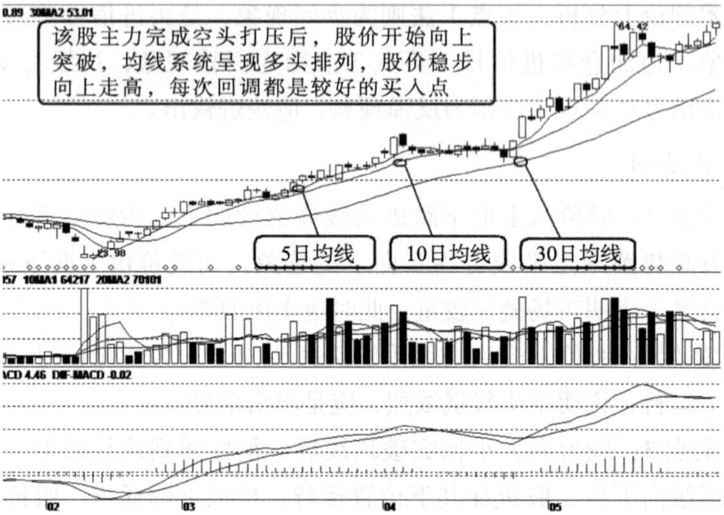

图 6-2 康泰生物（300601）日 K 线

2. 空头排列

长期均线在上方，中期均线在中间，短期均线在下方的这种排列方式，就是空头排列。一般来说，当均线出现空头排列时，意味着股价进入空头市场，盘面呈现弱势走势。尤其是股价有了一段较大涨幅之后，当均线出现空头排列时，表明股价将出现一轮较大的跌势，投资者应及时做空，离场观望。

如图 6-3 所示，苏州高新（600736）：股价见顶后回落，形成清晰的下降趋势，30 日均线在上方，10 日均线居于中间，5 日均线在最下方，均线系统呈现空头排列。日 K 线大多数在均线下方收盘，股价每次反弹到 30 日均线附近均受阻回落。投资者遇到均线系统呈现空头排列时，应在 30 日均线附近清仓出局。

3. 金叉信号

短期均线由下向上穿越中期或长期均线，而中期或长期均线向上移动，称为金叉信号。金叉信号可以积极做多。两线交叉的角度越陡峭，买入信号越强烈；角度越平坦，买入信号越微弱。

如图 6-4 所示，佳发教育（300559）：该股主力在低位吸纳了大量的低价筹码，经过打压洗盘后，股价开始向上运行。2018 年 2 月 14 日，5 日均线向上金叉 10 日均线，然后再次向上金叉 30 日均线。2 月 26 日，10 日均线向上金叉 30 日均线，30 日均线由原来的下行状态渐渐转为上行走势，均线系统呈现多头排列特征，显示盘面已经转为强势，随后该股出现大幅上涨行情。

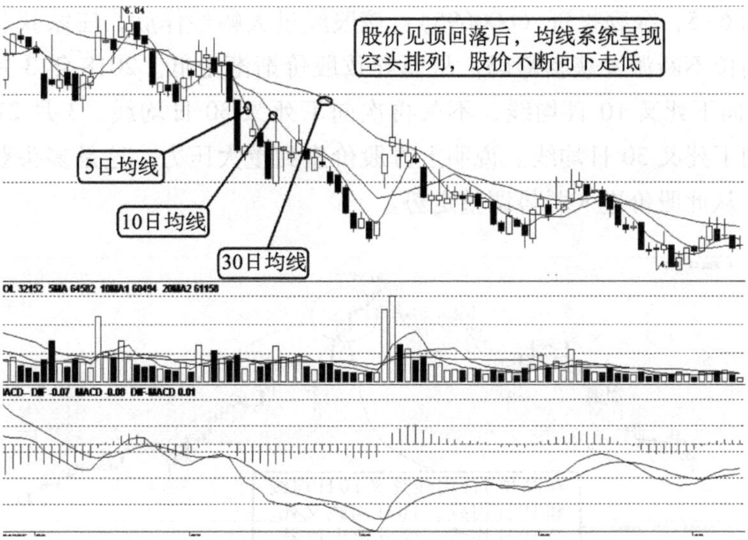

图 6-3　苏州高新（600736）日 K 线

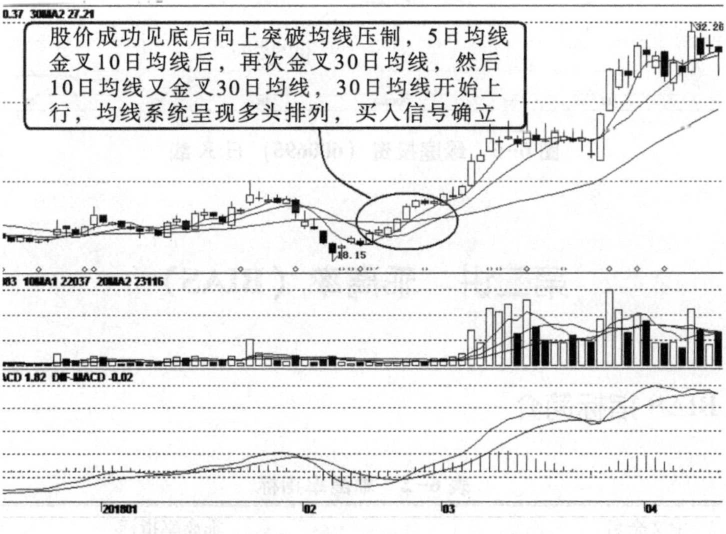

图 6-4　佳发教育（300559）日 K 线

4. *死叉信号*

短期均线由上向下穿越中期或长期均线，而中期或长期均线向下移动，称为死叉信号。死叉信号后市看跌。两线交叉的角度越陡峭，卖出信号越强烈；角度越平坦，卖出信号越微弱。

如图 6-5，绿庭投资（600695）：该股经过大幅炒作后，庄家获利非常丰厚，在高位不断派发获利筹码，从而导致股价渐渐走低。2018 年 3 月 14 日，5 日均线向下死叉 10 日均线，不久再次向下死叉 30 日均线。3 月 21 日，10 日均线向下死叉 30 日均线。说明上方股价遭到重大压力，这是多头获利了结的信号。从此股价进入弱势调整走势。

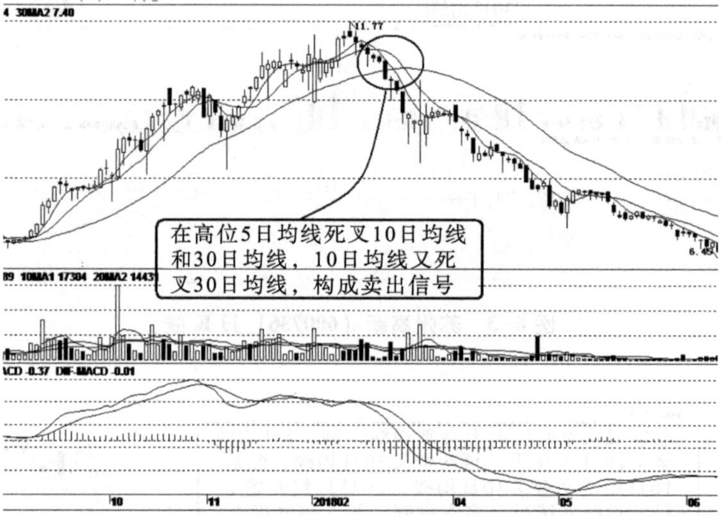

图 6-5　绿庭投资（600695）日 K 线

第二讲　乖离率（BIAS）

一、BIAS 指标简介

表 6-2　乖离率指标

中文全名	乖离率指标
英文全名	BIAS
指标热键	BIAS
指标属性	超买超卖型技术指标
指标应用	短线技术指标
原始参数	6、12、24
波动范围	无固定波动区间

乖离率（BIAS）指标，是从移动平均线原理派生出来的一项技术指标，主要功能是通过测算股价在波动过程中与均线出现的偏离程度，从而得出股价在剧烈波动时，因偏离均线趋势，造成可能的回档或反弹，以及股价在正常波动范围内，而形成继续原有趋势的可信度。

BIAS 指标所反映的是当日收盘价与 N 天均线的比值，这个比值表示股价偏离趋向指标的大小。由于均线是股价的趋向指标，当股价短期波动偏离这个趋向指标达到一定程度时，均线将会产生一定的拉力，使股价重新返回原有趋势路径上。

BIAS 指标与行情的强弱有关，在强势多头市场中，市场买气旺盛，涨势与涨幅往往出人意料，股价远高于均线；同样，在非常弱势的空头市场中，市场买气缺乏，跌势与跌幅也往往出人意料，股价远低于均线。一般说来，距离越远，则表示多空反转的可能性越大。

BIAS 指标分为正乖离率、负乖离率和 0 乖离率。若股价在均线之上，则为上乖离，叫正乖离率；若股价在均线之下，则为下乖离，叫负乖离率；当股价与均线重合时，则乖离率为 0，叫 0 乖离率。

正乖离率越大，表明短期内多头获利越多，那么获利回吐的可能性越大；负乖离率越大，表明空方力量强大，那么空头回补的可能性也就越大。

二、BIAS 的应用法则

（1）在弱势市场上，股价与 6 日均线的乖离率达到+6%以上时，为超买现象，是卖出时机；当其达到-6%以下时为超卖现象，是买入时机。在强势市场上，股价与 6 日均线乖离率达+8%以上时为超买现象，是卖出时机；当其达到-3%以下时为超卖现象，是买入时机。

（2）在弱势市场上，股价与 12 日均线的乖离率达到+5%以上时，为超买现象，是卖出时机；当其达到-5%以下时为超卖现象，是买入时机。在强势市场上，股价与 12 日均线的乖离率达到+6%以上时为超买现象，是卖出时机；当其达到-4%以下时为超卖现象，是买入时机。

（3）对于个别股票，由于受多空双方激战的影响，股价和各种均线的乖离率容易偏高，因此运用中要随之而变。

（4）当股价与均线之间的乖离率达到最大百分比时，就会向零值逼近，有时也会低于零或高于零，这都属于正常现象。

（5）多头市场的暴涨和空头市场的暴跌，都会使乖离率达到意想不到的百分比值，但出现的次数极少，而且持续时间也很短，因此可以将其看作一种例外情形，不能作为日常研判标准。

（6）在大势上涨行情中，如果出现负乖离率，就可以在股价下跌时买进，此为回档行情，买入的风险较小。相反，在大势下跌行情中，如果出现正乖离率，可以在股价上升时及时卖出，此为反弹行情。

（7）由于个股的特性不同，投资者需要根据具体实际参考最佳的极限买卖值。

三、BIAS 实盘技巧

股价经过一轮上涨后，BIAS 超过一定数值时，表明短线股价上涨过快，涨幅过大，股价有回落的要求，这时可以短线卖出。

如图 6-6 所示，东方通信（600776）：该股在 2018 年 11 月至 2019 年 1 月出现一轮大涨行情，股价远离 30 日均线，BIAS 指标偏大。且 30 日均线与 5 日、10 日均线的 BIAS 明显偏大，短线股价严重超买，BIAS 指标有回归 0 值的要求，这时一旦 K 线出现见顶信号时，就是一个短期卖出信号。

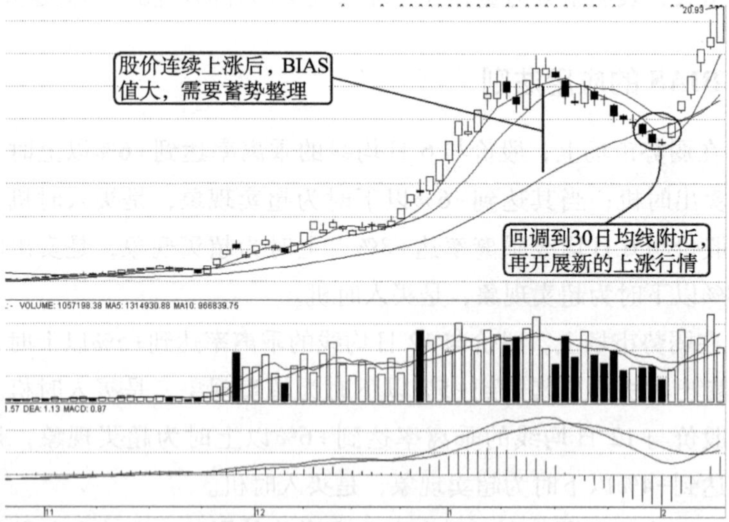

图 6-6 东方通信（600776）日 K 线

相反，股价经过一轮下跌后，BIAS 超过一定数值时，表明短线股价下跌过快，跌幅过大，股价有反弹的要求，这时可以短线买入。在此，不做实例讲解，投资者可以结合实盘自行分析总结。

第三讲　平滑异同移动平均线（MACD）

一、MACD 指标简介

表 6-3　MACD 指标

中文全名	平滑异同移动平均线
英文全名	Moving Average Convergence Divergence
指标热键	MACD（开机默认指标）
指标属性	趋势型技术指标
指标应用	中线、长线技术指标
原始参数	12、26、9
波动范围	以 0 轴为中心上下波动，无固定波动区间

MACD 全称为指数平滑异同移动平均线，是从双移动平均线发展而来的。由快的均线减去慢的均线得出。MACD 是一项利用短期均线与长期均线之间的聚合与分离状况，对买进、卖出时机做出研判的一项技术指标。

MACD 使用起来更方便，当 MACD 从负数转向正数，是买的信号。当 MACD 从正数转向负数，是卖的信号。当 MACD 以大角度变化时，表示快的均线和慢的均线的差距非常迅速地拉开，代表了一个市场大趋势的转变。

二、MACD 的应用法则

（1）DIF、DEA 均为正，DIF 向上突破 DEA，买入信号。

（2）DIF、DEA 均为负，DIF 向下跌破 DEA，卖出信号。

（3）当 DEA 线与 K 线走势发生背离时，为行情反转信号。

（4）分析 BAR 柱状线时，当 MACD 柱状线由红变绿时（DIF 线下穿 MACD 线），为卖出信号；相反，当 MACD 柱状线由绿变红时（DIF 线上穿 MACD 线），为买入信号。

（5）股价盘整之时，常会出现 DIF 与 MACD 交错，此时可以不必理会。只有在乖离率加大，曲线变得陡峭时，方可视为盘局出现突破，这时可以采取买卖操作策略。

三、MACD 实盘技巧

1. 金叉信号

行情经过一轮下跌调整后，空方力量渐渐耗尽，多方占据市场优势，DIF 线在低位与 MACD 线发生金叉，BAR 指标红柱出现并逐日增长，应尽快买入。

如图 6-7 所示，佳电股份（000922）：股价见顶后从高位大幅下挫，套牢者纷纷割肉出逃，MACD 指标一个劲儿地往下钻，且远离 0 轴较远。这时空方能量大大释放，多方发起强大反攻，在低位趁机抢占市场先机，成交量开始大幅放大。2018 年 2 月 26 日，DIF 线向上穿过 MACD 线，在低位形成金叉信号。BAR 指标红柱出现并逐日增长，均线系统出现转机，买入信号清晰可辨。此后，该股率先大盘走出一轮上涨行情，短线涨幅巨大。

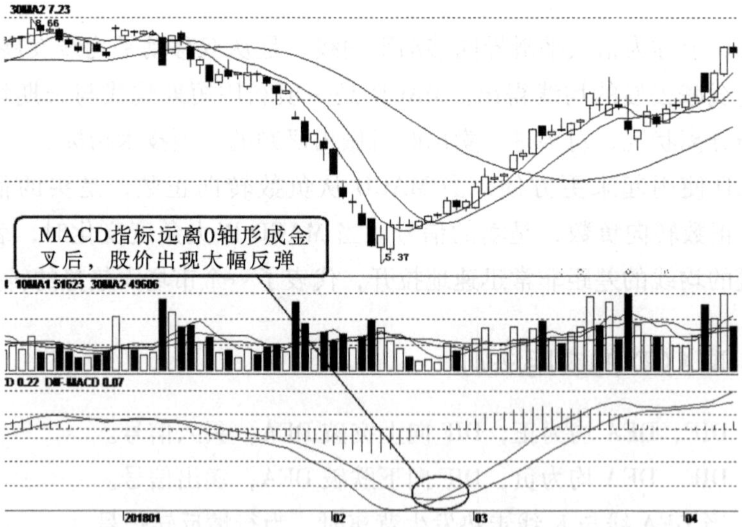

图 6-7 佳电股份（000922）日 K 线

2. 死叉信号

行情经过一轮上涨后，多方力量耗尽，股价无法继续上行，此时空方占据市场优势。庄家不断向外派发筹码，于是 DIF 线在高位与 MACD 线发生死叉走势。MACD 线随之下行，BAR 指标绿柱出现并逐日增长，意味下跌行情即将展开。投资者遇此信号时，应抢先卖出。

如图 6-8 所示，联建光电（300269）：股价经过大幅上涨后，庄家获利非常丰厚，不断在暗中派发获利筹码，股价出现回落走势。在高位 DIF 线向下交叉 MACD 线，BAR 指标红柱消失，股价出现向下调整走势。

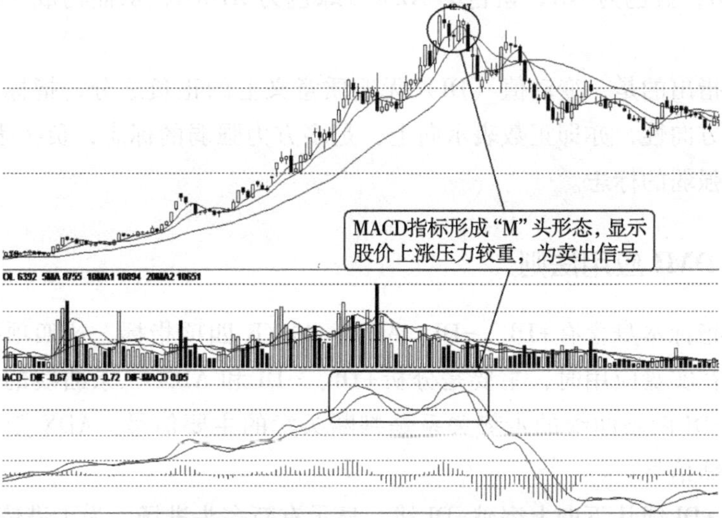

图 6-8　联建光电（300269）日 K 线

第四讲　动向指标（DMI）

一、DMI 指标简介

表 6-4　DMI 指标

中文全名	动向指标，也叫趋向指标
英文全名	Directional Movement Index
指标热键	DMI
指标属性	趋势型技术指标
指标应用	中线、短线技术指标
原始参数	7
波动范围	0~100

动向指标（DMI）是探求价格在上升和下跌过程中，买卖双方力量的“均衡点”，以及价格在双方互动下波动循环过程的一种技术分析指标。其最大特点就是能够准确地告诉大家未来行情的变化趋势。

在一般交易软件上，DMI 指标设置了+DI、-DI、ADX、ADXR 四条线，白色为+DI，黄色为-DI，紫色为 ADX，绿色为 ADXR，从而构成一幅美丽的图案。

需要指出的是，变动值（DI）无实质意义上的正负之分，指标中的正负值仅代表方向性，亦即正数表示向上，是多方力强弱的标志，负数表示向下，是空方力强弱的标志。

二、DMI 应用法则

DMI 指标本身含有+DI、-DI、ADX、ADXR 四项指标，这四项指标要配合观察。在实盘应用时，主要是分析+DI、-DI 和 ADX 三条曲线的关系，其中+DI 和-DI 两条曲线的走势关系是判断买卖的主要信号，ADX 则是对行情趋向的判断信号。

（1）+DI 线从下向上突破-DI 线，显示有新多头进场，为买进信号。

（2）+DI 线从上向下跌破-DI 线，显示有新空头进场，为卖出信号。

（3）ADX 值持续高于前一日时，市场行情将维持原趋势。

（4）ADX 值递减，降到 20 以下，且横向行进时，市场气氛为盘整。

（5）ADX 值从上升倾向转为下降时，表明行情即将反转。

（6）牛皮市判断。当趋势呈牛皮状态，股价新高及新低频繁出现，+DI 和-DI 越走越近，反复交叉，ADX 将会出现递减。当 ADX 值降低至 20 以下，且出现横向移动时，可以断定市场为牛皮市。此时趋势无一定动向，投资者应持观望，不应将+DI 和-DI 发出的信号作为买卖依据。

（7）在动向指数中增添 ADXR 指标，能够扩充动向指数的功能。ADXR 是 ADX 的“评估数值”，其计算方法是将当日的 ADX 值与 14 日前的 ADX 值相加后除以 2 得出。ADXR 的波动一般较 ADX 平缓，当+DI 和-DI 相交，发出买卖信号后，ADXR 又与 ADX 相交，则是最后的买卖机会，随后而来的行情较急，应立即采取买卖行动。

（8）ADXR 是市场的评估指标，当 ADXR 处于高位时，显示行情波动较大，当 ADXR 处于低档时，则表明行情较为牛皮。

三、DMI 实盘技巧

1. 金叉买入信号

在股价大幅调整后的底部区域，+DI 向上、-DI 向下，两线形成金叉，说明股价渐渐见底，构成买入信号。

如图 6-9 所示，新五丰（600975）：在底部经过长时间的调整过程中，庄家吸纳了大量的低价筹码，然后渐渐企稳震荡。2019 年 1 月 7 日，+DI 由下而上，-DI 由上而下，两线快速形成死叉，此时股价突破均线系统压制，构成较好的买入信号。随后股价逐波上涨，累计涨幅较大。

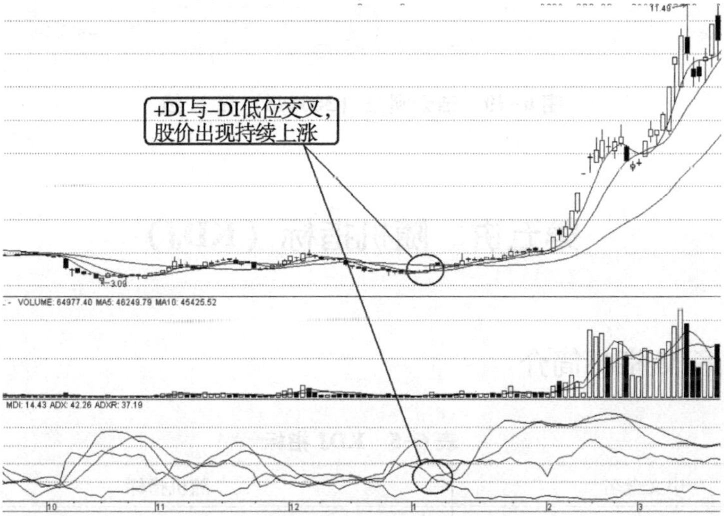

图 6-9　新五丰（600975）日 K 线

2. 死叉卖出信号

在股价大幅上涨后的高位，+DI 向下、-DI 向上，两线形成死叉，说明股价上涨乏力，为见顶征兆，应及时逢高卖出。

如图 6-10 所示，浩云科技（300448）：股价见顶回落后，2019 年 4 月 26 日，+DI 与-DI 形成死叉，此后股价出现向下走弱。所以，在高位遇到死叉信号时，应及时逢高离场观望。

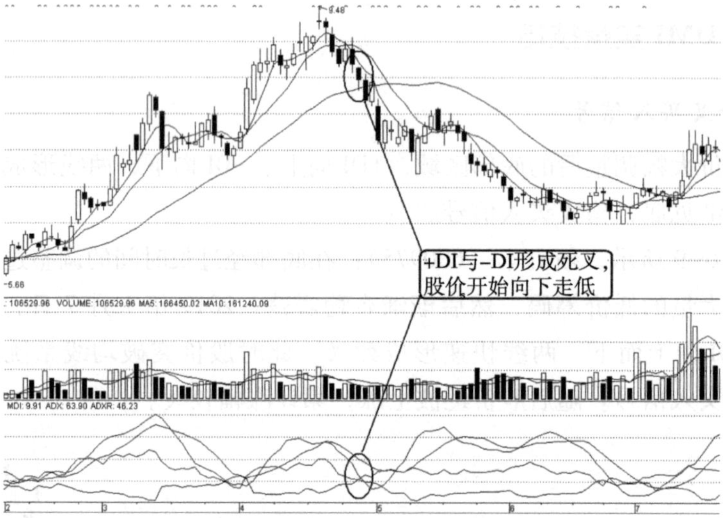

图 6-10　浩云科技（300448）日 K 线

第五讲　随机指标（KDJ）

一、KDJ 指标简介

表 6-5　KDJ 指标

中文全名	随机指标
英文全名	Stochastic
指标热键	KDJ
指标属性	超买超卖型技术指标
指标应用	短线技术指标
原始参数	9
波动范围	0~100

随机指标（KDJ）是为了追求短线操作的安全度而设计的，反映价格走势的强弱和超买超卖动态的一种技术指标。其最大优点就是摄取了动量指标、相对强弱指标和移动平均线这三大技术指标的精髓，从而形成了非常有效的短线买卖的信号依据。在指标体系中，它是最敏感的指标之一，在实盘操作中应用相当广泛，熟练并灵活运用它可以捕捉到相当小的行情变化趋势，实

为投资者进行短线操作的一大法宝。

KDJ 指标就其变化速度而言，J 线最快、K 线次之、D 线最慢。可将 K 值视作快线，将 D 值视作慢线，而将 J 值理解为乖离线更好；就其对行情判断的准确性而言，D 线最准、K 线次之、J 线最差。对 J 线可以不必多加研究，仅做参考就可以了，现在有的软件中将 J 线与 KD 值合并一起标于图表之中。

KDJ 指标的数值介于 0~100 波动，而 J 值则是 K 值与 D 值间的乖离程度，较之 K、D 两线更为敏感，可领先 KD 值而到达顶、底部，其数值也可大于 100 或小于 0。

KDJ 指标的分布规律：因其取值于 0~100，在图形上每隔 20 划分一条界线。

当 KDJ 处于 80~100 为超强势区（又称超买区，表明买气相当强盛）；60~80 为强势（整理）区；40~60 为整理区（其中，50~60 为整理偏强区，40~50 为整理偏弱区）；20~40 为弱势（整理）区；0~20 为超弱势区（又称超卖区，表明卖压相当沉重）。

二、KDJ 的功能

（1）交叉信号。K 线在低位由下向上与 D 线形成金叉时，即 K 值由小于 D 值变成大于 D 值，为买入信号；相反，K 线在高位由上向下与 D 线形成死叉时，即 K 值由大于 D 值变成小于 D 值，为卖出信号。一般而言，KDJ 指标在高位连续出现两次向下死叉，跌势确立；KDJ 在低位连续出现两次向上金叉，涨势确立。

（2）盘整信号。KDJ 的值在 40~60 徘徊时，交叉信号频繁出现，方向不明，无实际指导意义，可以判定为盘整行情，投资者观望为主，不参与买卖行为。

（3）超卖超买。K 值在 10 以下、D 值在 20 以下、J 值处在 0 值时为超卖状态，可以买入；K 值在 90 以上、D 值在 80 以上、J 值达到 100 时为超买状态，可以卖出。

（4）钝化信号。由于 KDJ 指标的数值永远恒定于 0~100 的区间波动，就有可能产生一种特殊的现象——钝化。也就是说，KD 的数值已经到顶而无法超越 100（或已经躺底而无法低于 0），而此时行情价位却同样在激烈地变化着，这必然会给用随机指标来判别行情带来盲区，这也是在应用该指标时应引起重视的问题。这种现象多发生在超强势个股或超弱势个股里，投资者应谨慎操作，防止过早买入或卖出造成不必要的损失，应借助其他技术指标加以研判。

（5）背离信号。钝化是背离的征兆，KDJ 指标的走势与股价的走势不相协调时，产生背离状态，背离分为顶背离和底背离。当股价节节拨高，屡创近期新高时，KDJ 指标却不但不创新高，反而连连下挫，形成了顶背离；相反，当股价步步走低，屡创近期新低时，KDJ 指标却不但不创新低，反而越走越高，形成底背离。KDJ 产生背离时，一般为转势信号，表明短、中期的走势有可能见顶或见底。此时是相当准确的买卖信号，应做出正确的决策，底背离为买入信号，顶背离为卖出信号。

三、KDJ 的应用法则

（1）KDJ>80 时，短期股价回档概率大；KDJ<20 时，短期股价反弹概率大。

（2）K 在 20 附近，从 D 值右方向上交叉 D 值时，为短期买进信号。

（3）K 在 80 附近，从 D 值右方向下交叉 D 值时，为短期卖出信号。

（4）J>100 时，股价容易形成短期头部；J<0 时，股价容易形成短期底部。

（5）KDJ 波动于 50 左右的任何信号，其作用不大。

（6）背离现象：价格创新高或新低，而 KD 未有此现象，亦为反转的重要前兆。

（7）K 值形成一底比一底高的现象，并且在 20 左右的低水平，由下向上连续两次交叉 D 值时，股价涨幅会较大。

（8）K 值形成一顶比一顶低的现象，并且在 20 左右的高水平，由上向下连续两次交叉 D 值时，股价跌幅会较大。

（9）J 值在短期内连续 3 次上穿 0 线，将是重要的买入信号；J 值在短期内连续 3 次跌穿 100 线，将是重要的卖出信号。

四、KDJ 实盘技巧

1. 黄金交叉

在实盘操作中，当 K 线在低位由下向上与 D 线形成交叉时，即 K 值由小于 D 值转换成大于 D 值，被称作“金叉”，属于短线买入信号。

如图 6-11 所示，汇冠股份（300282）：股价经过长时间的低位盘整走势后，不久，KDJ 指标在 20 线附近形成金叉，表明市场趋于企稳现象。随后股价小幅回升，KDJ 指标上行到 50 线上方。然后庄家开始洗盘整理，KDJ 指标重新回落。

然后，KDJ 指标在 50 线附近再次形成金叉。从力度上分析，这次金叉与前一次金叉相比，明显处于强势之中。之后股价出现一波快速上涨行情。

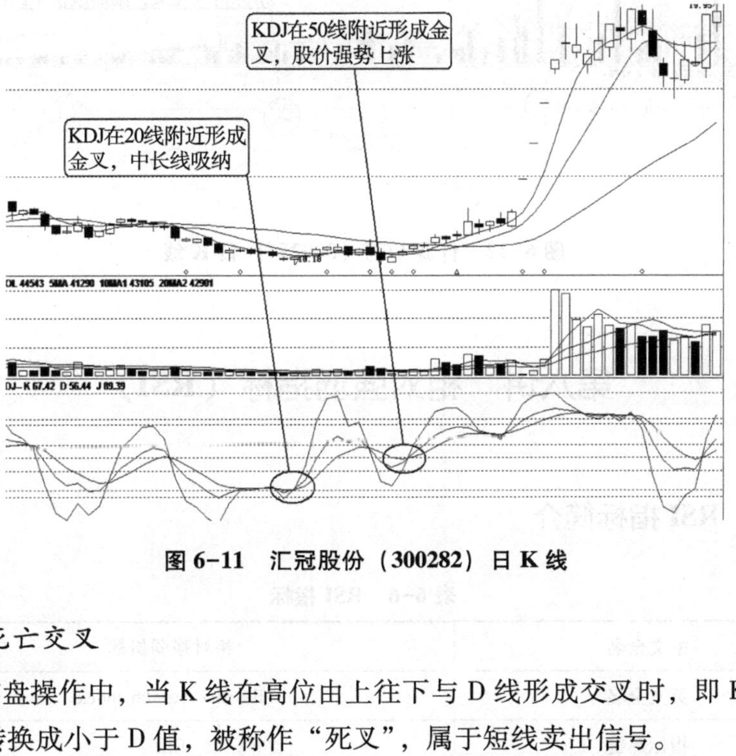

图 6-11 汇冠股份（300282）日 K 线

2. 死亡交叉

在实盘操作中，当 K 线在高位由上往下与 D 线形成交叉时，即 K 值由大于 D 值转换成小于 D 值，被称作“死叉”，属于短线卖出信号。

如图 6-12 所示，仟源制药（300254）：该股经过成功炒作后，股价累计涨幅较大。不久，KDJ 指标在 80 线上方形成死叉（也是顶背离形态），预示股价即将见顶回落，这时应减磅操作。

之后，股价经过一波下跌调整后，出现小幅反弹，但反弹动力不足，股价到达前期高点附近时遭到明显抛压，此时 KDJ 指标在 80 线附近形成死叉，此后股价出现中线调整。

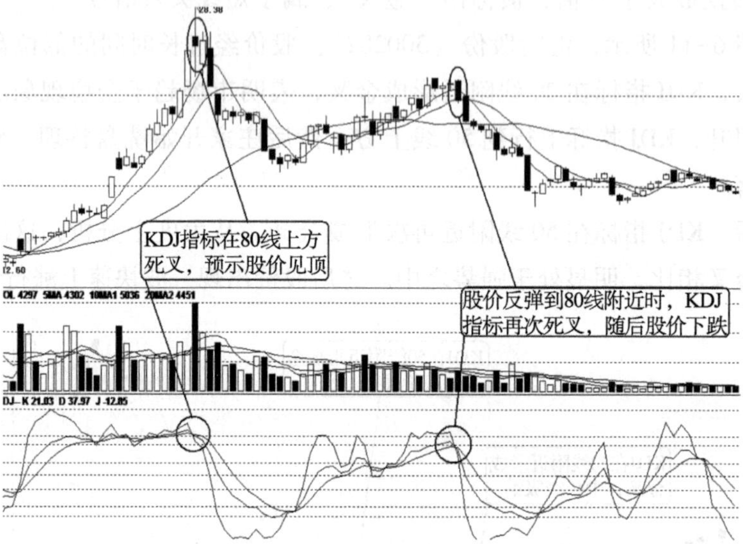

图 6-12　仟源制药（300254）日 K 线

第六讲　相对强弱指标（RSI）

一、RSI 指标简介

表 6-6　RSI 指标

中文全名	相对强弱指标
英文全名	Relative Strenth Index
指标热键	RSI
指标属性	超买超卖型技术指标
指标应用	中线、短线技术指标
原始参数	6、12
波动范围	0~100

相对强弱指标（RSI）是根据供需平衡原理发展而来的，由美国证券技术分析大师威尔斯·威尔德提出并设计的技术分析工具，最早应用于欧美期货市场。

RSI 指标是通过比较一段时间内收盘指数或收盘价的涨跌变化情况，来分析测量多空双方买卖力量的强弱程度，从而判断未来股市走势的一种技术指标。其最大优点就是提前提示买卖双方力量对比，因而其变化往往先于行情变化，能够相对测量股价本质的强与弱，根据“择强汰弱”的原则，为投资者过滤弱势股，选择强势股。

RSI 指标还可以显示出市场是属于买方占优势，还是卖方占优势，以减少投资者定性判断市场走势的主观性。作为某种进出股市的依据，该指标具有重要的参考价值。

股市的力量永远来自于多、空两个方面。多强空弱，股价必涨无疑；空强多弱，股价必跌无疑。这种格局的形成，取决于买卖双方的意愿程度。在某一瞬间，买方意愿以此价或更高的价位买入，卖方意愿以此价或更低的价位卖出，于是该交易价便在这一瞬间产生。

通常而言，股民的买入意愿和卖出意愿是不均衡的。若卖出意愿强于买入意愿，则要想卖出股票，就必须降低价位才能成交，从而造成股价下跌；相反，若买入意愿强于卖出意愿，要想买入股票，就必须提高价位才能成交，从而使股价看涨。

二、RSI 指标的特征

在股市技术指标应用方面，除了移动平均线（MA）外，RSI 指标属于使用最普遍的技术指标之一，因为它有许多的技术特性。

RSI 指标是波动于 0~100 的超买超卖指标。相对于其他中长线技术指标而言，该指标在盘中波动速度快，所以适合中短线波段操作。

该指标在图表上有两条曲线（有的软件有三条曲线），分别是快线 RSI（白色）和慢线 RSI（黄色）。50 为强弱分界线，当 RSI 指标值大于 50 时，说明市场处于多头市场；当 RSI 指标值小于 50 时，说明市场处于空头市场。

RSI 指标的变动范围在 0~100，常态分布在 30~70，其中大多时间波动于 40~60，超过 80 或者低于 20 的机会很少。其数据区域划分与 KDJ 有相当的一致性，也以每 20 作为一个间隔，将这些数值划为五个区间。

80~100 为超强势区，买气过于强盛，为短线卖出信号。

60~80 为强势区，股价仍有上涨动力，为持股或买入信号。

40~60 为整理区，说明市场处于盘整，短期买卖信号不明显。

20~40 为弱势区，股价仍将面临技术压力，为观望或减仓信号。

0~20 为超弱势区，说明短线有反弹要求，可以逢低买入。

这里的“超强、强、弱、超弱”只是相对的分析概念，是一个相对的区域。指标参数的不同，以及不同的股票，都会使 RSI 的取值大小和研判有所不同。

三、RSI 买卖法则

1. 位置原则

（1）当 RSI 指标大于 80 时，为短期超买状态，预示短期股价有回调整理要求；当 RSI 指标小于 20 时，为短线超卖状态，暗示股价短期有见底企稳反弹要求。

（2）RSI 指标以 50 为强弱分界线，大于 50 时，视为多头强势市场；小于 50 时，视为空头弱势市场。

（3）当短期 RSI 指标值大于长期 RSI 指标值时，说明市场多头占据优势，买入或持股；当短期 RSI 指标值小于长期 RSI 指标值时，说明市场空头占据优势，卖出或观望。

2. 交叉原则

（1）黄金交叉。当短期 RSI 线在低位向上突破长期 RSI 线时，一般为 RSI 指标的“黄金交叉”，为买入信号。一般而言，股价经过一段时间的下跌走势后，在底部区域，6 日 RSI 线与 12 日 RSI 线形成金叉，表明空方能量减弱，多方能量逐步增强。如果量价齐升，配合理想，均线支持多头信号，应立即介入。

（2）死亡交叉。当短期 RSI 线在高位向下突破长期 RSI 线时，一般为 RSI 指标的“死亡交叉”，为卖出信号。一般而言，股价经过一段时间的上涨走势后，在高位区域，6 日 RSI 线与 12 日 RSI 线形成死叉，其死叉信号也不受绝对空间位置影响，表明多方能量减弱，空方能量逐步增强，行情涨势接近尾声，无论成交量放大与否，均构成卖出信号。

3. 形态法则

（1）当 RSI 曲线在高位（80 以上更佳）形成头肩顶、双重顶（M 头）或三重顶等高位反转形态时，意味着股价的上升动能已经衰竭，投资者应及时地卖出股票。如果 K 线走势也出现同样形态，则可靠性更高。

（2）当 RSI 曲线在低位（20 以下更佳）形成头肩底、双重底（W 底）或三重底等低位反转形态时，意味着股价的下跌动能已经减弱，投资者可逢低分批建仓。如果 K 线走势也出现同样的形态，则见底的可能性更大。

4. 背离法则

（1）底背离信号。当股价下跌一定幅度后，不断创出近期新的低点，而 6 日 RSI 不但不创新低，反而一浪比一浪高，RSI 指标与股价形成底背离，表明股价的下跌为非理性所致，或庄家刻意打压所为，多头可以逢低买入。当 6 日 RSI 向上金叉 12 日 RSI 时，为最佳买入点。

（2）顶背离信号。当股价上涨一定幅度后，股价再创新高，而 6 日 RSI 不但不创新高，反而不如前期高点数值大，RSI 指标与股价形成顶背离，表明股价为虚张声势，通常是庄家刻意拉抬出货，为中短线卖出信号。当 6 日 RSI 向下死叉 12 日 RSI 时，为第二次卖出时机。

四、RSI 实盘技巧

1. 交叉信号

在底部区域，6 日 RSI 线与 12 日 RSI 线形成金叉，构成买入信号；在高位区域，6 日 RSI 线与 12 日 RSI 线形成死叉，构成卖出信号。

如图 6-13，宏辉果蔬（603336）：庄家在底部做了一个空头陷阱后，股价快速向上拉起。2019 年 5 月 7 日，股价在低位 6 日 RSI 线向上金叉 12 日 RSI 线，形成买入信号，此后出现一波快速上涨行情。5 月 20 日，股价在高位 6 日 RSI 线向下死叉 12 日 RSI 线，形成卖出信号，此后盘面出现调整走势。

2. 形态信号

当 RSI 曲线在 80 以上形成头部形态时，应及时卖出；当 RSI 曲线在 20 以下形成底部形态时，可以逢低买入。

如图 6-14 所示，辅仁药业（600781）：2019 年 3 月下旬，股价洗盘结束后，再次向上突破，RSI 指标形成 W 底形态，出现短线买入信号。4 月 11 日，RSI 指标在高位形成 M 头形态，构成卖出信号，此后股价出现下行。

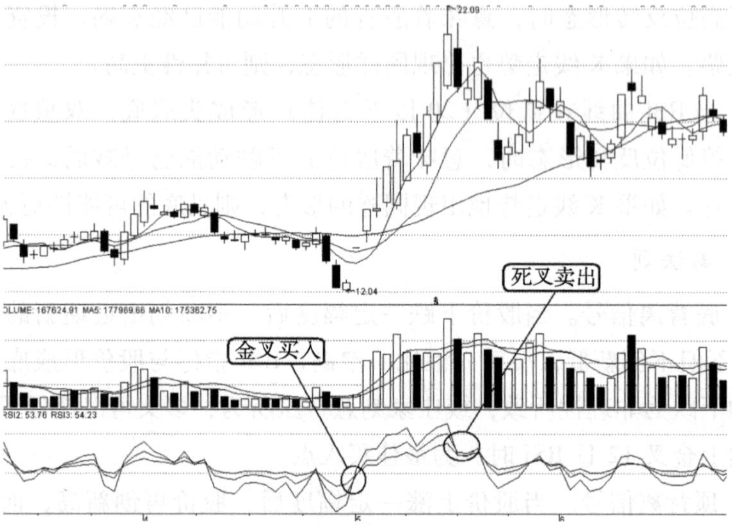

图 6-13　宏辉果蔬（603336）日 K 线

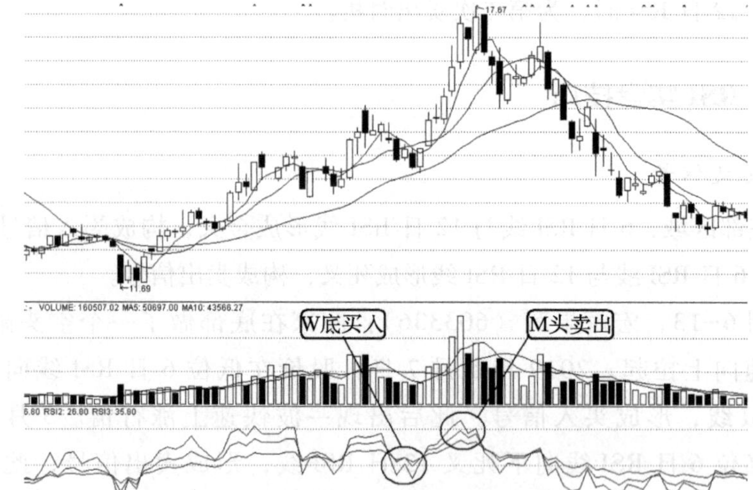

图 6-14　辅仁药业（600781）日 K 线

3. 背离信号

当股价下跌一定幅度后，RSI 指标与股价形成底背离，为最佳买入点；当股价上涨一定幅度后，RSI 指标与股价形成顶背离，为中短线卖出信号。

如图 6-15 所示，科隆股份（300405）：2019 年 5 月，股价经过连续上涨后，在高位股价与 RSI 指标出现顶背离现象，说明股价上涨动力减弱，应逢高离场。经过一段时间调整后，6 月在低位股价与 RSI 指标产生底背离走势，随后出现一波力度较大的反弹行情。

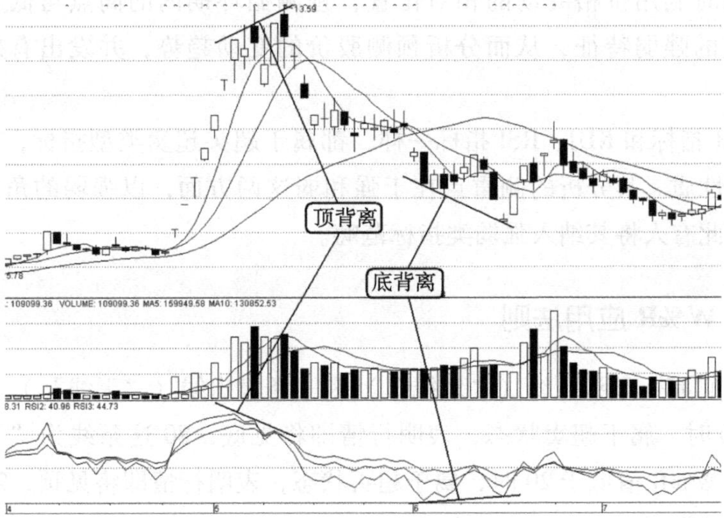

图 6-15 科隆股份（300405）日 K 线

第七讲 威廉指标（W%R）

一、W%R 指标简介

表 6-7 W%R 指标

中文全名	威廉指标
英文全名	Williams%Rate
指标热键	W 或 WR
指标属性	超买超卖型技术指标
指标应用	短线技术指标
原始参数	10（可以设置三条不同参数的曲线）
波动范围	0~100

威廉指标（W%R）是通过一定时期内市场最高价、最低价和收盘价的变化关系，来反映市场强弱和超买超卖现象，从而显示出有效的买卖信号，是

用来分析市场短期行情走势的技术指标。

威廉指标的理论基础是摆动原理，利用摆动点来度量股市的超买超卖现象。同时利用价格变动的相对位置，预测循环期内的高点与低点，研判市场人气的强弱特征，从而分析预测股价的变动趋势，并发出有效的投资信号。

W%R 指标和 KDJ、RSI 指标一样，都属于超买超卖类型指标，但同时又具有强弱性质。其分析的侧重点在于强和弱这两方面，以强弱的角度去研判行情，因此有人将其纳入强弱类指标范畴。

二、W%R 应用法则

(1) 它有一条买入线（“地线”）和一条卖出线（“天线”）。当 W%R 值高于 80 时，属于超卖状态，表明行情即将见底，80 这条线为“买入线”；相反，当 W%R 值低于 20 时，属于超买状态，表明行情即将见顶，20 这条线为“卖出线”。

(2) 很多时候，当行情进入超买后，还会继续超买；当行情进入超卖后，还会继续超卖。只有当 W%R 指标突破超买区或超卖区后，才能完成一个完整的信号。

(3) W%R 指标以 50 为中轴线，分为上下两个区域。上方为强势区，下方为弱势区。当 W%R 指标向下击穿 50 强弱分界线时，市场由强转弱，是卖出信号；相反，当 W%R 指标向上突破 50 强弱分界线后，市场由弱转强，是买入信号。

(4) W%R 是一项短期技术指标，敏捷性较强，一旦发出买卖信号，应速战速决。当 W%R 指标连续向上碰顶（0 线）4 次，股价向下回调的概率大，第 4 次碰顶是一个相当好的卖出点；反之，当 W%R 指标向下触底（100 线）4 次时，股价向上反弹的概率大，第 4 次触底是一个相当好的买入点。

(5) W%R 指标具有背离功能，其运用法则与其他指标的背离法则一样。

三、W%R 实盘技巧

1. 买入信号

当 W%R 曲线在 50 附近盘整了较长一段时间以后，一旦 W%R 曲线向上突破 50 这条线，同时股价也放量突破中长期均线，则意味着中期强势即将开始。这是 W%R 指标发出的中线买入信号，投资者可以逢低跟进。

如图 6-16 所示，海王生物（000078）：该股经过长时间的下跌调整后，股价出现渐渐企稳的迹象。2018 年 2 月 22 日，W%R 指标从超卖区一举向上突破 50 中轴线，同日 5 日均线金叉 10 日均线，股价在短期均线之上获得企稳后，开始向上震荡走高，构成买入信号。

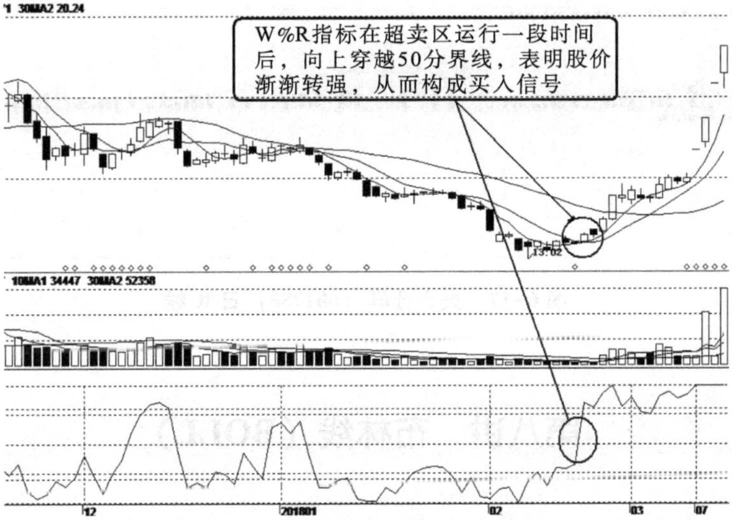

图 6-16 海王生物（000078）日 K 线

2. 卖出信号

当 W%R 曲线向下跌破 50 这条线时，如果股价也同时跌破了中期均线，则意味着中期行情开始转弱，这是 W%R 指标发出的中线卖出信号。如果股价是前期大涨过的股票，这种卖出信号更加准确。

如图 6-17 所示，光大证券（601788）：该股经过快速下跌后，出现向上反弹行情，随后受“乌龙指”事件的利空影响，复牌后股价以“一字形”跌停，同日 W%R 曲线向下突破 50 强弱分界线，从而构成卖出信号，此后股价渐行渐弱。

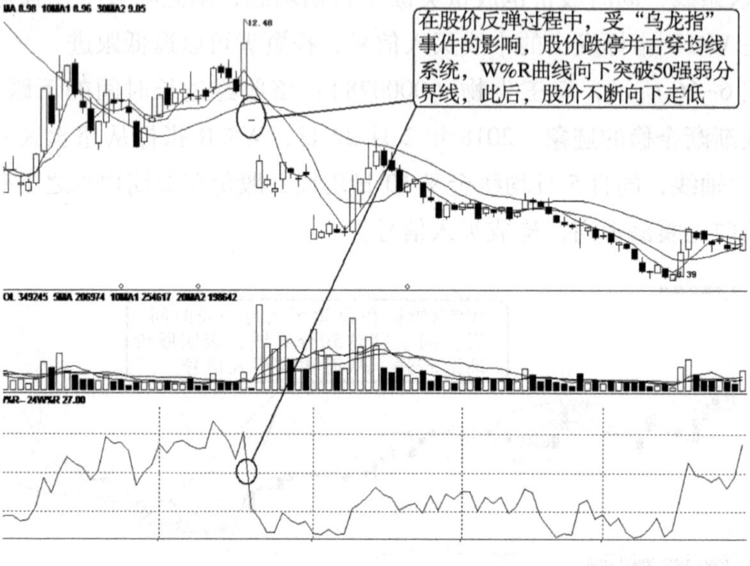

图 6-17　光大证券（601788）日 K 线

第八讲　布林线（BOLL）

一、BOLL 指标简介

表 6-8　BOLL 指标

中文全名	布林线
英文全名	Bollinger Bands
指标热键	BOLL
指标属性	压力支撑型技术指标
指标应用	中线技术指标
原始参数	20
波动范围	无固定波动区间

布林线（BOLL）由上轨（压力线）、中轨（行情平衡线）、下轨（支撑线）三条轨道线所组成，属于通道式指标或路径式指标。

在众多技术分析指标中，BOLL 指标属于比较特殊的一类。绝大多数技术分析指标，都是通过数量的方法构造出来的，它们本身不依赖趋势分析和形态分析，而 BOLL 指标却与股价的形态和趋势有着密不可分的联系。

BOLL 指标利用“股价通道”来显示股价的各种价位，正是趋势理论的直观表现形式。当股价波动很小，处于盘整时，通道会变窄，这可能预示着股价波动处于暂时的平衡期；当股价波动超出狭窄的股价通道上轨或下轨时，预示着股价异常激烈的向上或向下波动即将开始。

布林线的主要功能有四个：一是可以指示支撑和压力位置；二是可以显示超买、超卖状态；三是可以指示趋势；四是具备通道功能。

BOLL 指标上轨、中轨、下轨这三条轨道线的技术意义：

（1）在 BOLL 指标中，上轨、中轨、下轨线所形成的股价通道，其移动范围是不确定的，通道的上下限会随着股价的上下波动而变化。在正常情况下，股价应始终在股价通道内运行。如果股价脱离通道运行，则意味着行情处于极端状态。

（2）在 BOLL 指标中，股价通道的上下轨显示股价安全运行的最高价位和最低价位。中轨线和下轨线可以对股价的运行起到支撑作用，而上轨线和中轨线有时则会对股价的运行起到压力作用。

（3）一般而言，股价在 BOLL 指标的中轨线上方运行时，表明股价处于强势趋势；当股价在 BOLL 指标的中轨线下方运行时，表明股价处于弱势趋势。

二、BOLL 应用法则

（1）当 BOLL 的“三轨”线同时上行时，表明盘面处于强势，投资者应持股或逢低买入。相反，当 BOLL 的“三轨”线同时下行时，表明市场处于弱势，投资者应观望或逢高买出。

（2）当 BOLL 的上轨线向下运行，而中轨、下轨却还在上行时，表明股价出现震荡。如果在升势中，这表明是上涨途中的强势整理，可以持股或低吸。如果在跌势中，则表明是下跌途中的弱势整理，投资者应以观望为主。

（3）股价向上突破中轨线时，说明盘面强势特征出现，投资者以中长线买入为主。当股价向上突破上轨线且量能充沛，说明盘面强势特征确立，投资者应持股或低吸。

（4）股价向上突破上轨线后继续上行，如果 BOLL 的“三轨”也同时上行，则预示着强势特征依旧，应坚决持股，直到股价转向时卖出。

（5）股价突破上轨线一段时间后，如果股价掉头向下，且上轨线也开始向下，则说明涨势可能结束，应及时卖出。当股价在BOLL的下轨线运行一段时间后，如果股价掉头向上，且下轨线开始向上，则表明短期股价止跌企稳，可以少量逢低建仓。

（6）股价向下突破中轨线时，说明股价涨势即将结束，投资者应减仓。如果BOLL的"三轨"线同时向下，则跌势确立，应及时卖出股票。

（7）股价向下跌破下轨线并继续向下时，预示着股价处于弱势行情，投资者应以观望为主，尽量不买入股票。

（8）当股价一直处于中轨线上方，中轨线同步上行，表明股价处于涨势中，只要股价不跌破中轨线，可以一路持股。相反，当股价一直处于中轨线下方，中轨线同步下行，表明股价处于弱势中，投资者应保持观望。

（9）当股价沿着上轨线运行时，市场为单边上涨行情，持股者坚定持有。相反，当股价沿着下轨线运行时，市场为单边下跌行情，投资者应坚决观望。

（10）当股价经过一段时间的上涨和下跌后，会出现震荡走势，BOLL的"三轨"出现收缩。这是大行情来临前的预兆，此时应密切关注盘面变化。

（11）在BOLL通道缩口状态下，经过一段时间的震荡整理后，BOLL通道突然扩张，这意味着一波爆发性行情已经来临，从此之后行情便会进入单边行情。在这种情况下，可以根据突破方向及时调整仓位，顺应行情操作。

三、BOLL实盘技巧

1. BOLL开口

当股价经过长时间的底部整理后，BOLL指标的上、下轨逐渐收缩，两线之间的距离越来越小。随着成交量的逐渐放大，股价突然出现向上拉升，BOLL的上轨线同时急速向上扬升，而下轨线却向下运行。这样BOLL的上、下轨之间，就形成了一个开口形喇叭口，此为看多信号。

如图6-18所示，姚记扑克（002605）：股价在低位出现长时间的横盘整理，BOLL指标的上轨、下轨线之间的距离渐渐缩小。不久，股价放量向上突破底部盘区，BOLL指标开口迅速向外扩张，此后股价出现一波上涨行情。

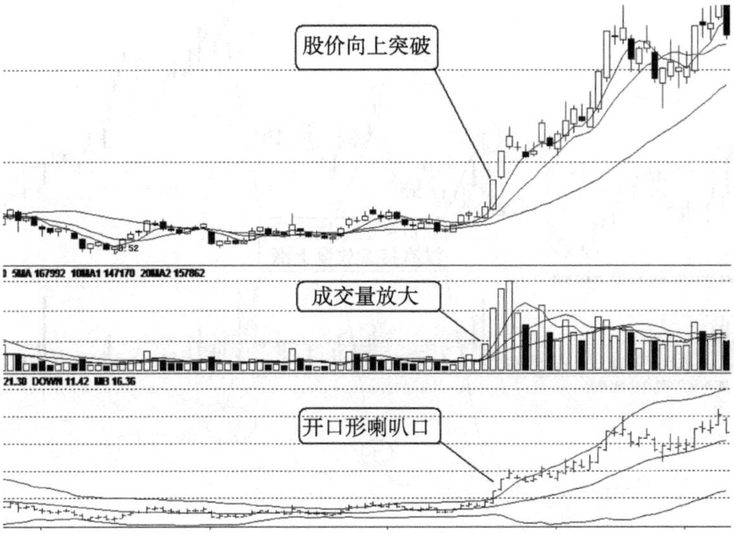

图 6-18 姚记扑克（002605）日 K 线

BOLL 在高位出现的向下开口形喇叭口形态，应为看空信号，盘面现象和操作策略与上述情况完全相反。

2. 超买信号

当股价碰触 BOLL 的上轨线时，一般遇有较强的压力，股价有强烈回档的可能。如果股价突破上轨线，或冲出上轨线距离较远，而成交量又无法连续放出，那么股价有回归通道内的要求，投资者应在上轨线附近逢高减仓。

如图 6-19 所示，国瓷材料（300285）：从该股日 K 线走势图中可以看出，BOLL 指标中的价格线曾经 3 次向上突破通道的上轨线压力，显示短期超买严重，有回归通道之内的要求。

BOLL 遇到超卖形态时，预示短期股价有望回升，为短期看涨信号，盘面现象和操作策略与上述情况完全相反。

3. 支撑信号

在一轮持续上涨行情中，强势股中轨线有重要的支撑作用，不妨以回抽中轨线作为低吸买点，当中轨线在高位转平或向下拐点，可以退出观望。

相反，在一轮持续下跌行情中，以中轨线作为反弹压力位，高抛或减仓。

如图 6-20 所示，顺鑫农业（000860）：在该股 2018 年 4—6 月的走势图中，股价开始缓缓盘升，价格线逐步盘上，形成一条清晰可见的 BOLL 上升通

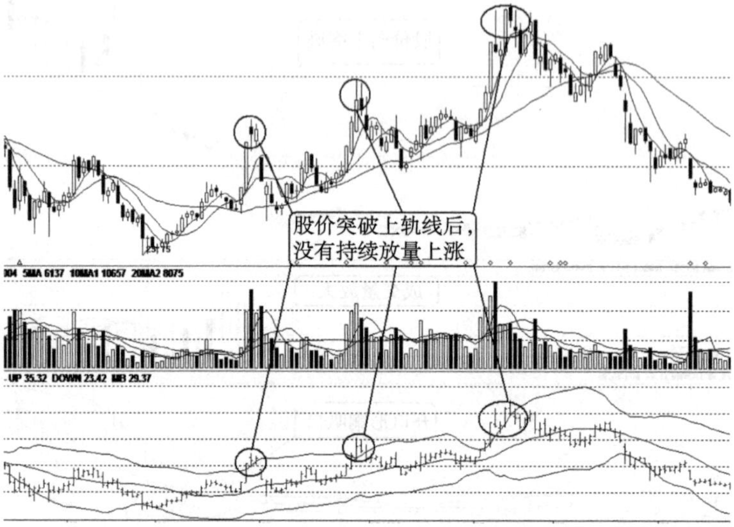

图 6-19 国瓷材料（300285）日 K 线

道。期间股价多次在触及或冲破上轨线时遇阻回落，展开技术上的强势调整，且成交量明显萎缩。每当价格线回档至 BOLL 指标的中轨线附近，均获得较强的支撑，每次回调均构成短线最佳买入点，且每次介入均有一定的获利空间。

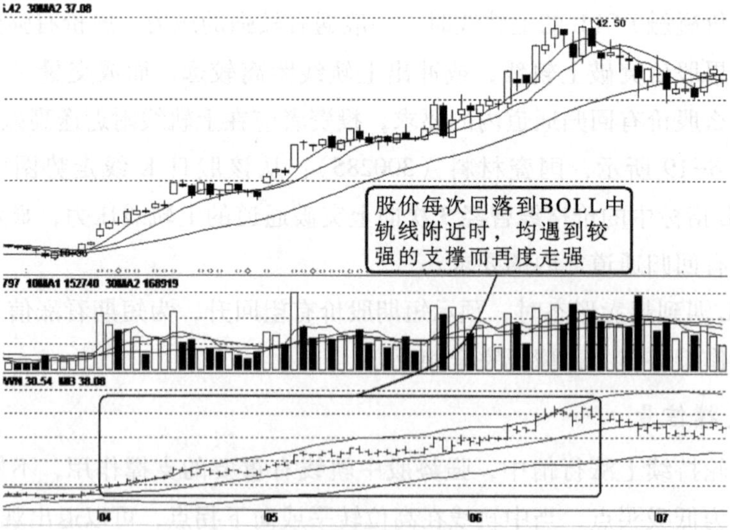

图 6-20 顺鑫农业（000860）日 K 线

第九讲 宝塔线（TOW）

一、TOW 指标简介

表 6-9 宝塔线（TOW）

中文全名	宝塔线
英文全名	pagoda line
指标热键	TOW
指标属性	图表型技术指标
指标应用	中、长线技术指标
原始参数	无
波动范围	无固定波动区间

宝塔线指标（TOW）用红、绿实体（只计开盘价、收盘价，不计最高价、最低价）来表示股价的涨跌，并配合股价走势图及移动平均线，一起来研判未来行情走势的一种技术分析指标。

TOW 以不同颜色的棒线来区分股价涨跌，将多空之间的争斗过程和力量转变表现在图表中，借以研判未来股价的涨跌趋势，以选择适当的买卖时机。

TOW 主要是应用趋势线的原理，引入支撑区和压力区的概念，以确认行情是否反转。对于行情发展可能产生的变化方向，不做主观的臆测，而是做客观的承认，这一点与其他指标是不同的。

一般而言，按照 TOW 所揭示的方法去买卖股票，虽然没能卖在高点或买在低点，但能够比较好地避免下跌行情，且不会轻易错失涨升的机会，也不会在洗盘中被轻易震仓出局，TOW 比较适合稳健操作的投资者。

TOW 跟 K 线图不同。大势向上时，K 线图可能翻红翻绿频繁变化，而宝塔线可能一直是红的；反之，大势向下时，宝塔线可能一直是绿的。跟宝塔线的翻红翻绿做买卖操作，是赢大波段，输小波段。宝塔线有时也会出现频繁的翻红翻绿现象，这意味着大势方向不定。

二、TOW 应用法则

一般而言，TOW 绿翻红，表明市势向好，此为买入时机；反之，TOW 红翻绿，表明市势向坏，此为卖出时机。TOW 的红绿更迭信号，是由股价对最近的最高或最低价位线的突破与否来决定的。

（1）当股价由底部向上反转，TOW 绿线翻红时，说明股价开始上涨，投资者可适量介入。

（2）当股价在上升途中，只要 TOW 的红线一直持续出现，说明股价一直维持强势上涨的态势，投资者应坚决持股或逢低短线买入。

（3）当 TOW 维持红线状态的时间很长，并且股价短期内涨幅已经很大时，投资者应密切关注 TOW 的状态。一旦红线开始翻绿，说明涨势即将结束，投资者应卖出观望。

（4）当股价在下跌途中，只要 TOW 的绿线一直持续出现，就说明股价一直维持弱势下跌的态势，投资者应坚决观望或逢高卖出。

（5）当股价在盘整区中间维持小翻红、小翻绿状态时，只要这个盘整区间没有被突破，说明整理态势没有结束，投资者以观望为主。

（6）当股价维持高位盘整时，一旦出现实体很长的绿线向下突破盘区，说明高位盘整态势结束，将进入下跌行情，投资者应及时卖出观望。

（7）在上升途中维持中低位整理时，一旦出现实体很长的红线向上突破整理区间，说明低位整理态势结束，将进入上涨行情，投资者应及时短线买入。

（8）股价在下跌途中，TOW 翻绿了一段时间后，突然翻红，投资者应再观察几天，不可轻易买入，防止股价假突破。

三、TOW 实盘技巧

1. 平底翻红买入

当股价经过一段时间的盘整后，一旦 TOW 指标在低位出现三平底翻红，并且股价也依托中长期均线向上走高，就意味着一轮涨势的开始，这是 TOW 指标发出的买入信号。

如图 6-21，景兴纸业（002067）：股价经过一段时间的调整后，成功构筑了扎实的底部基础。不久，宝塔线出现三平底翻红形态，股价向上突破均线系统，成交量温和放大。均线系统金叉，呈现多头发散。投资者可以逢低入场，此后股价出现快速上涨。

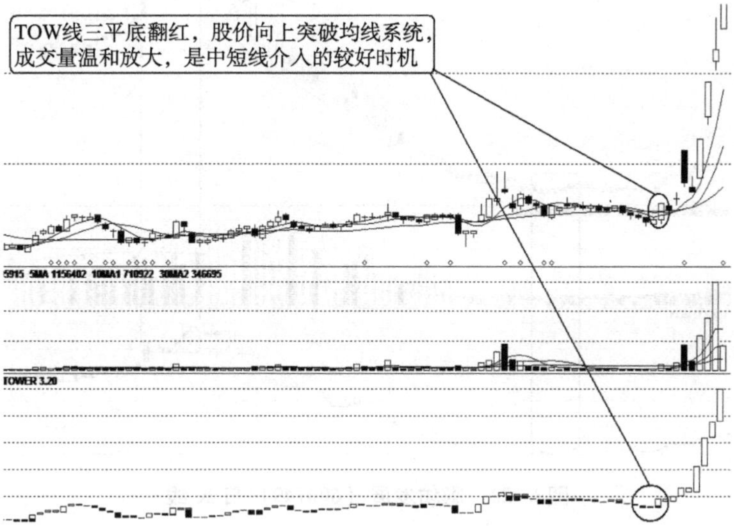

图 6-21 景兴纸业（002067）日 K 线

在高位 TOW 指标出现三平顶翻绿，意味着股价一轮跌势开始，这是 TOW 指标发出的卖出信号，投资者应及时清仓离场。

2. TOW 转势信号

在高位时，即使 TOW 红色，但如果 5 日均线走平或下行，则表明股价已经上行乏力，投资者应短线减仓或出局观望。

在低部区域，TOW 虽然绿色，但如果 5 日均线走平或上行，表明下跌动能减弱，此时可以逢低吸纳。

如图 6-22 所示，廊坊发展（600149）：从该股走势图中可以看出，股价下跌到低位后，虽然 TOW 线仍然不断出现绿线，但均线系统已经出现平走，说明下跌动能不足，随后股价企稳回升。

股价经过一轮盘升行情后，在高位形成平台走势，此时 TOW 线虽然红色，但 5 日、10 日均线已经渐渐下行，说明股价上涨已十分吃力。随后，股价很快转为调整走势，投资者应逢高离场观望为好。

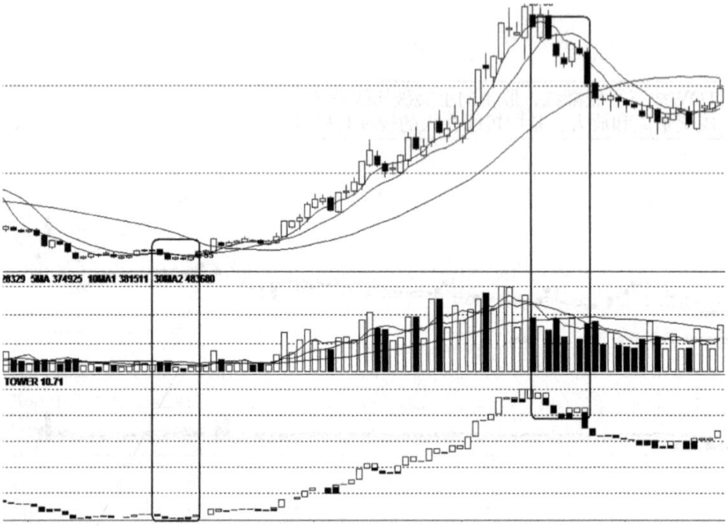

图 6-22　廊坊发展（600149）日 K 线

第十讲　能量线（OBV）

一、OBV 指标简介

表 6-10　能量线（OBV）

中文全名	累积能量线
英文全名	On Balance Volume
指标热键	OBV
指标属性	趋势型技术指标
指标应用	短线技术指标
原始参数	无
波动范围	无固定波动区间

能量线（OBV）是把股市的成价量与股价的关系数字化，以成交量来估计目前股市的推动力，从而推测股市发展趋势的技术分析指标。

由于成交量变化是股市人气聚散的结果，因而 OBV 又被称为“人气指标”，它通过成交量的变化趋势来推测价位的变动趋势。投资者对股价的评论越不一致，成交量越大；反之，成交量就小。因此可用成交量来判断市场的人气和多空双方的力量。

（1）惯性法则——动则恒动、静则恒静。那些被投资者或主力相中的热门股，在很长一段时间内，成交量和股价的波幅都比较大；无人问津的冷门股，在一段时间内，成交量和股价波幅都比较小。因此股价波动有惯性可循，其波动区间在达到某一点后，就会改变方向。

（2）重力原理——上升的物体迟早会下跌。物体上升所需的能量比下跌更多，所以股价上升时，成交量必须增加，虽然量价不一定成正比。涉及股市则可解释为：一方面，股价迟早会下跌；另一方面，股价上升时所需的能量大。在股价上升过程中，特别是上升初期，必须有较大的成交量相配合；在股价下跌时，则不必耗费很大的能量，因此成交量不一定放大，甚至有萎缩趋势。

惯性法则是技术分析研判有关“势”的基本方法，重力原理则解释能量配合的问题。可见，股价的变动必须有成交量配合，若股价升降而成交量不相应升降，则股价的变动难以继续。成交量是股价变化的动力和源泉，是市场的生命与活力所在。通过成交量、资金、股价三者的变化关系，可以间接了解资金进出动向，进而预测股价方向。

二、OBV 应用法则

（1）若股价一顶比一顶高，而 OBV 指标一顶比一顶低，则暗示头部即将形成，表示买盘无力，为卖出信号。

（2）若股价一底比一底低，而 OBV 指标一底比一底高，则暗示底部即将形成，表示逢低接手强，为买进信号。

（3）OBV 突破其 N 字形波动的高点次数达 5 次时，为短线卖点。

（4）OBV 跌破其 N 字形波动的低点次数达 5 次时，为短线买点。

（5）在正常情况下，OBV 指标出现急速上升（下降）时，无论股价是暴涨还是暴跌，都表示能量过分释放，行情可能出现反转。尤其是当 OBV 指标急速上升（下降）之后，出现锯齿状走势，说明股价已经欲涨无力（止跌企稳），是明显的出货（进货）信号。

（6）OBV 指标对双重顶（M 头）第二个高峰的确定，有其标准的显示。当股价自双重顶第一个高峰下跌后又再次回升时，如果 OBV 指标能随股价趋势同步上升，价量配合，则可能持续多头市场，并出现更高峰。如果在股价再次回升时，OBV 指标未能同步配合上升，甚至出现下降，则可能即将形成第二个峰顶，完成双重顶（M）的形态，导致股价反转回落。但是，当 OBV 指标回落时并没有击穿前面的低点，而再次反转上升，则仍可以继续持股，这时 OBV 指标就构成一个失败的双重顶形态。

(7) OBV 与 ADVOL、PVT、WAD、ADL 同属一组指标群，使用时应综合研判。

三、OBV 实盘技巧

1. 突破信号

OBV 在底部窄幅横向盘整，几乎呈一条直线或锯齿状走势，时间较长。当 OBV 从水平走势一跃而起，当日收盘点超过水平直线或锯齿状中的任一高点，成交量大于前一交易日或 5 日均量的 50%以上，日 K 线为阳线，这是确认突破盘局的重要依据，为最佳买入点。

如图 6-23 所示，华昌化工（002274）：该股在底部长时间的横向盘整中，震荡幅度渐渐缩小，OBV 指标呈水平直线或锯齿状走势，时间长达两个多月。不久，OBV 指标终于沉不住气，向上脱离原来走势，力度十分强劲，股价当日放量上涨，形成较好的买点。

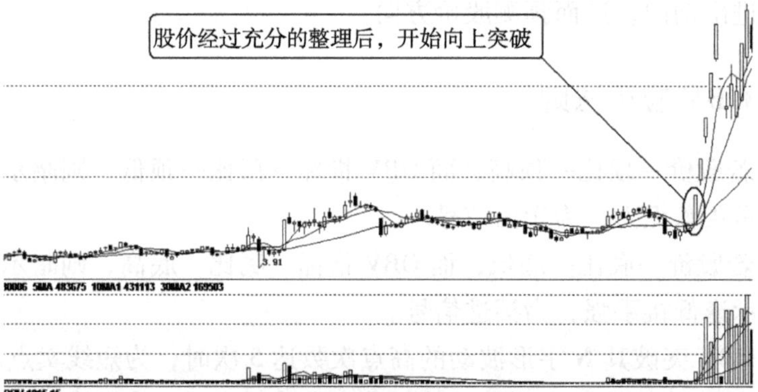

图 6-23 华昌化工（002274）日 K 线

2. 构筑 N 形波

OBV 突破盘局确认成功后，将挑战 N 形波的转折高点。当成功突破这一高点时，即构筑突破后第一个 N 形波，这是对突破盘局的再次确认，此时可加仓买进。

相反，OBV 向下突破盘局确认成功后，将构成下跌 N 形波的转折低点。当成功跌破这一低点时，即跌破后的第一个下跌 N 形波，此时应减仓或离场。

如图 6-24 所示，三丰智能（300276）：该股经过长时间的调整后，OBV 指标在底部出现横向水平锯齿状走势，持续时间较长。不久，OBV 指标脱离原来平台区，然后经过回调确认并获得成功。这时 OBV 指标向 N 形波的第一个高点挑战，能量持续放大，说明庄家做多意愿强烈。之后 OBV 指标成功构筑突破后的第一个 N 形波，说明庄家洗盘整理结束，这是最理想不过的买入点。

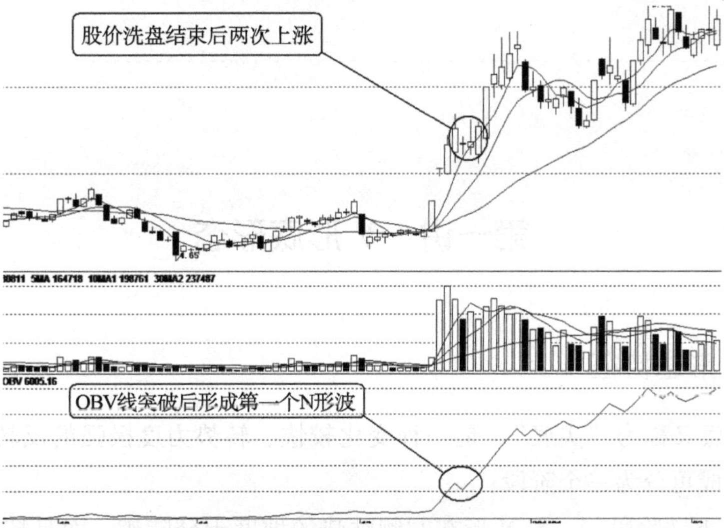

图 6-24　三丰智能（300276）日 K 线

第七课
底部经典反转形态

第一讲 V 形底形态

一、形态特征

V 形底又称为"尖底"，是一种变化较快、转势力度极强的反转形态。V 形底的形成可分为三个阶段：

（1）下跌阶段：一般 V 形在左侧跌势的坡度十分陡峭，而且持续一定的时间。

（2）转势拐点：V 形底的底部十分尖锐，一般形成转势点的时间为 2~3 个交易日，而且成交量在低点明显放大，有时转势点就在重大利空日中出现。

（3）回升阶段：随后股价从低点回升，成交量亦随之放大。

V 形底可分为对称形、加速形、减速形三种，如图 7-1 所示。（a）上升速度等于下跌速度；（b）上升速度快于下跌速度；（c）上升速度慢于下跌速度。

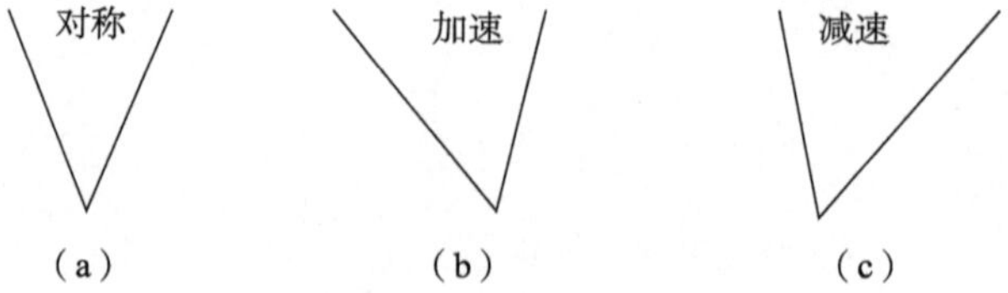

图 7-1 V 形底形态示意

二、市场含义

这种形态通常出现在下跌的末期当中，市场空方的力量很强，价格呈现一路下滑，并且持续性较强，最后出现市场恐慌性杀跌，而空头的能量极度地宣泄，当空头力量消失以后，买盘开始持续性买入，走势出现了极大的转变，而这个转变使价格不断上升，短期上涨趋势形成，最后出现暴涨，收复所有失地。

V 形底形成后的上涨规律是：V 形底的最低点到股价下跌前的平台区域的垂直距离，即股价从哪里来又至少回到哪里去。由于在股价实际走势中 V 形底的涨幅往往超过基本量度涨幅，因此对这种形态的出现应予以高度重视。

三、分析要点

产生 V 形底主要有三个关键因素，即推动资金非常充足、产生持续的购买力和市场信心转好。在分析时应掌握以下几个原则：

（1）V 形底出现前的短线下跌幅度越大、量能越大，下跌速度也就越快，出现 V 形底反转的概率就越大。

（2）股价在底部转折点区域容易产生超过 6%以上的巨阳或巨阴，多空双方进行最后的转换。

（3）V 形底在形成第一根筑底阳线之后，一般在次日或最迟不过三日再度放量飙升，成交量应至少较上一交易日要放大两三成以上。即使于次日发生小幅调整，但是成交量一般不会发生大幅萎缩。

（4）一般来说，V 形底形态产生较难判断，通常没有什么征兆，反转前也没有逐渐缓和的趋势（逐渐平衡的买卖实力）可供参考。V 形底形态的出现，大多是报复性反弹的结果。它往往在重大利好消息来临时产生，或是在严重的超卖行情中出现，由此形成了短期价格剧烈波动。

四、实盘技巧

股价跌幅越大，下跌越猛烈，上涨动力越足，出现 V 形反转的可能性就越大，因为在 V 形底中多空双方争夺激烈，周期较短，所以对于介入点位的判断要及时，随时留意支撑位的底部反转 K 线形态。实盘中参考以下几个买点：

（1）当出现放量的阳包阴反转大阳线时，是买入的第一点位。

（2）放量突破颈线，是买入的第二点位。

（3）回踩颈线再次放量反转上涨，是买入的第三点位。

在V形底开始形成之时，投资者要敢于进场抄底。这时如果怕套，可以先轻仓介入；如果判断错误，要止损出局。V形底前期下跌的幅度越大，则后市上涨的空间就越大。

如图7-2所示，创兴资源（600193）：这是该股2018年9—11月的走势，走出了一个相当标准的V形底形态。股价从10月11日开始连续下跌，形成陡峭的暴跌状态。股价止跌后，快速向上回升，形成底部十分尖锐的V形底。

一般来说，形成这个转势点的时间仅两三个交易日，而且成交量在这低点处明显增加（一字涨停除外）。有时候转势点就在恐慌交易日中出现，股价出现宣泄式暴跌，空头得到极度释放，由此V形底形态形成。研判V形底形态关键是要分析是否有增盈资金介入，在成交量放大前提下，行情会回到原来的起点区域，并且能够创出新高。该股后市强劲上涨的走势有力地证明了V形底形态是明确的底部做多信号，应大胆操作，坚定中长线持股信心。

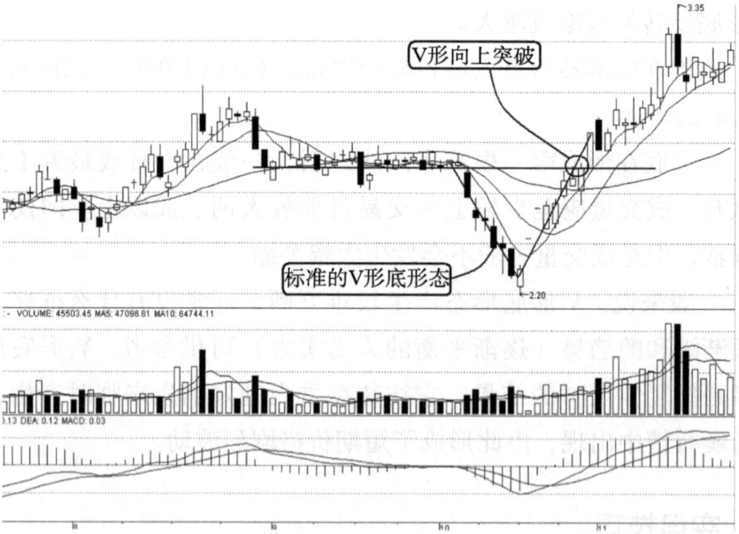

图7-2　创兴资源（600193）日K线

第二讲 双重底形态

一、形态特征

双重底也叫“W 底”，是一种典型的底部 K 线反转组合形态，其显著特征是股价形成两个明显的底部。双重底多数发生在股价波段跌势的末期，也有出现在上升或下跌趋势行情的中段，如图 7-3 所示。

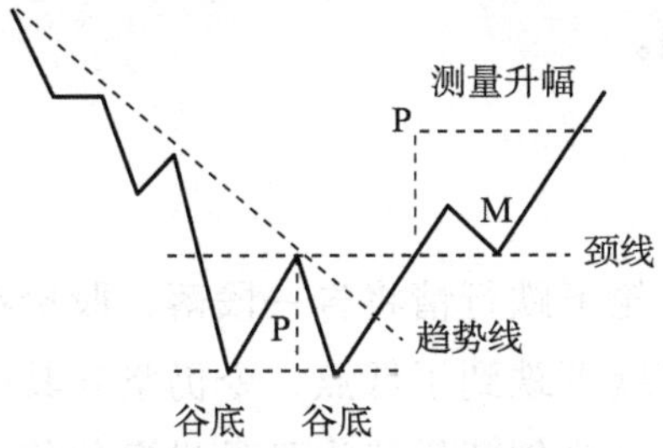

图 7-3 双重底形态示意

（1）左底：股价在成交量逐步萎缩的情况下下跌，在跌至一定价位时，部分投资者开始逢低入场，股价出现技术性反弹，成交量在股价反弹过程中有所放大。第一个底部后的反弹幅度一般在 10%～30%，此时第一个谷底形成。

（2）中间峰点：股价触底反弹回升，成交量虽然有放大，但市场人气仍未得到有效恢复，当股价反弹到一定的幅度后，先前低位买入的投资者见好就收，抛售而去，成交量也出现萎缩，股价开始滞涨回落，从而形成一个相对高点。

（3）右底：当股价回落至前低（左底）附近时，又有新买盘介入，成交量开始积极放大，股价再次出现反弹，产生第二个谷底。从而构成 W 底形态，预见投资信号进一步加强，继而加速未来的反弹力度，股价突破了前期反弹高点。

（4）颈线：将两个明显的低点连接成一条直线，然后在中间高点位置画一条与该直线平行的直线，这条平行线就是颈线。它对股价的上涨具有一定的压力作用，只有成功穿过颈线时，双重底形态才能成功完成。

（5）突破：由于股价在第二次回落时，获得前一个底点的支撑，市场人气渐渐增强，强大的买盘力量将股价推高至前期反弹高点，并成功穿越颈线，同时成交量积极放大配合，股价形成有效突破，双重底形态成立，股价由跌势转为升势。

（6）成交量：当股价下跌到一定的价位时，在其最低价附近有较大的成交量，当股价向上反弹时成交量随之增大。第二个谷底的成交量比第一个谷底低，表明卖压减弱，此时可以确定双底的成立，股价在回升时配合大成交量突破颈线，视为较好买入时机。

（7）量度升幅：双重底的中间反弹高点到两底之间连线的垂直距离，为突破后的至少量度升幅。

二、市场含义

双重底形态预示一轮下跌行情将告一段落，股价在完成形态之后将进入一轮上涨行情。股价持续下跌到了低点，令仍坚守其中的持股者因股价太低而惜售，而持币者因股价连创新低认为已具投资价值，则开始在低位尝试性买入建仓，股价因此获得支撑而止跌反弹。当股价反弹至某一价位时，距离低点出现了一段价差，这时低档买进者有些只抱着短线心理，亟思获利了结，原先套牢不卖者，此时也有部分人改变心意，少输为赢的想法油然而生，因而在短线获利回吐及套牢斩仓的双重压力下，股价再一次下探。但当股价回到前次低点附近时，市场上更多的投资者对后市充满信心，不但原先出手承接的人继续加码，还有更多的人也产生兴趣而加进买入行列，越来越多的买盘涌入，使多空双方力量发生重大转变而使股价出现第二次涨升，并突破前次反弹的高点，成功扭转股价长期下跌的趋势，一波多头上涨行情由此展开。

三、分析要点

（1）标准的双重底，两底应在同一水平上，但在股市形态分析中只讲形似而非相同。在实盘中两个低点也很难精确地落到同一水平价位，两个低点会有一些差别。所以不论是右底比左底低，还是右底比左底高，只要构成“W”的形态，就可称为双重底，但在投资者心里右底略高于左底更具吸引力。通常，两个底之间的差距要求不能太大，3%以内可以接受。

（2）双重底的颈线一般以两个底部之间的高点引出一条水平线作为双重

底的颈线，或是两个底点之间的连线的平行线作为颈线。这两种线的画法除了两个底相同外，会有一定的差距，如果右底比左底低时，根据其平行线画出的颈线，将低于根据其中间高点画出的水平线，同样，如果右底比左底高时，根据其平行线画出的颈线，将高于根据其中间高点画出的水平线，如图 7-4 所示，这直接关系到对颈线突破后的有效性认定标准，两者效果如何，见仁见智。

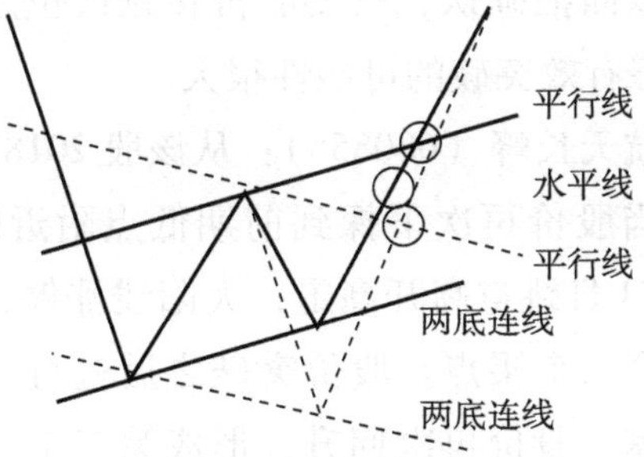

图 7-4 双重底变异形态示意

（3）双重底形态两个底部的反弹行情都有明显的大成交量，但第二个底部区域的成交量要比第一个底部显著增加，因为此时反映出买方力量的增强，市场人气渐渐旺盛起来，这是引起股价上升的主要因素。双重底形态的完成必须是实现对颈线的有效突破，突破时一定要有成交量放大的积极配合，即使是突破当天没有放量，后续几天也要进行补量。

（4）双重底的中间高度最好不要太大，一般在 10%~30% 为宜。

（5）双重底不一定都是反转信号，有时也会成为整理形态，这要看两个波谷形成时间上的差距，通常双重底的两个底部相隔时间在一个月左右。如果形成时间太短，其触底回升的信号就不太靠谱，反弹上去了要随时注意其回落的可能性，因为庄家常用这种手法来诱骗投资者，对此投资者要引起警觉。

（6）双重底的走势一般不如双重顶那样直来直往，通常两个底部尤其是第二个底部走势比较圆滑，似有构成圆形底的迹象，因而从时间上看，双重底的时间较双重顶要长。

四、实盘技巧

双重底是一个底部反转信号，当出现该形态时，说明股价的跌势已告终结，一波较大的升势行情即将展开，因而双重底的出现是积极的买入信号。

双重底形态的买入信号：

（1）买点一：当股价第二次回落到前期低点时，通常会受到买盘的支撑，股价可能在此再次反弹回升，也就是说，二次探底不破，可以考虑买入建仓。

（2）买点二：当股价完成右底并放量突破颈线时，是积极的买进信号，股价实现对颈线突破后将加速脱离底部形态，此时应立即买入。

（3）买点三：股价在突破颈线后，有时并不立即出现上升，而是在颈线附近对形态的突破加以回抽确认，只要股价在颈线位之上获得企稳，则回抽时可以放心买入，形态有效突破的可能性很大。

如图 7-5 所示，航天长峰（600855）：从该股 2018 年 9 月至 2019 年 3 月的走势中可以看出，当股价再次下探到前期低点附近时，构成第一个买点。然后，在 2019 年 1 月 4 日跳空高开高走，大阳线涨停，成交量放大，股价突破双重底颈线，构成第二个买点。股价突破之后进行回抽确认，在颈线位附近得到有效的技术支撑，股价再次回升，形成第三个买点。此时不妨加仓介入，随后股价进入上升通道。

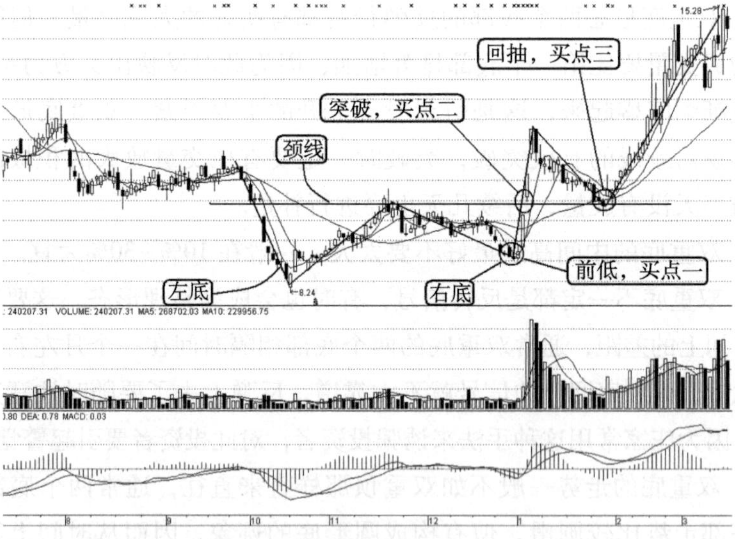

图 7-5 航天长峰（600855）日 K 线

也有的人认为，双重底的三次买入时机：一是在股价加速下跌时抢反弹；二是当股价反弹后下跌至前次低点附近时，也即二次探底不破可分批建仓；三是放量突破颈线位或突破颈线位后明显缩量回抽成功时，是最佳加仓和买入时机。两者稍有差异，效果如何，见仁见智。

第三讲　头肩底形态

一、形态特征

头肩底是一种典型的底部K线组合形态，也是最著名、最可靠的底部反转K线组合形态，在理论和实战中具有十分重要的分析意义，历来为广大投资者和技术分析者所推崇，如图7-6所示。

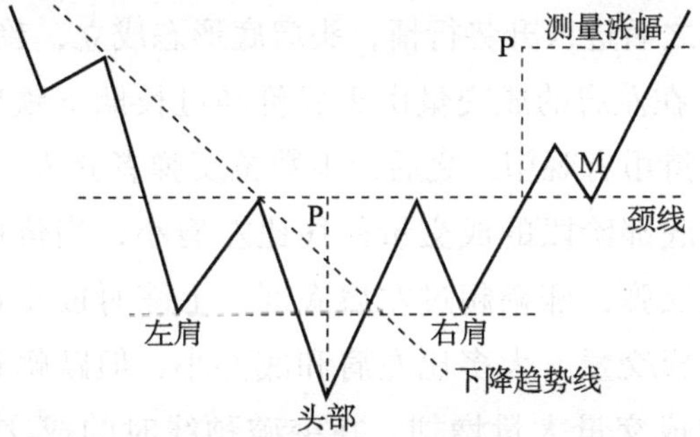

图7-6　头肩底形态示意

（1）左肩：股价经过一轮长期的持续下跌，成交量相应减少，此时股价已进入底部区域，持股者因价位低而逐渐惜售，而场外投资者认为股价的下跌空间已经不大，纷纷试探性买入，成交量略有回升，股价表现为超跌反弹，这就形成左肩。

（2）底部：由于股价在经过长期的下跌后，市场信心受到沉重打击，对反弹幅度的预期不大，股价弹升至某一价位时出现回落。此时在抄底资金获利回吐和原来的持股者因害怕股价继续下跌而割肉或平仓的抛压下，股价继续原先的下跌趋势进一步下探，并创出新的低点。此时早前抛空的投资者在低位进行回补，而看好后市的场外资金也开始逐步分批介入，因买盘的积极介入使股价探至低点之后迅速回升，成交开始逐渐活跃。

（3）右肩：股价保持上升趋势运行至前一次反弹高点时，由于技术上的压力，股价第三次回落，这时市场看多情绪高涨，投资者不再轻易杀跌，反而激发了买盘的积极涌入，股价在前次低点之前再次止跌企稳，从而形成右肩。

（4）颈线：股价经过大起大落的震荡走势后，就产生了两个明显的反弹高点，即左肩和底部之间的高点，以及底部和右肩之间的高点。将第一个反弹高点和第二个反弹高点，用直线连接起来就形成一条阻碍股价上涨的趋势线，这条趋势线就是颈线。它对股价的上涨具有一定的压力作用，当第三次反弹时会在成交量的配合下，股价突破并成功站于颈线之上，此时头肩底形态完整构成。

（5）突破：由于股价回落到前一次的低点附近，市场前景进一步看好，投资者信心剧增，场外资金大举涌入，供需力量对比悬殊，股价被买盘极力推高，出现第三次上涨，并一举突破颈线压力，此时成交量积极放大配合。收盘价突破颈线的幅度在3%以上，并连续3天成功站稳于颈线之上。股价趋势在形成正式突破之后进入升势行情，头肩底形态成立，趋势发生逆转。

（6）成交量：在左肩的成交量由于股价经过长期下跌后，成交量相对减少，持股者惜售，持币者观望。之后，少数抢反弹者介入，成交量有所增大，行情出现反弹。在底部阶段的成交量往往比左肩小，当价格跌到左肩的最低点以下时股价出现反弹，涨幅超过左肩底部，上涨时成交量再度放大到左肩时的水准。右肩的成交量，大多比左肩和底部小，但跌幅却比底部最低点还高。在颈线附近的成交量大量增加，在突破颈线时的成交量必须持续放大。如果出现回抽时又快速缩小，然后再度放量上涨。

（7）量度涨幅：股价突破颈线后，可以预测最小量度涨幅，由底部的最低点画出一条距颈线之间的垂直线，然后从突破颈线的这一点开始，向上量度出相同长度的高度，即为最小量度涨幅，而大多数头肩底形态的实际升幅都远远超过理论升幅。

（8）头肩底形态实际上是三重底形态演变而来的，只是其第二个低点即底部比第一个和第三个低点更低而已。如果头肩底形态出现一个以上的左肩或右肩则属于复合头肩底，当其突破时也是可靠的中长线买入时机。

二、市场含义

头肩底从第一个低点向上反弹之后，再度回抽测试支撑。当触及前期低点附近时，多头稍作抵抗，股价便应声跌破，再创出新低点。不过，在这里最悲观的时刻，却出现了一股更强大的买盘力量，将股价形成另一个低点，而且再度向上拉升，突破了前一次的低点，且上涨到上波反弹的高点附近。这时持股者的心理开始出现分歧，经过剧烈震荡之后，股价还是宣告向下，一般散户历经数度惊魂，信心已经丧失殆尽，纷纷杀出。不料低档却冒出奇大的接手买盘，将筹码一网兜进，股价也第三次出现强劲挺升，并且顺利超越了前两次反弹的高点，从此告别悲情，展开多头走势。

头肩底形态表示着一个长期下跌的趋势已经发生逆转，股价的下跌已明显受到买盘的支撑，股价在长期下跌之后初次盘稳，虽然再次下探创出新低，但成交量已明显减少，且快速掉头回升，而第三次回落却在新低点之上便受到支撑，反映出后市看好的力量正在底部积极接盘，并逐步改变市场过去向淡的趋势。当股价成功突破颈线阻力位时，说明多方已经消化了空方的力量，多头今后一段时间将占据市场的主导地位。

三、分析要点

（1）头肩底形态出现在熊市下跌末端，是一种典型的底部反转 K 线组合形态。

（2）一般来说左肩和右肩的低点大致相等，如果右肩比左肩高，同时颈线向上倾斜，说明买气较旺，向上突破的欲望强烈。

（3）成交量方面，一般左肩较头部和右肩大。但股价在经历第三次回落向上突破时需要成交量放大的积极配合，如果成交量并未因为股价突破颈线而放大。且后面几个交易日亦无放大迹象，则形态上有假突破的可能。

（4）当最近的一个波段低点比前一波段的低点（左肩）还低，而成交量却比上波段少时，基本上可以判断有出现头肩底的可能。

（5）头肩底形态的颈线为股价两次反弹的高点之间的连线。股价突破颈线位时是明显的买入信号，但股价通常会在颈线附近作短暂的回抽，幅度不太大，时间也不长，此时是最佳买入机会。

（6）头肩底的理想形态是左肩与右肩的高度相等，两个反弹高点也是一样，但有时也有其他的变体，如左肩高（低）于右肩，第二个反弹高点高（低）于第一个反弹高点，只要其幅度不超过 3%，仍然属于头肩底的形态。

（7）头肩底向上突破颈线位（连结两次反弹高点）时，如果股价同时向上突破一条重要的压力线或同时向上突破 30 日移动平均线，头肩底形态更为可信。

（8）一个完整的头肩底形态需要 3~4 个月时间，甚至超过半年以上，时间太短的微型头肩底形态不太可靠，在周线图中发现此形态的机会较大。

四、实盘技巧

头肩底形态意味着股价的运行趋势将由下跌转为上升，是积极买入的信号。通常有三次买入时机：

（1）第一买点：在第三个低点（右肩）出现，并开始回升时为买入。也就是说，无论是否成为头肩底形态及其成交量多少，当第三次下跌后的反弹，收盘价处于疑似左肩的低点价格附近时，可以视为初步买入信号。可以不待右肩是否将会出现，在股价到达左肩低点附近时提早买入，此为第一个买入点。

（2）第二买点：当股价向上突破颈线时，此为第二个卖入点，亦为最强烈的买入信号。虽然此处股价与最低点相比已有一定的升幅，但升势只是刚刚开始，后市仍具较大的上升空间。

（3）第三买点：在股价突破颈线后，回抽确认突破有效时买入。

如图 7-7 所示，隧道股份（600820）：从该股 2018 年 8 月至 2019 年 2 月的走势中可以看出，当股价下跌到左肩低点附近时，可以试探性介入，此为第一买点。当股价随着成交量的放大向上突破颈线压力时，可以加仓介入，此为第二买点。然后，股价回抽确认突破有效，在反转向上时可以重仓介入，此为第三买点，随后股价出现盘升行情。

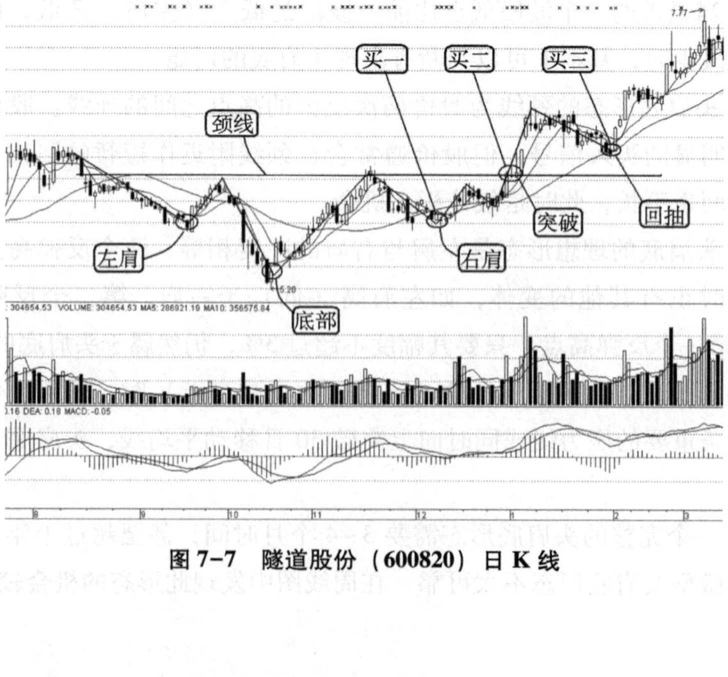

图 7-7　隧道股份（600820）日 K 线

第四讲　圆弧底形态

一、形态特征

圆弧底形态，股价呈弧形上升，价格变动简单且连续，先是缓缓下滑，虽不断创出新低，但跌不了多少就弹升，比前一个低点稍低，随后在回落到弧底附近时，多空平衡，低点走平，出现盘局，最后是每波回落点都略高于前点，把这些短期低点连接起来，就形成了圆弧底。成交量变化与股价同步，先是逐渐减少，随后伴随股价回升，成交量渐渐增加，也呈圆弧状。由于圆弧底形成耗时较长，多空换手充分，所以当带量突破颈线位，形成向上有效突破后，股价迅速上涨，涨升迅猛，往往很少回档整理。

圆弧底形成的特征及条件如下：

（1）圆弧底是在经历股价大幅下跌之后形成的，一般筑底的时间较长，几周、几月甚至更长。

（2）底部股价波幅小，成交量亦极度萎缩，盘整到尾段时，成交量呈缓步递增，之后是巨量向上突破前期阻力线。

（3）在形成圆弧底后，股价可能会反复徘徊形成一个平台，这时候成交量已逐渐增多，在价格突破平台时，成交量必须显著增大，股价才会加速上升。

（4）假如圆弧底出现时，成交量并不是随着价格作弧形的增加，则该形态不可信赖，应该等待进一步的变化，待趋势明朗时再作决定。

圆弧底形态在形成的过程中出现一些实体相对较小的 K 线，标准的圆弧底形态需要有一个向上的跳空缺口进行确认，但在实盘应用中出现这样的情形较少，如图 7-8 所示。

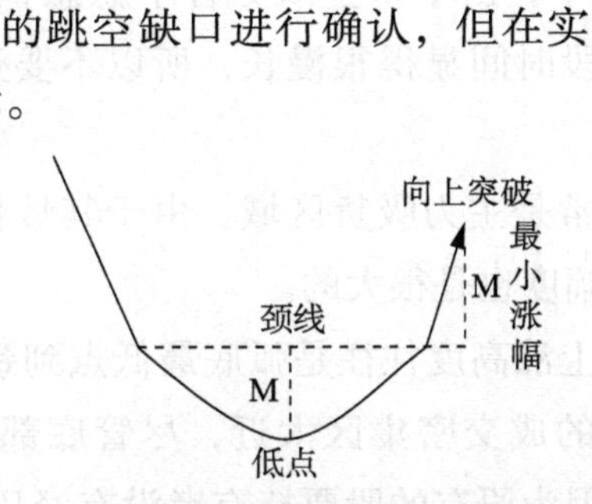

图 7-8　圆弧底形态示意

圆弧底的技术要求：

（1）在圆弧底底部时成交量大幅萎缩，说明抛压减轻。

（2）圆弧底右端成交量应明显大于左边，说明有资金在流入。

（3）突破圆弧底颈线位时，成交量要明显放大。

二、市场含义

圆弧底清晰显示了多空双方力量此消彼长、平缓变化及主力吸纳的全过程，股价先是从高位一路缓慢下跌并持续一段时间，空方实力渐次减弱，主动性抛盘减少，但此时买方也畏缩不前，于是出现了成交量随着股价下跌而持续下降，多空双方都已接近精疲力竭，股价跌幅越来越小，直至向水平方向拓展，成交极度萎缩。其后，当股价跌至圆弧底的弧底时，开始有主力机构或先知先觉者入场悄悄收集筹码，且由于股价低廉，又不断吸引买盘使股价攀升，形成了碗形或碟形较典型的股价走势，多方力量渐趋增强，股价及成交量缓缓上升。最后当收集完成时，买方势力完全控制住市场，股价极快涨升，短期升幅相当惊人。圆弧底的成交量曲线也呈圆弧状，即在底部成交量最小，在股价上升时成交量会逐步增加，这种形态一般意味着其后一个大的升势即将开始，投资者可在成交量放大明显时买进。

三、分析要点

（1）有时当圆弧底部形成后，股价并不随即上涨，而是先走出一个来回窄幅拉锯的平台——锅柄，也称进货平台，此处买进较佳。

（2）在圆弧底形成中，由于多空双方皆不愿意积极参与，成交量极小，价格显得异常沉闷，这段时间显得很漫长，所以不要过早介入，可选择在突破颈线时买入。

（3）圆弧底形态通常是主力吸货区域，由于其炒作周期长，故在完成圆弧底形态后，其涨升的幅度也是很大的。

（4）圆弧底的最终上涨高度往往是弧底最低点到颈线距离的 3~4 倍，但是圆弧底如果距离前期的成交密集区太近，尽管底部形成的时间足够长了，后市上涨高度也有限，因为原有的股票持有者没有经历一个极度绝望的过程，导致底部的换手率不高，限制了未来的涨升空间。

（5）圆弧底常见于低价股中，呈现一种平底延伸状，通常需要数月才能完成。在圆弧底形成期间，有时还常伴随碟形底。

（6）在所有的底部技术形态中，圆弧底形成的概率较低，这是因为形成圆弧底的条件严格。首先它要求股价处于低价区；其次低价区的平均价格应该至少低于最高价的50%以上，距离前期成交密集区要尽可能得远；最后在形成圆弧底之前，股价应该是处于连续下跌状态。

四、实盘技巧

圆弧底形态的最佳买点：激进的投资者可于股价放量突破当天即可介入；稳健的投资者可在股价放量突破之后，确立突破有效时再行介入。

如图7-9所示，大众公用（600635）：该股经过长时间的下跌后，2018年10月在相对低位跌势减缓，逐步形成横向整理态势，显示空头继续大幅杀跌的动能不强，而此时由于经过大幅下跌，多头的信心受到沉重的打击，要想在短时间内恢复上攻的可能性也不大。所以，就导致了多头买盘不踊跃，空头卖出意愿不强，双方保持平衡的局面。随着时间的推移，多方力量逐步聚集，当消化了上方的压力后，11月5日股价放量涨停，有效突破颈线位的压力，这就提供了一个很好进场的机会。

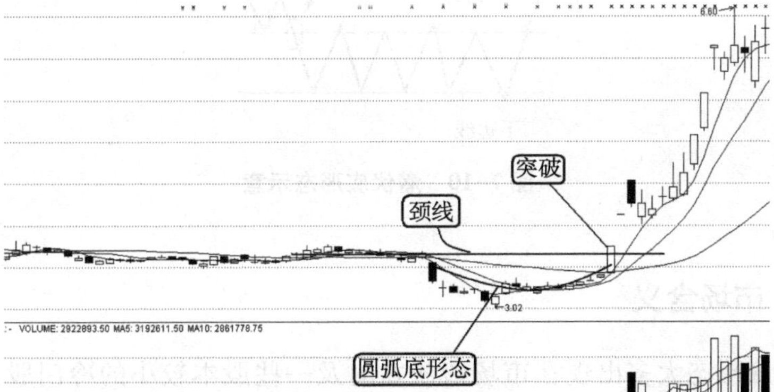

图7-9　大众公用（600635）日K线

第五讲　潜伏底形态

一、形态特征

潜伏底与圆弧底相似，股价经过长期的下跌后，已跌无可跌，同时投资者暂时也找不到买入的理由，于是多空双方形成平衡，致使股价在一个极其狭窄的区间里呈现横向波动，成交量也萎缩至极点，在K线图上表现为小阴小阳交错的水平状，充分反映庄家耐心地收集筹码。经过一段时间的均衡后，在利好消息的刺激和庄家的积极拉升下，致使股价脱离底部区域，形成价格大幅上涨，成交量也随之放大，上升行情迅速展开，因此就构成了潜伏底形态。当发现股价明显摆脱闷局时，不妨陪庄家走一程，一般会有不俗收获。如图7-10所示。

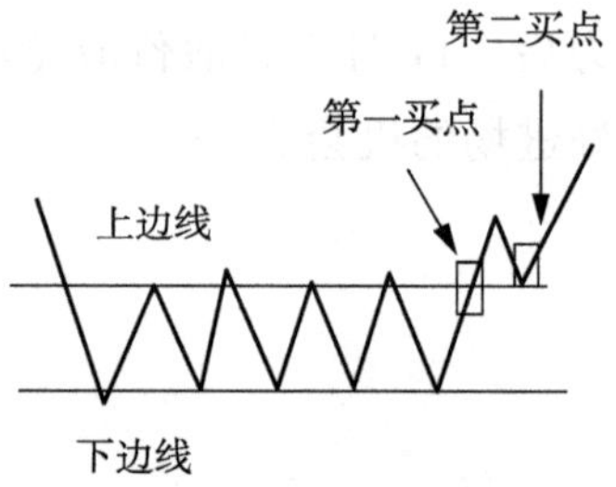

图7-10　潜伏底形态示意

二、市场含义

潜伏底形态大多出现在市场清淡之时及一些股本较小的冷门股上。由于这些股票流通量少，而且公司也不注重宣传，前景模糊，结果受到投资者的忽视，稀少的买卖使股票供求十分平衡。持股者不想卖，持币者不想买，于是股价就在一个狭窄的区域里胶着，既没有上升趋势，也没有下跌迹象，盘面表现令人感到沉闷，可谓黎明前的黑暗。最后，股价慢慢脱离底部区域，市场步入上升趋势。在潜伏底形态中，战略性投资者可以悄悄买入，耐心等待股价的上涨。因此遇到潜伏底形态向上突破时，应积极跟进做多，上升潜力大而风险小。

三、判断法则

（1）窄幅波动。潜伏底在形成时，股价已经反复下跌，然后有一段时间于低位在一个狭窄的区域内波动，每日的高低价波幅较小（这并没有统一标准，一般在5%左右），成交量方面也见稀少，每日成交可能只有几千手，甚至几十手。

（2）潜伏底多在一些低价股或冷门股中出现，主要是因为公司前景一般或盈利欠惊喜，但又无利淡消息冲击，令已持股者找不到急于抛售的理由，而持币者又没有急于追货，以至人们渐渐将它淡忘，于是庄家在低位只作有耐性的累积货源，等候炒高机会。

（3）波幅突然扩大，成交活跃。在形成潜伏底时，股价一般是横向运行，当出现突破时，也并无至少量度升幅可测。当股价横行多时（至少需要达1个多月的时间）后，股价波幅突然加大，而成交量也见活跃起来，而且配合市场传出利好消息，预期股价将会爆炸性上涨。

（4）在成交量变化方面，则需多花功夫观察，在潜伏底时成交量应保持稳定及稀少的走势，但当股价波幅突然扩大，股价向上突破潜伏底时，成交量必须配合大增，且增加的成交量必须持续放大达3天以上，这样才能视为有效突破信号，值得跟进买入。此外，股价在突破后处于上升趋势时，成交量也最好维持在高水平，这代表着资金积极进场，但若因涨停板而惜售导致成交量未大量增加时，则不受此限制。

四、实盘技巧

潜伏底形成时间一般较长，至少需要一个月以上，事实上长达半年至一年的潜伏底也常见于股市。因此，在股价窄幅震荡时，而成交量仍低迷，买入过早等待的时间太长。因此只有当成交量激增，股价上扬摆脱底部时，才是最佳的买入时机。通常，底部形成时间愈长，货源收集愈多，未来上升阻力愈小，升幅愈巨，但无至少量度升幅可测。

如图7-11所示，卫宁健康（300253）：该股反弹结束后，再次回落到前期低点附近，然后形成横向窄幅盘整，时间长达2个多月，股价接近水平运行，成交量大幅萎缩，形成潜伏底形态，表明庄家在此期间大量吸纳低价筹码。2018年1月24日，一根放量上涨大阳线脱离了底部盘区的牵制，随后股价出现强劲的盘升行情。

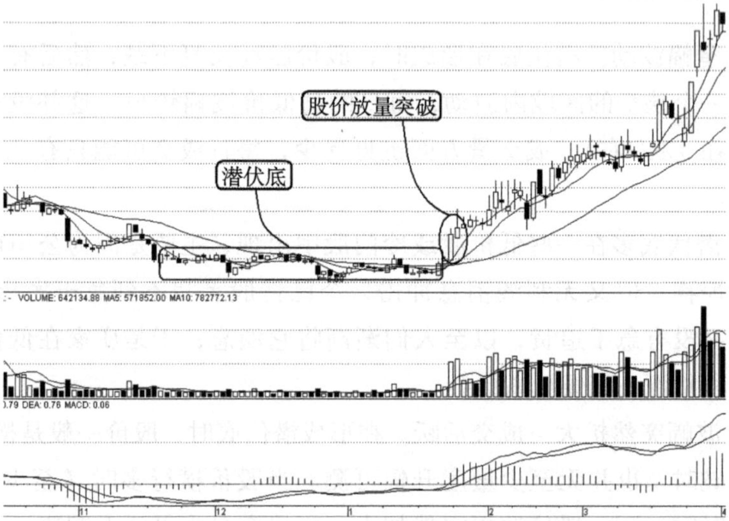

图 7-11　卫宁健康（300253）日 K 线

第六讲　岛形底形态

一、形态特征

底部岛形反转是一种力度非常强大的底部反转形态，伴随着跳空缺口的出现，股价出现大幅的上涨行情。岛形反转一般形成的时间较短，通常在一两个星期内完成，有时在两三个交易日甚至单个交易日就完成岛形反转，而且成交十分活跃。在它前面的运行中，先形成一个下跌竭尽性缺口，其后的反方向运动中，再形成一个向上突破性缺口，中间出现一个孤岛，这种形态的出现，是股价明显的转势信号。岛形也有其变体，即仅有左边或右边一个缺口（其实这是普通的缺口）。如图 7-12 所示。在实盘中有时出现左边的缺口与右边的缺口不对称的岛形组合，其分析意义基本相同。

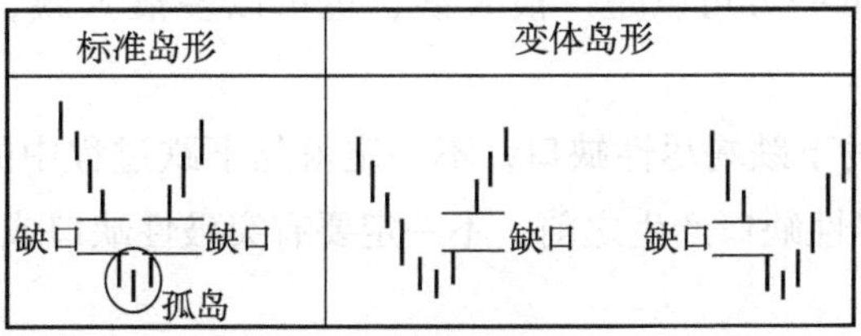

图 7-12　岛形底形态示意

二、市场含义

在熊市的后期，股价形成了向下跳空，这时丧失信心的投资者在这最黑暗的时刻平仓出逃，没能坚持到黎明来临的时候，但当市场抛空的力量消耗殆尽之后，股价反而跌不下去了。于是买入盘涌跃介入，推动股价走高，这可谓是一个悲喜交集的时刻，斩仓者落入了空头陷阱。而且由于市场上升又是快速的，连回补缺口的机会都来不及了，不得不挂高价位买入，从而进一步推动股价的上涨，因此底部岛形是一个大势转暖的买进信号。

三、分析要点

（1）标准的底部岛形前后各有一个跳空缺口，前面的为下跌竭尽性缺口，此时股价经过持续的下跌，空方能量消耗殆尽。而后面的缺口为上涨突破性缺口，股价一举扭转下跌势头，成功向上突破。

（2）形态中的两个缺口大致在同一价位出现，而且近日未填补缺口，这一价位对后市产生重要的支撑作用。缺口空间越大，技术意义越强。

（3）底部岛形反转形成的时间非常短，最短的时候可以是两三个交易日，而且岛形部分的成交量十分密集，显示多空双方在此进行激烈的争夺。

（4）底部岛形反转通常会出现在流通盘较小的股票中，而其形态大多隐藏在头肩底、双重底及其他反转形态之中。

（5）底部岛形的爆发力极大，通常出现在长期趋势或中期趋势的底部。当股价在底部形成岛形反转之后应立即买入，因为岛形两端的走势都是十分陡峭的。

（6）底部岛形反转形态成交量大小非常重要，通常当日的缺口上涨应有较大的成交量出现，这样更加确认底部的形成。

（7）底部岛形一方可以是一根 K 线，也可以多根 K 线，阴线阳线没有太大的区别。

（8）先形成的下跌竭尽性缺口，不一定就是下跌过程中的第三个缺口，也就是说，下跌竭尽性缺口产生之前，不一定要有突破性缺口或持续性缺口存在。

四、实盘技巧

底部岛形之前股价已有一定的跌幅，这样反转力度才大，一旦岛形形态成立应积极买入。底部岛形有两个基本对称的跳空缺口，近日未被回补，缺口空间越大，技术分析意义越强，买入信号越可靠。岛形底产生后，股价会快速脱离底部区域，应积极买入。向上的突破性缺口具有较强的支撑作用，股价回抽到缺口附近时，可以积极买入。

如图 7–13 所示，中信建设（601066）：股价受下跌趋势影响，出现惯性下跌走势，2018 年 10 月 11 日跳空低开低走，收出一根光脚大阴线，留下一个当日没有回补的向下跳空缺口。此后股价在该缺口下方运行了 6 个交易日。10 月 22 日，股价跳空高开高走，收出一根涨停大阳线，形成一个向上的突破缺口。前面的向下跳空缺口与后面的向上跳空缺口形成了对称，构成一个标准的岛形底形态，是一个较好的买入信号，此后股价逐步向上走高。

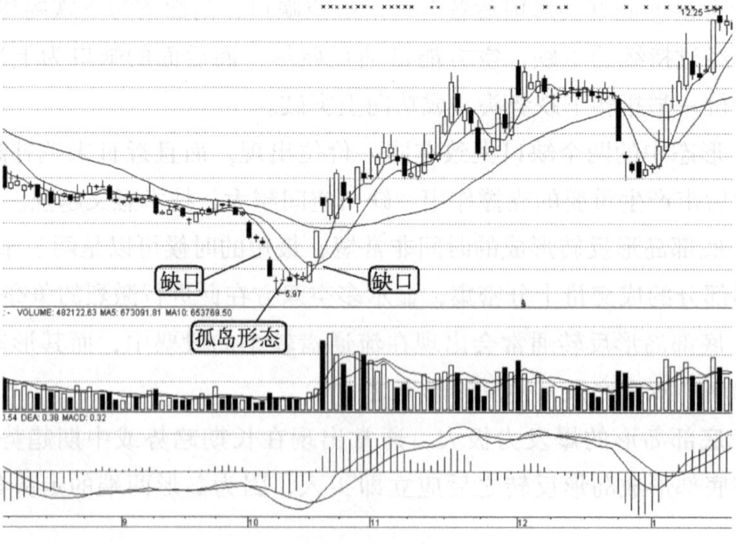

图 7–13　中信建设（601066）日 K 线

第八课 顶部经典反转形态

第一讲 倒 V 形顶形态

一、形态特征

倒 V 形顶，出现在一段上涨行情的末尾。在一段上涨行情的尾端，股价先出现一段快速上涨行情，在上涨到一定幅度后掉头向下，开始一段快速下跌行情。下跌与上涨之间完全没有经过盘整，行情反转速度非常快，常常在几个交易日内完成。

倒 V 形顶形态基本特征有两点：

(1) 出现在上涨过程中，K 线在顶部形成一个波峰。

(2) 股价经过快速上涨后，急转直下，成交量先大后小。

倒 V 形顶底可分为对称形、加速形、减速形三种，如图 8－1 所示。(a) 下跌速度等于上升速度；(b) 下跌速度快于上涨速度；(c) 下跌速度慢于上涨速度。

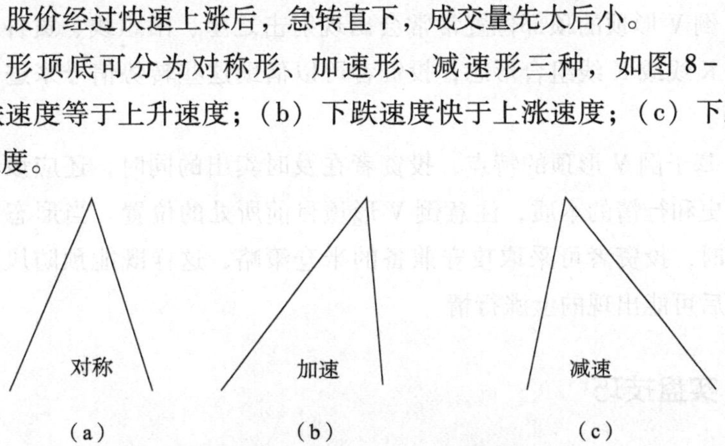

图 8-1 倒 V 形顶形态示意

二、市场含义

这种形态通常出现在上涨的末期或高位，市场多方力量很强，股价呈现一路飙升，并且持续性较强，最后市场出现狂涨，多头力量发挥极致。由于多数投资者都已经获利，导致这些获利的投资者大量卖出股票，市场出现加速下跌。所以，倒 V 形顶形态出现后，股价往往会有较大跌幅。

三、分析要点

倒 V 形顶往往在市场炒作气氛浓厚，投资者盲目追高的时候出现。这种突然的转折常常会造成大幅下跌，令投资者措手不及。所以，投资者应该对这种形态保持警惕，以免错失卖出良机。

（1）当股价已经上涨一段时间后，出现了倒 V 形顶形态，则反转信号的可靠性较高，投资者看到这种形态后应该及时卖出股票。

（2）倒 V 形顶的卖点很难把握，一般情况下，从最高点快速向下回落的两三天里，有经验的投资者已经能预感到倒 V 形顶的来临，果断实施减仓操作。当出现放量下跌时，投资者也应该迅速卖出，越往后损失越大。

（3）在倒 V 形顶形成过程中，股价从顶部开始下跌时会伴随着成交量的明显放大。成交量放大，下跌信号就越强烈，之后下跌空间就越大。

（4）形成倒 V 形顶时，前期上涨的速度越快、幅度越大，则后期的下跌行情也会越猛烈，相应的跌幅也就越大。

（5）倒 V 形顶的顶部位置常常会出现射击之星、吊颈线、黄昏之星、乌云盖顶等 K 线或 K 线组合形态，投资者可以借助这些转势信号来进一步识别倒 V 形顶。

（6）基于倒 V 形顶的特点，投资者在及时卖出的同时，还应该认真分析股票的历史和行情的本质，注意倒 V 形顶目前所处的位置。当形态出现在低价位区域时，投资者可采取攻守兼备的半仓策略，这样既能预防风险，又不会踏空之后可能出现的上涨行情。

四、实盘技巧

如图 8-2 所示，宜亚国际（300612）：该股在 2019 年 2 月出现一波快速上涨行情，短期盘中获利筹码大量堆积，3 月 6 日冲高回落后，大量的获利盘涌出，股价出现快速下跌，形成倒 V 形顶。投资者遇到这种盘面走势时，应尽快逢高离场，否则损失更大。

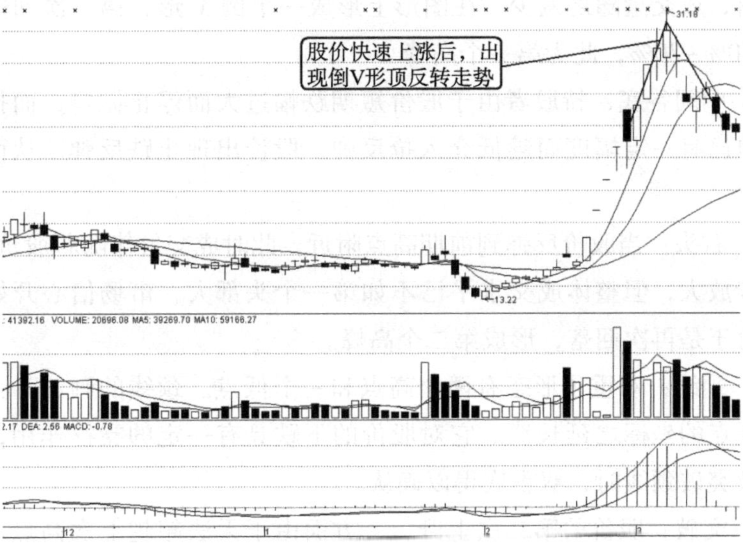

图 8-2　宣亚国际（300612）日 K 线

第二讲　双重顶形态

一、形态特征

双重顶又称 M 顶，其显著特征是顶部 K 线反转组合形态，股价在运行过程中形成两个明显的头部和一个低点。一般出现在多头行情结束时，有时也会出现在上升趋势与下跌中间盘整阶段，如图 8-3 所示。

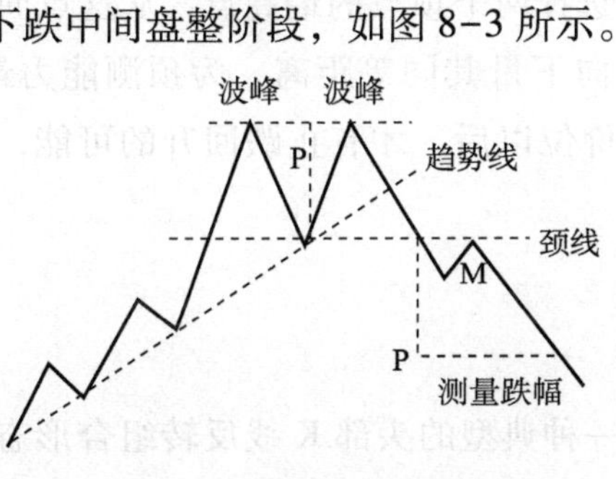

图 8-3　双重顶形态示意

（1）左头：股价持续放量上涨，在到达某一价位时，伴随着成交量的放大，股价涨势趋缓，甚至出现放量滞涨现象，此时是明显的获利回吐，股价见顶回落，成交量随之减少，在图形上形成一个倒 V 形，第一次回落的幅度一般是 10%~30%，此为第一个高峰。

（2）中间谷底：持股者由于股价短期跌幅过大而停止抛售，而持币者见股价调整已有一定幅度而趁低介入抢反弹，股价出现止跌反弹，从而一个相对低点。

（3）右头：当股价反弹到前期高点附近，此时成交量伴随着股价的上涨，再度同步放大，但整体成交水平已不如第一个头部大，市场信心开始出现动摇，股价于是再次回落，形成第二个高峰。

（4）颈线：双重顶形态有两个高点和一个低点。颈线的画法为：两个头部之间低点的坐标之延长线。它对股价的下跌具有一定的支撑作用，当股价向下有效突破颈线时，双重底得以确认。

（5）突破：股价的第二次上升，一方面由于无法超越上次高点，另一方面是成交量方面未能有效配合，市场投资者信心受到打击，在抄底盘的获利回吐与高位套牢盘解套的双重压力下，盘中筹码大量抛售，股价快速回落，并击穿前期回落的低点，双重头形态成立，股价趋势发生逆转，由涨势转为跌势。

（6）成交量：当股价上升到一定的价位时，在其最高价附近有较大的成交量，当股价向下回调时，成交量随之减少，然后当股价再次上升到前期高点附近，成交量再度随之增加，但一般情况下未能超过前一个高点附近的成交量，表明买盘减弱，此时可以确定为双重顶成立。总体来说，第二次反弹上冲时的成交量比第一次上冲时的成交量要小。

（7）量度跌幅：选择两个顶点的最高点，从这点向下量出到颈线之间的垂直距离，再从颈线向下量其同等距离，为预测能力最小跌幅。也就是说，股价至少要跌到这个价位以后，才有止跌回升的可能，但实盘中实际跌幅通常超过这个目标。

二、市场含义

双重顶形态作为一种典型的头部 K 线反转组合形态，预示着一轮上升行情的终结，股价在完成形态之后将进入一轮跌势。股价的持续上升，为投资者带来了丰厚的利润，盘中积累了大量的获利筹码，其回吐压力促使股价下跌。当股价跌到某一水平时，吸引了一批短线投机者的兴趣，同时一些在高位获利了结的投资者也会在低位再次进行回补，从而在买盘的推动下股价企稳回升。由于股价此时已相对处于高位，利润空间已比较有限，因而投资者的追涨热情不是很强，同时目标利润也不会过高，因此在前期高位附近会受到短线获利盘及高位套牢盘的双重打压，股价再次下跌。由于股价两次冲高受阻，市场信心产生动摇，股价回落得不到买盘的强大支撑，加上筹码的不断抛售，股价进一步下跌，并跌破了上一次回落时的低点，形成正式突破，双重顶形态便告成立。

三、分析要点

（1）双重顶的两个高点并不一定精确在同一水平上，两个高点会有一些差别，往往第二个头部会在买盘的积极推动下有所超越，但两者相差不会太大，一般在3%左右是可以接受的。

（2）双重顶的两个头部明显伴随放大的成交量，但第二个头部的成交量要比第一个头部显著减少，此时反映出多头势力的减弱，市场信心开始动摇，追涨的热情有所减弱，这是造成股价下跌的主要原因。

（3）通常在双重顶形态中，底部与顶部的差距不会过大，因为过大的跌幅容易引发投资者的恐慌性抛盘，不利于庄家的进一步派发。一般来说，股价回落形成低点相距第一个头部大约在10%~30%，这样容易给投资者对后市有一个良好的想象空间。

（4）双重顶的颈线一般以两个顶部之间的低点引出一条水平线作为双重顶的颈线，或是两个高点之间的连线的平行线作为颈线。

（5）当股价突破双重顶形态的颈线时，一般会对颈线略作回抽，但回抽时成交量明显萎缩，股价受阻于颈线位，然后再次步入跌势，其形态的最小跌幅，是由颈线突破点算起，至少下跌至从双头高点至颈线之间的垂直距离。

（6）双重顶不一定都是反转信号，有时极易演化为整理形态（如箱体形整理），判断股价的双重顶形态除了观察股价的相对高度之外，还要看形成两个相同头部的时间。一般来讲，双重顶两个头部的时间跨度要长一些，通常会在一个月左右。如果形成时间太短，其见顶回落的信号就不太可靠，因为庄家常用这种手法来欺骗投资者，对此投资者要引起警觉。

四、实盘技巧

双重顶形态一般出现在长期性上涨趋势的顶部，股价的回落通常会大于度量出来的最小跌幅，因此对于出现这种形态的股票，已不再适宜买入，而应以出货为主。

如图 8-4，重庆燃气（600917）：该股经过一轮大幅下跌后企稳反弹，当股价有了一定的反弹幅度时，遇到强大的抛盘压力，股价回落整理。调整结束后股价再次上攻，当股价接近前期高点附近时，股价无力突破前期高点，再次遇阻回落到前期低点附近，在 K 线上形成双重顶形态，此为第一卖点。

股价在前期低点经过两个交易日的徘徊后，2018 年 1 月 7 日一根大阴线向下突破双重顶颈线位的支撑，此后在 1 月 24 日回抽确认失败后，股价出现快速下跌，此为第二卖点。

1 月 24 日，股价向上回抽后，构成第三卖点。此后，股价持续向下阴跌，跌幅明显大于量度跌幅。

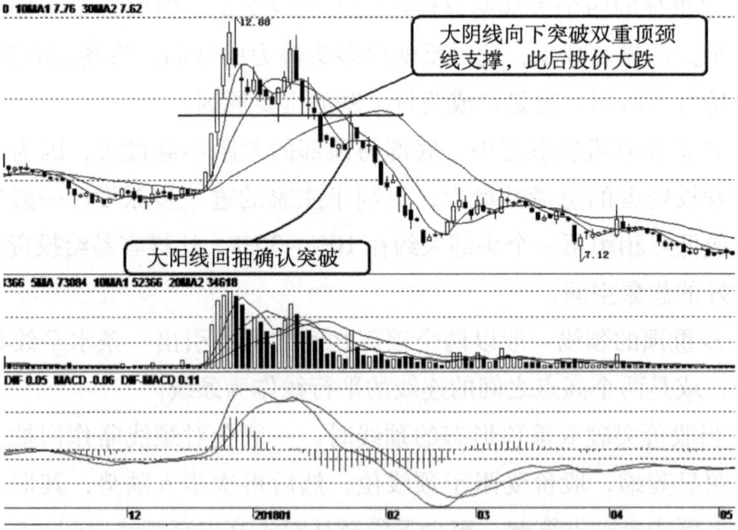

图 8-4　重庆燃气（600917）日 K 线

也有的人认为，双重顶的三次卖出时机：一是在股价加速上涨时逢高减仓；二是当股价反弹到前期高点附近时卖出；三是股价突破颈线位或突破颈线位后回抽确认成功时是最佳卖出时机。两者有所差异，效果如何，因人而异。

第三讲 头肩顶形态

一、形态特征

头肩顶是一种典型的顶部反转形态，在理论和实战中具有十分重要的技术分析意义，如图 8-5 所示。

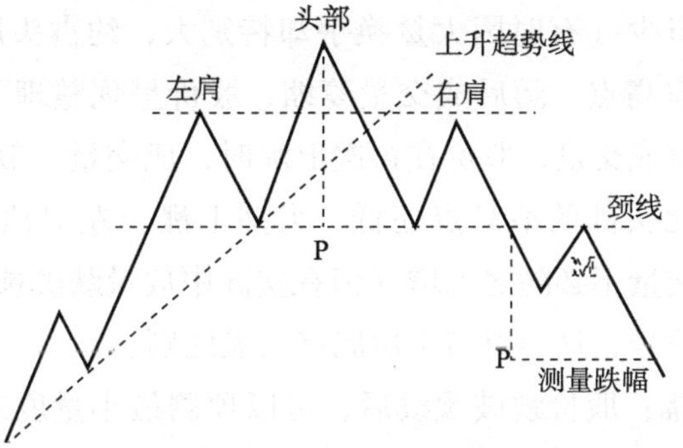

图 8-5 头肩顶形态示意

（1）左肩：一轮带有爆发性的强劲上涨，成交量与前期相比变得十分巨大，由于盘中积累了大量的获利筹码，紧随而来的是一次小幅回调，相应的成交量较上涨最后的几个交易日以及顶部处都有所减少，这就是左肩。

（2）头部：在经过短暂的回调之后，又一轮伴有较大成交量的上涨，达到高于左肩顶部一定幅度的水平（一定要明显地高于左肩顶部），然后另一个回落开始，成交量有所减少。股价下跌到前期低点附近（明显低于左肩的顶点），遇到支撑而回升，这就是头部。

（3）右肩：股价见顶回落后，一般会在左肩的低点位置止跌企稳。这时发动第三次上涨走势，但此时投资者热情已明显减弱，股价上涨得不到成交量的有效配合，明显低于左肩与头部所伴随的成交量，股价无法再创新高，通常会在左肩高点附近再次回落，从而形成右肩。

（4）颈线：股价在震荡回落过程中，就产生了两个明显的低点，即左肩和头部之间的低点，以及头部和右肩之间的低点。如果将这两个低点之间连接成一条直线，就产生一条趋势线，这条趋势线就是颈线。对股价的下跌具有一定的支撑作用，当股价第三次下跌击穿颈线时，头肩顶才能完成。

（5）突破：股价在反弹到左肩高点附近时，获利盘和解套盘增大，行情转为跌势，并一举跌破颈线的支撑，而且股价在较长一段时间内将难以再回到颈线之上。股价对颈线的有效突破，一般以跌破3%为依据，并连续在颈线位之下3天以上基本可以确立。

（6）成交量：左肩成交量，股价经过长期上升后，成交量大量增加，随后持股者获利回吐，出现整理下降，此时成交量往往比在先前最高价附近的成交量减少许多。头部成交量，股价经过调整后再次形成上升行情，此时成交量大部分比左肩少（有时因大量换手却特别大，约占头肩顶形态的1/3），但价格却超越左肩高点。随后成交量萎缩，股价呈现整理下跌，跌回到左肩的低点附近。右肩成交量，股价在再次上涨时，成交量一般比左肩和头部少，但上升的高点却比头部的最高点还低，大多上涨至左肩顶点附近即告下跌。跌破颈线时的成交量不必随之大增（但在实践中放量跌破颈线效果更佳），也可构成有效突破信号，这一点与头肩底有明显区别。

（7）量度跌幅：股价跌破颈线后，可以预测最小量度跌幅。有两种测算方法：一种是先量出从头部的最高点到颈线之间画出一条垂直线，然后在突破颈线的这一点开始，向下量出相同的高度，即为最小量度跌幅。另一种是先量出下降运作中第一浪的长度，然后从突破点向下量出等倍距离，即为下跌的目标价位。

二、市场含义

在头肩顶形态运行中，股价上涨初期，市场前景看好，投资者热情高涨，积极推动股价上涨，成交十分活跃，股价伴随着成交量的积极放大而上升。股价经过短期的冲高回落，仍有大部分投资者看好后市，并趁股价调整之机继续买进，此时股价反弹上升，并且超越上次的高点。表面上看股价的上涨表现出市场乐观的一面，但从成交量的变化来看，成交的热情已大不如前，反映出多头的势力正在减弱，股价表现为涨升乏力，投资者信心开始受挫。那些对前景没有信心和错过了上次高点卖出的人，或是在前次回落低点短线买入的人在高位获利回吐，于是股价在头部再次回落。股价第三次上升，力度已明显减弱，后市看淡已基本为市场所认同，庄家难以再度成功引发市场人气，此时买盘的承接力度十分弱，成交量通常大幅萎缩，股价表现疲软，无法穿越头部高位，并随着股价的再次回落，跌破颈线位的支撑，大级别的下跌行情即将出现。

三、分析要点

（1）头肩顶形态大多出现在牛市上涨行情的尽头，是一种典型的顶部反转 K 线组合形态。

（2）一般来说，左肩和右肩的高点大致相等，两点间边线基本与颈线平行。但有时会有所变动，如果颈线向下倾斜，显示市场疲软。

（3）成交量方面，左肩最大，头部次之，右肩最小，呈现阶梯状下降趋势。但也有时候头部成交量大于或相近于左肩。当股价跌破颈线时，成交量有所增加。在股价回抽时，成交量又减少。然后，股价再度下跌，成交量也再度增加。

（4）股价经过大幅拉升后，当最近一个高点的成交量较前一个高点低时，暗示买方力量减弱，有出现头肩顶的可能。当股价反弹回升无法超过前次高点（头部），而成交量继续萎缩时，出现头肩顶的可能性更大，股价有开始转跌的趋势。

（5）当股价跌破头肩顶形态的颈线时，无须成交量的放大，形态也可以成立。但如果此时成交量激增，表明市场抛售力量强大，空头杀伤力极强，股价将会加速下跌。

（6）一个完整的头肩顶形态需要 3~4 个月时间，甚至超过半年以上，时间太短的微型头肩顶形态不太可靠，在周线图中发现此形态的机会较大。

（7）头肩底的理想形态是左肩与右肩的高度相等，两个反弹高点也是一样，但有时也有其他的变体，如右肩高于或低于左肩，即第二个反弹高点高于或低于第一个反弹高点，只要其幅度不超过 3%，仍然属于头肩底的形态。

四、实盘技巧

头肩顶形态通常有三次卖出时机：

（1）第一卖点：股价到达左肩的高点时，可能会遇到强大的阻力，因此当股价第三次上升到颈线的平行线附近时，有可能见顶回落，此为第一个卖出点。

（2）第二卖点：股价向下跌破颈线时，此为明显的突破信号，应立即卖出。虽然此时与最高价相比，已回落了相当的幅度，但跌势只是刚刚开始，后市仍有较大的跌幅。

（3）第三卖点：股价运行到颈线附近或跌破颈线时并不立即下跌，通常会形成回抽，回抽的高点会受制于颈线附近，此时是最后的逃命机会，先前没有及时出货的投资者应在此时予以斩仓离场。

如图 8-6 所示，黄河旋风（600172）：从该股 2017 年 10 月至 2018 年 1 月的走势中可以看出，当股价回升到左肩高点附近时，遇到强大压力而无法继续上涨，此时应逢高退出。当股价向下突破颈线支撑时，如果先前没有退出的，此时又是一个较好的卖点。在股价回抽确认突破有效后，应清仓出场观望，随后股价出现较大幅度的下跌行情。

一般来说，短线投资者以右肩形成时出货为佳，头部出货当然最佳，但有可能在本不是头肩顶形态时少赚差价。中长线投资者应以大头肩顶形成，股价有效跌破颈线时出货为最好时机，如果预见到头肩顶即将构成，仍以左肩出货为佳。在形态已经形成、股价跌破颈线后又一次反弹至颈线附近时为最后清仓机会。

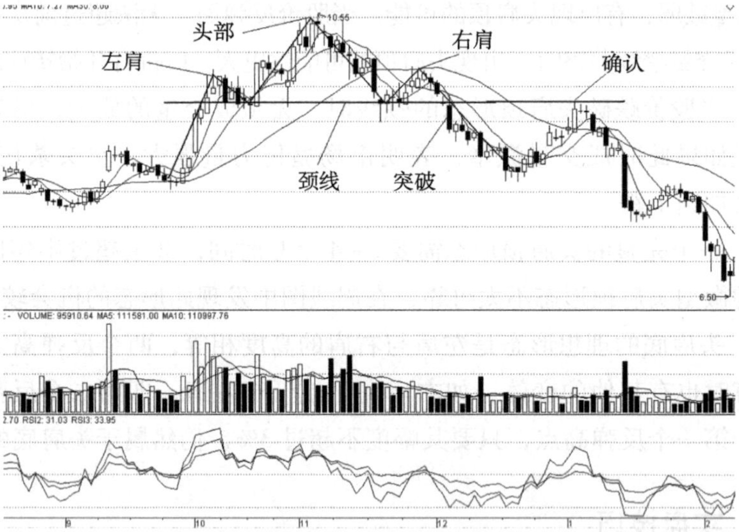

图 8-6 黄河旋风（600172）日 K 线

第四讲 圆弧顶形态

一、形态特征

在股价到达圆弧顶的顶点之前，呈弧形上升，虽不断创出新高，但涨不了多少就回落，只是比前一个高点稍高而已，随后涨升到顶点附近时卖压加大，高点走平，出现盘局，最后是每波回升点都略低于前点，把这些短期高点连接起来，就形成了圆弧顶。在成交量方面是逐级减少，表明追涨乏力，当突破颈线时，技术派会止损出局，成交量会稍有放大。个股出现圆弧顶，则很可能是庄家水煮青蛙式的出货。在形成过程中出现一些实体相对较小的K线，标准的圆弧顶形态需要有一个向下跳空的缺口进行确认，但在实盘应用中出现这样的情形较少，如图8-7所示。

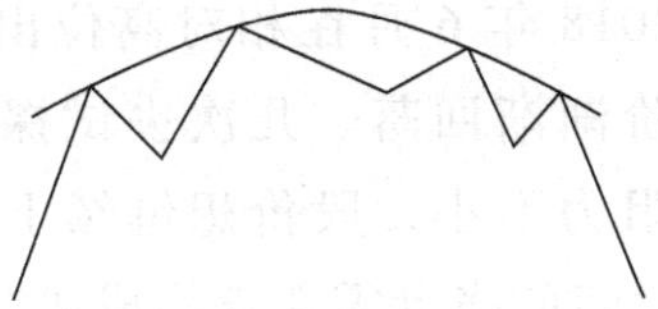

图8-7　圆弧顶形态示意

二、市场含义

圆弧顶是指多方在维持一段股价或指数的涨升之后，买方力量逐步趋弱，难以维持上涨，涨势缓和而空方力量却有所加强。当多空双方力量达到均衡时，股价保持平台整理状态。一旦空方力量超过多方，股价便开始回落，起初只是慢慢改变，跌势并不明显，但随后空方完全掌控了主导权，跌势转急，表明一轮跌势已经来临，先知先觉者往往在形成圆弧顶前抛售出局，不过在向下突破圆弧顶颈线时，出局也不算太迟。

三、分析要点

（1）有时当圆弧顶形成后，股价并不立刻快速下跌，而是反复横向发展，形成徘徊区域，称作“碗柄”。一般来说，碗柄很快便会被突破，股价会继续朝着预期中的下跌方向发展，下跌速度会加速，但却提供给了投资者一个在下跌之前的退出机会。

（2）圆弧顶的理论下跌目标位很难确定，只有通过支撑位、百分比、黄金分割等方法来预测。其突破后的最小跌幅，一般是圆弧顶颈线到圆弧顶最高点之间的垂直距离。

（3）成交量没有固定特征，一般呈逐级递减。在开始股价上升时成交量增加，在升至顶部时显著减少，在股价下滑时，成交量又开始稍放大，有时也出现巨大而不规则的成交量，有时也会呈圆顶形状或V形。

（4）圆弧顶多出现于绩优股中，由于持股者心态稳定，多空双方力量很难出现急剧变化，主力在高位慢慢派发，K线易形成圆弧顶。

四、实盘技巧

如图8-8所示，泸州老窖（000568）：该股经过一段时间上涨后，遇到前期高位盘区压力，2018年6月在相对高位出现滞涨情形，并形成一个较高的价格，随后股价渐渐回落。几次去试探前期高点都以失败而告终，显示出这个区域的阻力不小，股价想继续上升但得不到参与者的认同。在相对高位进行长时间的横盘震荡就构成成交密集区，如果在这个区域进行充分换手后，股价还未能上行就需要引起重视，很有可能顶部即将到来。6月26日开始，连续收出中阴线，股价快速下跌，跌破颈线位支撑，此时应该及时出局。

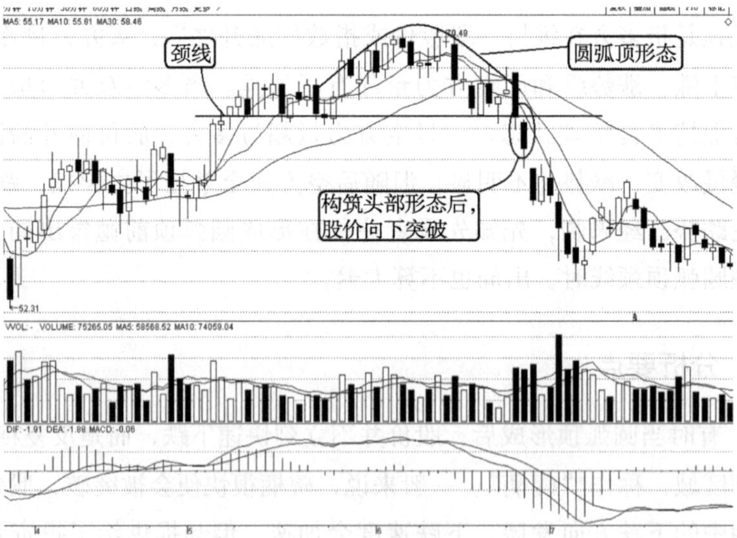

图8-8 泸州老窖（000568）日K线

第五讲　潜伏顶形态

一、形态特征

潜伏顶与圆弧顶相似，股价经过长期的上涨后，形成盘头走势，多空双方达成平衡，致使股价长时间在一个极其狭窄的区间波动，形成又长又平的震荡区间，充分反映庄家耐心地派发筹码，成交量也萎缩至极点，在K线图上表现为小阴小阳交错的水平状。最后，在利空消息的刺激和庄家的打压下，股价向下突破脱离顶部区域，成交量也随之放大，形成股价大幅下跌，因此就构成了潜伏顶形态，如图8-9所示。

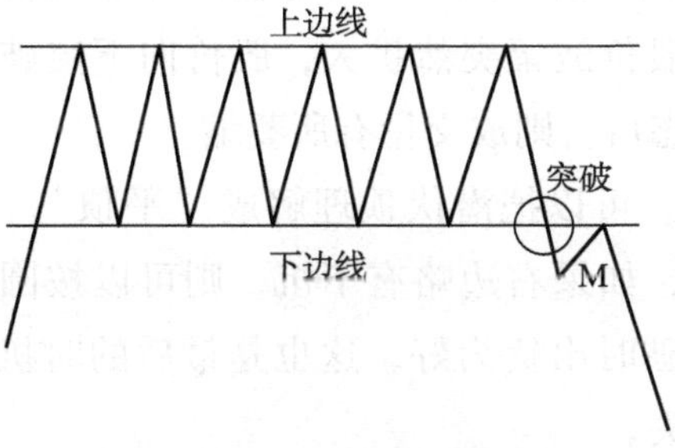

图8-9　潜伏顶形态示意

二、市场含义

潜伏顶是一种反转形态，它的形成必须依赖于一个根本要点，即极度乐观的市场气氛。潜伏顶可以出现在大、中、小行情的局部高点，形成短期或长期顶部，图形大小决定于作用大小。潜伏顶的成交量较少，突破时成交量放大，且突破方向是向下的。它一般出现于绩优股的走势中，原因是这类股票持有者心态比较稳定，不会轻易改变看法。相反，投机性高的垃圾股很少走出这种形态，因为持股者没有什么信心，一旦有风吹草动即先行一步逃跑。潜伏顶一旦形成，股价向下脱离顶部区域，通常出现中长期调整走势，而且较长一段时间内对股价形成巨大压力，因此具有强烈的看空意义。

三、分析要点

（1）窄幅波动。潜伏顶在形成时，股价已经有了一定幅度的上涨，然后在高位进入派发期，股价在一个狭窄的区域内波动，形成上档有压力，下档有支撑的横盘局面，每日的高低价波幅较小（一般在5%以内），成交量方面也见稀少，充分说明庄家派发的耐性。随着时间的延长几乎变成一条水平的直线，之后突然向下突破，形成潜伏顶形态。

（2）潜伏顶大多出现在一些浮动筹码较小的强庄股、股权分散的大盘绩优投资股或走势稳健的慢牛股之中，主要是因为公司发展稳定，没有太多的消息出现，盘面走势稳健，投资心态比较稳定，不会轻易改变看法，一般不随大盘涨跌起落。

（3）在成交量变化方面，则需认真分析。在潜伏顶时成交量应保持稳定及稀少的走势，但当股价波幅突然扩大，股价向下突破潜伏顶时，成交量有所放大，成功脱离形态后，则成交量有所萎缩。

（4）从实践来看，可以把潜伏顶理解成“平顶”，即股价走了较长时间的平台之后向下突破，如果右边略有下沉，则可以按圆弧顶操作。投资者在股价突然出现向下突破时出货为好，这也是最后的时机。不要过早出货，以防形态有变而造成损失。

四、实盘技巧

如图8-10所示，亚星客车（600213）：该股成功见底后，股价大幅上涨，累计涨幅超过2倍。由于主力不断在高位兑现获利筹码，从而在高位出现潜伏顶走势，暗示股价上涨遇到一定的压力。不久，一根大阴线向下脱离潜伏顶形态，此时应及时卖出观望。无论后市是否具有继续上涨的潜力，起码股价短期将进入调整。

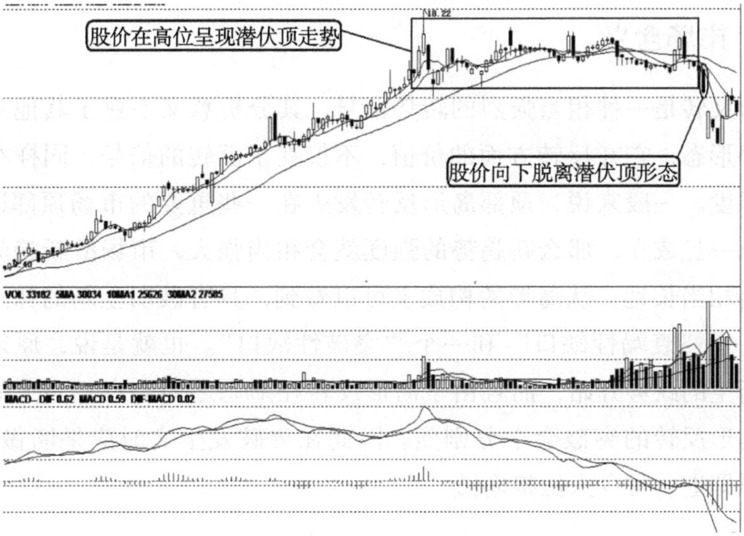

图 8-10 亚星客车（600213）日 K 线

第六讲 岛形顶形态

一、形态特征

在牛市的晚期，本来已是最后的上涨冲刺行情，但市场仍然会利用最后一股力量出现向上跳空缺口的图形，然后在缺口上方进行一日或多日的震荡盘整，显示盘面无力形成流利的上涨行情，于是股价被迫选择跳空而下，在K 线图形上产生一个向下跳空缺口切断了与缺口上方 K 线的联系，将一大批跟进的投资者遗弃在这个孤岛上，随后套牢者纷纷砍仓自救，使下跌势头进一步加剧，因此是一个强烈的顶部反转信号，如图 8-11 所示。

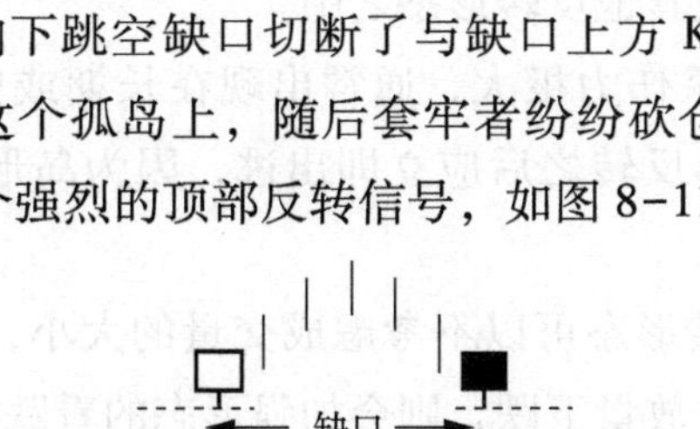

图 8-11 岛形顶形态示意

二、市场含义

岛形反转是一种相当强烈的转势信号，其分析意义不亚于其他几种最主要的转势形态，它在反转方面的价值，不仅在于反转的信号，同样在于反转发生的强度。一般来说，顶部岛形反转发生在一些重要的市场顶部区域，该反转形态一旦成立，那么新趋势的强度就会相当强大，市场沿新趋势运行的时间也会相当长远。从岛形的构成上可以看到，具有破旧立新的味道，即它包括了一个“衰竭性缺口”和一个“突破性缺口”。也就是说，原来的升势衰竭，新生的跌势开始，而且由于岛形反转在形态之内会有相当大的套牢盘存在，岛形反转的突破会十分剧烈。因此在突破发生之时应果断做出决定，机会稍纵即逝，常令人扼腕痛惜。

三、分析要点

（1）标准的顶部岛形前后各有一个跳空缺口，前面的为上涨竭尽性缺口，此时股价经过持续的上升，进入快速拉升阶段，多方能量消耗殆尽。而后面的缺口为下跌突破性缺口，说明股价结束在高位的震荡之后向下突破。

（2）形态中的两个缺口大致在同一价位出现，而且近日未填补缺口，这一价位对后市产生重要的压力作用。缺口空间越大，技术意义越强。

（3）顶部岛形反转形成的时间非常短，可以是单个交易日或两三个交易日，而且岛形部分的成交量十分密集，显示多空双方在此进行激烈的争夺。

（4）顶部岛形反转通常会出现在流通盘较小的股票中，而其形态大多隐藏在头肩顶、双重顶及其他反转形态之中。

（5）顶部岛形的杀伤力极大，通常出现在长期或中期上涨趋势的顶部。当股价在顶部形成岛形反转之后应立即出逃，因为岛形两端的走势都是十分陡峭的。

（6）顶部岛形反转形态可以不考虑成交量的大小，这一点与底部岛形有所区别。但在缺口下方放量下跌，则会加强形态的看跌技术意义。

（7）顶部岛形一方可以是一根 K 线，也可以多根 K 线，阴线阳线没有太大的区别。

（8）先形成的上涨竭尽性缺口，不一定就是上涨过程中的第三个缺口，也就是说，上涨竭尽性缺口产生之前，不一定要有突破性缺口或持续性缺口存在。

四、实盘技巧

如图 8-12 所示，远程股份（002692）：该股在 2018 年 9—10 月的走势中，在股价大幅反弹后的高位形成一个向上的跳空缺口，大有加速上涨之势，但庄家操盘手法诡异，反手做空，在右边出现同样的向下跳空缺口，左右两个跳空缺口形成对称，构成岛形顶形态，此时应及时抛空为好，之后股价不断创出新低。

在实盘操作中，遇到岛形顶形态时，应掌握以下操作技巧：

（1）顶部岛形之前股价已有一定的涨幅，这样反转力度才大，一旦岛形形态成立应果断卖出。

（2）有两个基本对称的跳空缺口，近日未被回补，缺口空间越大，技术意义越强，卖出信号越可靠。

（3）顶部岛形反转形态虽然不注重成交量的大小，但当日的缺口下跌应有较大的成交量出现，这样更加确认顶部的形成，卖出信号更加强烈。

（4）顶部岛形形态产生后，股价会快速脱离头部区域，应及时抛空离场。

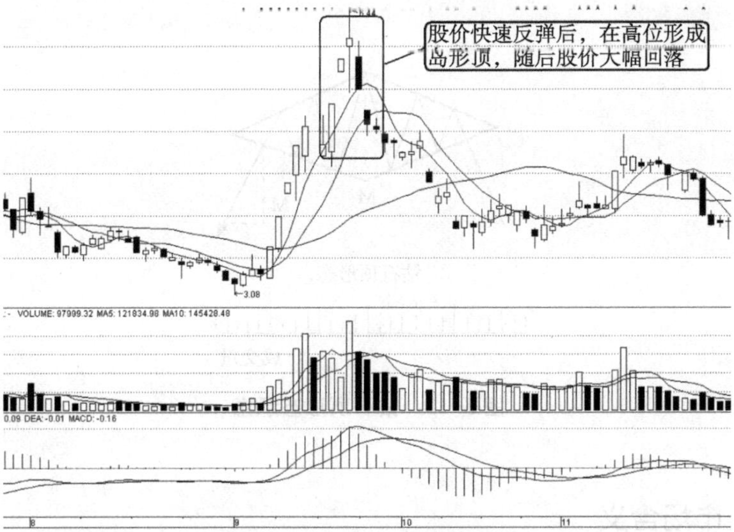

图 8-12　远程股份（002692）日 K 线

第七讲　钻石顶形态

一、形态特征

该形态由于其形状酷似"钻石"，故被市场人士称为"钻石形态"。在形态上，是扩散三角形、对称三角形、头肩顶的综合体，前半部分是一个扩散三角形，后半部分是一个对称三角形，可以看成是由扩散三角形与对称三角形的合并图形，也叫菱形。

当一个明显的高点和低点产生之后，高点却不能升越前面的高点水平，接着的下跌回落点却又较上一个为高，股价的波动由不断地向外扩散转为向内收窄，构成形态的右半部和对称三角形一样。此时由于看好后市的人持股做中长线的渐多，使冲动的短线浮筹日渐减少，稳定看好后市的力量逐步成为市场主流，这时股价的波动逐步缩小平缓，而成交量也急剧回落萎缩，后半段又与对称三角形一样，经过充分换手整理后出现突破走势，如图 8-13 所示。

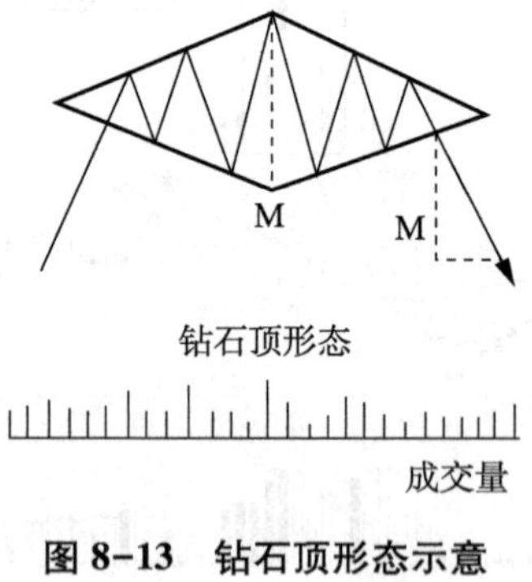

图 8-13　钻石顶形态示意

二、市场含义

钻石形态很多时候是一种顶部看跌形态，很少成为底部反转形态，通常它在中级下跌前的顶部出现，其形态完成后往往成为空头大本营，是个转势形态。

钻石形态有时也称为持续形态，出现在下降趋势的中途，形态之后将继续下降。钻石形态是一个比较特殊且少见的形态，无论出现在行情的任何位置，其技术意义都具看跌意义。形态一旦形成往往有较大杀伤力。

分析总结：钻石形态在判断趋势转向时不经常出现，而一旦钻石形态成立，就意味着大的下跌行情即将到来，投资者应选择做空为主要的交易策略。

三、分析要点

（1）形态的前半部分与扩散喇叭形一样，具有高而不规则、并趋于放大的成交量，后半部分与对称三角形一样，成交量趋于逐步萎缩。

（2）一般上下突破时成交量都会温和放大，一旦向下突破即会形成沉重的头部，中期趋势向淡。

（3）钻石形态出现后的跌幅应如何计算？当钻石形态右下方支撑跌破后，就是一个卖出信号。其最小跌幅的量度是从股价向下跌破钻石形态右下线开始，量出形态内最高点和最低点之间的垂直距离，这个距离就是未来股价将会下跌的最小幅度。因此，形态越宽跌幅越大，形态越窄跌幅越小。有时候也会出现回抽现象，价格回抽到下方的阻挡线附近，新的趋势将从这里恢复运行。一般来说，价格运动的实际距离比这一段最小跌幅要长。

四、实盘技巧

如何选择钻石形态的卖出时机？一般情况下，当构成扩散三角形的主要支持线被有效跌穿，便宣告这种形态已基本完成。此外，由于钻石形态的形成初期是扩散三角形，而扩散三角形在大多数情况下属于看跌形态，所以投资者在该形态形成之初就可以选择卖出。最佳卖出点就是股价放量突破形态后半部分的对称三角形之时。

如图 8-14 所示，城投控股（600649）：该股在 2019 年 3 月的走势中可以看出，股价快速上涨后在高位出现震荡整理。在震荡过程中，出现一个钻石整理形态，预计股价短期将出现调整走势，是短线的一个卖出信号。

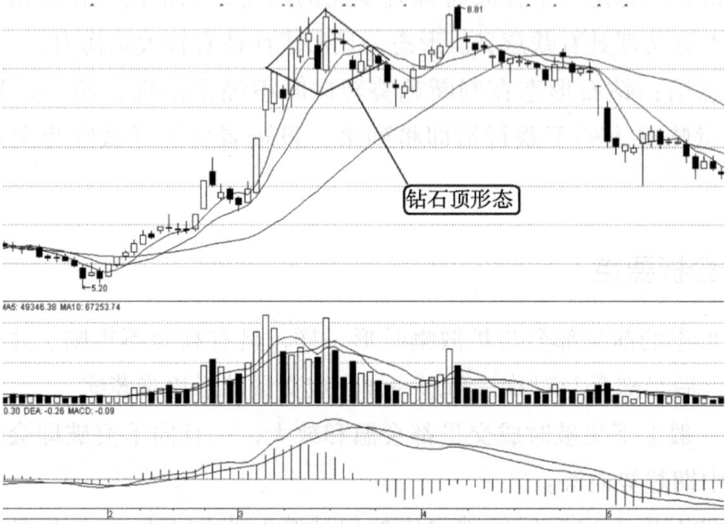

图 8-14　城投控股（600649）日 K 线

在实盘中有一种特殊现象，就是钻石形态有时会出现在两个反方向通道的结合部，如股价以上升通道方式运行到高位后进行整理，这个通道平行线成为钻石形态的左上边和右下边。随后，股价转身向下，还是以下降通道的方式运行，这样钻石形态的右上边和左下边则成为下降通道的两条平行边。一旦出现这样的情况，股价的跌幅通常至少是先前涨幅的 50%。

第九课 持续整理形态

第一讲 对称三角形整理

一、形态特征

对称三角形在形成过程中，股价变动幅度逐渐收窄，每个高点均较前一个高点略低，而每个低点则较上一个低点略高，将上下至少两个高点或低点连成直线，即形成一条向下倾斜的直线（阻力线）和一条向上倾斜的直线（支撑线），两条直线的角度接近对称。它一般出现在多头或空头行情的中段整理之中，因而它是一个较为重要的持续整理形态。一个完整的对称三角形，至少要有四个转折点（因为每条趋势线要有两点来确定），但为了更加突出支撑和压力作用，较多时候采用六个转折点。

根据对称三角形的性质，通常朝原先方向突破的可能性比较大，也就是说，在涨势中出现的对称三角形，则向上突破的可能性较大，而在跌势中出现的对称三角形，则向下突破的可能性居多，如图 9-1 所示。

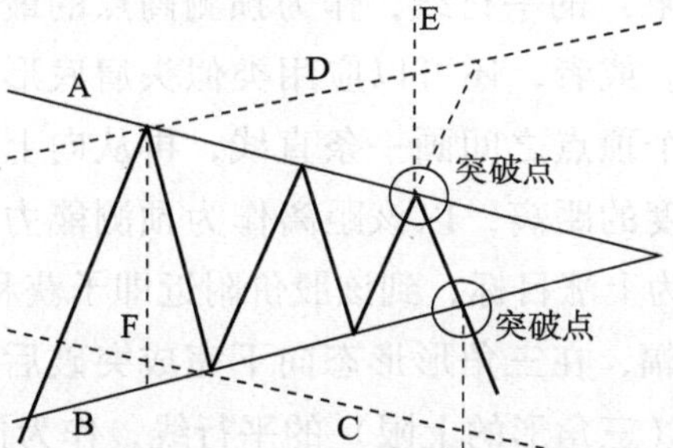

图 9-1 对称三角形整理示意

二、市场含义

对称三角形的形成，是由于在该价格区域，多空双方力量差距不大，达到暂时的平衡状态，多头的每次进攻，都会由于市场信心不足及空方的压制而回落，反弹高点一次比一次低，显示多头势力仍然较弱，无法占据市场主导地位。而空方的每次反扑都会遭到买方的顽强抵抗，同时前景看好的投资者会在股价的回档中积极买入，使股价底部逐步抬高。当股价经过反复多次的震荡之后，多空双方力量的优势逐渐明朗化，原先占据优势（上涨或下跌）的一方力量会进一步扩大，并带动股价结束调整，继续沿着原先的趋势运行。

三、分析要点

（1）在对称三角形中，每次股价反弹的高点都比前一次反弹的高点低，呈逐级下降趋势。而在股价回落的过程中，每次回落的低点都比前一次的低点高，呈逐步抬高势头。这些高点与低点基本上可以以一条倾斜的趋势线贯穿，而两条趋势线的水平夹角基本对称。

（2）股价在对称三角形中的波动幅度越来越小，成交量也随之逐级递减。

（3）股价运行靠近对称三角形的顶点，其突破的要求就越强烈，因为越靠近顶点，股价的波动幅度越小，其支撑和压力功能就越不明显，对买卖操作的指导意义就越不大。

（4）对称三角形的最佳突破位置，是发生在三角形横向长度（三角形顶点与第一个转折点之间的横向距离）的 1/2 至 3/4。

（5）对称三角形是股价运行中的一个短暂停顿，其突破方向取决于原先优势的一方，因而形态突破之后一般会继续沿着原先趋势运行。

（6）最小量度升幅，在三角形配合增加的成交量向上完成突破后，画出其底线（三角形的下限）的平行线，作为预测高点的最小涨幅，在股价涨至该线附近时予以卖出。或者，还可以应用类似头肩底形态的测量方法，在第一个底点与其后第一个顶点之间画一条直线，再从向上突破涨升点开始，向上画出与这条线同长度的距离，以该距离作为预测能力最小涨幅。应选择预测高点较低的一个作为上涨目标，到该股价附近即予获利了结。

（7）最小量度跌幅，在三角形形态向下完成突破后，可以在第一个涨升的底点，画出其顶线（三角形的上限）的平行线，作为预测低点的最小跌幅，在股价跌至该线附近予以买进。或者，以第一个顶点与其后第一底点之间画一条直线，再从下跌突破点开始，向下画出与这条线同长度的距离，以该距离作为预测能力最小跌幅。

四、实盘技巧

1. 对称三角形的买入信号

（1）在上升趋势中，股价经过反复震荡放量突破顶部下斜趋势线的阻力时，是积极的买入信号。

（2）在上升趋势中，股价突破对称三角形后，上边的趋势线变为支撑线，支撑线上方附近是一个较好的买进点位。

（3）当股价突破形态顶部阻力后不久再度回落到顶部边线附近时，只要前一次突破成交量明显放大，则有效突破的可能性较大，此时只要不重新回到形态之内，可以加仓买进。

（4）短线技术高手可以对称三角形的上下边线，作为买卖参考点位进行高抛低吸操作。向上倾斜的底边线具有较强的支撑作用，股价回落到这条趋势线附近时，也是一个较好的买入时机。

如图 9-2 所示，天富能源（600509）：2019 年 2 月，股价快速向上突破底部区域后，然后进入震荡整理，时间一个月左右，成交量逐步减弱。在整理过程中，后一个高点低于前一个高点，而后一个低点高于前一个低点，从而形成一个对称三角形整理形态。2019 年 3 月 20 日，一根放量涨停大阳线向上突破对称三角形，此时产生一个理想的短线买入信号。

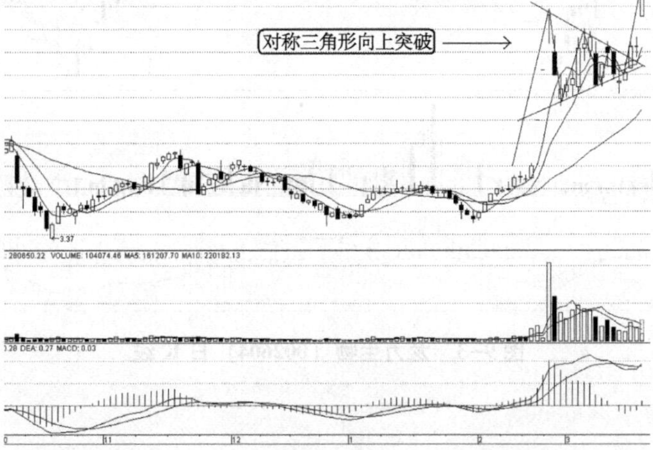

图 9-2 天富能源（600509）日 K 线

2. 对称三角形的卖出信号

（1）在下跌趋势中，当股价经过反复震荡并跌破底部上倾趋势线的支撑时，无论成交量是否放大，都可视为有效跌破，此时应立即卖出观望。

（2）在下跌趋势中，有时股价突破后不一定立即下跌，而是在突破点附近略作回抽确认，若回抽确认有效，此时是最后的卖出时机。

（3）股价向上无量突破，或突破力度很弱，将会影响预测能力的高点出现，成为假突破的可能性较大。因此如果有这种现象时，对预测能力酌予修正，并提前做卖出准备。

（4）短线技术高手可以对称三角形的上下边线，作为买卖参考点位进行高抛低吸操作。向下倾斜的上边线具有较强的压力作用，股价反弹到这条趋势线附近时，也是一个较好的卖出时机。

如图 9-3 所示，龙力生物（002604）：该股在 2018 年 11—12 月的趋势中，股价经过一波反弹行情后出现震荡整理，在整理过程中每一次反弹高点不断下移，而每一次回落低点不断抬高，从而形成对称三角形整理形态。12 月 25 日，股价跳空下跌，向下突破对称三角形的底边线。此时投资者应及时卖出观望，之后股价进入弱势调整。

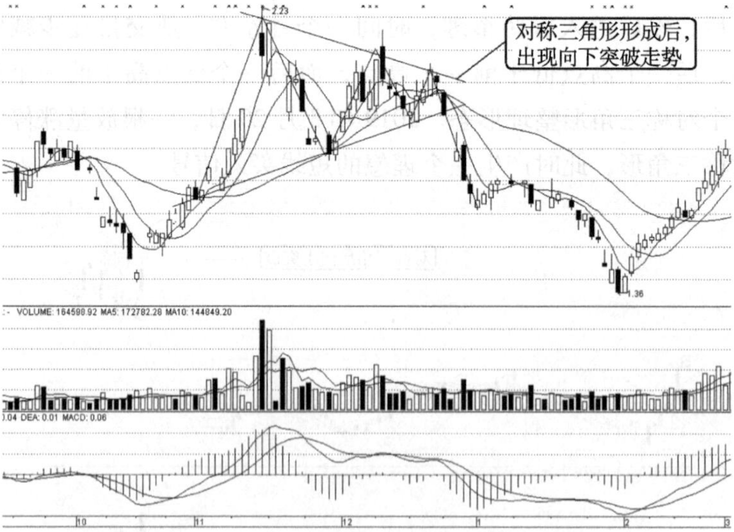

图 9-3　龙力生物（002604）日 K 线

第二讲 扩散三角形整理

一、形态特征

扩散三角形又叫作“喇叭口扩散三角形”，相邻的两个高点越涨越高，而相邻的两个低点却破位创新低，整个形态以狭窄的波动开始，然后向上下两边扩大。分别将两个高点相连画出一条斜上趋势线，同时将两个相邻的低点相连画一条斜下趋势线，从图形上即可看到一个喇叭形扩散形态，故称为扩散三角形。

不管喇叭口向上还是向下倾斜，其含义都是一样的，喇叭形经常出现在涨势多头末期，意味者多头市场的结束，常常是大跌的先兆，如图 9–4 所示。

扩散三角形的基本特征：

（1）多数出现在升势中，高点越来越高，低点走平或越来越低。

（2）高点连线与低点连线相交于左方，形态呈向右扩散的喇叭状。

（3）大多数形态整理后向下突破，向下突破时并不一定放大量。

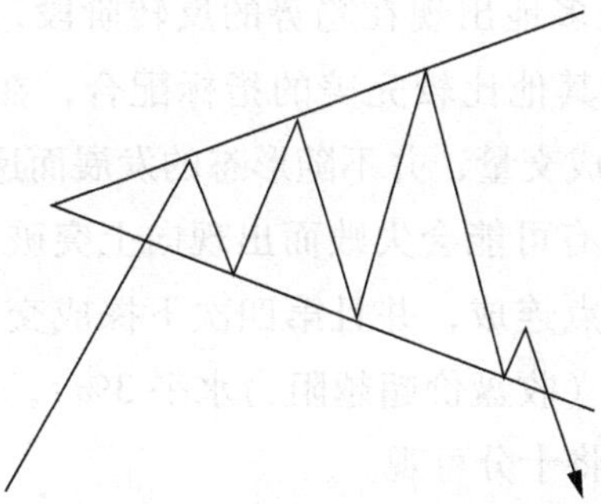

图 9–4 扩散三角形整理示意

标准的扩散三角形至少包含三个转折高点和两个转折低点。这三个高点一个比一个高，两个低点可以在水平位置，或者右边低点低于左边低点。当股价从第三个高点回跌，其回落的低点较前一个低点为低时，可以假设形态的成立。将高点与低点各自联结成颈线后，两条线所组成的区域，外观就像一个喇叭形，由于其属于“五点转向”形态，故较平缓的喇叭形也可视为一个有较高右肩和下倾颈线的头肩顶。

二、市场含义

扩散三角形形态是由于投资者冲动的投资或投机情绪所造成的，通常在长期性上升阶段的末期出现，在一个缺乏理性和失去控制的市场里，投资者受到市场炽烈的投机风气传言所感染，当股价上升时便疯狂追涨，但当股价下跌时又盲目地加入抛售行列，疯狂杀跌。

这种市场极度冲动和杂乱无序的行动，使得股价不正常地狂起大落，形成上升时高点较前一次为高，低点则较前一次为低，也容易产生不规则而巨大的成交量，反映出投资者冲动的买卖情绪。可以将扩散三角形形态看作是市场最后的消耗性上涨，最后的疯狂往往会将股价推高到很高的价位，但也暗示着市场购买力得到充分的发挥，升势已到了尽头，随后的多杀多式的下跌也会较为惨烈，准确地说扩散三角形形态是市场情绪化、不理智的产物，因此它很少在跌市的底部出现，原因是股价经过一段时间的下跌之后，在低沉的市场气氛中市场投资意愿薄弱，不太可能形成这种形态。

三、分析要点

（1）扩散三角形更多地出现在趋势的反转阶段，出现的频率相对较低。在实际走势中往往还有其他比较完美的指标配合，在整个形态形成过程中，保持着高而且不规则的成交量，并不随形态的发展而递减。

（2）扩散三角形也有可能会失败而出现向上突破，尤其在喇叭形的顶部是由两个同一水平的高点连成，并且第四次下探成交量极度萎缩，而随后股价以大成交量向上突破（收盘价超越阻力水平 3%），它显示前面上升的趋势仍会持续，未来的升幅将十分可观。

（3）扩散三角形下跌的幅度无法测量，也就是说，没有最小量度跌幅公式来估计未来的跌势，但一般来说，跌幅都是很大，向下突破无须成交量的配合，只要跌破下边三点连线即可确认。

（4）由于扩散三角形绝大多数都是向下突破的，所以投资者尽量不要参与其买卖活动，注意以减磅操作为主。最佳的卖点为上冲上边线附近时卖出，其次可在跌破下边线及其反抽时果断止损离场。

（5）在量能方面，整理期间常出现不规则波动的较大成交量。如上涨到上边线时配合成交量急剧放大而突破上边线（3%以上），则可能发生变异而继续上涨，但这种情况比较少见。

（6）扩散三角形右侧的上涨速度虽快，但右侧破位下行的速度更快。该形态也没有明确指出跌势出现的时间，只有当下限跌破时形态便可确定，投资者应该马上止盈或止损出局。

四、实盘技巧

在操作方法上，未破位前可高抛低吸，一旦发现并确认破位（3%以上）应在跌破下边线或反抽到下边线时停损离场。

如图 9-5 所示，大众公用（600635）：该股在 2018 年 11 月探底成功后，出现一波快速拉升行情，拉升结束后在高位出现扩散三角形整理形态。这种形态是投资者情绪冲动所造成的，疯狂追涨杀跌，使股价大起大落。表明升势已尽，大跌势即将来临，必须卖出。之后，股价进入弱势调整。

投资者面对扩散三角形只有两个字：退出。因为参与扩散三角形的炒作，盈利机会很小，风险却很大。一旦股价往下击破扩散三角形的下边线，即可马上引发一轮跌势，逃之不及的人就可能深度套牢。因此，普通投资者尽量不要参与扩散三角形中的买卖活动，持筹者也要进行减磅操作，一旦发现扩散三角形向下突破，应及时把股票全部卖出，停损离场。

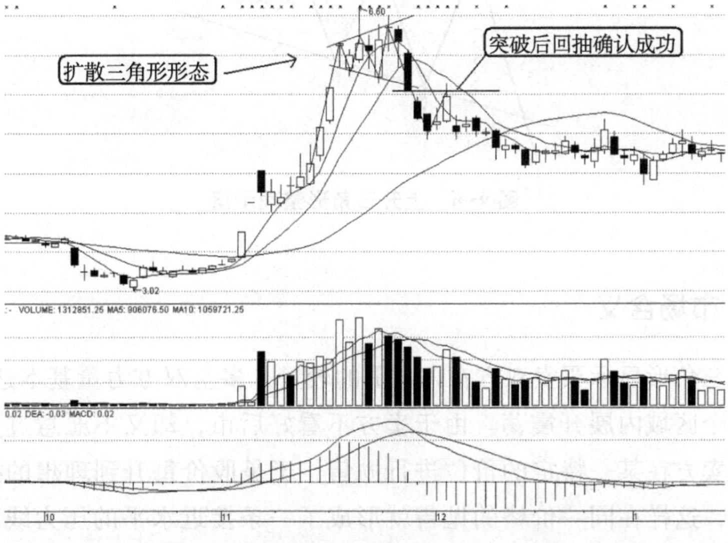

图 9-5　大众公用（600635）日 K 线

第三讲　上升三角形整理

一、形态特征

上升三角形是对称三角形的变形体，在上升三角形中股价每次上升高点基本处于同一个水平，也就是说，股价每次升到某一水平后遇强大阻力而回落，将两个以上高点联结，可画出一条接近水平的阻力线。但在股价每次下跌时都得到较强的承接盘，股价每次未跌至上次低点即作反弹，将两个以上低点联结，就形成一条向上倾斜的支撑线。上升三角形是一种看涨形态，大多出现在股价上涨过程中，有时也充当顶部形态。简单地说，就是上升三角形的上边线是水平直线，而下边线是一条向上的倾斜直线，如图 9-6 所示。

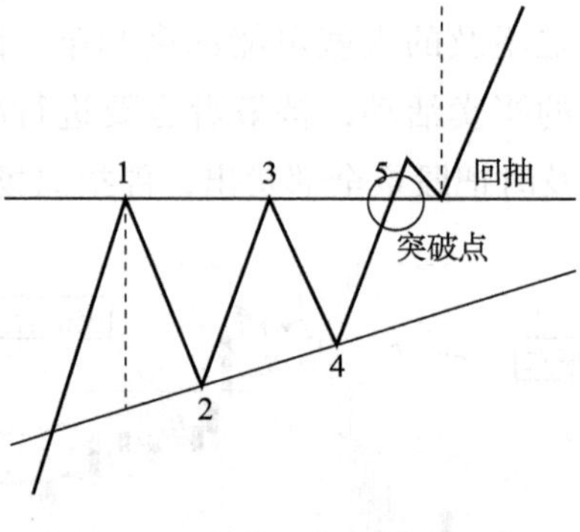

图 9-6　上升三角形整理示意

二、市场含义

上升三角形显示买卖双方在该范围的较量，多空双方力量基本达到平衡，股价在一个区域内展开震荡。由于卖方不看好后市，却又不愿意过分打压出货，因而卖方在某一特定的价位进行抛售，于是股价每升到理想的抛售水平时即抛出，这样在同一价格的抛售就形成了一条接近水平的压力线。而此时多头力量不断增强，市场的购买意愿旺盛，未待股价回落到上次的低点，便迫不及待地购买，因此形成一条向右上方倾斜的支撑线。另外，也有可能是庄家有计划的市场行为，有意把股价暂时压顶，以达到逢低吸纳的目的。最终，由于卖方并未将股价进一步打低，而市场买气越加旺盛，通常会形成强烈的上攻欲望，尤其是在上升过程中，在经过短线震荡整理后，多头最终将占据优势，形成向上突破走势。

三、分析要点

（1）股价在上升过程中，在某一价位受到强大的卖压，每次反弹到该点位便告回落，股价在形态顶部受到一条水平阻力线的压制。而在双方的争夺过程中，多方比空方更为积极，底部的支撑逐步抬高，呈现向上倾斜的趋势。

（2）上升三角形有较强的上升欲望，通常出现在上升过程中，市场购买力旺盛，最终将形成向上的突破。如果上升三角形出现在下跌趋势中，则判断起来比较困难，主要取决于双方力量斗争的结果。若是出现在下跌行情的末期，则多方获胜的概率较大，形态有可能会进一步演化成其他的底部反转形态。

（3）上升三角形的成交量变化与对称三角形一样，由于波动幅度越来越小，成交量也随之呈现递减态势。当股价形成向上突破时，通常会伴随着成交量的积极放大。

（4）上升三角形突破之后，通常会作短暂的回抽确认，其力度一般不大，在形态顶部会受到较强的支撑。

（5）上升三角形的测量能力，量出上升三角形最宽处的垂直高度，即第一个反弹高点至底部支撑线的垂直距离，再从突破点起向上量出相等距离的价位就是目标价位，一般实际的升幅均大于预期的。如果上升三角形出现失败，股价向下跌破支撑线时，同样用以上方法量出“量度跌幅”。

四、实盘技巧

1. 上升三角形的买入信号

（1）当股价经过多次的上下反复震荡后，上升三角形基本形成，当股价再次运行到形态的顶部水平阻力线而此时成交量积极放大时，形态有被突破的可能，突破点为积极的买入点。

（2）在上升趋势中，股价突破上升三角形后，上边的趋势线变为支撑线，应是一次极佳的买进时机。

（3）有时候股价在形成突破后，短期内仍有可能回落到顶部阻力线附近，此时可能只是对形态突破的回抽确认。当回抽确认突破有效时，应加码买进。

（4）在上升三角形中，向上倾斜的底边线具有较强的支撑作用，股价回落到这条趋势线附近时，也是一个较好的买入时机。

如图 9-7 所示，维信诺（002387）：2019 年 1 月 25 日，股价向上脱离底部，然后形成震荡整理走势。在整理过程中，其上升高点基本处于水平状态，说明股价在这一区域遇到一定阻力，从而形成一条接近水平的阻力线。但在股价每次下跌时都得到较强的承接盘，回调低点不断向上抬高，从而形成一条向上倾斜的支撑线。在突破后出现这样的上升三角形形态，说明后市股价仍具有走高潜力，因而可以重点关注。2 月 12 日，股价放量涨停，收出一根涨停大阳线，成功突破上升三角形上边线压制，构成一个非常好的买入信号。

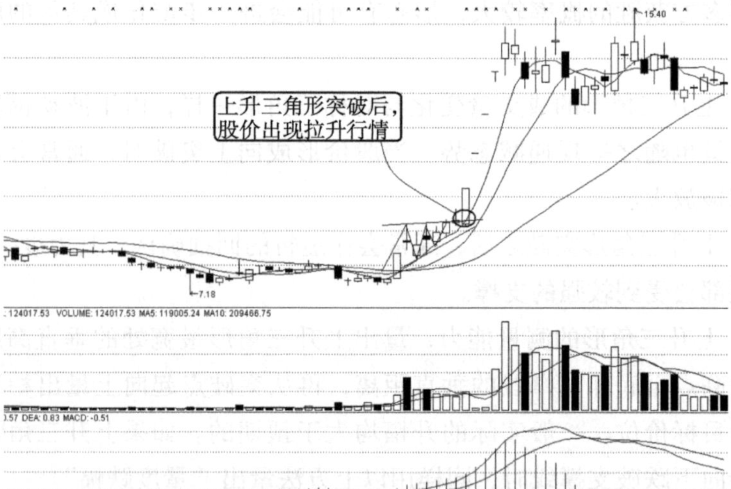

图 9-7 维信诺（002387）日 K 线

2. 上升三角形的卖出信号

（1）一般来说，股价出现上升三角形时，投资者应积极寻找买入时机，但喜欢做差价的短线投资者也可以在股价反弹到水平阻力线附近时短线卖出，此时只要成交量不明显放大，股价仍有可能回落到形态之内。有时股价呈现突破形态，但成交量并未积极放大配合（涨停板惜售除外），一般假突破的可能较大，也可暂时离场观望，在减仓或出货后要注意回补。

（2）如果股价向下跌破三角形的下限时，成交量并未太大，其后数天内股价虽仍在下跌，但成交量却是突然大幅增加，此意味着跌势已可确定，日后如果有反弹均是卖出点。

（3）上升三角形配合增加的成交量向上完成突破后，在股价涨到预测高点的最小涨幅时予以卖出。

（4）股价配合成交量向上突破三角形的当天或第二天，如未出现中长阳线上升，将会影响预测能力的结果。因此如果有这种现象时，对预测能力酌予修正，并提前做卖出或买入的准备。

如图 9-8 所示，大恒科技（600288）：该股经过大幅炒作后，庄家获利十分丰厚，兑现获利筹码已成为当务之急。因而股价在高位出现震荡走势，形成一个标准的上升三角形。通常出现在上升过程中的上升三角形其后市具有看涨意义，因而这个上升三角形被不少投资者所看好。可是，股价走势却完全相反，出现了向下突破，成为上升三角形失败形态。

从该股的分析可以得出，在评估上升三角形时，还要结合股价所处的具体位置高低进行分析，对已经炒高了的个股，上升三角形演变为顶部形态的概率较高。

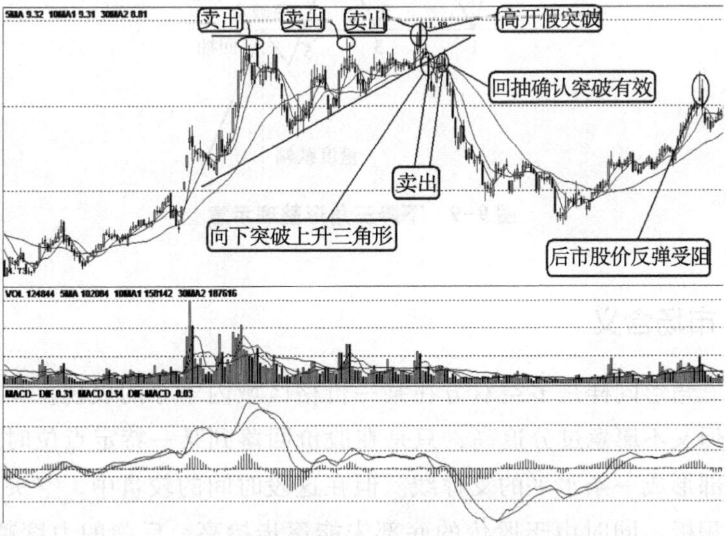

图 9-8 大恒科技（600288）日 K 线

第四讲　下降三角形整理

一、形态特征

下降三角形也是对称三角形的一种变形体，它与上升三角形相反，是一种看跌形态，一般较多出现在下跌趋势中。股价在下跌过程中，在某一特定的价位受到多头的顽强抵抗，股价每次回落到该点位时就开始反弹，形成一个水平底部支撑。但由于市场的抛售力量不断增强，股价的反弹显得越来越乏力，呈现一波比一波低的走势，最终将打破底部支撑，继续向下运行。简单地说，就是下降三角形的下边线是水平直线，而上边线是一条向下的倾斜直线，如图 9-9 所示。

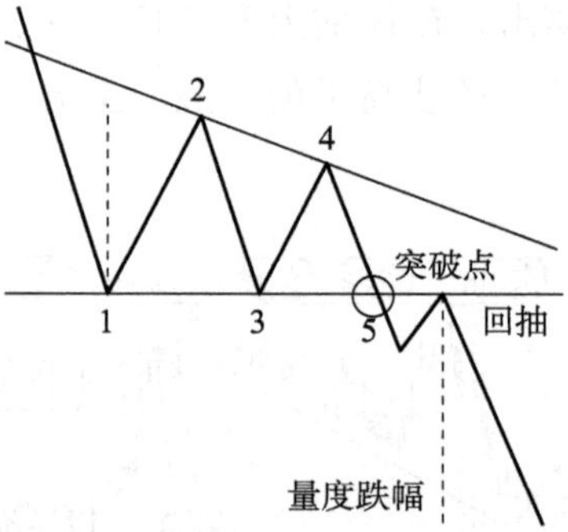

图 9-9　下降三角形整理示意

二、市场含义

下降三角形同样是多空双方在某一价格区域内争夺的表现。买方虽然看好后市，但又不愿意过分追高，只是在股价回落到某一特定点位时才出手承接，在底部形成一条水平的支撑线。但在这段时间的较量中，空头比多头表现得更为积极，同时由于股价的底部未能逐步抬高，反弹的力度越来越小，因而市场人气受挫，抛压盘越来越重，买盘承接力度不足，多头最后弃守，股价最终将形成向下突破。下降三角形较多出现在下跌过程中，是一种普遍看跌形态，股价的下跌动能较大。

三、分析要点

（1）股价在某一特定点位会受到买盘的有力支撑，股价每次回落到该点位便告反弹，在形态上形成一条水平的底部支撑线。而在多空双方的争夺中，空头力量更为积极，市场抛压越来越重，使股价的反弹往往无法达到上次的高点，呈现逐级降低的趋势。

（2）下降三角形是一种看跌形态，股价下跌的动能较足，一般出现在股价的下跌过程中，多头承接力度有限，市场卖压越来越重，最终将形成向下的突破。

（3）下降三角形的成交量呈现逐渐萎缩态势，在股价形成向下突破时即使成交量不放大也可以有效突破，如果成交量在突破时有放大迹象，则股价在突破之后极有可能会产生一波回抽行情。

（4）下降三角形的测量功能与对称三角形及上升三角形一样，量出三角形最宽部分的垂直高度，然后从突破点算起，向下量出相等的距离，就是下跌的目标价位。

四、实盘技巧

1. 下降三角形的卖出信号

（1）当股价在下跌过程中出现下降三角形，且向下突破形态的底部支撑时，即使没有成交量的放大，也可视作是有效突破，立即予以卖出观望。

（2）股价每一次反弹到三角形的上边线时，均是较好的出货机会。

（3）当股价向下突破形态之后，未必立即出现下跌，而通常会在支撑线附近作短暂的回抽，只要成交量不显著放大，一般只是作为对形态突破的确认，力度十分有限，此时是仍未出货的投资者的逃命良机。

（4）如果股价向下跌破三角形的下限时，成交量并未太大，其后数天内股价虽仍在下跌，但成交量却是突然大幅增加，此意味着跌势已可确定，日后如果有反弹均是卖出点。

如图 9-10 所示，申电远达（600292）：该股先后出现两个下降三角形，在完成 5 浪上涨后，在高位出现震荡走势，在震荡过程中呈现下降三角形整理态势，不久一根大阴线向下突破下降三角形，然后经回抽确认有效，股价继续下跌。当股价到达形态的最小量度跌幅后，出现一波反弹行情，但反弹受到前一个三角形的底边线压制，即前一个三角形边底线由原来的支撑作用转化为现在的压力作用，从而再次形成整理，同样呈现下降三角形整理形态。从这两个下降三角形中可以看出，当股价向下突破三角形底边线以及突破后的回抽，均是一个明确的卖出信号；当股价每一次反弹到三角形上边线附近时，也是一次较好的卖出机会。

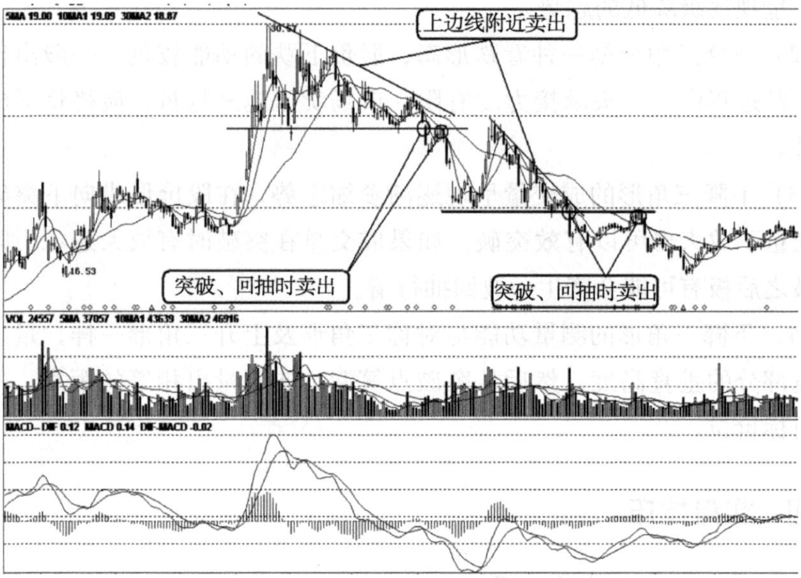

图 9-10 申电远达（600292）日 K 线

2. 下降三角形的买入信号

（1）当股价在下跌过程中首次出现止跌反弹，并再次回落到反弹点附近时，通常会遇到一定的买盘支撑，此时只要有成交量的放大配合，一般都会形成一定幅度的反弹。但如果下降三角形形态初步形成，由于反弹的力度越来越弱，因而在操作上应注意短线的获利了结，千万不可恋战。

（2）有时下降三角形也充当底部形态，如果股价向上突破下降三角形阻力线，而成交量又大增，此时可以积极跟入。

（3）股价向下突破三角形的当天或第二天，如未出现中长阴线下跌时，将会影响预测能力的高点或低点的出现。因此如果有这种现象时，对预测能力酌予修正，并提前做买入的准备。

如图 9-11 所示，江苏索普（600746）：2019 年 3 月 6 日，股价向上突破，然后出现调整走势。在震荡过程中，形成一个下降三角形整理形态。一般而言，这个形态可以看作是上涨行情的终结，应作为卖出信号。可是，股价却在三角形的下边线获得企稳，3 月 18 日股价放量向上突破，出现一个难得的买入信号。

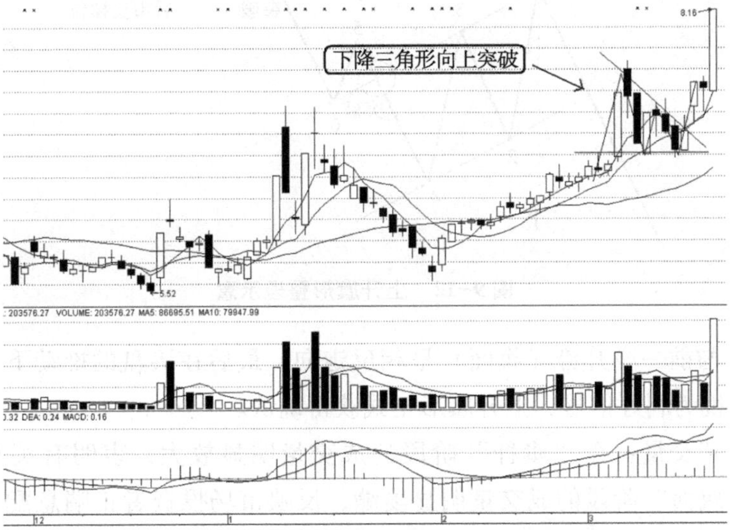

图 9–11 江苏索普（600746）日 K 线

第五讲 上升旗形整理

一、形态特征

上升旗形是在最可靠的整理过程中，股价经过一轮急拉后，出现多转空走势，空头暂时将股价逐渐压低，但跌幅却不大，最后多头力挽狂澜，使股价向上突破压力，产生新一轮上升行情。上升旗形中的显著特点是旗杆向上而旗面向下，其旗面是由两条上限与下限呈现下倾的平行线构成，因而将向下倾斜的旗形称为上升旗形，如图 9–12 所示。

（1）旗杆：股价先受到利好消息刺激或庄家拉抬而出现急促上升之势，而成交量亦伴随增加。股价在进入相对高价区后，遭到获利回吐盘的抛售而令股价作小幅度回落，从而形成上升旗形的“旗杆”。

（2）旗面：在股价向下缓跌时，形成一个狭窄而稍微向下倾斜的密集区，将此密集区的高点及低点分别以直线联结，呈现一条细小的下跌通道，此为

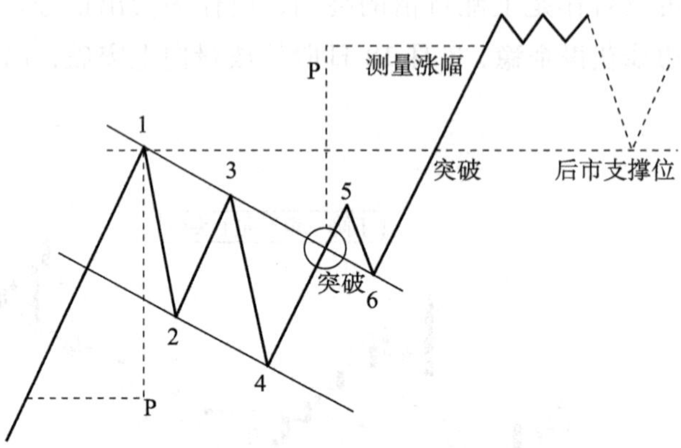

图 9-12　上升旗形整理示意

“旗面”，与前一段升势（旗面）呈相反走向。最后在买盘的推动下，股价重拾升势，视为利好信号，上升旗形正式获得确认。

（3）成交量：在“旗杆”阶段的成交量明显放大，表明有买盘积极介入。在“旗面”阶段的成交量明显萎缩，反映市场投资者正喘息配合，等待上攻时机。在突破下跌通道的上限阻力点，成交量再次放大。

（4）量度升幅：上升旗形的最小涨幅，基本上等长于旗杆的高度，即股价配合成交量的增加向上突破旗形上限时，从旗形的最初突破点起（突破形态或趋势线的压力点量起），量取起涨点到旗形第一个转折点之后的垂直距离作为这段行情预测能力的最小上升幅度，并在该价附近考虑卖出。

二、市场含义

上升旗形经常出现在急速拉升的中途，是一种持续整理形态，很少在行情的顶部出现。但由于旗形走势急涨缓跌，存在许多变数，因此也暗示着行情末端的来临。

在上升旗形中，先前股价在成交量积极配合下呈现直线上升，创出短期内新高，随后获利盘回吐，上升趋势受阻，股价开始下跌。但此时投资者对后市仍抱有较大的希望，回档时勇于接盘，使股价无法进一步下探。同时成交量明显萎缩，显示卖方的势力正在逐步减弱，在经过一段时间的整理之后，多头庄家突然发动强劲攻势，股价在成交量突然放大的配合下对形态进行突破，并进入快速拉升阶段。

三、分析要点

（1）上升旗形是一种典型的上涨持续整理形态，股价在经过短暂的整理之后将仍然按照原先的上涨趋势继续运行。它一般出现在急速的上涨之后，只是变动速度的暂时放缓，较少出现在行情的顶部或底部。

（2）将一个区域中的高点与低点分别联结在一起，就可以看出一个下倾的平行四边形。但有时其高点边线与低点边线并非全是平行的，有时候可能出现三角旗形或三角楔形。

（3）在一波行情中，股价激烈运动，出现近乎直线式的上涨，而且成交量巨大，这种直线式的涨势，就形成一个明显的旗杆，其长度由起涨点到旗形第一个转折点之间的距离来确定。旗杆可以由一根或多根 K 线组合而成。

（4）上升旗形向上突破时应有成交量放大的配合方可信赖，如果突破时没有成交量的积极配合，则意味着是假突破。如果成交量呈现不规则放大或是过分集中地放大，则形态有可能会失败，暗示着行情有可能会出现逆转而不是持续整理形态。在正常的上升旗形构筑过程中，成交量从左到右逐渐减少。

（5）在上升旗形产生后，突然有一天股价放量突破平行四边形的上边线，这时整理旗形宣告结束，股价朝原有的方向继续发展。股价在突破之后，通常也会作回抽确认，之后继续加速运行。

（6）旗形持续时间不宜过长，一般为三周以内，一两周的整理时间更佳，否则保持原来趋势的能力将下降。

（7）旗面的调整幅度，通常不超过旗杆的 1/2。

四、实盘技巧

由于上升旗形是一种典型的持续整理形态，当股价放量向上突破上升旗形上边线时，是最佳的买入时机。

当股价放量向上突破上升旗形上限时，此为第一个买入点。在股价突破后，大多会在旗形的高价附近短暂停留，以消化浮动筹码，此为第二个买入点。

如图 9-13 所示，中国长城（000066）：从该股 2019 年 2—3 月的走势中可以看出，股价渐渐脱离底部后，出现一波快速上涨行情，形成“旗杆”，然后进入强势调整走势，形成“旗面”，股价回调幅度不到“旗杆”的1/2位置。3月5日，股价放量向上突破“旗面”的上边线，这是一个较好的买入信号。

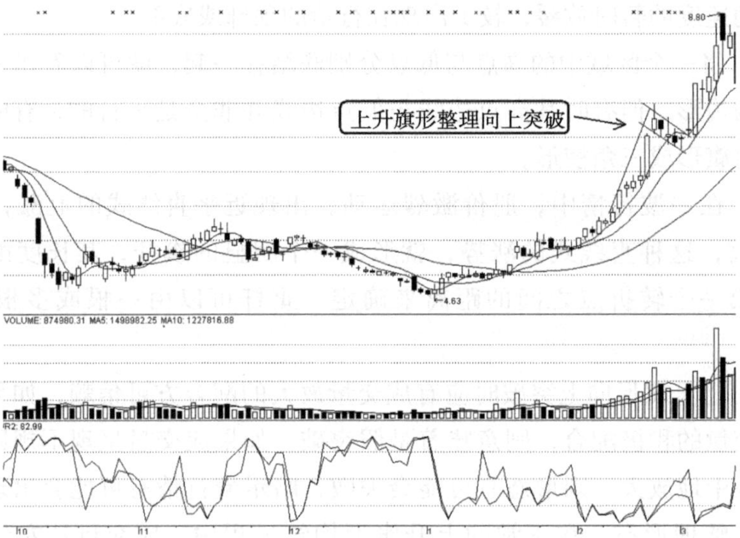

图 9-13　中国长城（000066）日 K 线

第六讲　下降旗形整理

一、形态特征

下降旗形在整理过程中，股价经过一轮急跌后，空头释放了大量的能量，多头趁机介入将股价逐渐盘高，但涨幅却不大，最后空头再次宣泄，股价出现向下突破支撑，产生新一轮下跌行情。下降旗形中的显著特点是旗杆向下而旗面向上，其旗面是由两条上限与下限呈现上倾的平行线构成，因而将向上倾斜的旗形称为下降旗形，如图 9-14 所示。

（1）旗杆：股价受到某种因素的影响而出现急促下跌之势，而成交量亦有所增加。股价在进入相对低价区后，买盘介入令股价作小幅度反弹，从而形成下降旗形的“旗杆”。

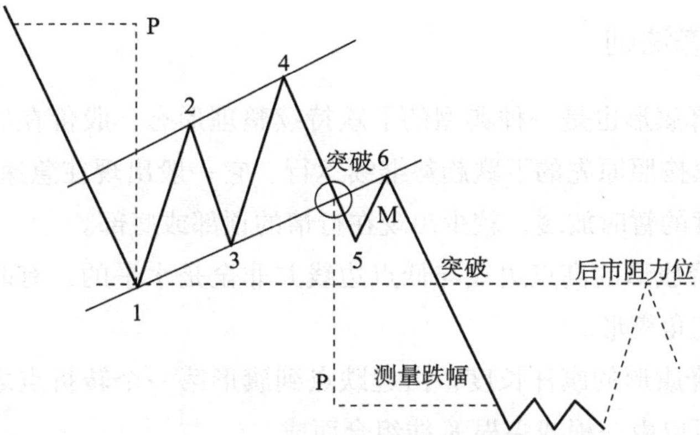

图 9-14 下降旗形整理示意

（2）旗面：在股价向上缓升时，形成一个狭窄而稍微向上倾斜的密集区，将此密集区的高点及低点分别以直线联结，呈现一条细小的上升通道，此为“旗面”，与前一段跌势（旗杆）呈相反走向。最后在卖盘的打压下，股价再现跌势，视为利淡信号，下跌旗形正式获得确认。

（3）成交量：在“旗杆”阶段的成交量明显放大，表明卖盘抛压沉重。在“旗面”阶段的成交量明显萎缩，反映市场投资者入场谨慎。在突破上升通道的下限支撑点时，成交量又出现放大现象。

（4）量度升幅：下降旗形的最小跌幅，基本上等长于旗杆的高度，即从这档行情的最初跌破点（跌破形态或趋势线的支撑点）量起，算至旗形低点的距离，再从旗形突破点向下量其同样长度的价位，作为这段行情预测能力的最小跌幅，并在该价附近考虑买入。

二、市场含义

下跌旗形经常出现在急速的下跌中途，是一种持续整理形态，而且通常暗示着行情末端的来临。下降旗形中股价呈直线下跌，成交量持续放大，市场空头气氛浓厚，在跌到某一价位之后受到支撑，多头有了喘息的机会。由于股价超跌反弹，因而股价的上升并未受到太大的抛压，股价在成交量逐步缩小的情况下出现小幅反弹，但大多只是技术上的一个超跌反弹，多方无法成功扭转下跌的趋势，不久，强大的空头势力再次引发行情的急速下跌。

三、形态法则

（1）下降旗形也是一种典型的下跌持续整理形态，股价在经过短暂的整理之后将仍然按照原先的下跌趋势继续运行。它一般出现在急速的下跌之后，只是变动速度的暂时放缓，较少出现在行情的顶部或底部。

（2）下降旗形的高点边线与低点边线并非全是水平的，有时候可能出现三角旗形或三角楔形。

（3）下降旗形的旗杆长度，由起跌点到旗形第一个转折点之间的距离来确定。旗杆可以由一根或多根 K 线组合而成。

（4）下降旗形的维持时间比上升旗形更短，下降趋势中市场往往只会在旗形的范围之内停留一周左右的时间，可谓“昙花一现”。

（5）股价向下突破旗形之后，通常也会作回抽确认，之后继续加速下跌。

（6）下降旗形的持续时间比上升旗形的持续时间短一些，一般为一两周左右，甚至更短，否则保持原来趋势的能力将下降。

（7）在股价突破前后若有放大的成交量，会加强突破的有效性。在旗面构筑过程中，成交量从左到右逐渐减少。

（8）旗面的反弹幅度，一般不超过旗杆的 1/2。

四、实盘技巧

由于下降旗形是一种典型的持续整理形态，当股价向下突破下降旗形时应果断卖出。当股价反弹到旗杆的 1/2 左右，盘面出现滞涨迹象时，应及时卖出。

当股价放量向下跌破旗形下限时，为第一个卖出点。在股价跌破后，大多会在旗形的低价附近短暂停留，以确认突破是否有效，此为第二个卖出点。

如图 9-15 所示，申万宏源（000166）：该股反弹结束后，在 2018 年 5 月出现一波持续下跌走势，形成“旗杆”，然后企稳整理形成“旗面”，期间成交量大幅萎缩，说明多方信心锐减。6 月 19 日，股价向下突破下降旗形的下边线支撑，构成卖出信号。

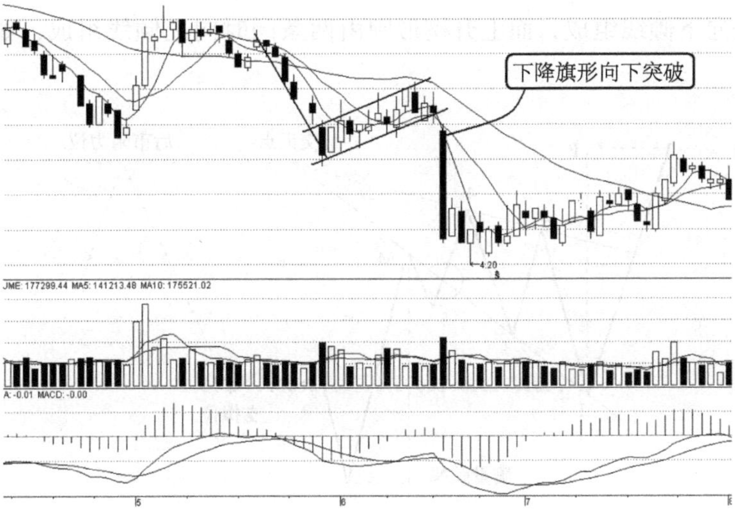

图 9-15 申万宏源（000166）日 K 线

第七讲 上升楔形整理

一、形态特征

上升楔形是在股价经过一段下跌后，出现强烈的技术反弹，股价反弹到一定的高点后又掉头下行，但回落低点较前次低点为高，随后又反弹并创出新高点，即比上次反弹点高，形成后浪高于前浪之势，但高点的比率明显缩小，表明升势逐渐减弱。但市场仍有投资者积极承接，每次股价由高点调整下来时，未及跌到上次低点时已获支撑而反弹。把短期高点和短期低点分别相连，形成两条同时向上倾斜的直线，组成一个上倾的楔形，下面的一条支撑线较上面的一条阻力线来得陡峭，这就是上升楔形形态。上升楔形是一个短期反弹趋势，在下跌趋势中常常出现上升楔形。上升楔形实质上是股价下跌过程中的一次反弹波，是多方遭到空方连续打击后的一次挣扎而已，结果往往是股价继续向下突破。

上升楔形与三角形系列在外形上有明显不同之处，三角形中的两条上下限边线不可能同时向上倾斜，对称三角形由一条向下倾斜及一条向上倾线组成，上升三角形由一条水平线及一条向上倾线组成，下跌三角形由一条水平线及一条向下倾线组成，而上升楔形则由两条同时向上倾线组成，如图 9-16 所示。

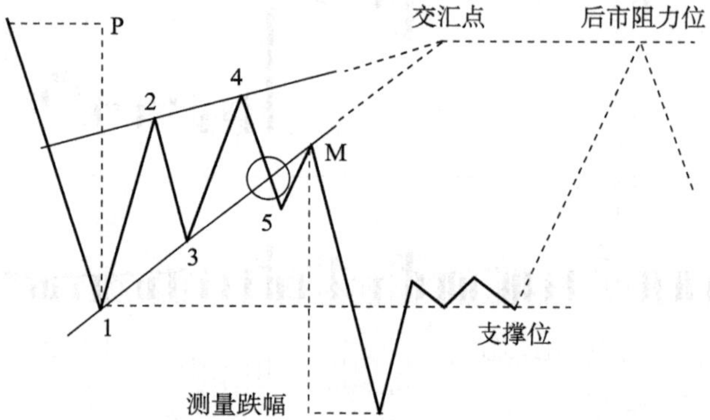

图 9-16　上升楔形整理示意

二、市场含义

上升楔形表面看起来上方阻力与低档支撑是逐步抬高，多头的强势特征十分明显，但其实并非全是如此，因为上升楔形较多地出现在跌势中的反弹阶段，股价的上涨并未受到太大的抛压。随着股价上升，市场成本相对抬高，投资者的兴趣逐渐减弱，同时由于楔形的收敛特征。使股价每次上扬的幅度都比上一次要小，成交量渐渐萎缩，呈现涨升乏力的特征。当多头能量最后耗尽的时候，股价便开始反转下跌。因此上升楔形所表示的技术意义，是做多意愿不足和对后市信心欠佳的状况，所显示的是下跌尚未见底，只是一次技术性反弹而已。当然，如果上升楔形出现在跌势的尾声，则表示多头攻势的暂时放缓，在经过短暂的调整蓄势之后，多头能量再次聚集，股价有可能进入快速拉升阶段。

三、分析要点

（1）上升楔形的两条界线同时向右上方延伸，即在股价的震荡中，高点和低点同时逐步抬高，其中底部边线的倾斜角度要大一些，这样形态最终相交于一点。

（2）上升楔形的成交量特征与三角形一样，成交量逐渐萎缩，反映市场人士的买卖兴趣正在逐渐消失。但在形成向上突破时一定要有成交量的放大配合，才可能形成较大的上升行情。

（3）根据艾略特的波浪理论，每一个向上的推动波都由三波来完成，而非由五波所组成。因而在上升楔形中，至少出现 5 个转折点，而且常在第 5 个转折点完成之后出现突破。

（4）上升楔形是买方力量逐渐转弱的技术形态，70%是看跌的，常在跌势反弹回升的阶段中出现。上升楔形的出现，代表着股价并未跌到底部。只是技术上的一个次反弹，后市至少会跌到起涨点或作进一步的探底。但有时上升楔形也在上升趋势中出现，行情是看涨的。

（5）上升楔形的突破，一般多发生在三波上涨之后，且较多地出现在形态横向宽度的 2/3 前方。如果太过接近于交汇点，则有可能会演变成其他形态，股价的运行方向及变动的力度将更加难以预测。

（6）上升楔形如果出现向上突破后，不管突破是否伴随着成交量的放大，股价大多呈现小幅的盘升或盘跌态势，更有可能作横向整理，形成徘徊状态，交投比较冷清，然后成交量慢慢放大，股价才开始加速上升。

（7）当上升楔形在形成向下突破时，通常会出现成交量放大的现象，股价在相比之下呈现快速运动。其两条界线的交汇点通常会形成下一波上升行情的较强阻力，后市可作为卖出信号。

（8）上升楔形整理的时间不宜太长，一般在 1 个月左右。时间太长的话，形态力道将减弱，也可能造成股价反转的格局。

四、实盘技巧

在上升楔形中，当股价在下跌过程中反复震荡形成上升楔形，完成三波下调，即到达形态的第 4 个转折点时，可考虑暂时予以卖出观望。

如图 9-17 所示，白云山（600332）：该股从高位回落后，形成一个上升楔形整理形态，在整理末端股价向下突破上升楔形的下边线支撑，从而构成卖出信号。在股价回落到前期低点附近时，获得技术支撑而反弹。当股价反弹到上升楔形交汇点的延长线位置附近时，遇到强大的抛压，此后股价出现新一轮下跌走势。

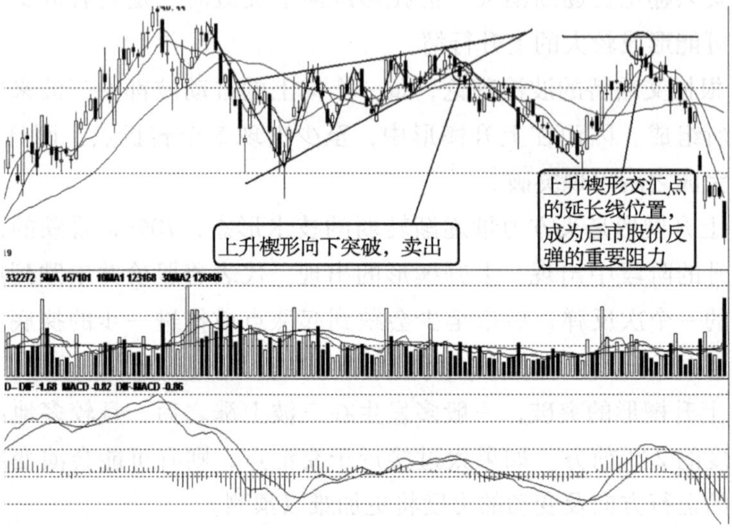

图 9-17　白云山（600332）日 K 线

第八讲　下降楔形整理

一、形态特征

下降楔形与上升楔形的分析重点恰恰相反，在下降楔形内股价虽反复下跌，不断创出低点，但后一个低点仅比前一个低点稍低即做反弹，跌势明显放缓。不过此时投资者买货抢反弹的信心仍脆弱，令每一次反弹时，都未及升抵上次反弹高点就遇阻力而回落。将形态内两个以上反弹高点联结及将两个以上低点联结，便发现上面的一条阻力线下倾度较陡峭，下面的一条支撑线下倾度较平缓，这样就形成下降楔形。下降楔形大多出现在中、长期大牛市的回调阶段，显示升势还没有结束，其利好意味较重。但有时也出现在空头市场即将结束之前，预示跌势即将结束，如图 9-18 所示。

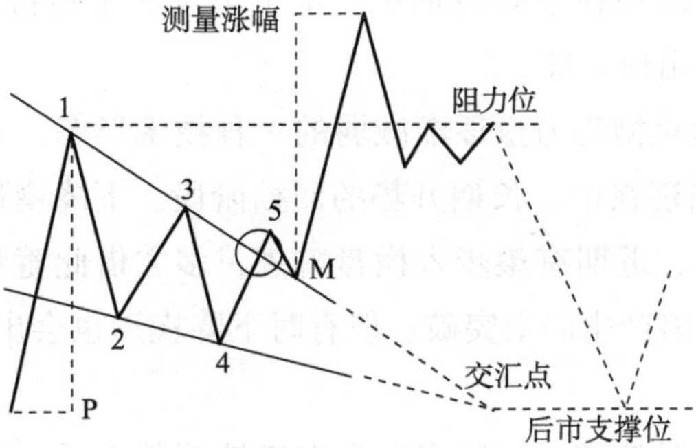

图 9-18 下降楔形整理示意

二、市场含义

股价经过一段时间的上升后，出现了不少的短线获利回吐盘，虽然下降楔形的底线向下倾斜，似乎说明市场的承接力量不强，但下调的幅度越来越小，新的回落浪较上一个回落浪的幅度为小，而且跌破前次低点之后，并没有出现下跌加剧现象，反而出现回升走势，说明市场抛压正在减弱。抛压的力量只是来自上升途中的获利回吐，并没有出现新的主动做空能量，所以经过清洗浮动筹码后，股价向上突破的概率大增。因此所蕴含的技术意义，就是上升途中的一次正常性调整，后市看涨气势浓厚。但此时由于股价的震荡回落，在一定程度上打击了市场的人气，因而股价在形成向上突破之后并不能马上进入大幅的拉升，通常先进行小幅的盘升，慢慢培养投资者的信心，然后再放量进入加速上扬阶段。

三、分析要点

（1）下降楔形的两条界线向右下方延伸，即在股价震荡中，高点和低点同时逐步降低，其中有一条界线的倾斜角度要大一些。一般在下降楔形中顶部边线的斜角度比在底部连线大一些，这样形态才可以明显地交于一点。

（2）下降楔形的成交量特征与三角形一样，成交量由左向右逐渐萎缩，股价越接近顶端，成交量越小。但细心观察就会发现与上升楔形不同，下降楔形量价匹配是健康的，当股价向上突破下降楔形的上边线时，成交量会明显放大，积极推动股价上涨，否则容易产生假突破。

（3）根据艾略特的波浪理论，每一个向下的推动波都由三波来完成，而非由五波所组成，因而在下降楔形中，至少出现 5 个转折点，而且常在第 5 个转折点完成之后出现突破。

（4）下降楔形是抛售力量逐渐减弱的一种技术形态，上涨和下跌比例是 7∶3 左右，通常出现在中、长期升势的回档阶段。下降楔形的出现，意味着股价已经逐步盘低，近期有望步入横盘整理，多方借此蓄势整理。预示着升势并未见顶，后市将产生向上突破。但有时下降楔形也会出现在下跌趋势中，行情是看跌的。

（5）下降楔形的突破，一般多发生在三波下跌之后，且较多地出现在形态横向宽度的 2/3 前方。如果太过接近于交汇点，则有可能会演变成其他形态，股价的运行方向及变动的力度将更加难以预测。

（6）下降楔形在形成向上突破后，不管突破是否伴随着成交量的放大，股价大多呈现小幅度的盘升行情，或有可能作横向整理，形成徘徊状态，交投比较冷清，然后成交量慢慢放大，股价才开始加速上升。

（7）当下降楔形在形成向下突破时，通常会出现成交量放大的现象，股价在相比之下呈现快速运动。其两条界线的交汇点通常会形成下一波上升行情的较强阻力，后市可作为卖出信号。

（8）下降楔形与上升楔形有一点明显不同之处是，上升楔形在跌破下限支撑后经常会出现急跌走势，而下降楔形向上突破阻力后，可能会横向发展，形成盘整状态，成交也十分低沉，然后才慢慢脱离底部，成交量也渐渐放大。遇到这种走势时，可以等待市场打破闷局后考虑进场。

四、实盘技巧

如果在下跌尾声出现下降楔形，暗示着股价有转势的可能，当股价在第 4 个转折点形成向上突破时，若有成交量放大的配合，则形态的突破更加可以确定，可考虑分批建仓。

当股价突破下降楔形的阻力线时，且成交量比平常为多，属可靠的利好买入信号。在股价以大成交量升破下降楔形阻力线时，应第一时间追入买货，以返回起点为初步卖出目标。

如图 9-19 所示，华润万东（600055）：该股成功见底后，出现一波快速上升行情，然后出现向下调整走势，从而形成一个下降楔形整理形态。在整理末端，股价放量向上突破下降楔形的上边线压制，预示股价将展开新一轮上涨行情，因而是一个买入信号，随后股价不断向上创出新高。

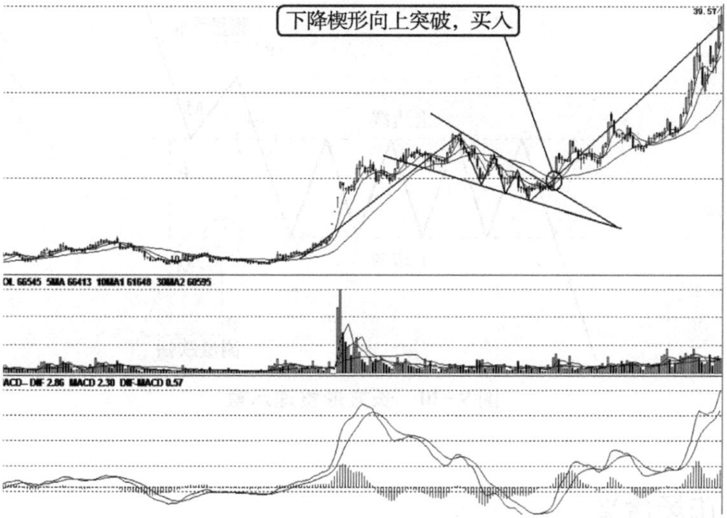

图 9-19 华润万东（600055）日 K 线

第九讲 长方形整理

一、形态特征

长方形也叫箱形（箱体）、矩形，为一种冲突型走势，角逐双方实力强弱相当。这种形态明显告诉大家，买卖双方的力量在此区域完全达到均衡状态，没有任何一方占据市场优势。看好的一方认为其股价是很理想的买入点，于是股价每次回落到该水平时即买入，形成了一条水平的支撑线。而看淡的投资者对股市没有信心，认为股价难以上升，于是股价回升到高点时便抛售，形成一条平行的压力线。

长方形的突破方向大多与长方形形成之前趋势保持一致，如果原来的趋势是升的，那么经过一段长方形整理后，股价会继续原来的上升趋势，使股价突破长方形的上限。如果原来是下降趋势的，则股价会突破长方形的下边线，继续原有的下跌趋势。

一般来说，长方形是整理形态，在盘整势道时，升跌皆有可能，长而窄且量小的长方形在原始底部比较常见。突破上下界限后有买入和卖出的信号，涨跌幅度通常等于长方形本身的高度，如图 9-20 所示。

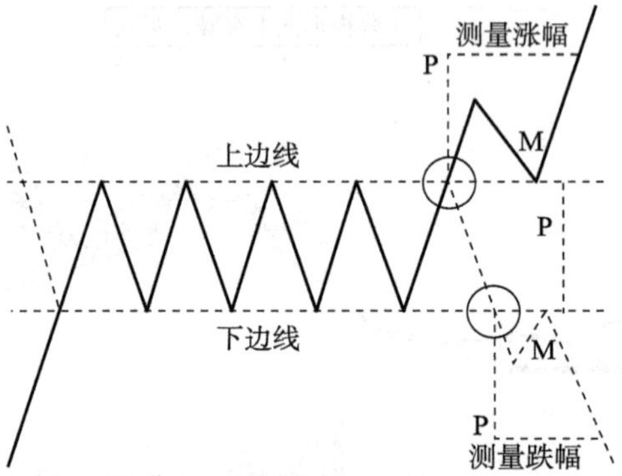

图 9-20　长方形整理示意

二、市场含义

长方形是一种典型的整理形态，股价在两条几乎平行的轨道线内上下波动，既不能向上突破阻力线，又不会向下跌破支撑线，这种震荡格局将持续一段时间，震荡行情中的各个短期高点和低点分别相连，就会形成长方形。市场处于多空平衡的拉锯状态，股价向上会遭到沉重打击，向下又获得各种支撑，致使股价陷入跌不深、涨不高的僵局中。但这种僵局总归是暂时的，其突破将是一种必然的结果。在突破之前的震荡整理中，市场的买卖热情会逐渐下降，成交量会出现一定程度的萎缩，当市场逐渐转为平静后，突发性行情会迅速爆发出来。

三、分析要点

（1）长方形反映多空双方势均力敌，股价每次反弹的高点与回落的低点都受到某一特定价位的强大阻力或支撑，双方在短时间内都无法带动股价形成突破，而这种阻力与支撑是接近于水平的，股价在这两条水平线之间上下波动。

（2）在长方形中，成交量随着形态的发展逐渐萎缩。如果在形态形成期间，有不规则的大成交量出现，则形态有可能失败，并演化成多重顶或多重底的可能，其趋势信号将持续演变为反转。

（3）在长方形向上突破时，通常需要成交量放大的积极配合，否则有假突破的可能性。而股价在形成向下突破时则不一定要放量加以配合，但如果出现放大的现象，则下跌的力度与幅度将更大，而且多会出现突破后的反抽。

（4）长方形与大多数形态一样，也具有测量功能，其最小涨跌量度的测算方法是从突破点算起，量取长方形上轨与下轨之间的垂直距离作为最小的升跌幅度。因而在一定意义上，股价震荡的箱形越大，则将来涨跌的幅度也越大。

（5）长方形突破之后，股价经常出现反抽，大多出现在突破后的一两周里。在向上突破时，回档一般会止跌于长方形的上轨附近，而在向下突破后，反弹的高点一般会受阻于长方形的下轨附近。

（6）如果股价在距离下限越近，才向下跌破时，其有效性将会比正常低，所影响未来股价下跌的幅度将会越小。若在距离上限越近，才向上突破时，其有效性亦为降低，所影响未来股价上涨的幅度越小（如突破上限前一天的收盘价近于上限）。

（7）在长方形进行过程中，如果股价经常是在靠近其上限附近成交的话，那么，这个长方形将向上突破的可能性为较高。如果股价经常是在靠近其下限附近成交的话，那么这个长方形将有可能会向下突破。

四、实盘技巧

1. 长方形在上升过程中的买进信号

（1）股价在回落到长方形的底部时，短线买入。

（2）股价放量成功向上突破长方形的上限时，加仓买入。

（3）股价向上突破长方形的上限后经回抽确认成功时，坚决买入。

如图 9-21 所示，禾丰牧业（603609）：股价经过小幅上涨后，庄家开展洗盘整理走势，股价呈现横向运行，形成小箱体形态。2019 年 2 月 15 日，股价向上突破箱体整理形态的上边线压力，产生明确的买入信号。之后，股价出现快速上涨行情。

2. 长方形在下降过程中的卖出信号

（1）股价反弹到长方形的上限时，短线卖出。

（2）股价向下跌破长方形的下限时，果断卖出。

（3）股价向下跌破长方形的下限后经回抽确认成功时，清仓出局。

如图 9-22 所示，诺力股份（603611）：股价反弹结束后形成横向震荡走势，在震荡过程中形成长方形整理，时间长达 2 个多月。2018 年 10 月 11 日，股价向下突破箱体的下边线支撑，从此进入一个新的运行格局之中。此后股

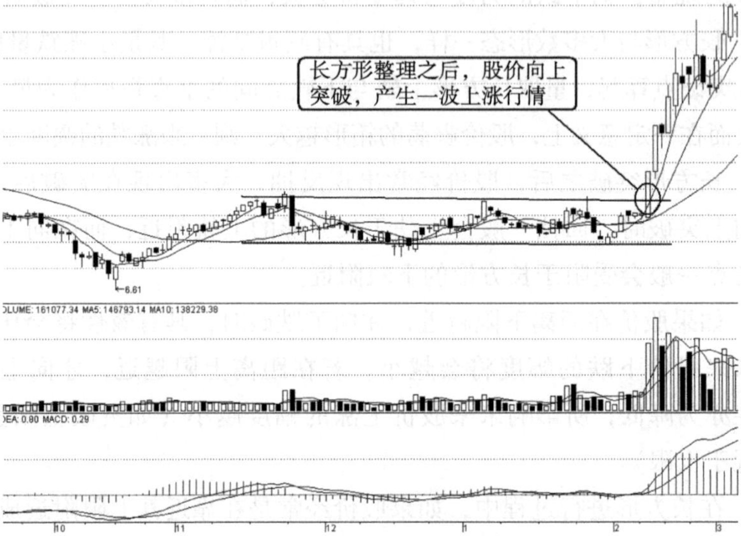

图 9-21　禾丰牧业（603609）日 K 线

价反弹到箱体的底边线时，遇到强大的压力而再陷调整走势。

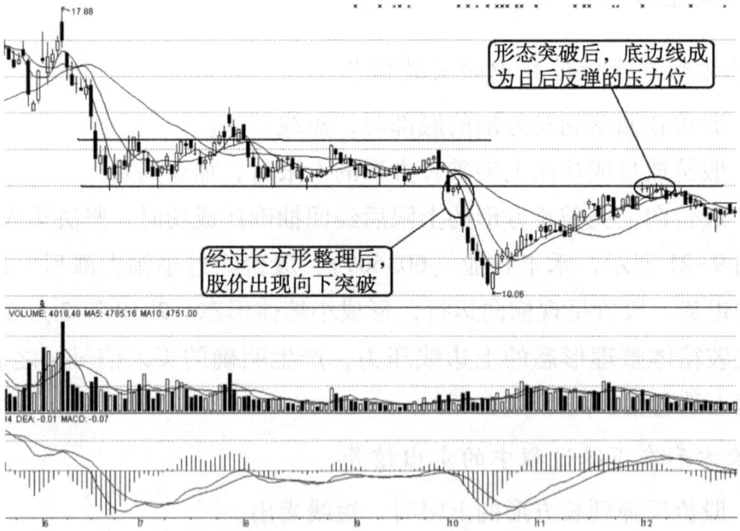

图 9-22　诺力股份（603611）日 K 线

第十课

常用术语及炒股理念

第一讲　最新股市常用术语

所谓股市常用术语就是在股市中经常使用的各种词语，这些术语广泛用于股票交易技术分析中，按人们对术语的了解程度可分为基础术语、进阶术语和高级术语；按照术语本身的类型可分为发行术语、交易术语、行情术语、技术术语、基金术语等。

一、发行术语

承销：发行人通过证券市场筹集资金时，就要聘请证券经营机构来帮助其销售证券。证券经营机构借助自己的信誉和营业网点，在规定的发行有效期限内将证券销售出去这一过程称为承销。

代销：发行人委托承担承销业务的证券经营机构代为向投资者销售证券。承销商按照规定在约定的期限内尽力推销，到期没有销售出去的这部分证券退还给发行人，承销商不承担任何发行风险。

包销：发行人与承销机构签订合同，由承销机构买下全部或销售剩余部分的证券，承担全部销售风险。对发行人来说，包销不必承担证券销售不出去的风险，可以迅速筹集资金，适用于那些资金需求量大、社会知名度低且缺乏证券发行经验的企业。

公募发行：发行人通过中介机构向社会公众公开地发售证券。

私募发行：又称不公开发行或内部发行，面向少数特定的投资人发行证券的方式。私募发行的对象：一是个人投资者，二是机构投资者。

平价发行：发行人以票面金额作为发行价格。如某公司股票面额为1元，发行股票时售价也是 1 元。由于股票上市后的交易价格通常要高于面额，因此多数投资者乐于认购。平价发行方式简单易行，但发行人筹集资金较少。如早期发行的“深发展”每股面额为 20 元，发行价也为每股 20 元，就是平价发行。

溢价发行：发行人按高于面额的价格发行股票，使公司用较少的股份筹集到较多的资金，同时还可降低筹资成本。

折价发行：以低于面额的价格出售新股。如某股票的面额为 1 元，折扣率为 5%，那么该股票的发行价格为每股 0.95 元。

一级市场：指股票发行市场，发行人通过一级市场筹措所需资金，而投资人则购买股票成为公司的股东，实现储蓄转化为资本的过程，投资人买入的价格是相同的。

二级市场：指股票流通市场，已发行的股票或债券一经上市，就进入二级市场交易。投资人根据自己的判断和需要买卖股票，其交易价格由买卖双方来决定，投资人在同一天中买入股票的价格是不同的。

分拆：公司通过发行新的股票，将公司分支机构或部门从公司中拆离出去的行为。母公司股东按原来持股数量比例获得新公司的股票，总价值基本不变。

配股：上市公司根据公司发展的需要，依据有关规定和相应程序，向原股东进一步发行新股、筹集资金的行为。按照惯例，公司配股时新股的认购权，按照原有股权比例，在原股东之间分配，即原股东拥有优先认购权。配股数量一般不超过公司股本总额的 30%。

转配：这是企业分红的一种方式，企业为了扩大资本盈利又要分红，企业就转配股给股东代替分现金。这样资本就留在了企业内，扩大了企业规模。

转是直接就分给了股东，如 10 转 2，股东就有了 12 股。

配是给股东用低于市价买进股票的权利，需要股东继续增资认购。如 10 配 3，股东有权以低于市价认购 3 股，当然也可以不认购。

转增使股本总额增加，股东的持股比例并没有变（一般来说，转配后股价会除权而下跌），所以这种分红方式等于没有分红（股东的市值总量没有增加）。如果配股股东没有增资认购，那么在股价下跌的情况下将出现亏损。所以，一般股东为了保值都会以低于市价认购配股，以降低持仓成本减少亏损。

新股配售：登记公司向券商发送的新股配售代码数据，投资者输入此配售代码进行新股申购，如果新股申购没有中签，登记公司则向券商发送“放弃”数据，表示没有中签。

定向增发：非公开发行，即向特定投资者发行。但“股改”后，非公开发行同以前的定向增发相比，已经发生了质的变化。

股权登记日：上市公司的股份每日在交易市场上流通，在送股、派息或配股的时候，需要确定某一天，界定哪些股东可以参加分红或参与配股，定出的这一天就是股权登记日。也就是说，在股权登记日这一天仍持有或买进该公司股票的投资者，可以享有此次分红或参与此次配股。这部分股东名册由证券登记公司统计在案，届时将所应送的红股、现金红利或者配股权划到这部分股东的账上。

除权除息日：股权登记日后的第一天就是除权日或除息日，这一天或以后购入该公司股票的股东，不再享有该公司此次分红配股。

含权股：尚未除权而含有股利的股票，在这里就是含有送股的权利。送股后就是除权，解除了送股的权利。送股除权后的股价成了除权价。

抢权：在股票除权前夕，由于要送、配股，股价大幅飙升，这一现象被称为抢权。

送股：也称“派股”，上市公司向股东赠送股份。主要包括：以股利分配方式向股东送股；以任意公积金或盈余公积金的分配向股东送股；以资产评估增值向股东送股。

融资融券：又称“证券信用交易”，包括券商对投资者的融资、融券和金融机构对券商的融资、融券。

融资是借钱买证券，证券公司借款给客户购买证券，客户到期偿还本息，客户向证券公司融资买进证券称为“买空”。

融券是借证券来卖，然后以证券归还，证券公司出借证券给客户出售，客户到期返还相同种类和数量的证券并支付利息，客户向证券公司融券卖出称为“卖空”。

买壳上市：又称“后门上市”或“逆向收购”，是指非上市公司购买一家上市公司一定比例的股权来取得上市的地位，然后注入自己有关业务及资产，实现间接上市的目的。一般而言，由于民企受所有制因素困扰，无法直接上市，买壳上市是较佳选择。

回购：公司将自己发行的股票或债券购回。目的包括利用闲置现金，提高每股盈利，提高对公司的内部控制，获得股票以便用于员工股票期权计划或退休金计划。

收购：一家公司通过购买目标公司多数或者全部股份的方式来控制另一家公司。不友好或敌意的收购企图一般表现为价格远高于目标公司股票的市价的收购要约，以诱使现有股东出售所持股份。目标公司的管理层可以请求另一家公司提出竞争性的收购要约，以寄希望于可以用竞价战争来吓退恶意收购者。

二、交易术语

盘口：在股票交易过程中，整个盘面交易动向的俗称。可分为K线盘口和分时盘口。具体到个股买卖5个档信息、分时走势、每一笔成交等。“盘口”是千变万化的，需要长时间的观察、不断的分析，最重要的是在实盘交易中，总结经验，不断提高。

委托：投资者向券商下达买卖股票的指令，这就叫作委托。股民是不能直接进入交易所买卖股票的，而是需要委托券商才能实施买卖行为。

时价委托：也叫市价委托，是投资者委托券商按市场价格即时买卖证券。

限价委托：客户对于证券经纪人的买卖委托中设有买入低于规定价格或卖出高于规定价格的指令。该规定价格叫限定价格。非限价委托的意思正好相反。

预埋单：证券买卖中的一种下单（委托交易）方式。估计好一个买卖价、数量后，提前挂单委托。这种买卖有个形象的比喻：卖在高位的叫“挂篮子”；买在低位的叫“埋地雷”。

报价：证券市场上交易者在某一时间内，对某种证券报出的最高进价或最低出价。

仓位：主要是指证券资金账户中的资金使用比例，按照不同程度可以分为轻仓、半仓、重仓和满仓。

满仓：一般是指资金全部买成了股票，剩余的资金不够再买100股（1手）当前股票了。

筹码：在股市技术分析领域里，特指流通股票持仓成本分布。它有价位属性、数量属性、流动属性、扩容属性。

零股交易：不到一个成交单位（1手=100股）的股票，如1股、10股，称为零股。在卖出股票时，可以用零股进行委托；但买进股票时不能以零股进行委托，最小单位是1手（100股）。

建仓：在股票市场上，就是指分批买入股票的过程。在期货市场有所不同，可分为多头建仓和空头建仓。

试盘：主力通过拉升或打压手法，测试盘面压力和支撑情况，以及观察市场散户跟风效应。

整理：股价经历了一段时间的急速上涨或下跌之后，遇到了阻力线或支撑线，股价波动幅度开始变小的盘整现象。整理现象的产生，说明利多和利空消息出尽，后市有可能出现较大的趋势性变动。

洗盘：庄家为降低拉升成本和阻力，先把股价大幅度杀低，回收散户恐慌抛售的股票，然后抬高股价乘机获取价差利益的行为。一般来说，只要能确定股价的波动为庄家洗盘，就应该持筹不动，静待股价上涨。

震仓：即洗盘，为了清洗浮筹以减轻日后拉升时的抛压和降低拉升成本，主力进行的洗盘动作。

突破：指股价冲过关卡，经过一段盘整后，产生一种价格波动，向上突破阻力位或向下击穿支撑位。

关卡：一般将整数位、黄金分割位或股民习惯上的心理价位称之为关卡。

拉升：主力吸纳了大量的低价筹码后，开始快速向上大幅拉高股价的行为，然后在高位抛出获利筹码，兑现盈利。

井喷：长期受某种利空因素的影响，股价低迷或长期非理性地下跌，众多散户被套或不愿介入，一旦这种利空因素被去除，被非理性低估的股票会被投资者在第一时间集中介入，致使股市出现暴涨行情，这就是股市井喷效应。

跳水：大盘或个股不顾一切地大幅度迅猛下跌，走势像高台跳水一样，在短时间内直线向下，也适用于线性图表。

出货：与吸货相反，主力大幅炒高股价后，不动声色地卖出，称为出货。

补仓：股市中的补仓，就是因为股价下跌被套，为了摊低该股票的成本，而在低位买入行为。补仓是被套牢后的一种被动应变策略，它本身并不是一个解套的好办法，在某些特定情况下也是增加风险。

对敲：行为人意图影响证券市场行情，与他人通谋，双方分别扮演卖方和买方角色，各自按照约定的交易券种、价格、数量，向相同或不同的券商发出交易委托指令并达成交易的行为，即一方做出交易委托，另一方做出相反交易委托，依事先通谋的内容达成交易。

自救：主力因操作不慎或判断失误，造成股价下跌被套牢后，通过自身资金、信息、技术等优势，来解救自己的过程。

反弹：股价呈不断下跌趋势，终因下跌速度过快而反转回升到某一价位的现象称为反弹。一般来说，股票的反弹幅度要比下跌幅度小，通常是反弹到前一次下跌幅度的1/3左右时，又恢复原来的下跌趋势。

回档：在股价上涨过程中，因上涨速度过快而反转回跌到某一价位，这一调整现象称为回档。一般来说，股票的回档幅度要比上涨幅度小，通常是反转回跌到前一次上涨幅度的1/3左右时，又恢复原来的上涨趋势。

反抽：也叫回抽，就是股价向上（或向下）突破某个重要的阻力位后，再向下（或向上）小幅回调至原来的阻力位。

轧空：多头常用的一种操纵市场、获取暴利的方法。其方法为对某一投机对象的来源暗中加以控制，使空头于交割时无法获得其应交数量，只得在价格上满足多头要求的条件下，忍痛进行了结。此时空头受轧，急图脱身，而多头则任意抬价，获得暴利。

换手：是用来描述从一个人那里买或卖给另一个人相等份额的筹码，即买卖成交，换手率的高低是非常重要的参考标准。

止损：也叫“割肉”，是指当某一投资出现的亏损达到预定数额时，及时斩仓出局，以避免形成更大的亏损，目的在于投资失误时把损失限定在较小的范围内。通过止损把损失限制在一定的范围之内，同时又能够最大限度地获取成功的报酬。换言之，止损使得以较小代价，博取较大利益成为可能。股市中无数血的事实表明，一次意外的投资错误足以致命，但止损能帮助投资者化险为夷。

筹码集中度：一只个股的筹码被庄家掌握的程度。比方说50%，表明中度控盘，70%以上为高度控盘。值越大、越集中，个股一般上涨空间越大。

买盘卖盘：买盘表示以比市价高的价格进行委托买入，并已经主动成交，代表外盘；卖盘表示以比市价低的价格进行委托卖出，并已经主动成交，代表内盘。

超买超卖：超买就是已经超出买方的能力，买进股票的人数超过了一定比例，这时候应该反而卖出股票。超卖则代表卖方卖股票卖过了头，卖股票的人数超过一定比例时，反而应该买进股票。

重组：包括股份分拆、合并、资本缩减（部分偿还）以及名称改变。

交割：在结算过程中，投资者与券商之间的资金结算。沪深A股都实行T+1交割制度，当日买入的股票不能在当日卖出，资金收付与证券交割只能在成交日的下一个营业日进行，不能在当日从账户中提取现金。

T+0：是国际上普遍使用的一种证券（或期货）交易制度。凡在证券（或期货）成交当天办理好证券（或期货）和价款清算交割手续的交易制度，就称为T+0交易。通俗地说，就是当天买入的证券（或期货）在当天就可以卖出。T+0交易曾在中国证券市场实行过，由于证券市场不成熟，造成市场价格异常波动，为了保证证券市场的稳定，沪深交易所取消T+0交易，对股票和基金交易实行T+1的交易方式。

老鼠仓：指主力在用公有资金拉升股价之前，先用自己个人（机构负责人、操盘手及其亲属、关系户）的资金在低位建仓，待用公有资金拉升到高位后，个人仓位率先卖出获利。这是一种营私舞弊、损公肥私的腐败行径。

乌龙指：股票交易员、操盘手、股民等在交易的时候，不小心敲错了价格、数量、买卖方向等事件的统称。“乌龙指”和“老鼠仓”都会引起股价的瞬间急剧波动，所不同的是“乌龙指”是无意识的错误交易行为，而“老鼠仓”则是有意识的利益输送行为。

大宗交易：一般是指交易规模，包括交易的数量和金额都非常大，远远超过市场的平均交易规模。我国沪深交易所在其交易制度中或者大宗交易制度中都有明确的界定，而且各不相同。大宗交易针对的是一笔数额较大的证券买卖。我国现行有关交易制度规则，如果证券单笔买卖申报达到一定数额的，交易所可以采用大宗交易方式进行交易。交易所可以根据市场情况调整大宗交易的最低限额。

三、行情术语

开盘价：每个交易日的第一笔成交价格，这是传统的开盘价定义。目前中国市场采用集合竞价的方式产生开盘价。

收盘价：每个交易日的最后一笔成交价格，因为收盘价是当日行情的标准，又是下一个交易日开盘价的依据，可据以预测未来证券市场行情，所以投资者对行情分析时一般采用收盘价作为计算依据。

最低价：当天该股票成交价格中的最低价格。

最高价：当天该股票成交价格中的最高价格。

成交额：当天已成交股票的金额总数。

成交量：当天成交的股票数量。

总手：到目前为止该股的总成交量（手数）。

现手：即时成交的一笔交易的手数。

量比：当日总成交手数与近期平均成交手数的比值。如果量比数值大于1，表示这个时刻的成交总手量已经放大；若量比数值小于1，表示这个时刻成交总手量萎缩。

委比：通过对委买手数和委卖手数之差与委买手数和委卖手数之和比值，来衡量某一时段内买卖盘相对强度的指标。

连续竞价：通过直接连续撮合买卖委托，来形成交易价格的交易形式。

空头：投资者认为现时股价较高，或对股市前景看淡，预计股价将会下跌，于是将股票逢高卖出。在期货市场中，主要指采用先卖出后买进、从中赚取差价的交易方式。人们通常把股价长期呈下跌趋势的股票市场称为空头市场，空头市场股价变化的特征是一连串的大跌小涨。股价变化是由多头和空头的力量对比所决定的。多头会预测价格上涨，从而做出购买决策。空头因为预测价格将下跌，将会抛售手中的股票。

多头：与空头相对应，投资者认为现时股价较低，或对股市前景看好，预计股价将会上涨，于是在股价较低时买进。

做多：投机者估计股价有上涨趋势，先期买进，企图涨价后售出，以获取差额利益的行为。这种投机方式以先买进为基础，故称做多。

做空：与做多相对，做空是先借入标的资产，然后卖出获得现金，过一段时间之后，再支出现金买入标的资产归还。做空的常见作用有投机、融资和对冲。其中用做空投机是指预期未来行情下跌，则卖高买低，将手中借入的股票按目前价格卖出，待行情跌后买进再归还，获取差价利润。其交易行为特点为先卖后买。实际上有点像商业中的赊货交易模式。这种模式在价格下跌的波段中能够获利，就是先在高位借货进来卖出，等跌了之后再买进归还。

利多：刺激或有利于股价上涨的各种信息。如股票上市公司经营业绩好转、银行利率降低、社会资金充足、银行信贷资金放宽、市场繁荣等，以及其他政治、经济、军事、外交等方面对股价上涨有利的信息。

利空：能够促使股价下跌的各种信息。如股票上市公司经营业绩恶化、银行紧缩、利率调高、经济衰退、通货膨胀、天灾人祸等，以及其他政治、经济、军事、外交等方面促使股价下跌的不利消息。

消息出尽：在证券市场上，因各种消息的影响而出现震荡，持续一段时间后，市场归于平静，重新回到技术状态之中。

多头行情：股市中买入者多于卖出者，股市行情看涨，称为“多头行情”。

空头行情：股市中卖出者多于买入者，股市行情看淡，称为“空头行情”。

多头排列：如果短期均线、中期均线、长期均线从上至下排列，好似长期均线托着中期均线，中期均线又托着短期均线，不让跌下来，所以叫作“多头排列”。

空头排列：如果短期均线、中期均线、长期均线从下至上排列，好似长期均线压着中期均线，中期均线又压着短期均线，不让涨上来，所以叫作“空头排列”。

被套：也叫套牢，是指买入股票之后，股价出现下跌而低于成本价。一般指那些亏损在10%以上，一旦抛售就是俗称的“割肉”。一般来说，被套者往往是在熊市，股价趋势向下，越来越低，越套越深，当被套者无法忍受的情况下，常常是最低点或者阶段底部抛售股票。

反转：股价朝原来趋势的相反方向移动，分为向上反转和向下反转。

探底：寻找股价最低点过程，探底成功后股价由最低点开始回升。

崩盘：证券市场上由于某种利空原因，出现了证券大量抛出，导致证券市场价格无限度下跌，造成的恶性循环，最终造成股市关门的现象。

套利：试图利用不同市场或不同形式的同类或相似金融产品的价格差异牟利。

复盘：利用静态再看一遍市场全貌，这针对白天动态盯盘来不及观察、来不及总结等情况，在收盘后又进行一次翻阅各个环节，重新对市场进行复合一遍，作进一步的细化了解。

空翻多：原本打算卖出股票的一方，看法改变，变为买方。

多杀多：买入股票后又立即卖出股票的做法称为多杀多。

牛皮市：在所考察交易日里，股价上升、下降的幅度很小，价格变化不大，如牛皮之坚韧。牛皮市是一种买卖双方在力量处于均衡状态，往往成交量也很小。

踏空：当一只股票一路上升，因判断后市股价会回落，于是将该股抛出，想在低价位把已抛出的股票买回，谁知股价却没有回落，仍然一直上升，这么一来，这“高抛低接”的一脚就算“踏空”了。

会员：经国家主管部门批准设立、具有法人资格、依法可以从事证券交易及相关业务，并取得沪深交易所会籍的境内证券经营机构。

四、技术术语

日 K 线图：就是将每天的 K 线按时间顺序排列在一起，反映该股票自上市以来的每天的价格变动情况的 K 线图。

分时走势图：也叫即时走势图，它是把股市的交易信息实时地用曲线在坐标图上加以显示的技术图形。坐标的横轴是开市的时间，纵轴的上半部分左侧是股价或指数、右侧为涨跌幅度，下半部分显示的是成交量。分时走势图是股市现场交易的即时资料。

技术背离：股价走势与技术指标、成交量不一致，或者两者出现相反走势。可分为底背离和顶背离，底背离看涨，顶背离看跌。

量价背离：当股价出现新的高峰时，成交量非但未增反而开始下降，也就是股价与成交量不成正比关系变化。这通常反映投资者不认同这一价位，盘面有可能产生新的趋势，也可能只是上升中的调整或下跌中的反弹。

价涨量缩：为顶背离现象，意味着股价偏高，跟进意愿不强，此时要对日后成交量变化加以观察。若继续上涨且量增，则量缩属于惜售现象；反之，则应减仓，以免高位套牢。

价跌量增：在连跌一段时间后，价微跌量剧增，这可视为底部，可介入；若在跌势初期，则日后将形成跌势；在持续涨势中，则为反转为跌势的信号。

钝化：意为技术指标形态发生黏结，导致该指标失去指示意义。引人关注的是指标高位钝化和低位钝化，但在平衡状态也会发生指标形态的黏结，致使指标失效。

黄金交叉：一根时间短的均线（包括指标曲线）在向上穿越时间长一点的均线，然后这两根均线方向均朝上，则此均线组合为“均线金叉”。

死亡交叉：在下降中的短期均线而下穿过下降的长期均线，这时支撑线被向下突破，表示股价将继续下落，后市行情看跌。

需要注意的是，一般金叉为买进信号，死叉为卖出信号，但仅凭黄金交叉或死亡交叉信号来买卖股票是有片面性的。因为均线只是一种基本趋势线，在反映股价的突变时具有滞后性，因而金叉或死叉只能作为一种参考。同时，应结合均线系统的组合时间周期来判断是短线买卖还是中线波段买卖，特别需要注意的是均线交叉之后的两根均线的方向，如果不是一致朝上或者朝下的，那就是普通的均线交叉，而不是“金叉”或“死叉”。

银三角：在底部企稳，多头接盘力量增大，股价开始转势向上。短期均线金叉中、长期均线，随后中期均线也金叉长期均线，此时长期均线呈上升趋势。在均线趋势线上形成一个尖头向上的不规则三角形，该三角形称为“银三角”，为买入信号。

金三角：在底部区域，出现“银三角”后，经过洗盘整理，短期均线金叉中、长期均线，随后中期均线也金叉长期均线，此时长期均线呈上升趋势。在均线系统中形成一个尖头向上的不规则三角形，这个三角形就叫“金三角”，构成买入信号。

死亡角：在高位股价出现滞涨走势，短期均线向下穿过中、长期均线，随后中期均线下穿长期均线，长期均线随之下行，从而在顶部形成一个尖头向下的不规则三角形，这个三角形称为“死亡角”，为卖出信号。

骗线：主力利用散户迷信技术分析数据、图表的心理，故意抬拉、打压指数或股价，致使技术图表形成一定线形，引诱散户大量买卖行动，从而达到自己盈利的目的。这种期骗性造成的技术图表线形走势称为骗线。

形态分析：形态类技术分析就是根据价格图表中过去一段时间走过的轨迹形态来预测股价未来趋势的方法。主要的形态有 M 头、W 底、头肩顶、头肩底等十几种。

反转形态：这种形态的图形表示股价的原有走势将要逆转，也就是将要改变原先的股价走势方向。例如，原来的上升趋势变成下降趋势，或原来的下降趋势将变成上升趋势。反转形态的典型图形有双重形、头肩形、碟形和 V 形等。

持续形态：在单边趋势（下跌或者上涨）运行过程中，出现暂时性的休整走势，经过阶段性的蓄势休整之后，股价又重新回归到原有的趋势中运行。在技术分析中，持续形态占有非常重要的地位，是经典形态的组成部分。

指标分析：指标类技术分析方法就是考虑市场行为的各个方面，建立一个数学模型，给出数学上的计算公式，得到一个体现证券市场的某个方面内在实质的数字，这个数字叫指标值。根据指标值得出具体数值和相互间关系，直接反映证券市场所处的状态，为大家的操作行为提供指导方向。

切线分析：切线类是按一定方法和原则在由股价的数据所绘制的图表中画出一些直线，然后根据这些直线的情况推测股价的未来趋势，这些直线就叫切线。切线有压力线和支撑线两类。切线类技术分析方法就是依据切线来进行分析的方法。

趋势：就是股价市场运动的方向。趋势的方向有三个：上升方向、下降方向和水平方向。趋势的类型有主要趋势、次要趋势和短暂趋势三种。

趋势线：用来衡量价格波动方向的直线。由趋势线的方向可以明确地看出股价的趋势。在上升趋势中，将两个低点连成一条直线，就得到上升趋势线。在下降趋势中，将两个高点连成一条直线，就得到下降趋势线。上升趋势线起支撑作用，下降趋势线起压力作用，也就是说，上升趋势线是支撑线的一种，下降趋势线是压力线的一种。

轨道线：又称“通道线”或“管道线”，是基于趋势线的一种方法。在已经得到了趋势线后，通过第一个峰和谷可以作出这条趋势线的平行线，这条平行线就是轨道线。轨道的作用是限制股价的变动范围，让它不能变得太离谱。一个轨道一旦得到确认，那么价格将在这个通道里变动一段时间。对上面的或下面的直线的突破，将意味着有一个大的变化。

压力线：又称为“阻力线”。当股价上涨到某个价位附近时，股价会停止上涨，甚至产生回落，这是因为空方在此抛出造成的。压力线起阻止股价继续上升的作用。这个起着阻止股价继续上升的价位，就是支撑线所在的位置。

支撑线：又称为“抵抗线”。当股价跌到某个价位附近时，会出现买家增加、卖家减少的情况，从而使股价停止下跌，甚至有回升的可能。支撑线起阻止股价继续下跌的作用，这个起着阻止股价继续下跌的价格，就是支撑线所在的位置。

X线：在股价趋势线中，除上升、下跌、盘整等趋势线外，还有一种趋势线就是股价经常顺着中心趋势线，呈现上下对称或不对称的波动，这种股价围绕趋势线进行上下波动的走势，最近被冠上流行新名词，就是“X线”。

（1）上升中心线。股价可以是从低档上扬，先将上升中心线当作压力线，在一次或多次上冲后，终于突破上升中心线而上扬。在股价上涨后，仍有一次或多次拉回的走势，中心线此时由压力线转为支撑线。股价也可能是从高档下跌，在下跌过程中一次或多次因上升中心线的支撑而反弹，但最后跌破中心线。在跌破中心线后，股价向中心线拉回，但反弹至中心线后，面临压力再下跌。

（2）下跌中心线。股价围绕下跌中心线在波动，股价走势为：由上而下，中心线由支撑线转为压力线；由下而上，中心线由压力线转为支撑线。

(3) 水平中心线。股价呈现箱形的上下整理，其中心线往往是水平线，股价可能在中心线下波动，然后突破中心线而上，或在中心线之上波动，然后跌破中心线而下。

扇形线：将开始上升的低点（中期性低点）和高位徘徊的各个低点分别以直线联结起来，便可以画出多于一条的上升趋势线。这些趋势线像一把扇子，便把这些趋势线称为扇形线。

下跌时情形也是一样，若把中期性高点与低位徘徊时的各个短期性高点分别以直线联结起来，也可以画出像扇子般散开的下降趋势线。

扇形其实是圆的一部分，其中心线就是扇形的弧线的中点与扇形的弧线两端半径围成的夹角顶点的连线。它将扇形平均分成相等的两部分。

扇形线与趋势线有很紧密的联系，初看起来像趋势线的调整。扇形线丰富了趋势线的内容，明确给出了趋势反转（不是局部短暂的反弹）的信号。

五、基金术语

基金成立日：基金达到成立条件后，基金管理人宣布基金成立的日期。

基金募集期：自招募说明书公告之日起，到基金成立日的时间段。

基金存续期：基金发行成功，通过一段时间的封闭期后，称作基金的存续期。

基金单位：基金发起人向不特定的投资者发行的，表示持有人对基金享有资产所有权、收益分配权和其他相关权利，并承担相应义务的凭证。

基金开放日：可以办理开放式基金的开户、申购、赎回、销户、挂失、过户等一系列手续的工作日。对于一只开放式基金来说，并不是在任何一个工作日都可以进行交易，因此，规定每周的某几个工作日进行交易，这几个工作日就称为开放日。

基金认购：投资者在开放式基金募集期间、基金尚未成立时购买基金单位的过程。通常认购价为基金单位面值（1 元）加上一定的销售费用。投资者认购基金应在基金销售点填写认购申请书，交付认购款项。

基金申购：投资者到基金管理公司或选定的基金代销机构开设基金账户，按照规定的程序申请购买基金单位。申购基金单位的数量是以申购日的基金单位资产净值为基础计算的，具体计算方法须符合监管部门有关规定的要求，并在基金销售文件中载明。

基金转托管：投资者同一基金在不同托管点（不同销售商及同一销售商的不能通存通兑的城市或分行）之间实施的所持基金份额托管机构变更的操作。

基金转换：投资者在持有本公司发行的任一开放式基金后，可直接自由转换到本公司管理的其他开放式基金，而不需要先赎回已持有的基金单位，再申购目标基金。

非交易过户：因遗产继承、捐赠或司法执行等原因引起的基金单位持有人的变更行为。基金非交易过户包括遗产继承、捐赠和司法执行。

认购费用：投资者在基金发行募集期内购买基金单位时所缴纳的手续费，目前国内通行的认购费计算方法为：认购费用=认购金额×认购费率，净认购金额=认购金额-认购费用；认购费费率通常在1%左右，并随认购金额的大小有相应的减让。

申购费用：投资者在基金成立后的存续期，基金处于申购开放状态期内，向基金管理人购买基金份额时所支付的手续费。通常在1%~1.5%，并随申购金额的大小有相应的减让。

赎回费用：在开放式基金存续期间，已持有基金单位的投资者向基金管理人卖出基金单位时所支付的手续费。一般为期限在1年以内费率为0.5%，持有1~2年的费率为0.25%，持有2年以上的没有赎回费用。

基金管理费：支付给实际运用基金资产、为基金提供专业化服务的基金管理人的费用。

基金托管费：基金托管人为基金提供服务而向基金收取的费用。托管费通常按照基金资产净值的一定比例提取，逐日计算并累计，按月支付给托管人。此费用也是从基金资产中支付，无须另向投资者收取。

基金转换费：投资者按基金管理人的规定在同一基金管理公司管理的不同开放式基金之间转换投资所需支付的费用。其计算可采用费率方式或固定金额方式。

基金运营费：在基金运作过程中所发生的费用，通常是从基金资产中扣除，因此会降低基金净值。主要包括：基金管理费、基金托管费、持续销售费、证券交易费用、基金信息披露费用、与基金相关的会计师费和律师费、召开持有人大会费用等按照国家有关规定可以列入的运营费用等。

私募基金：以非公开发行方式向合格投资者募集的，投资于股票、股权、债券、期货、期权、基金份额及投资合同约定的其他投资标的（如艺术品、红酒等）的投资基金，简称私募。

私募股权投资：通过私募基金对非上市公司进行的权益性投资。简单地讲，就是私募投资者寻找优秀的高成长性的未上市公司，注资其中，获得其一定比例的股份，推动公司发展、上市，此后通过转让股权获利。

共同基金：是一种利益共享、风险共担的集合投资方式，即通过发行基金单位，集中投资者的资金，由基金托管人管理和运用资金，从事股票、债券、外汇、货币等金融工具投资，以获得投资收益和资本增值。根据基金单位是否可增加或赎回，投资基金可分为开放式基金和封闭式基金。

对冲基金：意为“风险对冲过的基金”。其操作的宗旨，在于利用期货、期权等金融衍生产品以及对相关联的不同股票进行实买空卖、风险对冲的操作技巧，在一定程度上可规避和化解证券投资风险。每个对冲基金的投资者应少于 100 人，一般情况下对冲基金的最小交易额限定为 100 万美元。

开放式基金：是指基金设立后，投资者可以随时申购或赎回基金单位，基金规模不固定的投资基金。

封闭式基金：是指基金规模在发行前已确定，在发行完毕后的规定期限内基金规模固定不变的投资基金，通常在证券交易所挂牌交易。

股票基金：是以股票为投资对象的投资基金，是投资基金的主要种类。股票基金的主要功能是将大众投资者的小额投资集中为大额资金。投资于不同的股票组合，是股票市场的主要机构投资者。

平准基金：政府通过特定的机构（证监会、财政部、交易所等）以法定的方式建立的基金，通过对证券市场的逆向操作，熨平非理性的证券的剧烈波动，以达到稳定证券市场目的的基金。一般情况下，平准基金的来源有法定的渠道或其基本组成是强制性的，如国家财政拨款、向参与证券市场的相关单位征收等，也不排除向自愿购买的投资者配售。

伞形基金：是基金的一种组织形式。发起人根据一份总的基金招募书，设立多只相互之间可以根据规定的程序及费率水平进行转换的基金，即一个母基金之下再设立若干子基金，各个子基金依据不同的投资方针和投资目标进行独立的投资决策，其最大特点是在母基金内部可以为投资者提供多种投资选择，费用较低或者不收转换费用，能够方便投资者根据市场行情的变化选择和转换不同的子基金。伞形基金是与中国流行的单一结构的基金相对应的一种基金模式。

保本基金：就是在一定期间内，对所投资的本金提供一定比例的保证保本基金。基金利用利息或是极小比例的资产从事高风险投资，而将大部分的资产从事固定收益投资，使基金投资的市场不论如何下跌时，绝对不会低于其所担保的价格，而达到所谓的“保本”作用。可分为保证和护本基金两种类型，其中护本基金不需要第三方提供担保。

证券投资基金：通过发售基金份额募集资金形成独立的基金财产，由基金管理人管理、基金托管人托管，以资产组合方式进行证券投资，基金份额持有人按其所持份额享受收益和承担风险的投资工具。

货币型基金：它是一种开放式基金，按照开放式基金所投资的金融产品类别，将开放式基金分为四种基本类型，即股票型基金、混合型基金、债券型基金、货币型基金，前两类属于资本市场，后一类为货币市场。

基金单位净值：每份基金单位的净资产价值，等于基金的总资产减去总负债后的余额再除以基金全部发行的单位份额总数。

基金单位累计净值：基金单位净值与基金成立后历次累计单位派息金额的总和，反映该基金自成立以来的所有收益的数据。基金单位累计净值=基金单位净值+基金历史上累计单位派息金额（基金历史上所有分红派息的总额/基金总份额）。

货币市场基金：投资于货币市场上短期（一年以内，平均期限 120 天）有价证券的一种投资基金。该基金资产主要投资于短期货币工具如国库券、商业票据、银行定期存单、银行承兑汇票、政府短期债券、企业债券等短期有价证券。货币基金只有一种分红方式——红利转投资。每份单位始终保持在 1 元，超过 1 元后的收益会按时自动转化为基金份额，拥有多少基金份额即拥有多少资产。而其他开放式基金是份额固定不变，单位净值累加的，投资者只能依靠基金每年的分红来实现收益。

房地产信托投资基金：是一种以发行收益凭证的方式汇集特定多数投资者的资金，由专门投资机构进行房地产投资经营管理，并将投资综合收益按比例分配给投资者的一种信托基金。

赎回：多指在基金方面，申请者将手中持有的基金单位按公布的价格卖出并收回现金，习惯上称为基金赎回。基金赎回，就是卖出。

基金收益：基金资产在运作过程中所产生的超过自身价值的部分。具体地说，基金收益包括基金投资所得红利、股息、债券利息、买卖证券价差、存款利息和其他收入。

基金净收益：基金收益减去按照国家有关规定可以在基金收益中扣除的

费用后的余额。

红利再投资：投资者将分得的收益再投资于基金，并折算成相应数量的基金单位，这实际上是将应分配的收益折为等额的新的基金单位送给投资者。

第二讲　炒股重要理念

1. 避险第一

君子问凶不问吉，高手看盘先看跌。看不懂、看不准、没把握时，决不进场。

2. 顺势而为

涨时重势，跌时重质。顺势者昌，逆势者亡。

3. 波段操作

如果说长线是金，短线是银，那么，波段操作就是钻石。波段操作的均线最佳拍档：强调 5 日均线，依托 10 日均线，扎根 30 日均线。

4. 人弃我取

风险投资失败的永远是大多数！所以，相反理论是投资成功的一块根本基石。人弃我取，人取我予，学会做散户的叛徒，同时也就是与庄家为伍。但需时刻牢记：伴君如伴虎，跟庄如跟狼。

5. 韧性十足

良好的耐心是致胜的关键，坚定的信心是成功的保障。老手多等待，新手无耐心。

6. 追求不败

常赚比大赚更重要，它不仅使你的资金雪球越滚越大，而且可以令你保持一个良好的心态。所以，追求立于不败之地的永久生存，而不是贪图一曝十寒的一时暴富，这是风险投资最重要、最根本的理念之一。

7. 学会休息

文武之道，一张一弛！风险投资活动是一种极高强度的脑力劳动！切忌贪战、恋战，更忌打持久战。只有适当地休息，才能保持身心健康，也才能以良好的身心状态更好地迎接新机遇的到来。

8. 及时认错

建仓之前一定要科学设定平仓条件，并主动认赔离场条件和止损点——记住只是一个点，绝不是一个面。以彻底避免酿成一招不慎，满盘皆输的悲惨局面。因为风险投资，重挫一次，很难复原。更易搞坏心态，甚至造成一蹶不振、一发不可收拾的危险局面。知错即改，防患于未然，切忌小错酿成大错，如此才有可能有效保存实力，也才可能会有翻身的机会。

9. 轻仓操作

任何时候都不要轻易满仓操作！这样做有利于保持平常心态，在操作上进可攻、退可守，进退自如，并能有效减少或避免不可抗拒因素对市场所带来的不利影响。

10. 弱性十足

买卖要富有弹性，不要斤斤计较。不要费尽心思去抄底和逃顶，顶部和底部是自然形成的，不是人为设定的，能够吃到中间一段已经算是成功。要知道，贪与贫不仅是“一点”之差，而且也是一念之差。

11. 真伪有据

判断消息真假的最好办法是对照盘面。顶部的利空和底部的利好不妨信它一回，而顶部的利好和底部的利空即使是真的，又能怎么样呢？实际上，市场最大的利好是跌过头，最大的利空是涨过头。

12. 三位一体

技术、原则和人性，这三者密不可分，缺一不可。技术所解决的是“怎么做”的问题，原则所解决的是如果做错后“怎么办”的问题，而人性所解决的则是能否具有铁的纪律严格执行原则的问题。建仓时不冲动，平仓时必果断；侥幸是加大风险的罪魁，犹豫则是错失良机的祸首……这些话说起来很简单，但真正能有几个人做到了呢？所以，风险投资心态第一，原则第二，技术则只能屈居第三了。要想成为一个成功的投资者，就必须不断地吸纳股性，同时不断地忘却人性。只有这样才可能做到手中有股，心中无股，使自己与市场融为一体。

13. 正确选股

股性是否活跃，是选股的重要标准之一，只不过选时重于选势，选势重于选股。既选股，又选势、选时，则更加完美。再差的股都有赚钱的机会，关键是看介入的时机、势头是否恰当。

英雄是时代的产物，龙头是行情的需要。强者恒强、弱者恒弱，择强汰弱是唯一明智的投资选择。所以，时刻抓紧行情龙头，据龙头脸色行事，见风使舵、逆来顺受，这才是正确选股、克敌制胜的最有效法宝之一。

14. 少抢反弹

下降通道抢反弹，无异于刀口舔血。宁可不做，决不做错！否则，舔着血的机会少，拉舌头的时候多，得不偿失。

15. 科学跟庄

如果大市上涨，而持有的股票就是不涨，那么应分析原因：是时机未到，还是本身缺乏上涨的动力，抑或是逆势庄的恶作剧？猜测庄家心思的绝招就是不妨设身处地地想一想，假如你是庄家，你会如何操作？用心去感受，用神去领会。图形只是股价变动的表象，图形的背后隐藏着的才是庄家的真实意图。只有真正领会了庄家的意图，才能与庄共舞。并且跟庄时一定要清醒地认识到你的成本和庄家的成本各是多少，如果相差不远，不妨与庄共舞；如果相差太远，则无异于在刀尖上跳舞。

第三讲　巴菲特股市投资名言选录

沃伦·巴菲特是全球著名的投资商，在投资界享名已久，有很多经典投资名言。

- 第一大投资原则：独立思考和内心的平静。
- 不要“炒”股，你要买价值，永远不要卖。
- 自认对市场震荡起伏敏感而杀进杀出的投资人，反而不如以不变应万变的投资人容易赚钱。
- 假如观念会过时，那就不足以成为观念。
- 人性中总是有喜欢把简单的事情复杂化的不良成分。
- 你真能向一条鱼解释在陆地上行走的感觉吗？对鱼来说，陆上的一天胜过几千年的空谈。
- 风险来自于你不知道自己正在做些什么。
- 只有在退潮的时候，你才知道谁一直在光着身子游泳。
- 当那些好的企业突然受困于市场逆转，股价不合理地下跌，这就是大好的投资机会来临。

• 成功的投资在本质上是内在的独立自主的结果。

• 用我的想法和你们的钱，我们会做得很好。

• 你不得不自己动脑。我总是吃惊于那么多高智商的人，也会没有头脑地模仿。在别人的交谈中，没有得到任何好的想法。

• 花四毛钱买价值一块钱的东西。

• 如果股市可以用理论去有效分析，我早就变成路边的流浪汉了。

• 若你不打算持有某只股票达 10 年，则 10 分钟也不要持有，我最喜欢的持股时间是——永远。

• 如果你不断地跟着风向转，那你就不可能会发财。

• 假如这家公司表现得很好，那么它的股价绝对不会寂寞的。

• 人们并不是梦想赚到更多的钱，而是更多的自由；不是更大的权利，而是更小的压力；不是更高的地位，而是更富有创造性的满足。

• 买股票时应该假设明天开始股市要休市 N 年。

• 短期而言，股市是一个投票机器；长期而言，股市是一个体重计。

• 不需要等到股价跌到谷底才进场买股票，反正你买到的股价一定比它真正的价值还低。

• 判断一家企业的价值，一半是靠科学研究，一半是靠艺术上的灵感。

• 投资的秘诀不是评估某一行业对社会的影响有多大，或他的发展前景有多好，而是一家公司有多强的竞争优势，这优势可以维持多久。产品和服务的优越性持久而深厚，才能给投资者带来优厚的回报。

• 买股票的时机应该与大多数的投资人想法相反。

• 真正适合投资股票的时机，是趁大多数人还未注意股市动态时。

• 如果你认为可以经常进出股市而致富的话，我不愿意和你合伙做生意，但我希望成为你的股票经纪人。

• 要想投资成功，不但读有兴趣购入的公司资料，也要阅读其他竞争者的资料。

• 我们之所以取得目前的成就，是因为我们关心的是寻找那些可以跨越的一英尺障碍，而不是试图去飞越七英尺高的栏杆。

• 最笨的事情就是——看到股价上涨就决定要投资一档股票。

• 我所想要的并非是金钱。我觉得赚钱并看着它慢慢增多是一件有意思的事。

• 你必须在财务方面和心理方面做好充分的准备，以应付股票市场的反复无常，如果你不能眼睁睁地看着你买的股票跌到你买入价格的一半，还能从容地计划你的投资，你就不该玩这个游戏。不能承受股价下跌50%的人，就不应该炒股。

• 不要以价格决定是否购买股票，而是要取决于这个企业的价值。

• 如果你必须借助穆迪（Moody）或史坦普的信用评分来决定投资与否，那么不如将钱交给这两家公司操作算了。

• 把每一次投资的股票，都当作一桩生意来做。

• 如果你能从根本上把问题所在弄清楚，并思考它你永远也不会把事情搞得一团糟。

• 你应当把股票看作是许多细小的商业部分、把市场的波动看作是你的朋友而非敌人，利润有时来自对朋友的愚忠而非参与市场的波动，以及关于投资最重要的几个“安全边际”概念。

• 一个过热的股市，就像是一名企业的扒手。

• 耐得住时间考验才最真实，能让你赚到大钱的不是你的判断，而是耐心等待的功夫，我们所做的事不超出任何人的能力范围，多做额外的工作不尽然就能得到与别人不同的结果。

• 在别人贪婪时要保持警惕，在别人警惕时就要贪婪。

• 做优秀的投资者并不需要高智商，只须拥有“不轻易从众的能力”。

• 拥有一只股票，期待它下个早晨就上涨是十分愚蠢的。人们买股票，根据第二天早上股票价格的涨跌，决定他们的投资是否正确，这简直是扯淡。

• 别人贪婪的时候，我恐惧；别人恐惧时候，我贪婪。

• 在股票投资中，我们期望每一笔投资都能够有理想的回报，因为我们将资金集中投资在少数几家财务稳健、具有强大竞争优势，并由能力非凡、诚实可信的经理人所管理的公司股票上。

• 那些最好的买卖，刚开始的时候，从数字上看，几乎都会告诉你不要买。

• 想要在股市从事波段操作，是神做的事，不是人做的事。

• 当一些大企业暂时出现危机或股市下跌，出现有利可图的交易价格时，应该毫不犹豫买进它们的股票。

• 如果你投资股票，建议最好不要超过20只。

• 如果你属于人类中那最幸运的1%，那么你就应该考虑其他99%的人，这是你应该做的。

• 投资人并不需要做对很多事情，重要的是要能不犯重大的过错。

• 我之所以能有今天的投资成就，是依靠自己的自律和别人的愚蠢。

• 很多人比我智商更高，也比我工作时间更长、更努力，但我做事更加理性。你必须能够控制自己，不要让情感左右你的理智。

• 你买的不是股票，你买的是一部分企业生意。

• 一生能够积累多少财富，不取决于你能够赚多少钱，而取决于你如何投资理财，钱找人胜过人找钱，要懂得钱为你工作，而不是你为钱工作。

• 如果你不能控制住你自己，你迟早会大祸临头。

• 市场就像大赌场，别人都在喝酒，如果你坚持喝可乐，就会没事。

• 牛市必须避免的错误是，别像一只暴雨后浮在水面的鸭子那样自得，那是因为它有浮水的本事才能平步青云。理智的鸭子应该会比较一下，在倾盆大雨之后其他鸭子也在池塘里畅游的时候，跟自己处于同等地位。

• 有了足够的内幕消息，再加上一百万美元，你可能只要一年就破产了。

• 在我看来，一位成功的投资人，必须同时具备良好的投资判断力和远离市场旋涡的超级免疫力。成功的投资并不源于特殊的公式、电脑程序、显示股价变化的闪烁信号。

后 记

本书引领你走进股市的大门，让你体会到置身股市的无穷乐趣，也让你感受到股市的扑朔迷离，更让你懂得股市的风险所在。俗话说，“师傅领进门，修行在个人”。在瞬息万变的股市中，除具备一定的炒股基本知识外，还需要掌握更多的实盘技巧，提高应对各种不测的能力，这样才能笑傲股市。

股市有一定的运行规律，但没有固定的涨跌模式。有效的操作方法都来自于实盘操作体会和经验总结，并对实盘走势的感悟。希望投资者将书中的知识、观点、方法，在即时行情中进行活学妙用，切不可生搬硬套，应当抱以健康的态度来学习和探究股市的奥秘，也希望本书带给大家的正是这样一种不断提高和完善地追求真知的过程。在实践中，不断积累经验，探索规律，感悟股性，逐步形成一套适合于自己的操作技法，这样才能尽快地成为一名合格的股市操盘高手。

本书在编写过程中，得到了中国经济出版社的大力支持，感谢本书策划人叶亲忠先生，他对本书提出了具有真知灼见的建议，他的幕后支持，使我深为感激。在此付梓之际，致以最衷心的谢意！

在本书编写过程中，参考和吸收了多位学者的相关研究成果，也参阅了相关网站的博文，恕不一一列出。在此，对这些原创者及为本书出版给予帮助和支持的朋友们表示衷心的感谢。由于本人水平有限，书中难免会有不足之处，敬请读者批评指正。

愿本书为广大投资者在实际操作中带来一点启示、创造一份财富。如是，我将深感欣慰。

麻道明

2019 年 9 月　于中国 · 楠溪江畔